冯骥才

田野散文卷

◎冯骥才 著

文化保护

青岛出版社 QINGDAO PUBLISHING HOUSE

文|化|保|护

田野散文卷

田野散文卷

　　缘于本人的文学气质，使我在终日千头万绪的文化大抢救中，总会情不自禁地钻进时间的缝隙，把心中有声有色的感知写下来。虽然这里边也有考证，有研究，有学术性或专业性的思辨，但促使我动笔更多的还是一种感受、触动与情怀。单纯的学者不大写这种文学性的文字，单纯的作家也很少拥有这种写作立场——文化抢救者的立场。这是一种与我其他散文不一样的散文。由于它来自田野考察中，我称之为田野散文；由于它是一种行间的笔墨，我又称它为行动散文。它的文化情怀重于文学情怀，因此我把它列入我"文化保护"部分；似乎只有把它们放在这里，我才更有感觉。

　　当我翻阅自己这类所写过的文章时，常常会感到后悔。许多年来，在全国各地山山水水之间做田野考察时，数不清的习俗、风物、信仰、人物、技艺，深深感动甚至震撼了我。但是，由于诸事纠缠，腾不出手来写，错过了感受最强烈的一刻，而很快又一个异样的风情拥过来，把我的身心所笼罩。这些年，我想写出来的比实际写了出来的真是多得太多。多少美妙、深切、神奇的感受如同流光那样从我眼前和心中一掠而过。正是为此，我很珍视自己这些用"抢下来"的时间写成的田野散文。

　　收入本卷的还有两部较长的作品《人类的敦煌》和《敦煌痛史》，这是上世纪九十年代中期西行甘肃考察归来写的。对于我，它们不仅是自己的文化力作，更重要的是——在上世纪初闻名中外的敦煌抢救史中，中国知识界对中华文明的敬畏精神和奉献，一直被我视作一种精神的火炬。它直接影响着我二十年文化遗产抢救和保护的工作，直至今日。

　　本卷卷尾附录我在民间文化遗产保护工作方面的大事记。

目 录

三地年画目击记

一、消失了的朱仙镇

多年来形成一种习惯，每至腊月底就要到乡间去跑跑转转，在年集中挤一挤，直到挤出一种年味儿，一种生活热望，一种醇厚的泥土情感，才满足，才痛快。好似生命的根须一下子找到了土地。

如今，在大都市被现代生活冲淡了的，往往在乡间才能找到。

在这种活动中，我也十分关切民间艺术的现存状态。天津杨柳青镇是年画的故乡，我每年必去一次。今年腊月里抓到机会多看了两处，一是河南开封的朱仙镇年画，一是河北武强年画。

在中州除去要看汉唐乃至更早的仰韶文化遗址，年画名乡朱仙镇也是非看不可的。然而那里的朋友说，朱仙镇年画店已经关门；在镇上看，宛如不曾有过年画。但我又幸运得很，河南省文化厅接到新加坡"春到河畔"活动的邀请，前去举办朱仙镇年画展。这便把封存已久的古版折腾出来，临时组织人在开封市御街宣和画店的楼上，支案按版，赶制展品。我闻之便从郑州跑到开封，寻到此处，得以饱览了朱仙镇年画二百多年的全部精品。

朱仙镇年画的特色一看便知，一是少用大红，多用丹朱（一种淡朱砂色），色调柔和古雅，大约与中州文化渊源甚久有关。世上民族，历史悠久者色彩和谐，文化表浅者色调浓烈。二是画中人物无论男女老少，眼形相同，黑眼珠一律点在眼眶正中，这样无论从哪个角度看，人物便都看着观者。画中人物之间情感沟通不多，却与画外的观者直接相关，这种画法十分有趣。三是人物旁多注明姓名，多半来自古代小说的人物绣像吧！

一下子尽览了朱仙镇年画的精品，我正为自己庆幸不已，但交谈中获知它的现状，心情又变得懊丧。朱仙镇年画虽然久负盛名，由于中原地大一马平川，历来战乱不已，加上黄河不断的洪灾肆虐，古版遗存无多，总共不过百十种而已。而这些画版的一部分，还是由上海鲁迅博物馆转借和摹刻来的，这还幸亏鲁迅先生酷爱朱仙镇年画！近年来，时代变化，木版年画已无应用市场，人们注重经济实利，尚不能从文化上认识到它的价值，于是在历史的传衍中，因一时无人承接而摔落在地。

这次看到朱仙镇年画，只算一种侥幸吧。仅仅是由于这里碰到一次多年不遇的"外事任务"，临时做些支应而已。过后，古版会再次被幽禁到库房中去。如今这里擅长木版印刷技术的人已寥若晨星。老人已老，刻下只有一位名叫徐辉的年轻人，手艺精熟。倘若这些任务完成后，在充满诱惑的商品大潮中，谁知他将奔往何处？被现实无情扔下的朱仙镇年画，只有等待将来的有识之士重新将它珍惜地拾起，到那时还会遗存多少？

回津后忽然接到当年朱仙镇年画店的负责人任鹤林的电话。我到开封时，他不在。他说他为保护朱仙镇年画奔波两年，碰壁无数，但仍不死心，问我该怎么办？我说："先守住，守住这些遗存！"说完之后，忽觉好笑。守住这词儿好像是战场上的用语。

二、进了博物馆的武强

车子驰过河间府，北方的寒天冻地将它的灰褐色平匀地涂在冰冷的车窗上。漠漠原野，偶有小树，也早被朔风捋尽了叶子，举着一束束冻僵了的枝条，傻乎乎立着，不知躲避。我想，这样幽闭的华北腹地，如何曾经会成为给予方圆数百里的人们以精神安慰和文化愉悦的年画之乡？

也许是由于朱仙镇年画的现状给我的触动太深，返津数日后，便奔往这里看看武强的今日。

一进武强县，一座方形的、巨大的、略略带点北方传统民居特征的建筑物竖立面前。居然是一座年画博物馆。潍坊的杨家埠年画博物馆是四合院式，小巧玲珑；这里的博物馆，却似一座现代城堡。武强有多少年画，需要这庞然大物？

记得六十年代我在画家孙其峰先生家见过一张武强木版年画《屎壳郎推粪球儿》。孙先生一边大谈这画，一边大笑不已。我头次见到武强年画，深为其直率、真切和浓烈的乡土气息所震动！此后所见无多，以为该地年画规模有限。今日一见，谁料五彩缤纷挤满这座博物馆，更挤进我的眼中的竟是这般的辉煌！

中国各地年画的题材，它无所不包；各地年画的品种样式，它无所不存。仔细比较，它尤为突出的是窗花和灯方。这两种版画都是印在薄而白的绵纸上，都借助于光。窗花借助日光，灯方借助烛光。华北一带平原风大，窗棂木格较密，这种巴掌大小的彩印版画贴在窗纸上，一格一张，日光透彻，五彩生辉，如同霞光满窗，极是好看。灯方是糊在灯笼上的彩画，由于河北民间重视正月十五的灯节，灯方在武强年画中便占有较大比重。这种灯方多是历史或戏剧内容的单幅故事画，画上有谜语，内容与画无关。这样，既为年节平添兴致，也是民间启蒙和传播文化的一种寓教于乐的手段。

武强年画给我强烈的印象，是农民率真的情趣。那种猴戏内容的年画充满农民的诙谐和幽默；那种讽刺官场中削尖脑袋苟且钻营的"尖头"群相，显示了农民的机智与辛辣；那种描绘对异国想象的《万国山海精图》，三头六臂，熊头狗面，极尽怪异，表现了特定时代农民的无知与天真、保守与浪漫，真是意趣无穷，远比以写实为主的杨柳青年画更具想象空间。至于那些戏曲题材的图画，也与杨柳青年画迥然殊别。杨柳青的戏曲画人物穿金戴银，锦绣满身，分明城市豪宅的堂会场面；武强的戏曲题材却是地道的乡间草头班搭台唱戏，鲜活高亢，响亮逼人。武强年画没有杨柳青擅长的手绘，多用套版印制，红蓝黄绿四色，对比炽烈分明。线条简朴，版味十足，具有北方农民那种粗豪爽朗的气质。如果说，杨柳青年画是民间艺术都市化的典范，武强年画则是乡村风格最迷人的代表。杨柳青的版画趋向绘画化，武强年画却始终保持着深深扎根于泥土之中那种清新永在的原生态。其稚拙古朴的版味，各地年画都无可比拟。

武强年画从神像、窗花、灯方、贡笺、条幅，到扇面、连环画、升官图、纸牌，几乎包揽了旧时乡间的一切文化生活。它既是农民生活天地完完整整的再现，也是农民七情六欲和理想世界的绚烂图像。我们几乎从中可以找到旧时农民的一切，你说武强年画的这笔财富有多大？

由于画版是木质的，易于损坏，使用消耗大，一块版一直用到"平槽"（线条磨平），也就扔掉了。所以现存最早的武强古版当属明代中期。此地年画在清代乾嘉年间达到鼎盛，当时镇上最繁华的南关大街，鳞次栉比都是年画作坊。人们把印好的画儿用木轱辘车推到遥远的京都，用船经滏阳河和大清河运抵天津，用包袱背到山东和河南。武强年画博物馆还保留当年卖画的小贩，从北京返回到武强时，一路按照地名而编唱的"路线歌"。从中可以想见当年长途贩画的情景以及武强年画的盛况。

近世，中国各地木版年画渐渐被胶印画所取代。"文革"中被视为"四旧"，从各家各户查找古版，一车车运到县城烧掉，破坏可谓彻底！幸亏有一批有识之士，收珍寻宝，居然汇集到年画两千余品，艰辛之巨，可以想见。然后于一九九一年建起这座博物馆，至此，劫后残珍，得以永存，比起朱仙镇年画，武强可谓幸甚也。

武强除去博物馆，还有一家小小的专业出版年画的出版社。自开馆以来，隔年举办一次年画节，至今已办两届。虽然平日来馆参观者很少，每有外地人来武强探亲访友，武强人必引来参观，以此为荣。可以深信，现在人们视钱为贵，将来必定视画为宝。武强人现在做的，应说是颇有远见的。

三、今日杨柳青

腊月二十三，我依旧跑到年画之乡杨柳青。年年如此，年年此情，此情难却，此情何情？今年在镇上一逛，未免怅然。在那些火爆的拥挤的花花绿绿的酒摊、烟摊、食品水果摊之间，卖年画的出奇地少。偶有，除去木版刷印的"缸鱼"之外，多是胶印彩印的风光、美女、宠物、明星和异域众生。还有印在塑料膜上的"豪华"的财神与门神,不看便罢,一看便知木版年画已近消亡了。

这消亡是我早已预知的。我就是想看它怎么逐渐地失去,听着民间年画这绚丽的一曲究竟怎样地终了。

前几年,在这镇上还能买到农民手绘的年画,整开的雪莲纸,粉彩绘成,艳丽明快。诸如《农家忙》《阖家欢乐过新年》《全神图》和《五大仙》。据说这是镇外一位七十多岁老妪的手绘,画风稚趣天然,并极具民国时期的风格。我深知日后便会绝迹,每年必买一些,除去馈赠至友,余则珍藏起来。再有,便是一位近八十岁的老翁撂地设摊卖画,所卖三种皆古版制品,一是《穆桂英大破天门阵》,一是《收陆文龙》,一是最富年味的《喜迎新年》。年年老翁都说所印无多,劝我多买。我知他人老力怯,不会多印,这种原汁原味的古版年画已属罕见之珍,去年便包买尽净。今年在镇上走来走去,那老妪的手绘年画不见了,也找不到那老翁的身影。愿他老人家长寿,只是无力卖画在家享受清福吧!他究竟是最后一个把旧年画送到尽头的人……

我终于看到旧年画的终点。一个彩色的历史无声无息地完结了。我站在镇上闹哄哄的人群中,陡然感到一种年意的失落和文化的空白。

年画作为一种自生自灭的应用艺术,终究因时代变迁而变为历史。但它一旦变为历史,反过来又会成为一种历史文化形态,永远闪烁那时代独有的、不可替代的异彩。在它由一种现实的应用价值转变为一种历史文化价值的过程中,最容易被忽略、被丢弃、被泯灭。文化,不只是站在现在看过去,还要站在明天看现在。

所幸各处都有一批卓有见识之士,注重对古版年画的保护、挖掘、收藏、整理和研究,其中杨柳青年画做得最具影响。从博物馆收藏、古版复制到专家研究,杨柳青年画已被尊崇为中国民间文化的珍宝。"连年有余"的图案渐渐被世界公认为中国的一种民族符号。前几年,天津兴办首届中国年画节暨中国年画研讨会,对年画文化的弘扬推波助澜。杨柳青年画已然名扬天下,刻下常常走出国门。此中的遗憾,便是缺少一座专门的杨柳青年画博物馆,因而大批古版珍品积存库中,难见天日,日久必损。我忽然想起七十年代初,因公常常出差芦台。那里也是杨柳青年画的产地之一。得以结识民间艺术家张宗泽先生。从他那里获知芦台年画古版多被用来搭盖鸡窝猪圈，或因版面凹凸，洗衣时正好做搓板使用，我便尽力收集。一次听说，一家留存一块古版，竟是义和团保卫大沽口的画面，索价五元。当时手头窘迫，未能买到。过后再去，才知那家人把画板刨平，改做切菜的案板了。我听罢悔恨不已，悔恨的当然是自己。

错误不在于别人的无知，而在于自己虽然明白却不力争。如今的文化人再莫失去这历史的机会，多挽救和保存一些文化，为了祖先也为了后人。

甲戌年腊月二十四日　津门

《癸未甲申田野考察档案》序

　　甲申年初，李小林打来电话，约我在《收获》开辟专栏，写一写我近年在各地乡间文化普查的所见所闻所思所想。此时，我因文化普查千头万绪的事而身陷重围，压力极大，本想把这约稿推了。又一想，心里确实堆积着从大地获得的那些五彩缤纷呢，倒也该用笔记录下来，便应了小林。谁料这本来并不艰难的写作却使我不堪重负。在镇日的忙碌中时刻要记着不能忽略和逃避交稿的日期。然而一经伏案挥笔，竟然感受到宣泄一般写作的快乐！

　　近两年，一边组织和发动各地民间文化遗产的抢救和普查，一边寻机纵入田野。我喜欢亲近乡土的那种感觉和感受。尤其是——每入乡土深处，才实实在在领悟到民间文化的意义。它直通远古而依然活着的根脉，它在百姓心中深刻的精神之所在，它不可思议的多样与斑斓，它醇正的、浓烈的、深厚而迷人的气息……只有此时此刻，才发现我们对民间其实很无知；而只有弄懂了民间文化，才真正懂得我们的百姓与民族。可是，在全球化和现代化的冲击下，这种根的文化正在遭受全面的、断子绝孙般的冲击……但是，这些发现、体验、认知和思考，这些惊奇、感动、忧虑和焦迫，一入笔管，便发觉被文学研究者们硬性地分类为散文、随笔、批评的种种体裁之有限。于是，在这次的写作中决心拆除各种体裁间的樊篱，将散文、随笔、研究、批评等一起混用。我想，非此不能表现我这种复杂的内容。也许有人会说这是一种文体试验。我却不愿意用"试验"二字，这两个字过于操作性、技术性、游戏性，没有血肉和血性。

　　于是，甲申一年，我在各地奔波、在田野与山川的行走间，不断地寻找

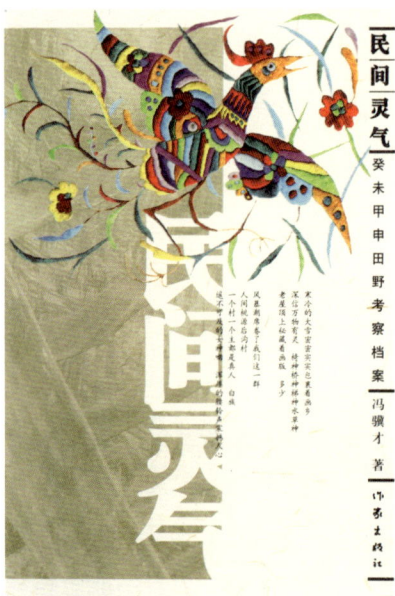

《民间灵气》，二〇〇五年作家出版社出版。

时间的缝隙，让自己的笔站在光洁而美丽的稿纸上。有一次，我忽然发觉稿纸的一排排横竖的小方格很像田畦。我的笔不也在这田野中走来走去，不也在思考、感动和叹息吗？有人说，我这些文章是"行动散文"。我笑道：这个词儿倒是恰如其分。虽然我不想打什么旗号。

本书是整整一年里在《收获》"田野档案"中发表的一系列文章的结集。写到末篇之尾，已感力不能支，故而最后一句是"现在，我要把这个储藏田野档案的门轻轻关上了"。但李小林叫我先不要关上。她说："别忘了你是作家，你这些文章会使更多人了解你、支持你。"她说得不错。一年来，不断有人因为看过《收获》，对我表示声援与鼓励。然而，我的问题的关键是没有时间，更别提写小说了。当鱼和熊掌不可兼得时，我选择什么？我是不是此生注定要守候在民间了？不知道。反正，一个作家倾尽一生之力，最终也只能把自己想写的写出一半来罢了。另一半，或是不能写，或是没时间写。写到此处我忽然感到写作是一种命运。命运就是你在选择，你也被选择。

有感而发，写在书前，且为序。

二〇〇四年十月

南乡问画记

几天来天阴沉着脸。今晨车子驶出杨柳青镇，忽然飘下雪来。雪花小且密，沙沙地拍打车窗，窗外景物立时变得一片模糊。待进入炒米店一带，地上已经均匀地涂了一层冰冷的白。更显出这昔时画乡今日之寥廓。一时，我们车上"杨柳青年画抢救小组"的诸位成员，都陷入了一种历史的茫然。

在一百年前，杨柳青镇骄傲地作为闻名天下的画乡时，这镇南三十六村（亦称南乡）乃是镇上大大小小的画店或版印或手绘的加工基地。所有农人几乎都画一手好画。每个家庭都是"婆领媳作"的手工作坊。人们所说"家家能点染，户户善丹青"就是指这南乡而言。当年这南乡年画的集散地炒米店村，专事营销年画的店铺竟达到一百多家，可见气势之盛！然而这曾经草绿花红的"神奇的土地"因何渐变得荒芜了？

近年来我几次到南乡考察寻访民间画师。一次在张窝，居然连个艺人的人影儿也没见到，无功而返；一次在房庄子找到了方荫枫老人，他精于手绘神像，笔下极具民间的味道，可惜他的兴趣早已转向中国画。去年在较为边远而地势低洼的宫庄子，访到一位民间画师王学勤。他农忙务农，农闲作画，主要是半印半绘津南一带的年俗画"缸鱼"。他有一个小小院落，养一头骡子，还有一间很小的"画坊"。四壁全是作画时来回掀动的画板（俗称"门子"）；每个门子正反两面各贴一张鲜活肥大的红鲤鱼。画师就坐在这五彩缤纷的"缸鱼"中间。其情其景，十分动人。为此我还写了一篇文章《探访缸鱼》。

然而我想，南乡绝不止于王学勤一人！其他的艺人藏在哪里？

今年我们中国民协发动全国的木版年画抢救。我下了决心，要对南乡三十六村做一次彻底的考察了。我曾读到张茂之先生的《杨柳青南方三十六村画业兴衰小记》。他做过一次很重要的田野调查。时间大约是二十世纪九十年代初。根据他的记录南乡的画工已是寥寥无多。但时间又过十余年，如今民间画工到底还有几人？他们以怎样的状态存在？留下多少物质或非物质的遗产？搞清家底和理清遗产是我们这代人的文化责任。我们要对南乡做一次拉网式调查。一网打尽，一清到底。

在阴冷的天气里，我们钻入一个个大雪蒙盖着的寒村。有时真是冷得连麻雀也见不到。

这一次我们自然要先去看望那位画缸鱼的王学勤。谁料到一见面王学勤就龇着牙，笑嘻嘻对我说："老冯，你那篇文章叫我快成名人了。"原来我去年那篇《探访缸鱼》到处转载，给他招惹来不少的"热闹"。一年里引得不少记者、年画爱好者和收藏家去拜访他。但农民不是歌星影星，不会炒作自己。他还是习惯地穿着好几层褂子，使我想起巴尔扎克在《邦斯舅舅》提到执政时期的人们爱穿五层背心的典故。"五层背心"是法国贵族一种时尚，用来炫耀富有。王学勤则是由于在"画坊"里干活实在太冷，必须多穿几件衣服。

他依然延续着农耕时代年画艺人的方式生活。秋收后便备纸调色，开始印画。到了腊月，把画好的画儿一半批发给河北省各地年画的贩子，一半捆在自行车后，去到静海、独流、唐官屯等地的集上摆个小摊儿，一边吆喝一边卖画。照例还是价钱极廉，一块钱两张，说实话只是"功夫钱"。想想看，谁会把他这朴拙又浓艳的"缸鱼"当作一种纯粹又珍罕的民间艺术呢？而年画不是从来都是用过之后，一扯了事吗？即使在农耕社会迅速瓦解的今天，谁又把民间的文化当作一种精神遗产了？且不管这些，我们邀请中央电视台的记者把这位民间画工卖画的全过程都记录下来了。

尽管在周李庄、薛庄子、阎庄子等地，我们都是一无所获，但是在古佛寺却访得一位老画师董玉成。当老画师把他的画样拿出一瞧，竟然是十年前我在杨柳青镇年画摊上买到的那几种仅有的纯民间制作的"半手绘"的木版年画。这几年来已经买不到，谁想到竟在这里撞上。既有《双枪陆文龙》和《大破天门阵》等戏出年画，也有《合家欢乐过新年》等民俗年画。其中一种《大年初二回娘家》，还是首次见到。虽然都是阔笔写意的"粗货"，却是地道的原汁原味的农耕社会的产物。董玉成在古佛寺生活至少三代，全是农人；手中的画艺却是代代相传。他肩宽胸阔，腰板硬朗，一看便是干庄稼活的好手。待细一问，已然七十八岁。他以往年年都画，今年却停了笔，画不动了。后辈人有的干副业，有的当工人，无人能画。民间的文化若无传承，辄必中断。这些画样不就是农耕年画大书上最后的一页了么？

坐在车子上，我的心急于穿过迷蒙的雪雾，从前边那个小小的村落——南赵庄，去寻找一位名叫杨立仁的民间艺人。据悉，这杨家在清代光绪年间开设的"义成永"画铺，曾经名噪南乡。杨立仁在民国中期承继父业，但这至少是一甲子之前的事。"义成永"久已不存，杨立仁画业何在？

可是走进杨立仁老人的小房，掀开靠西一间屋的门帘，我感到自己的眼睛一亮。里边居然还支着画案，放着老版、棕刷、墨碗、色盘、粉枕纸。墨的味道混在寒冷的空气里。一叠印好的花花绿绿的"灶王"放在一边。与老人一谈，他竟止不住地大话当年。他说起六十年前的"义成永"，单是刷版的店工就是二十几号人，一人一天刷印一令纸（一千张画）。"义成永"只印不画，然后把这些"画坯子"拿给全村人去绘制。那时无论男女老少，人人拿笔就画。当他说到北京城门上贴的八尺的巨型门神都出自他们杨家、他们南赵庄，自豪之情在他苍老的声音中响亮地跳动着。

他家传的古版曾经满满堆了三间屋。却几乎完全毁于"文革"。多亏他冒着危险将几套灶王和一块印供花的八仙老版，藏在干燥的灶膛内，才躲过劫难，留到今天。我看其中一套"独灶"（没有灶王奶奶的灶王爷），线刻很精，流畅生动；线版之外，还有红、黄、橙、绿、紫五色的套版。这应是清代中晚期的古版。老人说，现在腊月二十三祭灶的风俗正在渐渐消失。灶王也不好卖。这两年老人年年印几百张，并不为了卖，他说：只是过一过手瘾罢了！

由此我强烈地感受到南乡——这个曾经花团锦簇的年画产地，如今已经彻底地步入灭绝之境。这是由农耕文明向着工业文明转型的历史无情地决定的。

我们终于可以作出结论，农耕形态的应用性的杨柳青年画已经终结。由此更感到我们正在进行的这种终结性的普查与记录的重要。我们在努力地把所见所闻，用笔录、用照片、用录像带忠实而完整地记录下来。因为我们是农耕社会的原生态年画临终时的见证人。我们有责任使后人知道历史的音容笑貌。

癸未春节

探访缸鱼

前两日，杨柳青镇玉成号年画庄的霍庆有师傅风风火火打电话来，急着把一个好消息当作礼物一般送给我。他说他访到一位画缸鱼的乡间艺人，就在张窝附近。他的大嗓门在话筒里叫得很响："他现在就在家里画呢！那样子就和老年间画年画一个样。满床满地满屋子全是'缸鱼'。老冯，快去看吧，诚好看啦！别处再看不着啦！"

我一听，人在家中，心儿却一下子飞到津西天寒地冻的乡间！

近十年，我在津西一带年俗的考察中，年年腊月都会在集市上看到这种艳丽夺目的年画——"缸鱼"。蓝绿的底子上，一条肥头大尾的大红鲤鱼游弋其中。绿叶粉莲，衬托左右。四个大字"连（莲）年有余（鱼）"印在上边。那股子喜庆劲儿，活泼气儿，讨人欢喜的傻头傻脑的样子，特别惹眼。别看摆在人山人海集市的地摊上，打老远一眼就能瞧见它。但它是谁画的呢？这种画只是用一块线版印墨线，没有套版套色，所有颜色都是手绘的。但它们的着色很大气，下笔大胆、粗犷、厚重、果断、痛快。这些浓墨重彩的乡间艺人身在何处？我问过一些卖画的小贩，回答都很含糊，或者推说不知，或者说的不着边际。于是，年年我从静海、独流、杨柳青一带的乡村集市回来，都会买几张缸鱼，连同对这些无名艺人的敬仰与迷惘，一同收藏了起来。

我一直心存着寻找他们的渴望！因为传统的农耕文明在飞快地瓦解，生活方式发生骤变，水缸正被自来水代替。缸鱼都是贴在水缸上边墙壁上的，现在家中什么地方还能贴一张缸鱼？毫无疑问，这些画缸鱼的人无疑是最后一代乡间艺人了。

玉成号的霍师傅是我的好友，也是我的知音。他不单对年画起稿、刻印、手绘无不精通，还有难能可贵的文化眼光，经常急急渴渴地跑到乡镇各处，去收寻寥落无多的年画遗产。他可远比一些泡在书斋里的文人们更深切地珍惜自己的文化！去年，他还向我介绍一位能够手绘五大仙的老者。这老者住在方庄。手绘的水准应是一流。我相信当今能够手绘五大仙，不会再有第二位了。

转天我们把车子开得飞快，到杨柳青接上霍师傅便出镇向西。过了方庄、张窝、古佛寺，东拐西拐，纵入一片乡野。待车窗外出现茫茫的褐色的土地，横斜着冻僵的柳条，白晃晃的冰河，还有歪歪扭扭、没有人影的乡间小路。我心里高兴起来。我知道，只有在这大地深处，才能见到最原始又是活态的民间年画了！

车子驶入一个安静的小村。村口立着一块水泥碑，上边三个描红的刻字"宫庄子"。远远就见一个人站在街口。霍师傅说，就是他，他叫王学勤。

这位画缸鱼的王学勤，瘦长而硬朗，布满皱痕的脸红得好看；一身薄棉衣穿得大大咧咧，透着些灵气。他见面便说："您六七年前来过，那时我出门在外没见着。"我却怎么也想不起这回事来。近十年我跑遍津西一带，察访乡间艺人，结果大多是扑空。故而，常常觉得在现代大潮的驱赶中，农耕历史离去的步履太快太快，快得我们追也追赶不上……

一个小小院落，一排朝东四间小屋，三间住人，一间黑乎乎，似是堆着杂物。低头钻进一看，花花绿绿，竟然是贴了满墙的缸鱼。两尺多长的金鳞红鲤摆着宽宽的尾巴，笨拙又有力，由里向外沿墙游动，直把身边的荷叶荷花挤得来回摇摆。我很激动。因为我终于看到了数百年来杨柳青年画的乡间艺人——也就是农民究竟怎么作画！他们的炕桌上堆满大大小小各种色碗色罐。里边五彩缤纷全是颜料。他们使用的是品色。品色极鲜顶艳，强烈而刺激，别看这些碗罐全都粘满厚厚的尘土，但涂到了画上，那色彩却能冲入你的眼睛。不信，你把这缸鱼拿回家，在屋里随便什么地方一挂，保证你屋里别的什么东西也都瞧不见，抢入眼帘的只有这大红大绿大黄大粉再加金的缸鱼！

杨柳青人画年画是流水作业。他们贴墙装着一排排窗扇似的活动画板，

年年春节差不多都要到津南宫庄子看望画"缸鱼"的王学勤，像这样原汁原味的年画已经不多了。

把画纸贴在板子的两面。等画完这前后两面，便掀过这扇画板，画下一扇。这样既节省地方，又便于流水式的一道道地上色。王学勤说他这缸鱼，总共要上十二道颜色。每一次画五十张。先前一天一夜就能画完这五十张，现在却得画三天。他已经六十六岁了！

真不像！这并不是客气话。这缘故是他一直还在地里干活。农忙种地，农闲作画，乡间的民间艺人自古如此。而且这些手艺全都是代代相传。他说，他上边五代人都善画。他们这宫庄子，还有附近的阎家庄、小甸子等一些小村，不像张窝和炒米店，没有常年的专业性质的年画作坊，纯属农家的副业，一撂下锄头就拿画笔，活儿紧的时候，全家人都上手，画的大多是粗路活，或是从杨柳青镇一些画庄里领活。他听爷爷说过，他们王家还给杨柳青镇上玉成号霍师傅家画过活呢！这话说得霍师傅咧开大嘴得意地笑了。当年的玉成号可是个做年画的大字号。

如今，世风的嬗变，年画消隐了。镇上只剩下玉成号一家。年画从年俗中渐渐退身出来，已经成了一种独具特色的传统工艺。在乡间，实用性民间木版年画只剩下缸鱼和灶王几种。王学勤说，十年前他还骑车跑到天津，在小树林、地道外、河北大街一带批发他的缸鱼。现在他跑不动了，连小站、葛沽、青县这些过去常跑的路远的地方也不去了，最远就到静海。

我听了叫道："原来静海的缸鱼是您画的！这下子可找到主儿啦！我一直以为是静海人画的呢！"

他龇着牙笑道："静海哪有人画，只有咱杨柳青画。可是别人的缸鱼都是头朝一边。我的缸鱼有朝左的、有朝右的，两种。因为水缸有时放在门左，有时放在门右，画上边的鱼脑袋必得朝外。我画的灶王也分两种，因为灶台也有门左门右之分。灶王桌下边不是有条狗吗，狗脸必须朝外，俗话说'狗咬外'，狗不能咬自家人呀！"

这话说得我大笑。这些古老的传说，这些幽默的情趣，这些画里的故事，叫我深深感受到先辈农民对生活的虔敬与那一份美好的企盼。

我问他："现在农民搬进新居，过年时还贴缸鱼吗？"

他说："有的还贴，就贴自来水龙头上边。反正有水就有鱼呗！"

我又笑了，文化习惯真要比生活习惯牢固得多！

王学勤画缸鱼赚钱有限。一张报纸般大小的画，连纸带印，还要画十二道色，一张才卖一块钱，批发五角，利润相当有限。按照现代都市的价值观，缸鱼的前景当然危在旦夕。可是如果哪一天王学勤撂笔不画，会有多么可惜！衍传了至少两三百年的缸鱼会不会就此断绝？但王学勤说："赚不赚钱我都画，只要有人贴我就画，不能叫人买不着缸鱼。"他还指着身边一个小伙子说，"如今我儿子也行了，他个人也能画了。"

这叫我很高兴，也很感动。当今画坛，有几个人能这样"为艺术而艺术"？

王学勤叫我为他题字，他的笔泡在一个破水缸底子盛着的水里。

我取笔蘸墨，一挥而就，写下心中的祝愿：

年丰人寿久，笔健画运长。

写完搁笔，扭头忽见一缕阳光从门外射入，被缸中的水反映在墙上。水光晃动，正照在墙上那些彩画的大鱼身上。这些如花似锦的大鱼一时仿佛活了，笨头笨脑、摇着尾巴游动起来。

二〇〇二年一月二十八日

年画古版《鹤龄老会》发现记

　　津门杨柳青虽是年画故乡，极盛时期品种达数千之巨，然时过境迁，屡遭火祸兵灾，人们又缺少文化意识，随手毁弃，如今不单旧版年画觅不可得，印制年画的古版亦寥若晨星了。

　　但我是个幸运者。丙子仲夏，偶从街头一家古董店见一画版，倚墙而立，苍古沉黯，信是旧物。上前拾起一看，"横三裁"的墨线版上，逼真雕着几个骑鹤为戏的小童，即刻识出这是描绘津门皇会而前所未见的珍贵画版。惊喜中画版险些脱手落地。待一询价，居然便宜得很。当即付款，随之抱版速去，生怕店主反悔。

　　此版深重压手，应是杨柳青人爱用的杜梨木。宽五十七厘米，高三十三厘米，厚二厘米，两面原来都是线版，但一面已刨去浮雕的凸线，改做菜板——这也是许多古画版的去处之一。板上骨渣鳞片，深嵌板面，所刨去的画面虽有遗迹残存，却形象全失。从细辨认，能够看出，反正两面的布局一样，大概是另一道会隆重火红的场面。可以判断，杨柳青曾有一套表现津门皇会的年画，可惜久已散佚，我手里这块版，当是那失群中的一块。

　　皇会，其实就是民间花会。每逢新春，上街表演，以示欢庆。天津地处渤海，渔民出行，常遇黑风白浪，心中渴求平安，供奉妈祖（津人称之为天后娘娘）。传说三月二十三日为天后诞辰，是日人们把天后娘娘的塑像由庙里抬出，巡街散福，届时城内外各会倾巢出动，鼓乐齐鸣，旗幡并举，歌舞百戏，各逞其能。津门又是商业重镇，当此阳春降临在即，借以活跃市井、兴隆商业是也。据说康熙三十年（一六九一年），圣祖玄烨来津谒天后宫时，民间举会，一为献神，一为愉悦皇帝，从此改称"皇会"，盛况更甚于前。由是而下，殆三百年矣。皇会停办至今已六十年（最后一次是一九三六年），但津门各会犹兴未艾，每逢佳节庆典，便集结上演，花团锦簇，情炽似火，为津门本地一大文化景象。

津门的皇会节目繁多，而且有自己鲜明特色。按《天津皇会考纪》所载光绪二十年（一八九四年）就有五十余道。其中鹤龄老会便是此地特产。该会会址原在东门里道署衙门一带。成员都是当地百姓。平时操练，节日献演，不索酬金。应该说，鹤龄老会是道署一带居民百姓世代相传的"社区文化"，所以鹤龄老会又称"津道鹤龄老会"。

且看这块画版上的鹤龄会，所描绘正是春和景明，日丽物鲜，八位童子，身穿锦绣衣，头戴紫金冠，颈套银项圈，胸挂长命锁。其中四个童子骑着红顶白鹤，且歌且舞。在鹤龄会中，这四个被称作"鹤童"的童子，实际是脚踩高跷，把藤胎的羽毛鹤套围在腰间；四只仙鹤，一作飞姿，一作鸣状，一作睡态，一作食样。这便是仙鹤"飞、鸣、宿、食"四种姿态。另几个童子，或舞龙旗，或举鲜花，或捧宝匣。鹤龄会的"鹤龄"二字，含长寿吉祥之意，十分招人喜欢。清高宗弘历（乾隆）下江南时，正赶上皇会大举之日，乾隆泊船在三岔河口一带看会，这些鹤童们便在东浮桥上向乾隆皇帝"朝驾"，惹来龙颜欢悦，颇蒙嘉奖，并得到御赐银项圈四个和龙旗两面，为此声名大噪，身价百倍。该会的行头也更加讲究。这些都能在画版上找到。

这块古版上有题跋。虽然字迹漫漶，间有断缺，经我仔细辨认，识别大半，抄录如下：

鹤龄老会古自传，近来到处戏耍玩（顽）。儿童几个相结伴，信口歌唱太平年。

己亥年旬有三日腴主人题

最有价值的是纪年，即己亥年。

鹤龄会历史悠久。杨一昆（无怪）记载乾隆六年（一七八八年）的天津皇会就提到"西洋德照，前后光悬，少不了老鹤龄在和平音乐前"。乾隆时便称为"老鹤龄"，足见其历史之悠长。在鹤龄会的历史上起码应有四个以上"己亥年"，即康熙己亥(一七一九年)、乾隆己亥(一七七九年)、道光己亥(一八三九年)和光绪己亥(一八九九年)。

光绪己亥正值义和团萌动时期，社会紧张，皇会在"停办"期间，自当除外。对另外三个己亥年(康熙、乾隆和道光)，主要从画风上来分析。

此版画风古朴典雅，人物雍容文静；活跃中不失淳朴，跃动中兼含沉着；结构严谨饱满，布局错落有致；人物各有动态，整体和谐统一；尤其雕版深凹，线条精湛，转折处或刚或柔，全然随心所欲。单是这画版本身就是一件古代浮雕艺术精品。然而康熙年间的杨柳青年画较为简单稚拙，绝无如此成熟。而道光年间的年画的审美倾向城市化，画风趋于纤细妩媚，背景加重，细节增多，又绝无如此朴厚生动，以及浓重的版味。再者，皇会的黄金时代是在乾隆时代。乾隆己亥时在乾隆皇帝御赐皇会龙旗项圈黄马褂之后的三十八年，正是皇会气势最盛之时。这年画的出现，当属必然。而画版本身古韵深厚，版线历久，涯口磨平，却依旧生动如初，更充满着二百年的岁月感呵！

古代皇会的图像资料遗存甚少，仅有两套纪实性绘画作品，分别藏在中国历史博物馆和天津历史博物馆，堪为珍罕，而这块《鹤龄老会》乾隆古版的发现，则对于皇会史和年画史的研究具有双重价值。

记得我曾问及出售画版的店主，此物从何而来。回答令我惊讶，竟是山东淄博。历史上山东人曾来津收买杨柳青画版，拿到山东印刷，但绝对不会对这种纯粹天津地方性题材发生兴趣。多半是这些年古董贩子们倒买倒卖，致使这块地道的津门文化物产，流落他乡之后，又重归故土。在收藏界中，人与物存着一种缘分。此亦我与民间文化有缘，才演出这小小一段文化缘，因记之。

一九九七年一月　天津

守望在田野

庚辰腊月二十，已近壬午岁首，由北京奔天津，旋即赴山东潍坊。此次已是三顾潍坊，但不同以往的是，这次要为西杨家埠村一位民间年画的奇人杨洛书颁发联合国教科文组织认定的"民间美术大师"证书。

这件事起由，还是源于两个月前到西杨家埠考察时，结识了这位年逾古稀的杨洛书。他是大名鼎鼎的"同顺德"画店的第十九代传人。身材很是矮小，像四川人，全然没有山东人的模样。比起来反倒是我更像一条齐鲁大汉。然而他双手力气奇大，手握刻刀，切入一块坚实如铁的杜梨木板时，有如画笔一样游刃自如。杨家埠年画与杨柳青年画最大的不同，是后者半印半画，手绘为主；前者全是木版套印，一张画至少套四五块版。故而它最大的特点是套版精准，版味十足。因之，刀头的功夫便称甲于天下。如今七十六岁高龄的杨洛书，依然还能刻出细如毫发的凸线来，真叫人惊叹不已。而老人不像一般年画艺人，他不总依赖老画样，而是喜好自创画面。近年来，他居然达到一生的黄金时期。去年完成一套《梁山好汉一百单八将》。一条好汉一幅画像，一幅画五块版，一套画要刻五百块版。今年又完成《西游记》上半部，又是两百块版！而且，每年印画三万，远销西北东北，乃至海外。这样的艺人恐怕在年画史上亦不多见，怎么能叫他湮没无闻呢？连那些扯着嗓子也叫不出声的"歌手"们都能火爆一时，怎么能让这样的民间国宝埋没终生？

尤其我国年画乃是农耕文明的产物，在工业文明的取代中，已经进入衰退期。我国一些年画产地如杨柳青、朱仙镇、武强等地，年画正在由民间的实用美术转变为一种过去时的历史文化。然而，杨家埠却是一块例外的绿洲，

七十八岁的杨洛书还在刻版,身怀此技艺的人已然寥寥。

它依然兴旺,每年杨家埠村生产年画竟能达到两千万张!谁来解释其中的缘故?当今的文化学者少得可怜,更是很少有人关心田野间民间文化的存亡。我想,我应该做的,首先是将这位老艺人"保护"起来。因为民间艺术发展的前提,是这种艺术处于活态,那就必须有艺人在!没有艺人,传承中断,马上就成为历史,谁也无法使它复活。

于是两个月里,我通过中国民协,为杨洛书申报联合国教科文组织的"民间美术大师"的称号。当然,我们送去的材料是"硬邦邦"的。我在推荐书上写道:"杨洛书先生是中国现今仅存无多的木版年画传人,而他又处在创作高峰期,实为罕见。且技艺高超,深具年画正宗传统,故推荐之。希望通过这一命名,以记录和保护这位农耕文明中产生的民间艺术家。"这样,很快杨洛书得到了联合国教科文组织的认定。他成了中国年画界第一位世界量级的民间艺人。

在为杨洛书颁发证书仪式后,回到旅店,老人忽然来访。他脸上充满感激之情,使我惶然。我说:"这个称号您是当之无愧的,推荐给联合国不过是我们的责任而已。"

可能由于我的话很真诚，老人一激动竟意外地讲出自己心中的一个悔恨——

他说，他家藏的古版中，有一套《天下十八省》，版之精细，举世无双。他说，这是一幅带画的中国地图，连哪位将军镇守哪个关塞，全都刻着一个小人站在那里。整幅地图上站满古今大将，十分好看。版上刻的字，只有高粱粒大小，但清晰又精美。说话间，一种钦羡之情，溢于言表。他还说，这套古版在"文革"中，被他埋在猪圈里才保存下来。但是在八十年代，来了三个日本学者，死磨硬泡，结果用了两千元给弄走了。

他说得心痛，愧疚万分，那表情像是心脏闹病了。

我问他："您为什么卖给他们呢？"

他没有回答。我想，他为了钱吗？可是他又告诉我，后来他把另一块十分珍贵的明代弘治年间的家藏古版和家谱世系图捐给了中国历史博物馆。

显然他不是为了钱。他深知古版的价值，才把古版送进博物馆。那么他为什么卖给日本学者，是因为他觉得对方真正是这些古版的知音？他害怕再有什么意外的动荡会失去这些传世之宝？反正他没有力量保护住这些民间的遗产。如果他把这些东西当作家财，便会传给后代；如果他把这些祖先留下的精华当作至高无上的宝贝呢？他会很惘然。我们的传统是从来不重视民间的！

我一边想着这些问题，一边对他说，如今他已是世界级"民间美术大师"，今后一是不要印画太多，画上要签名，价钱不能太贱，卖给老乡们可以便宜些，卖给外国人价要高；二要注意防火，他家中除去纸就是木版，极易失火；三是要注意身体。我说："您长寿就是杨家埠年画的福气！"

老人忽起身，从提包中拿出一个锦盒，里边一块古版。古版黝黑，带着年深日久的气质，感觉极老，且又完整。正中为财神，绕身五子，举灯执花，各尽其妙。人物个个饱满富态，皆有古韵。老人说这是他家传古版《四门神花五子》，为道光十四年之物，共两块，为一对。他说：

"这块送给你，那一块我留着。咱们一人一块，我给你写了一张'证明'，上边有我的名字。证明也是两张。两张中间盖着我的图章。放在一起可以对起来。等将来我走了，我会把我那半证明交给我儿子。"

我一看，这证明的一边果然有一半图章，还有一半竖写的字为"壬午年冬"。老人像虎符那样，留给我一半。

一半的证明，一半的门神。一人一半，更像信物。这件事老人做得有情有义，更有深意！

我很感动，他把古版交给我，是信任我，视我为知己，他知道我会把这古版视作无价之宝。从中我忽然一下子明白，他当初为什么把《天下十八省》让给了那三位日本人时，一定把那日本人也当作知己，当作他挚爱的艺术的保护者了！后来他一定后悔了。因为古版一去不回，如同毁掉！他哪里知道日本人对我国民间文化遗产的"挖掘欲"和"拥有欲"！于是我对他说：

"这版我先收下。我收着的可是您这份情意和信任。等将来我老了，我会把这块版再送回来。因为它是属于杨家埠的！"

老人笑了。

我接过古版。版很重，重如石板。我忽想，谁来保护这些在大地田野中一直自生自灭的民间文化呢？

二〇〇二年二月八日

杨家埠的画儿

由济南驱车出来，一路向东，顺顺溜溜几个小时跑到了潍坊。再拐一个弯儿，便进入了寒亭区一个宁静和优美的小村，这就是数百年来四海闻名的画乡杨家埠。

杨家埠的男女老少，全都人勤手巧，既精于种庄稼种菜，又善于印画扎风筝。老时候这样，今儿还是这样。他们农忙时下地，潍坊出名的萝卜就是他们种出来的；农闲时人却不闲——比方现在——他们全都在家里忙着画画呢！杨家埠人最爱说的话是："俺村一千号人，五百人印年画，五百人扎风筝。"意思是说他们全是艺术家。说话时咧着笑嘴，龇着白牙，很是自豪。

杨家埠的年画很有个性。颜色浓艳抢眼，画面满满腾腾，人物壮壮实实。胖娃娃个个都得有二十斤重，圆头圆脑，带着憨气，傻里傻气地看着你。再看画上的姑娘们，一色的方脸盘，粗辫子，两只大眼黑白分明，嘴巴红扑扑，好比肥城的桃儿。你再抬眼看一看印画的姑娘，一准得笑。原来画在画儿上边的全是他们自己。

他们不单画自己的模样，还画自己心里头的向往。那便是家畜精壮，人财两旺，风调雨顺，平安吉祥。所以他们最爱画送福来的财神与摇钱树，辟邪除灾的钟馗、关公和各式门神，以及神鹰与猛虎。不过杨家埠的人"画虎不挂虎"。因为杨家埠的"杨"字谐音是"羊"，老虎吃羊，所以他们家中从不挂猛虎的画儿。他们印虎，那是为了给别人辟邪。瞧瞧，杨家埠的人心地多么善良！

杨家埠年画与天津的杨柳青年画特点明显不同。杨柳青年画的买主多是城里的人，城里的人钱多，要求精细，所以杨柳青年画大都一半印刷一半手绘，画面的风格富丽堂皇，文气雅致；杨家埠年画的需求者全是农民，农民钱少，年画便采用套版，很少手绘。这样，刻版和套版的技术就很高。杨家埠年画一般是六套版。墨色线版之外，再套印五种颜色：红、绿、黄、紫、粉。红与绿，黄与紫，都是对比色。年画艺人有句歌："红配绿，一块肉；黄配紫，不会死。"故此，杨家埠年画的色彩分外的强烈，鲜亮，爽朗，刺激，给人一种乡土艺术特有的颜色的冲击，喜庆和兴奋。这也正是人们过年时的心理与情感的需要吧！

我这次来杨家埠，是要拜访一位老艺人，名叫杨洛书，七十多岁。听说他是杨家埠年纪最大的年画艺人。他家经营的"同顺德画店"至少有二百年的历史。而且老人至今仍在刻版印画。我想，在如今全国许多木版年画产地几乎灭绝而成为历史的大背景中，这位老艺人该是一位罕世奇人了。而且，为什么单单杨家埠的年画古木不倒，反而生机盈盈呢？

杨洛书老人住在村中普普通通一个小院。院内堆着许多刻版用的木头。一南一北两房。北房内外两间，外间是画店的铺面，内间是老人干活的地方；南房支案印画。店中四壁贴满诱人的木版年画，有的是古版新印，有的是新版新印。这些新版都是杨洛书老人新刻的。刻版不是一件容易事。印画的木版为了坚实耐用，选材都是梨木，又沉又硬，年逾七旬的老人哪有这样大的力气？老人个子又小，也不壮，与我站在一起，竟矮两头，不像山东人，山东出大汉呀！但是他伸出两只手给我看，骨节奇大，还有些变形。他说：

"这手是刻版刻的，走样了。刻版得使大力气。白天刻一天，夜里两只手疼啊。"

"大爷，您得去医院看看，这怕是类风湿吧。"我说。我想他大概缺少医学常识，不懂得自己的病。

老人说："是刻版刻的。我一用劲，肚子上的筋全鼓成疙瘩！"

老人去年刻了《一百单八将》，一个好汉一张画，一张画儿五六块版。一年多时间刻了几百块版。今年开始刻《西游记》，连环画形式，八十幅一套。至少又是四百块版。他从哪里获得这样的激情？听说，老人的老伴患病在床。

那么，老人又是为谁付出这样巨大的劳动？

老人告诉我，他爹杨俊三那代人把"同顺德"经营到了顶峰。杨俊三还将画店开到俄国的莫斯科。他拿出一九一七年三月十三日俄国驻黑龙江铁路交涉局签给杨俊三赴俄开店的护照。护照上将莫斯科译成"毛四各瓦"，直叫我看了半天，才弄明白。一时，与我同来的一行人全笑了起来。

老人却没笑，脸上充满对先人成就的自豪。保住先人的业绩应是后人起码的责任。这是不是他依然奋力劳作的动力？

现今画店的经营是非常可观的。这两年他每年用纸八十箱，今年一百箱。每箱三刀，每刀一百张，每张印三四张画。一年单是他的"同顺德"就要卖出十万张年画。据说杨家埠全村一年卖画高达上千万张。买主除去海内外游客、各地的年画批发商，最主要的需求者仍是沂蒙山区里的农民。他们所买的年画多是门神、财神、摇钱树、猛虎、花卉和带"廿四节气表"的灶王。我对老人说：

"他们还这么爱年画吗？"

老人忽然变得挺激动，他说：

"没有年画——他们过不去年啊！"

这句话，使我一下子懂得了年画意义。年画与年俗、与人们的生活理想早已是灿烂地融成一体。它绝非可有可无的年节的饰物，而是老百姓心灵最美好的依托。大概杨洛书老人深深感受这一点，他才一直不肯放下手中的刻刀！

于是，我对这位老艺人肃然起敬，也对民间艺术心生敬意。

走出老人宅院，到了村口，见到几位姑娘在放风筝。这里初冬季节也放风筝吗？一问，原来杨家埠人扎好的风筝，全要试放一下。今日无云，碧空如洗，悬浮在高天的风筝叫阳光一照，极是艳丽。三五只蜻蜓，一只彩蝶，还有一幅方形的画儿，画上画着胖娃娃，这些不全是年画上那些常见的形象吗？

放风筝的姑娘见我很感兴趣，叫我也放一放。我大概有四十多年没放过风筝了，待怯生生接过风车和线绳，但觉线绳颇有韧性和弹力，透明的风已经强劲地传递到我的手上。我顺着线绳抬头望去，只见银白的线极长极长，划着弧线，飞升而上，到了半空，便消没在蓝天里，然后在极高的空中飞着一只大红色的蜻蜓。但是它混在其他几只风筝里，弄不清到底是不是我的。我用手抻一抻线，高天上的大红蜻蜓与我会意地点点头；我把线向旁侧拽一拽，大红蜻蜓随即转了半圈。我忽然觉得，久违的儿时的快乐又回到身上。这使我不觉玩了好一会儿。

待到了杨家埠年画博物馆，人们叫我题诗留念，提笔在手，立时有了两句：

民间情味浓似酒，
乡土艺术艳如花。

写了字，返回来坐在车上时，情不自禁接着又冒出了几句：

年画上天变风筝，
风筝挂墙亦年画。
七十三叟三十七，
杨家埠村寿无涯。

二〇〇一年十一月十八日

四访杨家埠

我坚持要在年底前（二〇〇三年）召开"中国木版年画抢救中期推动会议"，是因为这个项目启动于年初，历时一年，收获甚丰。不少年画产地（如山东杨家埠、高密，河北武强、内丘，河南朱仙镇、湖南滩头，山西临汾等）普查已经接近完成，应进入整理和编辑阶段；另一些产地（如天津杨柳青、陕西凤翔、四川绵竹等），也将普查工作细密的筛子推入田野与村落。此时急需做的事是进行各产地之间的交流，相互借鉴，规范标准，确定期限，使最终的"收割"工作整齐有序。

此项工作在基本上没有国家经费的情况下展开的，所仰仗的全是各地政府在文化上的自觉。山东潍坊的寒亭区和杨家埠深明大义，慨然出资支持这次会议，故而把会议定于十二月二十六日在潍坊寒亭召开，邀请全国各产地派人来聚首一谈。当年事情当年办，不留尾巴进来年——此亦我做事的习惯。

既然来到寒亭，一定要去杨家埠村，看看那些依然刻印画品的小作坊，拜访杨洛书老人。他今年七十八岁，却照例是每年十月二十五日到集上去买四大样（猪肉、白菜、粉条、火烧），煮上一锅，然后按照祖上的规矩，摆供焚香，犒劳案子，开张印画。我还要把从贵阳捎来的一瓶茅台送给他呢。

这次已是四访杨家埠了，原以为只是重温故旧，不料竟有令我惊喜的新得。一是在老艺人杨福源家中，看到墙上挂着一幅《孔子讲学图》。孔子在杏坛讲学，下面坐着七十二弟子，每人一个模样，身边标示姓名。过去不知道杨家埠有这样题材的画，大约与孔子是山东人有关。这种画不是纯粹的年画，而是年画产地刻印的版画。画面上的文字用的是木版书籍上的字体，这个细节颇引起我的注意。

在寒亭的两日里，每晚都要寻一点时间，去拜访此地的民间年画的收藏者。杨家埠一个突出特点是当地有人从事收藏。收藏的本身是一种文化上的自觉与自珍。它的好处是把遗存留在当地，不像山东的平度年画都已飘散四方，致使这次抢救一直无从下手。此外，我也很想了解此地民间收藏的水准，希望从中能有重要的发现。这次见到的寒亭的两位收藏者很有趣，一位藏画，一位藏版，好像分工来做。

藏画者为马志强先生。所藏年画二三百幅，间有高密手绘年画，但大多还是杨家埠的遗存，其中孤品甚多。比方《西王母娘娘蟠桃会》《二进宫》《一门三进士》《文武财神》和《夜读"春秋"》等都是杨家埠历史上罕见的力作。一些巨幅而豪华的家堂，应在杨柳青和武强之上。其中一连四幅条屏《治家格言》，以"朱夫子治家格言"全篇文字为画面衬托，形式很别致。我注意到文字是刻书的字体，颇见功力。难道杨家埠曾经有这样的刻书高手吗？此外，还有十多卷《避火图》也都是见所未见。

《避火图》是直接描绘性爱生活之版画，或作为性生活的助兴之用；或作为性启蒙，在女儿出嫁时，由母亲悄悄放在陪嫁的箱底。形式为手卷，只有十二至十四厘米宽；一连八至十二个画面，内容稍有连续性。如此大小，便于藏掖。《避火图》平时高高地放在房梁上，相传具有避除火灾之力。实际上是由于这种画不便出示于人，避人耳目罢了。昔日画铺卖画，都是把《避火图》贴在门后。杨柳青、武强等地也有《避火图》，但不及杨家埠这样花样繁多。马先生所藏的《避火图》中，竟在光着身子做爱的女子身边写上人名。有的是戏曲人物的女主角，有的是古典小说的女主人公，比如崔莺莺、青凤、莲花公主、娇娜、白娘子、荷花三娘、阿绣、花姑子等；还有的是外国女子。看起来很荒诞，却由此可以窥见人们的心底。人们平时看戏时，戏台上那些艳丽五彩、谈情说爱的女主角都是可望而不可即的，现在居然这样公开做爱，不正是宣泄着那时人们被压抑的性心理和性想象吗？

马先生的个人收藏远远在杨家埠年画博物馆之上。杨家埠是我国三大年画产地之一，但几十年前便是不断"革命"的对象。一次次的暴力洗劫，差不多空了。马先生的收藏很少来自当地。他广泛地从当年应用年画的黄县、滨州、莱州等地的乡间去搜寻，反而将失散的历史汇集得有声有色。

另一位藏版者为徐化源先生，藏版百余块，全是杨家埠的刻品。杨家埠的代表作如《深山猛虎》《神鹰镇宅》《男十忙》《女十忙》《麒麟送子》和《摇钱树》，一应俱全。其中一种"精刻版"叫我领略到杨家埠刻版的独到之功。阳刻的线全用"立刀"，下刀很深，线条犹然宛转自如，版面精整之极，宛如铜铸，单是画版本身就是一件精美的浮雕艺术品。

另外两块版，更使我震惊。一块是杨家埠名画《天下十八省》的印版。画面巨大，描绘着中华山川与各省城镇，应是一幅可以纵览神州的古版地图。此版是其中失群的一块，约40×30厘米。线刻之细，匪夷所思。现在杨家埠年画博物馆收藏一幅完整的版画《天下十八省》，但与此版不同。我相信这块版是那幅画的祖版。

还有一块也是失群的画版。反正面全是文字，依序罗列着夏商周以来历代皇帝称号与年代，类似武强《盘古至今历代帝王全图》，但没有图像，可能图像在其他版块上。尤使我关注的是这些文字都是书版字体，刀刻精纯老到，笔画坚实有力，肯定出自雕刻书版的刻工之手。它使我将杨福源所藏的《孔子讲学图》、马先生所藏的《治家格言》联系到一起，朦胧地感觉到一片刻书的背景。但目前对杨家埠年画的研究还没有旁及到此地图书刻印的历史，所以在会议的闭幕式上我特别强调：

一、要注意调查年画产地与雕版印刷的历史渊源。像天津杨柳青、河南朱仙镇、苏州桃花坞、山西临汾，都与当时雕版印刷密切相关。年画是我国四大发明之一——印刷术发展的直接产物。

二、要注意调查民间的收藏品。民间收藏已经聚集着相当一批遗存。对这些遗存中的精品也要设法记录、拍照、立档。

三、民间年画遗存的一大特征是很少重复。每每发现一件，即是见所未见的孤品，它说明年画这宗文化财富的博大。因此，还要从细调查，避免漏失，尽量把遗存之精华发现出来，记录在"家底"上。

没想到，此次行动还有这样的收获，而意外的收获常常是田野工作的快乐。

可是，对于整个民间文化抢救工程却毫无快乐可言。一年里，耳朵里灌满了方方面面口头的支持，两手却始终空空，举步维艰，一如逆水行舟，偏偏又不肯放弃心中信奉的决定。一天夜里，一位好友自石家庄打电话给我，说："你为什么要把自己放在这样一个困境里？你是殉道者还是一个理想主义者？"

我没有回答，书案上放着两封信，它们在台灯雪白的灯光里一个个字清晰入目——

一封信是一位陌生的七旬老者，家住津西静海县城。他凭着回忆为我画出一幅绝妙的镇海县古城（一字街品字城）图，并告诉我这座世无其二的古县城，半个世纪来一直在被不间断地拆除中，直到一九八九年拆掉孔庙与城隍庙后，便连一丝儿痕迹也没有了。然后他说希望我能出力抢救。我读着信，报以苦笑。从遗骨不存的亡者身上还能抢救回来生命么？陌生老者的信把我引入空茫。

另一封信是内蒙古的民间文化学者郭雨桥写给我的。他今年始发于新疆乌鲁木齐，终抵内蒙古呼和浩特，途经四省，历时一百零八天，行程一万三千七百公里，重点为二州、九县、十七乡进行草原民居建筑的普查。我很欣赏他不仅仅从建筑学而是从人类学角度来普查民居建筑。他把风俗、信仰、礼仪、服饰、节庆，乃至自然环境和野生鸟类也纳入调查对象；同时按照此次抢救工作规定以视觉人类学的方式，对文化遗产进行立体和三维的"全记录"。三个多月他拍摄胶卷一百零二个，摄像三十一盘，整理文字十五万字。我感觉他的收获如同我的收获，极是心喜。但是他在信中告诉我，今年已六十岁，返回呼和浩特便接到退休的通知。他感到困惑。他的整个草原民居调查还需要至少三年时间。像他这样弃家不顾的学者，终年在山野草场中踽踽孤行，默默劳作，还能有多少人？去年他在内蒙古草原上写信给我，说他早晨钻出蒙古包，看着一片静穆的白云覆盖的草地，他哭了，他被大自然圣洁又庄严的美感动了。他本想打电话把他的感受直接传递给我，但天远地偏，没有信号。这样的学者又有多少人？故而，多年来他个人的工资稿费全部都为他的责任感付出了。这位学者的信也把我引入空茫。

二〇〇四年一月二十八日

内丘的灵气

身在北京某个会议上，心儿却神往于燕赵大地。终于没有挨到这种冗长的会议的终了，寻个借口便穿城而出，驱车奔驰在天寒地冻的田野上。

对我如此勾魂摄魄的，乃是在一次民间年画抢救座谈会上，一位来自河北省内丘的女子送给我一本精心打印的册子，封面上四个字"内丘纸马"。翻开一看，即被惊住。那种纯正的乡土味儿，那种粗犷、质朴、率真，那种原始美，蹿出纸页，兜头扑面，一瞬间就把我征服。内丘的纸马，先前只是略有所闻，不曾见过。平日里每每见到的多是杨柳青等地的神马，画上的神仙大都像灶王爷那样貌似高官，正襟危坐，哪有这样的怪头怪脸、浑朴又高古的模样？

内丘县地处河北省南端。东望齐鲁，西邻中州，北通石门，属于邢台的一个县。应是历史久远的燕赵故地，文化的由来可以直接寻觅到秦汉。也许正是岁月去之太久，如今可以看到的地面遗存，除去扁鹊庙和一座牛王庙前的清代戏台，大多村落都很难再有那种"历史感"了。可是谁想到，这些形形色色、出自农人之手的小小的木刻纸马，却叫我们闻到一种邈远又强劲的生命气息。

内丘有三百零一个村庄。现今刻印纸马的村子大约有七八个，大多在县城周围。我去了其中两个，即魏家村和南双流村。据说在太行山里也有，但山里的纸马大多是自印自用，外边很少见到。内丘印画的木版都是木匠刻的，有了版谁都可以印。如果山里的人弄到几块版，自然也就可以印起来了。

魏家村的魏进军家，应是最典型的内丘纸马的作坊。此地作坊全是家庭式的。印画时，全家老少一起上手，有的印画，有的晾画，有的拿出去卖。纸马是年画的一种。逢到春节，张贴纸马，为的是请来天上诸神，送福之外，护佑人安。这是自古以来全人类共有的生存心理。纸马在内丘分大小两种。大纸马与各地的灶王和全神差不多一样；小纸马在北方为内丘特有，只有巴掌大小，而且是黑线单色，不需套印，一个人完全可以完成。

魏进军的先辈就印纸马。家传老版不少，"文革"中经意保护，至今存藏的老版《连中三元》《关公神像》《全神图》《八仙祝寿图》等，应是清末民初的刻品，属于大纸马一类，风格与我国年画重镇武强殆同，甚至连眉眼与衣纹的画法也全然一样。内丘与武强相隔不过一百多里，中间有滏阳河相通，风格相似，亦属必然。这些大纸马都是红黄绿三色套印。魏进军和妻子王棉印画的技术相当纯熟，套版十分精准。

然而，他们的小纸马就是纯粹的地方土产了。

小纸马大多为 10×20 厘米左右。木版印刷，单线黑色，彩色粉莲纸。纸分深桃红色和淡黄色两种。黑色不是墨，而是用烟黑加水胶煮成。印画时先在画版上刷上黑色，将纸铺上，不用棕刷，只用手边按边抹即成，非常简单，几乎一看就会。木版的用材都是较坚硬的榆木或杜梨木，为了经久耐用；有时一块木版的反正面，各刻一个画面，则是要节约板材。内丘人在出售这些纸马时没有店铺，只是放在篮子里拿到集市上，找个空地，铺块布或硬纸摆好便卖，方式极其原始。小纸马的画面非常简单，但认真瞧一下画面便非常的不简单了。

内丘的小纸马到底有多少种，无人能知。此时正是年前，我在县里的集市上随手收集到的就有三四十种。既有门君、药王、土神、喜神、吉神、鲁班、财神、龙王等民间崇拜的偶像，也有仓官、土神、地母、青龙、白虎等由来久远的古老神灵，其中那些中梁祖、上方仙家、五道等来自何方，那就要好好到民间请教。至于那些井神、梯神、鸡神、路神、场神、车神、水草大王神等，都是用于敬拜生活中天天碰到的身边的事物。这些普普通通的事物真的个个都有可以感知的神灵么？在遥远的过去，古人不能解释为什么车子突然会坏，鸡鸭为什么在一夜间成群地死去，人为什么不幸从梯子上掉下来，于是就相信这些事物被无形的神灵掌管着。这也就是古人"万物有灵"之说的由来了。在蒙昧的远古，没有科学，不能解释大千世界，人对万物全凭感知。物我相通的两边，一边是心灵，一边则是神灵。这不是迷信，而是我们祖先天人合一的生活方式。此中那一份对美好生活的盼切不是叫我们深深地感动么？

这些纸马上的神灵形象竟是这般原始与朴拙，使我们联想到远古的岩画与汉人的画像砖。尤其是土神脸颊上生出的那一双朝天举起的双臂，叫我们更加相信民间文化常常是历史的活化石。那些竖直的排线和奇异的符号，是不是还在固执地保持着至少千年以上的图像？

内丘的纸马又不仅仅是历史的遗存，它至今仍与人们的生活融为一体。逢到春节，人们请神送神时，依旧遵照民俗仪式，唱歌跳舞，把各种纸马贴到屋里屋外一切物品上——桌上、椅子上、树上、井上、梯子上、鸡窝上、马棚上……甚至连今日的摩托车和拖拉机也贴上车神的纸马。

当然纸马又是脆弱的。

按照此地风俗，每当春节过去，送神的仪式就是把纸马烧掉。所以古老的纸马很难保存下来。而印纸马的木版在"文革"中也废除殆尽，纸马的历史一片寥落与荒芜。而眼前农耕社会正在消退，纸马的生命已进入终结期。幸好——我看到，内丘的一些文化工作者都是目光深远的人，他们已经开始对这一份农耕时代的文化遗存进行普查与整理了。我此行还要告诉他们，全国的年画抢救已把内丘纸马列为专项。他们所做的，是把前人的精神文化留给后人。

二〇〇三年十月六日

拜灯山

在燕北那些古村落里，我忽然感觉手腕上的表针停了，时间变得没有意义，历史在这里突变为现实。其实这并不奇怪，中国的现代化还只是神气十足地端坐在各省的一些大城市里，历史却躺在这些穷乡僻壤——尤其是各省交界的地方呼呼大睡。连数百年前那些为了防范"外夷侵扰"的土堡也依然如故。在中古时代多民族争战的燕北，每一座村庄外边都围着一道高高的土夯的墙，像是城墙，它历久弥坚，尽管有的只剩下狼咬狗啃般的残片，却仍像石片一样站立着，在今天来看成了一种奇观。一些墙洞和豁口是图走近道的村人钻来钻去的地方。最坚固的是堡门，四四方方，秃头秃脑，好像碉堡，但早都没有了堡门。门上却清清楚楚写着村名和建堡年号。抬头一瞧往往吓一跳，有的竟是"康熙"甚至"嘉靖"和"洪武"，已经三四百岁了。

堡内的历史似乎保存得更好一些。街区的格式还是最初的模样，老屋老宅只是有些"褪色"罢了。一些进深只有数尺的小庙，墙上的壁画有的竟是大明风范。那些神佛的故事画上，每个画面旁边都有一条写着说明文字的"榜书"。最令人神往的是，各个村口几乎全有一座戏台。据说半个世纪前，蔚县有戏台八百座，一律是木造彩绘，式样却无一雷同。数十年来不断地拆毁，遗存仍很可观。只是放在那里无人理睬，任凭风吹雨淋日晒鸟儿筑巢，小孩儿爬上去蹲在里边拉泡屎。

可是这些戏台往往称得上是一座博物馆。戏台两侧的粉墙上，有残存的绘画，有闲人漫题，有泄私愤的骂人话，有当年戏班子随手写上去的上演的剧目，有的还有具体的纪年；甚至还有"文革"期间全村划分阶级成分的名单公告。它们之所以至今还保留在墙上，就是没人把它们当作是一种历史，而现在仍然没人把它当作历史。

在上苏庄村北端一座数丈高的土台上有一座三义庙。庙前的台阶陡直，可谓直上直下。殿前对联写着"三人三姓三结义，一君一臣一圣人"。北方乡间建三义庙，多是为了从刘备、关羽和张飞三兄弟那里取一个"义"字，来维持人间关系的纯正。但上苏庄村的三义庙，却多了另一层意义。站在庙门前，居高临下，俯视全堡，细心体会，渐渐就会破解出此堡布局的文化内涵。

据说当年建堡时，风水先生看中一条自东南朝西北走向的"龙脉"，如果依此龙脉布局建村，可望兴旺发达。但这条龙脉不是直通南北，怎么办？从八卦五行上看，龙脉的"首"与"尾"都在"土位"上。这便要在"土"上好好做文章。由于火生土，就在南端建造一座灯山楼，敬奉火神，促其兴旺；可又担心火气过盛，招来火灾，于是又在北端建起这座三义庙来。因为相传刘备是压火水星，可以用来抑火。

这样，一个完美的村落就安排好了：堡内中间一条大道，由西北向东南，正是龙脉。南端是灯山楼，北端是三义庙，一火一水。火生土，水克火，相生相克，迎福驱邪。这使我们在不觉间碰到了中国文化中一个最本质的追求——平衡与和谐。

然而这一切，在上苏庄村特有的一个古俗中表现得更为深切，这古俗叫作"拜灯山"。

灯山是指灯山楼，就是堡南那个火神庙。拜灯山是敬祀火神。敬火神不新鲜，但这里敬神的方式可谓举世罕见。

本来拜灯山只是在每年正月灯节举行。此地的主人知道我们这些来蔚县参加"全国民间剪纸抢救专项工作会议"的人多是民间文化的学者，难得到这里来，便特意为我们演示此项古俗。

拜灯山的风俗分前后两部分。人们先要在灯山楼前举行奇特的敬神仪式，然后去到村口戏台前的广场上看戏听曲，载歌载舞，大事欢庆。

北官堡的灯山楼称得上天下奇观。说是神庙，其实只是一个神龛，灰砖砌成，高达三丈，龛内没有神像，空空的只有一个巨大的梯式的木架。一条条横木杠排得很密。这些木杠是拜灯山时放灯碗用的。平时没有灯碗，只有一个大木架。但绝没有小孩爬进去玩，因为这是神龛。

在拜灯山仪式举行的前一天，先由艺人按照一定的文字笔画在木架上摆灯碗，也就是用灯碗点状地组成特定的文字与花边图案。这些文字构成的吉祥话，是用来表达心中美好与崇高的愿望的。如：五谷丰登，四季平安等。灯碗是一种粗陶小碗，内置灯捻与麻油。灯楼内的文字年年不同，但艺人严守秘密，村人绝不知道，这也使拜灯山更具神秘性。

天色黑时，全堡百姓走出家门，穿过大街缓缓走向堡南的灯山楼。一路上，跨街挂着的方形纸灯都已点亮。上边饰着彩花彩带，灯笼上写着吉语，如风调雨顺，人畜两旺，国泰民安，和气生财等。美好的词句渲染着人们的心情。据说，一般挂灯十二盏，闰月十三盏，寓意月月平安。当人们聚到灯山楼前，已是一片漆黑，没人说话，全都立在一种庄重又肃静的气氛中默默等待。

不多时，堡北高处三义庙的灯亮起来，如同启明星，很亮很白。跟着，堡内各处小庙燃灯烧香，神的气息笼罩人间，拜灯山的活动便开始了。三位艺人手持蜡烛，爬上楼内木梯，由上而下将木梯每一横木杆上的油灯点着。渐渐亮起来的灯火联结起来的笔画一点点、一个字一个字地显露出来。顺序而成是四个大字"天下太平"。四字形成，众人欢呼。艺人们将一道巨大的纱幕拉上，遮在外边，里边木梯的影子就被遮住，唯有灯光由内透出，朦朦胧胧，闪闪烁烁，亮亮晶晶，尤其风动纱帘时，灯光分外生动，仿佛有了生命，景象真是美妙之极！不多时，一阵锣鼓响起，由大街北边传来。随着敲锣打鼓，一群盛装艺人们鱼贯来到灯山楼前。主角是由孩子装扮的"灯官"——据说这孩子必得是"全科人儿"。他坐在"独杆轿"上，由四名扮成衙役的村汉抬着，还有一些身穿文武戏装的人物跟在后边。其中一男一女反穿皮衣，勾眉画脸，扮成丑角，分外抢眼。这一行人走到灯楼前，列队、设案、焚香、作揖、施叩礼，敬拜火神，其态甚虔。我暗中观察四周的村民，没有一个笑嘻嘻的，更没人说话，全是一脸的郑重和至诚。在这种气氛里自然会感受到火神的存在。

有人连着吆喝三声："拜灯山喽！"声音是本地的乡音。

跟着鞭炮响起。据说燃放鞭炮，一为了助兴，一为了通知村口戏台那边，表示这边的拜灯山仪式已经完毕，那边的大戏即将开锣。

灯官一行转过身来，经来路返回。随行的戏人开始戏耍起来，刚才那种虔敬与神秘的气氛转为火爆。渐渐地，那穿装怪诞的一男一女两个丑角成了主角。

村人们都知道这男的叫"老王八"，女的叫"老妈子"。他们演的是"王八戏妈子"。但一般人说不清楚为什么王八要戏耍妈子。与我同来的民间文化的学者也无一能够说得明白。中国的民间文化从来都是这样——我们不知道的远比知道的多。

倘若听当地老人说一说，这两个人物的来历非同小可。他们竟是神话时代的北方之神玄武与玄武的妻子。

玄武在道教中主管北方，所以北方百姓对玄武尤其崇敬。然而，在中国的民间，人们对自己的敬畏者并不是远远避开，而总是尽量亲近，与之打成一片。敬畏龙王又戏龙舞龙，惧怕老虎却反而将虎帽虎鞋穿戴在孩儿身上。由于传说中玄武是龟蛇合体，民间称乌龟为王八，故戏称玄武为"老王八"。而"老妈子"是此地人对老婆的俗称。这样一来，神与人便亲密起来。人们把老王八的脸画成一个龟面；头上竖一根珠簧，舞动时，珠簧乱颤，好似蛇的芯子；脖子上还戴一串铃铛，一边跑一边哗哗地响。"老妈子"的脸被画成鸟面，头顶红辣椒，手挥大扫帚，两人相互追逐，滑稽万状，尤其到了十字街口供奉火神的灯杆下，有一番激烈的扑打，最后老王八将老妈子扑倒在地，引得人们哈哈大笑。据一位老人说，这不是一般打逗，是表示玄武夫妻在交媾。传说中玄武与妻子生殖能力极强，此中便有了多子多福的寓意，分明是一种原始的生殖崇拜了。对于远古的人，生殖就是生命力；生殖本身就是最强大的避邪。它正是这一古俗里久远与深刻的精髓。在这些看似戏闹的民俗里，潜存着多少古文化的基因呢？

老王八扑倒老妈子之后，这边的活动即告结束。此时，不远的村口锣鼓唢呐已经大作起来。那边欢庆的气氛与这边快乐的情绪如同两河汇流，顷刻融在一起，大批的人涌向村口戏台。

据说，身后的灯山楼那边，会有一些不孕女子偷油灯，拿回去摆在自家供桌上，传说可以早日得子；还有人举着娃娃去爬灯杆，寓意升高……据说，先前蔚县一带不少村庄都有拜灯山的风俗，但大都废而不存。衍传至今的独独只有上苏庄村。对于拜灯山，我所看重的不只是这种具有神秘感的风俗形式，更是其中那种对命运和大自然的虔敬、和谐的精神，还有亘古不变的执着与沉静。

二〇〇四年一月十日

打树花

一直来到暖泉镇北官堡的堡门前，也不清楚堡外民居的布局。反正我是顺着人流、沿着一条九曲十八弯的小街挤进来的。小街上没有灯，到处是乱哄哄来回攒动的人影，嘈杂的声音淹没一切，要想和身边的人说话，使多大的劲喊也是白喊。但这嘈杂声里分明混着一种强烈的兴奋的情绪。有时还能听到一声带着被刺激得高兴尖叫。这种声音有个尖儿，蹿入夜间黑色的空气里。

北官堡的堡门像个城门。一个村子怎么能有这么大的土城？至少三四丈高的土夯包砖的"城墙"上竟然还有一个檐角高高翘起的门楼子。门前是个小广场。站在城门正对面，目光穿过门洞是一排红灯，前大后小，一直向里边向深处伸延。显然那是堡内的一条大街。这一条街可就显出北官堡非凡的家世与昨天。但这家世还有几人知道？

门前广场上临时拉了一些电灯，将堡门下半截依稀照见，上半截和高高在上的门楼混在如墨的夜色里。一个正在熔化铁水的大炉子起劲地烧着。鼓风机使炉顶和炉门不停地吐着几尺长夺目的火舌。这火舌还在每个人眼睛里灼灼发亮，人们——当然包括我，都是来争看此地一道奇俗——打树花。我于此奇俗，闻所未闻，只知道此地百姓年年正月十六闹灯节，都要演一两场"打树花"。

当几个熊腰虎背的大汉走上来，人们沸腾了。这便是打树花的汉子。他们的服装有些奇异，头扣草帽，身穿老羊皮袄，毛面朝外，腰扎粗绳，脚遮布帘，走起来又笨重又威风，好像古代的勇士上阵。这时候，人群中便有人

打树花的景象。

呼喊他们一个个人的名字。能够打树花的汉子都是本地的英雄好汉。不久人声便静下来。一张小八仙桌摆在炉前，桌上放粗陶小碗，内盛粗沙，插上三炷香。还有几大碟，三个馍馍三碗菜。好汉们上来点香，烧黄纸，按年岁长幼排列趴下磕头，围观人群了无声息。这是祭炉的仪式。在民间，举行风俗，绝非玩玩乐乐，皆以虔诚的心为之待之。

仪式过后，撤去供案，开炉放铁水。照眼的铁水倾入一个方形的火砖煲中。铁水盛满，便被两个大汉快速抬到广场中央。同时拿上来一个大铁桶，水里泡放着十几个长柄勺子，先是其中一个大汉走上去从铁桶中拿起一个勺子，走到火红的铁水前，弯腰一舀，跟着甩腰抡臂，满满一勺明亮的铁水泼在城墙上。就在这一瞬，好似天崩地裂，现出任何地方都不会见到的极其灿烂的奇观！金红的铁水泼击墙面，四外飞溅，就像整个城墙被炸开那样，整个堡门连同上边的门楼子都被照亮。由于铁硬墙坚，铁花飞得又高又远，铺天盖地，然后如同细密的光雨闪闪烁烁由天而降。可是不等这光雨落下，打树花的大汉又把第二勺铁水泼上去。一片冲天的火炮轰上去，一片漫天的光雨落下来，持续不断。每个大汉泼七八下后走下去，跟着另一位大汉上阵来。每个汉子的经验和功夫不同，手法上各有绝招，又互不示弱，渐渐就较上劲儿了。只要一较劲，打树花就更好看了。众人眼尖，不久就看出一位年纪大的汉子，身材短粗敦实，泼铁水时腰板像硬橡胶，一舀一舀泼起来又快又猛又有韵律，铁水泼得高，散的面广，而且正好绕过城门洞。铁花升腾时如在头上张开一棵辉煌又奇幻的大树。每每泼完铁水走下来时，身后边的光雨哗哗地落着，映衬着他一条粗健的黑影，好像枪林弹雨中一个无畏的勇士。他的装束也有特色。别人头上的草帽都是有檐的，为了防止铁水蹦在脸上，唯有他戴的是一顶无檐的小毡帽，更显出他的勇气。

据当地的主人说，这汉子是北官堡中打树花的"武状元"。今年六十一岁，名叫王全，平日在内蒙古打工，年年回来过年时，都要在灯节里给乡亲们演一场打树花。

正像所有民俗一样，打树花源于何时谁也不知，只知道世界上唯有中国有，中国唯有在蔚县暖泉镇北官堡才能见到。除去燕赵之地，哪儿的人还能如此豪情万丈？

此地处在中原与北部草原的要冲，过往的行旅频繁，战事也忙，那种制造犁铧、打刀制枪、打马蹄铁的"生铁坑"（翻砂作坊）也就分外的多。人们在灌铁水翻砂时，弄不好铁水洒在地面，就会火花飞溅，这是铁匠们都知道的事。逢到过年，有钱的人放炮，没钱的铁匠便把炉里的铁水泼在墙上，用五光十色的铁花表达心中的生活梦想，这便是打树花的开始。当然，关于打树花的肇始还有一些有名有姓、有声有色的传说呢。

民俗的形成总是经过漫长岁月的酿造。比如最初打树花用的只是铁水一种，后来发现铁水的"花"是红色的，铜水的"花"是绿色的，铝水的"花"是白色的，渐渐就在炉中放些铜，又放些铝，打起的树花便五彩缤纷，愈来愈美丽。再比如他们使用的勺子是柳木的，民间说柳木生在河边，属阴，天性避火。但硬拿柳木去舀铁水也不行，这铁水温度高达一千三百度呢。人们便把柳木勺子泡在水桶里，通常要泡上一天一夜，而且打树花时每个汉子拿它用上七八下，就得赶紧再放在水桶里浸泡，多用几下就会烧着。湿柳木勺子的最大好处是，铁水在里边滑溜溜，不像铁水，好像是油，不单省力气，而且得劲，可以泼得又高又远。

铁水落下来，闪过光亮，很快冷却。打树花的过程中，常常会有一块两块小铁粒落在人群里，轻轻砸在人们的肩上，甚至脸上，人们总是报之以笑，好像沾到福气。我还把落到我身上的一小块黑灰的铁粒放在衣兜里，带回去做纪念呢。

有人说，蔚县的打树花至少有三百年的历史了。不管它多少年了，如今每逢正月十六——也就是春节最后的一天，这里的人们都上街吃呀，乐呀，竖灯杆呀，耍高跷呀，看灯影戏呀，闹得半夜，最后总有一场漫天缤纷的打树花，让去岁的兴致在这里结束，让新一年的兴致在这里开始。

中国人过灯节的风俗成百上千，河北蔚县暖泉镇北官堡的打树花却独一无二。

二〇〇四年一月十日

王老赏

我最初知道王老赏是四十年前。他刻刀下的那些活灵灵的戏剧人物被精印在硬纸片上，装在一个银灰色的纸盒里，让我着迷。我喜欢他那种朴拙中的灵动，还有古雅中的乡土气味。王老赏是较早地登堂入室的一位民间艺人。尽管蔚县剪纸发轫于清代末叶，但王老赏使那一方水土生出的剪纸艺术，受到世人的倾慕。

然而，当我去造访蔚县这块神奇土地时，就不只是去探寻王老赏的遗踪了，我还要了解这个闻名天下的剪纸之乡如今"活"得如何？怎么"活法"？

一入县城，一种商业化的剪纸的气氛就扑面而来。各种剪纸的广告、专门店，以及图像随处可见。

当今，各地方都在用自己的地域文化"打造品牌"，营造声势，建厂开店，拿它赚钱。这里也是一样，连王老赏的故乡南张庄也在村口竖一块巨型广告牌，写着"中国剪纸第一村"。

这种景象，比起陕西窑洞里那些盘腿坐在炕上的剪花娘子，在阳光明媚的斜射中，弯弯的眼角含着笑，用剪布裁衣的大铁剪子随手剪出一个个活蹦乱跳的生灵，完全是两种感觉。

可是进一层观察，整个蔚县剪纸已经进入了另一种存在的形态。

首先是此地的剪纸已经进入规模生产。从县城里国营的剪纸厂到南张庄那里一家一户家庭式的作坊，雇用着少则三五人、多则数十人的剪纸工，从熏样、打纸闷压、刻制到染色，分工进行流畅而有序的流水作业。每个作坊的主人都是剪纸艺人，他们主要的工作不再是制作而是设计和营销了。原先，

《王老赏戏曲刻纸》，一九五五年上海人民
美术出版社出版。

王老赏像（一八九〇——一九五一），佟坡作。

　　剪纸的忙季多为秋收后转入农闲的日子，现在则是一年四季天天如此，因为
他们多是依靠各地工艺品批发商包括外商的订单来制作。

　　当今，蔚县境内有十六个乡镇的九十六个村庄从事剪纸。剪纸专业村
二十八个，家庭式剪纸作坊一千一百户，艺人二万余人。年产剪纸三百万套，
年收入三千万元。在中国许多地方剪纸艺术如入秋后的山间野树，日渐衰颓
和凋零，蔚县所展示的不是一个奇迹吗？

　　蔚县剪纸的奇迹与它独特的艺术魅力有关。各地剪纸普遍以单一的红纸
为材料，这便使得用彩色点染的蔚县剪纸独领风骚。它使用阴刻，正是为了
那些大块的纸面易于着色。它在色彩上直接吸收了木版年画成熟的审美经验，
遂使这种艳丽五彩、强烈夺目的民间小品成为了中国文化一个典型的符号，
并走向海外。如今蔚县剪纸已经不只是年节应用的窗花，它广泛地成为美化
家居的饰品、馈赠友人的礼品和艺术欣赏品，融入现代人的生活。

　　能适应这种转变的，是因为蔚县剪纸还有一个优势——它是"刻"纸，
不是"剪"纸。

　　中国剪纸有剪刻之分。剪纸用剪子来剪，刻纸用刻刀来刻。剪纸一次只

能剪一张，刻纸一次能刻许多张，多至十几张甚至几十张，成品能够一模一样。剪纸比较随意，富于灵性，线条生动，朴实粗犷；刻纸必须按照画稿雕刻，容易刻板，但可以达到极其繁复和精细的境地。这也是刻纸与生俱来的优点。它使刻纸便于成批生产，满足现代市场大批量的需求。

进入了当代商品市场的蔚县剪纸，一边在复制传统的经典，如戏剧人物和脸谱，一边创新，新题材大量涌入。当代工艺美术在题材上的新潮流是彼此照搬，互通有无。如果刺绣去绣《清明上河图》，雕刻也雕，烙画也烙，剪纸也剪；如果雕刻去雕《九龙壁》，烙画也烙，刺绣也绣，剪纸也剪。于是圣诞老人、世界名都、各国总统、卡通人物，全进了剪纸。剪纸题材的开拓，原本无可厚非，尤其民间艺术是一种应用艺术，有市场就存活，没有市场就死亡。但在历史上，各个地域的民间文化都是在相互隔绝的状态下独立完成的，地域的独特性是它的本质。而民间文化与精英文化最本质的区别是，精英文化是个性的文化，是张扬艺术家本人个性的；民间的文化则是共性的文化，只有那个地域的人都认同了这种审美形态，它才能够生成与存在。但是，当在它进入当代商品市场之后，就要适应广泛的口味。地域性向世界性转化，随之便是原有的个性魅力的弱化与消损。

民间艺术中最重要的内涵是地域精神和生活情感。当民间艺术成为商品后，它原发的生活情感就消失了，招徕主顾成了它主要的目的。于是加金添银，崇尚精细，追求繁缛，叫人感到它们在向买主招手吆喝，挤眉弄眼，失却了往日的纯朴与率真，这也是我在当今蔚县的一些剪纸商店里感受到的。

当然，我也看到令人欣然的另一面。

那是在南张庄，一座极其普通的民居小院，简朴的小门楼的瓦檐下挂着一块黑漆金字的横匾，上边写着"民间剪纸大师王老赏故居"。我带着一种遥远而亲切的情感走进去。虽然这里的住家早已不是王家后裔；由于事隔至少五十年（王老赏于一九五一年故去，享年六十一岁），几乎没有王老赏的遗物，但这小院却真切地保存着王老赏昔时的生活空间。瓦屋，砖墙，土地，老树，马棚，柴房……看上去都不平凡。任何故居都有一种神圣感，因为先人生活乃至生命的气息——村人称作"仙气"，总是微微发光地散布在这里的一切事物里，使凡世景象化为神奇。

我忽然想，在中国，哪里还会把一位民间艺人的故居挂起牌子，原生态地保存着？天津的泥人张和北京的面人汤——恐怕全被那些拔地而起"穿洋装"的高楼大厦踢得无影无踪了吧？

蔚县剪纸的真正希望，还是在于他们把自己的民间艺术当回事。他们有一些民间文化的学者，长期从事这一宗地域文化遗产的调查、收集、整理，并已经出版一些颇具水准的图文专著，并一次次召开剪纸艺术的研讨会。有了这般学术保证，遗存就不会被轻易地随风散失。他们的文化眼光比一些大城市还要深远呢。

同时，逢到春节，此地贴窗花的习俗依然强盛。蔚县的传统根基很深，单是在不同形式上窗格上排列窗花的方阵，就深受周易八卦、天干地支和二十八宿的影响。此地学者在这方面有很精到的研究，看来，真正使民间文化的生态得到保护，还是要靠民俗生活的存在。

一边是传统犹存，一边是商品市场在加速膨胀，蔚县剪纸正在由农耕文化形态向现代的商品形态转化。他们将何去何从？从商品市场上看，民间文化在悄悄地变异，形存实亡；从文化生态上看，农耕文明正在日益衰竭。虽然蔚县剪纸风光尚好，也只不过由于天远地偏，真正意义的现代化大潮尚未来到罢了。他们感到这种远在千里又近在眼前的危机了吗？谁来帮助和提醒他们？

二〇〇四年一月十日

游佛光寺记

辛巳深秋，应邀赴晋中考察民居保护，奔忙一阵后，主人表达盛情，说要请我们北上去往五台山一游。我说五台山寺庙一百二十座，先看哪一座？我这话里自然是含着心中的一种期待。

主人如在我心中，笑着说："先看佛光寺。"此语使我直叫出好来。好叫出声，乃是心声。

当然，这一切都根由于梁思成和林徽因那个中国文化史上闻名而神奇的故事。一九三六年他们先是在敦煌六十一号石窟的唐代壁画《五台山图》上，发现了这座古朴优美的寺庙；转年他们来五台山考察时，在五台县以北的深山幽谷中竟然发现佛光寺还幸存世上。于是，这座被忘却了千年的罕世奇珍一时惊动了世界。

那么，我们就要去这佛光寺吗？仰头就能看到唐人宁遇公写在东大殿顶梁上那一行珍贵的墨书题记？还有梁思成他们用照相机留下的那些迷人的画面？可是忽又想，如今旅游日盛，佛光寺也会变得花花绿绿吧。

车子穿过太原，经新城、阳曲一直向北，至忻州而西。过定襄、河边、五台，窗外景物的现代气息渐渐淡化，然后车子纵入山路。道路随山曲转，路面多是碎石，车子颠簸如船。透过车轮卷起的黄土，却见山野入秋，庄稼割过，静谧中含着一些寂寞，只有阳光在切割过的根茬上烁烁闪亮。偶见人迹，大都是荒村野店。时而会有一座小小的孤庙从车窗上一闪而过。这种庙全都是一道褪了色的朱墙，里边只一道殿，一两株古松昂然多姿伸展出来。这些都是早已没了僧人的野庙吧！原先庙中的老僧呢？无人能知能答。只有一些僧人的墓塔零星地散落在山野间。有的立在山坡，面对阳光，依旧有些神气；有的半埋草丛间，沉默不语，几乎消没于历史。这些墓塔有石有砖，大都残破，带着漫长而无情的岁月的气息。塔的形制，无一雷同。有的形似经幢，有的状如葫芦，有的如一间幽闭的石室。它们的样子都是塔内僧人各自的性格象征么？每个塔内一定都埋藏着永远缄默的神秘又孤独的故事吧。

这时，我已是在时光隧道中穿行了。

恍恍惚惚间，我的车子变成了梁思成和林徽因所坐的马车，好像阎锡山还派了一小队士兵护送着他们。在那兵荒马乱的年代，他们长途跋涉来到这里为了什么？当时他们在这路上，对佛光寺还是一无所知呢！

车子一停，我的眼睛忽然一亮，一尊朱砂颜色古庙就在眼前。佛光寺！它优雅、苍劲、浑朴、高逸，像一位尊贵的老者，站在山坳间的高岗上含着笑意迎候着我。背面是重峦叠嶂，危崖巨石，长草大木。使我感到特别庆幸的是，这里的道路艰辛，来一趟十分不易。今日旅者多好游玩，不知访古与品古，佛光寺地处南台之外，没有人肯辛辛苦苦跑到这里来。而且，此处又属文保单位，不是宗教场所，没有香火，香客不至。所能买到的一种介绍性的小书，还都是八十年代初出版的。于是，它就与当年梁思成和林徽因初到这里时所见的情景全然一样了。

我感觉自己就像梁思成先生那样踏入寺门。站在寥廓而清净的院中，一抬头，我实实在在感受到梁林二位当时的震惊！

东大殿远远建在高台之上。不必去品鉴它这舒展的屋顶、翼出的单檐、雄硕的拱架、阔大的体量，我想，单凭这雍容放达的气度，梁思成必定一眼就看出这是千年之前唐人的杰作！

殿门前，左右并立着两株参天的古松，不就像唐人塑造的天王力士把守门前？若要走进殿门，辄必穿松而过。除去佛光寺，哪里的寺庙会有这样奇观？虬枝龙干，剑拔弩张，力士一般的英武刚雄。繁茂的松叶鲜碧如洗，生机蓬勃，哪里的千年古松依然这样正当盛年？

哎，林徽因曾经站在这殿前拍过一张照片吧。好像她还在殿内菩萨和供养人宁遇公的塑像前也拍过一些照片呢！这些塑像虽然经过清代翻新的彩绘，但那形体、神态、形制、气息，以及发冠、服饰和面孔，一望而知，仍是唐风。且看佛前那几尊供养菩萨的姿态，不是唯唐代才特有的"胡跪"？至于殿内一块檐板上的壁画，简直就像从敦煌某一个唐人的洞窟搬来的。尤其画上翱翔的飞天，一准是大唐画工所为。那么，在大殿梁架上找不到寺庙建造纪年的林徽因，为什么还不肯善罢甘休？直到她在院中的经幢上切切实实地找到"大中十一年十日建造"这几个字，悬在心中的石头才算落地？

我忽然记起一本书里记载着林徽因为了寻找这大殿的建寺题记，徒手爬上极高的梁架。她在漆黑的顶棚里，发现一个十分可怕的景象，上千只蝙蝠悬挂在上边！待她爬下来后，身上奇痒难忍，竟有许多臭虫。原来这些臭虫都是蝙蝠的寄生虫。

我还在一张照片上看到纤弱的林徽因登高弄险，站在院中一丈多高的经幢上。她正在丈量经幢的高度。

于是，面对着佛光寺，我很感动。正是梁林二位学者不惧艰辛的学术探求和确凿无疑的考古发现，才使得这座千年宝刹从历史的遗忘中被解救出来。否则，在近六七十年多灾多难的历史变迁中，谁能担保它会避免不幸！

中华之文物，侥幸逃过千年的，却大多逃不过这近百年。

于是，学者迷人的魅力与宝刹迷人的魅力融为一体，那美好感觉如同身在春天，说不好来自明媚的春日，还是一如芬芳地亲吻于面颊的春风，但觉丽日和风，享受其中。

临行时，陪伴我的主人见我痴痴站着，说我被佛光寺迷住了。我笑了，却没说出那二位感染着我的先人的名字，因为那不只是名字，而是一种无上的文化精神。

二〇〇一年十一月

四　堡

心里一团如花似锦的猜想，在四堡灰飞烟灭。

这猜想源自建安版的图书。曾经看过一部宋代的余氏靖安刻本《古列女传》，让我对这南国的雕版之乡心醉至矣。

在宋代四大雕版印刷基地中，福建的建阳一直承担着那片大地上文明的传播。其他几个雕版中心如汴梁、杭州和临汾，总是随着战乱与京都变迁或兴或衰，唯有这"天高皇帝远"的建阳依然故我，从遥不可及的中古一直走到近代。

我喜欢建安图书的民间感。它自始就服务于平民大众，也就将先民们的阅读兴趣与审美融入坊间。大众的文化总是要跳过文字，直观地呈现出图像来。于是建安版创造的那种"上图下文"的图书——比如著名的《虞氏全相平话五种》，至今捧在手中，犹然可以体味到古人读书时的快感。这种快乐被享受了近千年，并影响到一九二五年上海世界书局的连环图画的诞生。

明代以来，杭州、吴兴、苏州，以及相继崛起的金陵派和徽派刻印的图书，一窝蜂地趋向文人之雅致，刻意地追求经典，建安图书却始终执拗地固守着它的平民性。大众日常消遣的故事、笑话、野史，农家应用的医书、药书、占卜、堪舆以及专供孩童启蒙的读物，都是建安版常年热销的图书。平民大众是建安图书最强大的支持者，正为此明代戏曲小说才得以广泛流行。应该说，明代小说的盛行，自有这些民间书肆中刻工们的一份功劳和苦劳。今天看来，这种由民间印坊养育出来的纯朴的气质便是建安版特有的审美品格了。

然而，建安图书真正的福气，是它至今还保存着一个雕版印刷之乡——

贮墨用的石盆，荒置于院中，至少已有一个世纪。

四堡。中国雕版基地大都空无一物，只剩下建安这个"活化石"。它犹然散发着书香墨香文明之香吗？

当今文化遗存的悲哀是，只要你找到它——它一准是身陷绝境，面污形秽，奄奄一息。四堡也不例外。尽管它挂着"文物保护单位"的金字招牌，却没有几个人看重这种牌子，因为人们弄不明白为什么要挂这块牌子。

四堡身在闽西，肩倚武夷山脉，一双脚站在连城、清流、宁化与长汀交界处。地远天偏，人少车稀，这种地方正是历史的藏身之处。但现代化法力无边，近几年古镇热闹起来了，居然还冒出几家汽车修理店、发廊、音像铺和洗浴室，红眉绿眼地在大街两旁伸头探脑。传统的古镇都是一条大街贯穿其间，而传统的商业方式则是把各种农副产品堆在要道边，甚至将道路挤成羊肠小道来争抢生意。别以为雕刻之乡还有多远，只要从这儿跳下车，躲过车尾骡头，踩着坑坑洼洼的地面往道边那一大片湿乎乎的老房子里一钻，就来到我心仪已久的雾阁村的"印坊"里了。

令我吃惊的是，这里居然还完整地保留着二百年来声震闽西的印书世家邹氏的坊间与宅第。大大小小一百四十间房子，屋连屋，院套院，组成客家人典型的民居——"九厅十八井"。在四堡，这种房子都是一半用于生活，一半用于印书。可是，无论陪同我的主人怎样指指点点地讲述哪间是客厅，哪间是印坊，哪间是纸库，哪间是书库，我也无法生出往日那种奇异又儒雅的景象来。

倘若留意，那又细又弯高高翘起的檐角，鸟儿一样轻灵的木雕斗拱，敷彩的砖雕，带着画痕的粉墙，还残存一些历史的优雅。但对于挤在这老宅子里生活的人们来说，早已经视而不见。历史走得太远了，连背影也看不到。高大的墙体全都糟朽，表面剥落，砖块粉化，有些地方像肚子一样可怕地挺出来；地面的砖板至少在半个世纪前就全被踩碎了；门窗支离破碎，或者早已不伦不类地更换一新；杂物堆满所有角落，荒草野蔓纠缠其间。唯一可以见证这里曾是印坊的，是一些院子中央摆着一种长圆形的沉重的石缸。它是由整块青石雕出，岁月把它磨光。当年的印坊用它来贮墨，如今里边堆着煤块或菜，上边盖着木板；有的弃而不用，积着半盆发黑和泛臭的雨水。

生活在这拥挤的黏湿的腐朽的空间里，是一种煎熬。特别是电视屏幕上闪现着各种华屋和豪宅的时候，人们会憎恶这里，巴望着逃脱出去，盼切现代化早日来到，把它们作为垃圾处理掉。

这就是发明了印刷术的古国最后一个"活化石"必然的命运么？

应该说连城县和四堡镇还是有些有心人的。他们将邹氏家族的祠堂改造为一座小型博物馆，展示着从四堡收集来的古版古书，以及裁纸、印书、切书、装订等种种工具。还将此地雕版的源起、沿革、历代作坊与相关人物，都做了调查和梳理，并在这小展馆中略述大概。可是当我问及现存书版的状况时，回答竟使我十分震惊——只有一套完整的书版！难道这块生育出千千万万图书的沃土已然资源耗尽，贫瘠得连几套书版也找不出来？

其实并非如此，直到今天，无孔不入的古董贩子还在闽北和闽西各地进村入乡、走街串巷去搜罗古书古版。我忽然想起在天津结识的一位书贩子，书源甚厚，原来一些外地的小贩专门在晋、鲁、冀等地挨村挨户为他收集木版小书，然后装在麻袋里背到天津来，被他整麻袋买下。四堡人穷，自然就拿它们换钱。在四堡人的心里这些书版不值几个钱，"文革"时用它生火烧饭和取暖。河北芦台一带，人们还拿着带凸线的画版当作搓板洗衣服用呢！文化受到自己主人的轻视才是真正的悲哀。

四堡的雕版印刷肇始何时，仍是一个谜。但它作为建安版的一个产地，自然属于中华雕版印刷史源头的范畴。特别是宋代汴京沦落，国都南迁，文化中心随之南移，负载着文字传播的印刷业，便在福建西北这一片南国纸张的产地如鱼得水地遍地开花。我国四大发明中的两项——纸张与印刷，始终密切相关。明清两代五六百年，建安图书覆盖江南大地，这也正是四堡的极盛时代，连此地妇女民间服装也与印书有关。她们的上衣"衫袖分开"，非常别致。每每印书时套上袖子，印书完毕就摘去袖子，如同套袖。这种服装如今在民间还可以找到。可是到了十九世纪，西方的石印与铅印技术相继传入，四堡的雕版便走向衰落。当一种历史文明从应用到废弃的过程中，最容易被视为垃圾而随手抛掉。四堡的这个过程实在太漫长了，人们早已把遥远的历史辉煌忘得一干二净。从大文明的系统上说，中华文明传承未断；但在许许多多具体的文化脉络上，我们却常常感受到一种失落！

在连城、龙岩、泉州和厦门，我都刻意去到古董店来观察建安书版的流散状况。很不幸，在四堡见不到的书版，在这些商店里很容易地见到。买一块雕工美丽的书版用钱不多。我收集了一些书版和插图版。其中一套清代同治甲戌年（一八七四年）《太上三元赐福宝忏全卷》，刀法相当精到，花费的不过是两瓶酒钱。据说港台有人专门来福建买建安书版，韩国人与日本人更是常客。在二十世纪九十年代书版的买卖一度很红火。现在冷下来，因为好的书版差不多卖绝了。一位贩子对我说："你出大价钱也买不到明代的版子了。你得信我。这东西我干了十几年。我是专家。"

我相信他的话。这些年文化遗存大量流失的另一个负面，是培养出一大批具有专家眼光的贩子来。他们甚至比专家更具鉴别与判断力。在金钱的驱动和市场的渴求中，他们深入穷乡僻壤，扎进山村水寨，走街串巷，寻奇觅宝，他们干的也是一种田野作业，而且不怕吃苦，又肯用力，见识极广，眼光锐利。由于他们是自己掏钱花学费，自然练就了不能掺杂的真本领。

反过来，由于长期对文化的轻视，受制于经费的拮据，便捆住了专家们的手脚。在这些文化沃土上，到处是古董贩子，反倒很少看到专家的身影。

对于四堡来说，一边是文明的中断，人们对先人创造的漠视；一边是没有专家来把历史的文脉整理出来，连接到当代人的心灵中。而四堡现有的书坊不会坚持太久，残剩在民间的古版又会很快地灭绝。照此说来，最终的结果是，我们这个曾经发明了印刷术的古国就不再有"活态的见证"可言了？

那么，谁救四堡呢？

二〇〇四年一月二十八日

客家土楼

能称得上人类民居奇迹的，一定有中国客家人的土楼。不管世界有多少伟大的建筑，只要纵入闽西永定和南靖一带的山地，面对着客家人的土楼，一准要受到震撼，发出惊叹。

这种巨型的土堡，带着此地土壤特有的发红的肤色，一片片散落在绿意深浓的山峦与河川之间。它们各异的形态不可思议：圆形的、方形的、纱帽形、八卦形、半月形、椭圆形、交椅形……最大的一座土楼占地竟有数千平方米。遗存至今竟有三万五千座！

尽管人们对这种家族式和堡垒式的民居的由来猜测不一，我还是以为中古时代，时受强悍的北方民族侵扰的中原的"衣冠士族"一次次举家南迁而来时，心里带着过度敏感的防范意识，才把自己的巢修筑成这个模样。高大而坚固的外墙，下边绝不开窗，整座楼只开一个门洞，而且是聚族而居。是不是最初这些客家人与本地的原住民发生的激烈的摩擦——那种"土客械斗"所致？我分明感受到这土楼外墙曾经布满了警觉的神经。

定居于异乡异地的客家人很明白，家族是力量之源，是抵御外敌之本，也是生命个体的依靠与归宿，所以，他们把家族的团结和凝聚看得至高无上，甚至把祖先崇拜列在神佛的信仰之上。在每一座土楼里，设在正中的公共建筑都是一座敬奉列祖列宗的祠堂。不管各家土楼怎样安排内部的格局，也都必须严格地遵循长幼尊卑的伦理关系。来自中原的儒家的道德伦理是土楼最可靠的精神秩序。它使这些宗亲式的土楼奇迹般地维持了一二百年，甚至五六百年！像永定县高头镇高北村的承启楼和湖坑镇洪坑村的振成楼，人丁

在闽西土楼前。

鼎盛时都在六七百人以上。一座楼几乎就是一个村落，一代代人生老病死、婚丧嫁娶皆在其中。各有各的规范与习俗，分别生成各自的文化。进入每一座楼，上上下下走一走，不单内部结构、家居方式、审美特征乃至楹联匾额都迥然殊别。它积淀了数百年的气息和气味也全然不同，这种感觉每踏进一座土楼都会鲜明地感到。任何一座土楼的历史都是一部胜似小说的独特的家族史。在人类学家看来，土楼的内涵一定大于它令人震惊的形态。它的魅力绝不止于它外形的奇特，更是它的和谐、包容与博大精深。

土堡的"干打垒"的技术来自北方吗？如今，无论是丝绸之路上的古城遗址还是燕北的古村落，那些残存的夯土建筑都已是断壁残垣，只有这里千千万万巨大的土堡，依然完好如初。客家人缘何如此聪明，懂得从此地土产中采集竹片、糯米汁和红糖，合成到泥土中，使得这些"干打垒"的土堡历久不摧？现存最早的土楼竟然建于唐代大历四年（公元769年），更别提宋、元、明、清各朝各代大量的遗存，至今仍旧鲜活地被使用着。

然而土楼在瓦解！不是坍塌，而是内在人文的散失。

不管古代的客家人怎样的智慧，完美地解决了土楼的通风、防潮、隔音、避火、抗震、采光和上下水一切问题。但现代科学带来的方便和舒适无可比拟。于是人们开始一家一家搬出土楼，另择好地方，筑造新居。当前，客家人的后裔已经开始一次新的迁徙运动——和他们的祖先正好相反——他们在纷纷搬出土堡。随着现代化进程的加快，必然愈演愈烈。等到人去楼空的那一天，这数万座曾经风情万种的民居奇观交给谁呢？交给旅游局吗？

在已经被确定为国家重点文物保护单位的振成楼、承启楼、奎聚楼等处，已然可以看到人烟稀薄的迹象，许多屋门上挂着一把大锁，有的锁已经锈红。我们不能简单地指责客家后人轻视自己的文化，人们有权选择自己喜欢的和更舒适的生活方式。而且还要看到，在西方伦理的影响下，宗亲的情感也只是更多地残存在老一辈的心灵里。土楼失去了它精神上的依据和生存之必需。

同时，土楼正在申报世界文化遗产。我想，它无疑是人类珍贵的遗产。可是一旦"申遗"成功，便会成为全球性旅游产业的卖点之一。天天从早到晚一批批异地异国的游人涌进来，爬上爬下，楼中居民要承受这些陌生人在自家的门口窗口伸头探脑，时不时对着自己举起数码相机"咔嚓"一亮。如今这几座确定为文保单位并开放旅游的名楼中的居民已然日复一日地遭受这种商业骚扰了。对于土楼的住民，旅游业是巨大的压力，正在加速把他们逐出土楼。

倘若这些著名的土楼最终都成为空楼，它们只是一只只巨大而奇特的蝉蜕，趴在闽西的山野间，其中的人文生命与历史传承都不复存。那些古楼的记忆将无人能够解读。兀自留存的只是一种"不可思议"的建筑样式，再加上导游小姐口中的几个添油加醋的小故事而已。

这也是神州各地古民居共同的命运与相同的难题。

保护历史民居的最高要求是设法把人留在里边。这些问题恐怕还没人去想。那么谁想？何时开始去想？

二〇〇四年一月二十八日

僜家·反排·郎德

不入深山，焉知苗寨。

然而，车子真的驶进大山，却像登上老虎的肩膀。狭窄的山路在一千米的高山上左拐右拐，所有折返全都是死弯儿，偏偏又下起了雨，从车窗下望，烟云弥漫的山涧深不见底，心里就打起鼓来。忽然一个鲜蓝色的大家伙出现在挡风玻璃上，连司机小阎——这个行走山路的老手也不觉脱口惊呼一声"哦"。原来一辆出事的大卡车歪在路边！幸亏路边多出一块半米宽的小平面把车子扛住，否则早已落下深渊，粉身碎骨。我说，这司机命有洪福，被老天爷"拉了一把"，但听了我这话没有人笑，也没人搭话茬。车厢里隐隐有种恐惧感。只听见车轱辘在泥路上拧来拧去吱扭吱扭的声音。可是，当车子停在一个宽敞的地界，下了车，抬头一瞧，马上换了一种感觉和心境——就是再险的道路也得来。一片苗家的山寨如同一幅巨型的图画挂在天地之间。

几乎所有苗寨都藏在这偏远的大山的皱折里。

现代化的触角伸到这里来了吗？喜欢异域情调又不畏辛苦的旅行者到这里来了吗？当我注意到又长又细的电线、电话线已经有力地通进山寨，我相信这里的文化一准会发生松动。这是我此行考察要关注的"点"。我要顺着这电线和电话线去寻找我的问题。

我把几天里跑过的山寨，按照它们所受现代化影响的程度由弱到强排一排队，前后顺序应该是黄平枫香寨、台江反排寨和雷山郎德寨。枫香寨和反排寨在二〇〇二年刚被当地县政府列为"生态保护区"，而郎德早在一九八六年就被辟为省级"村寨博物馆"，二〇〇一年列为国家重点文物保

反排村特有的舞蹈，跳起来，身体摆动很大，有一种刚健又奔放的气势。

护单位，早已是贵州省极富名气的旅游胜地之一。

黄平县僚家的枫香寨包括四十九个村寨，鸟儿一般散布在云贵高原东南边缘的千米大山上。在刚刚修好的一条盘山公路之前，僚家人基本上与世隔绝。驱车入寨时，常常会有一头水牛挡在路上，按喇叭也不动。它不怕汽车，这些老牛的祖祖辈辈也没见过这种家伙。至今僚家人还在使用半原始的耕作方式。所以无论是自然还是人文这里都是原生态的。

僚家人穿着他们红白相间的民族盛装夹道而立，唱着歌儿，并在村口中央设栏门酒，敬酒扣饭，把装在绿草编的兜儿中的红鸡蛋挂在我们的脖子上。此时，我着意地观察他们的表情，一概是真心实意，醇朴之极，没有任何表演之嫌。那些花儿一般的姑娘们，一群群迎上来拉着我们的胳膊，热情又亲切。他们自古以来就是这么迎接贵客。

僚家人自称是射日的羿的后裔。这不仅象征地表现在他们头饰上——插着一根银簪；还在各家祭拜祖先和神佛的神龛上悬挂竹制的弓箭。僚家人不承认自己属于苗族，是一支有待识别的民族。他们的文化自有完整和独特的体系，从语言、信仰、道德、伦理、建筑、器物、工艺、节庆、礼仪、服饰和文艺，都有独自的一套。这是世居此地二万多僳家人千年以上历史积淀的结果。而今天，依旧活生生地存在于僳家人的山寨里。祖鼓房里的香烟袅袅飘升；早晚就餐前以酒祭祖；房前屋后摆着泛着蓝色的用于"蜡幔"的巨大的染缸；墙壁上挂着许多牛角、猪蹄、鸭毛，是亲友间互赠牲畜礼尚往来的依据……我在这里只看到一件"外来文化"，竟与我有关。在一位银匠家的神龛两边，居然各贴着一幅《神鞭》的电影剧照，却也是十几年前（一九八六年）的了。当地人说僳家人是羿之后，天性尚武，故而对善使辫子的傻二抱有兴趣。他们从何处得知《神鞭》，读书？看电影？不得而知。反正当今的科学万能，世界上任何地方也无法封闭了。

僳家人送别客人时的礼节可谓惊心动魄。当你从山上的小路走下来时，几百个身穿华服的僳家女子会簇拥着你漫山遍野地随同而下。你走小路，她们就走在路两边青草齐腰的野山坡上。她们红色的服装在绿色的山野上像火苗一样跳跃，身上到处的银饰在阳光里闪闪烁烁，好似繁星闪着细碎的光芒。一路上她们还一直不停地唱着山歌，把一杯杯糯米酒送到你的口边。这种礼节充满着一种原始的纯朴、率真与激情。如果这里被开发旅游了，还会有这种场面，或者说它情感和文化的内涵还会这样纯粹吗？

台江的反排苗寨是一个十分独特的苗族分支。只有一千五百人，生活在大山夹峙的山坳坳里。依山而建的单坡吊脚楼与重重叠叠茂密的树木及其浓郁的沁人心肺的木叶的气息相融一体。反排苗人来自远古的长江流域，及今四十五代。在上千年漫长的历史时间里，反排苗寨是由一套极特殊的社会机构——"将纽"（祖先崇拜）、"议榔"（寨规民约）和理老（民间权威）来规范的。在山寨中间一个斜坡上，一块突出地面、半尺来高、黑色方形不起眼的小石柱，就是全寨最高贵的"议榔石"了。直至今天，山寨每有大事，鼓主、寨老和村长都要在这块具有无上权威的石头前商议并作出决断。至于这小小山寨的生活习俗、婚丧仪规、节日庆典、传说艺术、装饰饮食，也都有特立独行的一套。山寨里最引起我关注的是那些石头的神像。这些神都是自然神。人们相信万物有灵，井有井神，水有水神，山有山神，风雨桥的桥头有桥神，他们还敬拜大树和巨石；神像没有任何人工雕造，都是自然的石头，但都是些有灵气的石头。一块石头，前边神奇地伸出一个"头"，正面似脸，又有某种不可思议的神气。这些石头的神像是从哪里发现的？谁搬到这里来的？有多少年？没人知道。

小小的反排寨驰名于黔东南，是由于他们能歌善舞，这种用于祭祀祖先的舞蹈极有特点。在木鼓与芦笙雄厚而和谐的伴奏中，年轻人有节奏并起劲地一左一右大幅度地翻转上身，四肢如花一样开放，动律强劲又流畅，姿态奔放又舒展，气氛热烈又凝重，单凭这木鼓舞就把这支苗人的历史精神、地域个性和独自的美感全展示出来了。

可是当他们在山寨前的小广场上以木鼓舞对我们表示欢迎时，站出来一个身穿民族服装的姑娘，用都市舞台上的腔调来报幕，马上让我感到他们在追求都市的认同。他们这样做，既是自觉的，也是不自觉的。这便反映了一种文化的趋向——即弱势文化向强势文化的倾斜，本土文化向全球性流行文化的倾斜。

反排苗寨的木鼓舞早在一九五六年就参加全国农民体育运动会的演出。改革开放以来，不仅跑遍大江南北的大都市甚至到中南海内献演，而且到许多欧美国家参加艺术节。在这样频繁的商业或非商业演出中，他们的木鼓舞还会保持多少原发的情感，那种祭祀祖先时心中庄重又豪迈的情境？他们的艺术名扬天下当然是好事，但是否会不幸应验了德彪西那句话：牧童的笛声一旦离开乡村的背景，就会失去生命。

加深我这个想法的是在雷山县著名的郎德寨中。一场音乐会式的演出中，报幕的女孩子居然带着港台腔。在这古老的村寨里，虽然山水依旧，风物犹在，但在吊脚楼下，街口处，常常会有身着民族服饰的妇女挎着小竹篮，上来兜售此地的土产。诸如仿制的银冠和银镯、玩具化的竹笙和简易的绣片等。一些有特色的吊脚楼已经被开辟为"景点"。在一处临池的木楼上，几位盛装女子背倚"美人靠"在刺绣，墙上挂着她们的绣品；栏杆外的池水被一片青翠的浮萍铺满，再后边是秀美的山川与高高低低的山寨。这漂亮的场面好像在等待拍照，或是等着游人挤在中间合影留念。他们的风俗、特色乃至生

在黔东南做田野考察。

活都在商品化吗？我忽然想，这就是偅家香枫寨和反排苗寨的明天吗？

生活在这浩荡而峥嵘的贵州高原上的人们，有多达四十九个民族身份。其中三十二个民族，十七个世居民族。他们在相互隔绝的历史生活中，创造了斑斓多姿又迥然各异的文化。由于传承有序，很多文化都是高深莫测的"活着的历史"。然而，在进入二十世纪八十年代时却遭遇到它们的终结者——现代化和全球化。

它们也有幸运的一面，是此地的政府与文化界觉悟得早。自二十世纪八十年代这里便有了初步的保护措施。二十世纪九十年代以来，一些保持原始生态并拥有珍贵文化遗存的村寨被列入省级文化保护单位。一九九七年中挪合作分别在梭戛（苗族）、隆里古城（汉族）、镇山（布依族）和堂山（侗族）四处建立了"生态博物馆"，从而将这个诞生于法国的一种全新的文化保护的概念与方式，注入贵州这些日见衰竭、亟待抢救的文化肌体中。法国人对待"生态博物馆"这一概念的明确定义是："在一块特定的土地上，伴随着人们的参与，保证研究、保护与陈列的功能，强调自然和文化遗产的整体，以展现其有代表性的某个领域及继承下来的生态方式。"无疑，这是现代文明最科学的体现了。贵州历来有一批专事民族文化研究的学者，他们的优良传统是一直坚持艰辛的田野调查。因此各民族的文化底细都在他们心里。在他们的参与下，贵州可否建成一个世界级的多民族生态博物馆群？

然而，事情又有不可抗拒和不幸的一面，便是历史文明在当代瓦解速度之快超出我们的想象。当代人被消费主义刺激得物欲如狂，很少有人还会旁顾可有可无的精神。失去了现实和应用意义而退入历史范畴的民间文化自然被摒弃在人们的视野之外。因此现代化和全球化对它的摧毁是急剧的、全方位的、灭绝式的，几乎是一种文化上"断子绝孙"的运动。只要看一看大江南北大大小小城市与县城的趋同化和粗鄙化的骤变就会一目了然。

尽管少数民族的村寨都在偏僻之地，但凡是被现代化触及到的，即刻风光不再。一些村寨已经被改造为单调的工业化产品一般的新式建筑群；大批年轻人摆脱了千年不变的劳作与生活方式，走出村寨到外地打工，一切人文传统因之断绝。单是黔东南地区到江浙一带打工的人数已逾三十万。逢到过年时带回来的往往是王菲和任贤齐的磁带。当电视信号进入山寨，人们自然会把现代都市生活视如缤纷的天国之梦。那些与生俱来的传统风习便黯淡下去。这种冲击是时代的必然，但也正从心灵深处瓦解他们独自的精神。他们怎样才能从人类文明的层面看到自己文化的价值而去珍惜它、保护它、设法传承它？

如今使用自己民族语言的村寨急剧减少。仅举天柱县为例：二〇〇二年侗族村二百一十三个，只有一百四十五个使用侗语；苗族村一百一十二个，操苗语的还剩下三十二个。眼下，三十岁以下的年轻人基本上不穿民族服装，在反排苗寨我还看见一位穿牛仔裤的女孩子，竟和那些站在上海外滩与北京王府井街头的女孩一模一样，那些母亲与祖母传下来的精美绝伦的头冠、项圈、手镯、耳环、压领、凤尾和头花呢？十年前，一位法国女子在贵阳市租了一套商品房，花钱雇人去到各族村寨专事收集古老的服装与饰物。这套房子是她聚集这些珍贵的民族民间文物的仓库，每过一阵子，便打包装箱运回法国。她在此一干就是六年。最后才被当地政府发现，警醒之后把她轰走。且不说这位法国女子弄走多少美丽又珍奇的文化遗存，看一看北京潘家园的古玩市场的民族物品商店上成堆的民族服装与器物，就能估算出那些积淀了千年的村寨文化飘零失落的景象。而他们口头不再传说的故事、歌谣和神话呢？又流散到哪里去了？不是正在像云烟一样消失得无影无踪？我们现在要做的是跋山涉水去到村寨里把那些转瞬即逝的无形的文明碎片记录下来，还是坐在书斋里怨天尤人地发出一声声书生的浩叹？

我看到一个村寨打算建立"文化保护区"的报告中的一句话是：要"在接待外来观光、旅游、采风、寻古探奇的客人的食、住、游、购、娱等方面形成一条龙服务"。如果真的实现这个想法，恐怕他们的民族文化最终都会像美国人夏威夷的"土著文化"——变成一种用来取悦于人而换取美元的商品。

少数民族存在于自己的文化里。一旦文化失去，民族的真正意义也就不复存在。这恐怕对于少数民族文化的抢救和保护真正意义之所在。

而对于正在无奈地走向贫乏和单一的全球化的人类来说，则是要尽力扼守住一分精神的多样。

二〇〇四年一月二十八日

大理心得记

两团浓浓的文化迷雾安静地停在滇西大理一带的田野中，一动不动，绵密而无声，诱惑着我。这迷雾一团是甲马，一团是剑川石窟中那个不可思议的阿姎白。

我第一次见到云南的甲马纸时，便感到神奇之极。一种巴掌大小的粗粝的土纸上，用木版印着形形色色、模样怪异的神灵。这些神灵只有少数能够识得，多数都是生头生脸不曾见过。其中一位"哭神"，披头散发，号啕大哭，浑身滚动着又大又亮的泪珠，使我陡然感受到一种独特又浓烈的人文习俗隐藏在这哭神的后边。这是怎样一样特异的风俗？怎样一种幽闭又虔诚的心灵生活？至于阿姎白——那个白族人雕刻的硕大的女性生殖器真的就堂而皇之置身在佛窟之中吗？两边居然还有神佛与菩萨侍立左右？能相信这只是一千年前白族雕工们的"大胆创造"？

虽然我的高原反应过强，超过两千米心脏就会禁不住地折腾起来，但对田野的诱惑——这些神秘感、未知数和意外的发现，我无法克制；它们像巨大的磁铁，而我只是一块小小的微不足道的铁屑。何况在大理还要召开一个学术性座谈会来启动甲马的普查呢。

四月十六日我和中国民协一些专家由北京飞往滇西。其中杨亮才是专事民间文学研究的白族学者，精通东巴文字的白庚胜是一位纳西族专家，有他们引导我会很快切入到当地的文化深层。

甲马上的本主们

这种感觉不管再过多久也不会忘记——

车子停在路边，下车穿过一条极窄极短的巷子，眼睛忽然一亮，豁然来到一个异常优美的历史空间里。手腕表盘上的日历忽然飞速地倒转起来，再一停，眼前的一切一下子回复到三百年前，而这一切又都是活着的。两株无比巨大的湛绿的大青树铺天盖地，浓浓的树阴几乎遮蔽了整个广场。这种被白族人奉为"神树"的大青树，看上去很像欧洲乡村的教堂——村村都有。但周城这两棵被称作"姐妹树"的大青树据说已经五百岁；围在小广场一周的建筑也不年轻。雕花的木戏台、窗低门矮的老店以及说不出年龄的古屋，全应该称作古董。广场上松散地摆放着许多小摊，看上去像一个农贸的小集。蔬菜瓜果花花绿绿，带着泥土，新鲜欲滴；日常的物品应有尽有。然而人却很少，无事可做的摊主干脆坐在凳子上睡着了，鸡在笼子里随心所欲地打鸣，一大一小一黄一白两条觅食的狗在这些菜摊中间耷拉着舌头一颠一颠走来走去；白族妇女的一双手是不会闲着的，用细细的线绳捆扎着土布。这是扎染中最具想象力和手工意味的一道工序。一些染好而出售的布挂在树杈上，在微风里生动地展示着那种斑斓和梦幻般的图案。在外人看来这些花布大同小异，但每一家的扎染都有着世代相传的独门绝技。只有她们相互之间才能看出门道，却又很难破解别人的奥秘与诀窍。

这儿，没有现代商场那种拥挤和喧嚣，也没有人比比画画、吆五喝六地招揽生意。似乎集市上的东西都是人们顺手从田野或家里拿来的，没人买便拎回去自己享受。一种随和的、近于懒散的气氛，一种没有奢望却自足的生活，一种农耕时代特有的缓如行云的速度，一种几乎没有节奏的冗长又恬静的旋律。

一个意外的发现，使我几乎叫出声来。在广场西边一家小杂货铺的几个货架的顶层，堆满一卷卷粉红色和黄色的小小的木版画。要来一看，正是我此行的目标——甲马！这种在内地几乎消失殆尽的民俗版画，在这里居然是常销的用品，而且种类数不胜数！

店主是位老实巴交的姑娘，头扣小红帽，不善言辞，眼神也不灵活。我问她这铺子卖的甲马总共多少种，都怎么使用，哪种人来买等，她一概说不好，只说一句："谁用谁就买呗。"

"这么多甲马是从哪里批发来的？"我问。姑娘说，是她父亲自己刻版印制的。她父亲是本村人，六十来岁，叫张庆生。大理的甲马历来都是本村人自刻自印，目前周城村还有三四家刻印甲马呢。我对她父亲发生兴趣，再问，不巧，她父亲有事外出去洱海了。

我决定每种甲马买两张，价钱低得很，每张只有三角钱。我边挑选边数数，最后竟有九十多种，这使我很惊讶。店铺里卖的东西必定是村民需要的，这周城人心中有如此众多的神灵吗？都是哪一些神灵？

云南的甲马不同于内地的纸马。但它是从纸马演化或分化出来的一种。纸马源于远古人最深切的生活愿望——祈福与避邪。那时人们无力满足自己这种愿望，只有乞求神灵的帮助。在汉代人们是通过手绘的钟馗、门神、桃符以及爆竹来表达这种心理的，并渐渐地约定俗成。等到唐宋雕版印刷的兴起之后，这种广泛的民俗需求便被木版印刷的纸马承担起来。北宋时期的纸马就有钟馗、财马、钝驴、回头鹿马、天行帖子等很多种了，《水浒传》中神行太保戴宗的靴子上不也贴着纸马吗？一些像开封这样的大城市还有专门销售纸马的铺子，就像此刻眼前周城这家卖甲马的小店铺。这难道是中古时代留下来的一块活灵活现的"活化石"？

一千年来，纸马的风俗流散全国。几乎各地都有这种小小的自刻自印而神通广大的纸马。纸马走到各地，称呼随之不同。河北内丘叫"神灵马"，天津叫"神马"，广州叫"贵人"，北京还有一种全套的神马，被称作"百分"；云南便称之为"甲马""马子"或"纸火"。所谓"纸火"，大概由于甲马在祭祀过后随即就要用火焚烧，但内丘的神灵马却任其风吹日晒，自然消失。各地纸马上的马多是神灵的坐骑，云南甲马的本身就是快速沟通凡世与天界的一种神灵了。

中国的地域多样，文化上都很自我，相互和谐的古老方式便是"入乡随俗"。纸马的随俗则是依从当地的心理。这就不单因地制宜地改变了纸马使用时的习俗，各地独有的神灵也纷纷登上这天地三界神仙的世界中来。

我拿起一张甲马，灰纸墨线，刀法老到。中间挺立一人，配刀执弓，颇

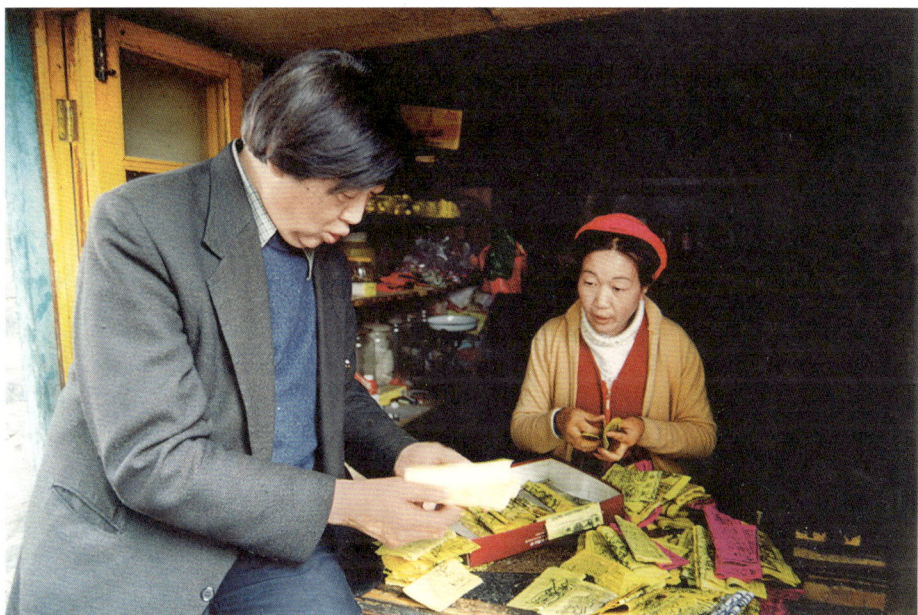
在云南周村的甲马店发现近百种甲马。

是英武。上书二字："猎神"。我问这是白族的神吗？

杨亮才挺神秘地微微一笑说："这人叫杜朝选，我们就去看他。"

我像听一句玩笑，笑嘻嘻随着亮才走进一条蜿蜒的长街。这街又窄又陡，路面满是硌脚的碎石头，好像爬一座野山。走着走着便发觉街两边一条条极细的巷子全是寂寥深幽的古巷；临街上的窗子形制各异，有的方而拙，有的长而俊，古朴又优美，好似窗子的展览。一路上还有废弃已久的枯井，磨台，风化了的石门礅，老树，残缺的古碑，墙上插香用的小铁架以及浸泡着板蓝根的大染缸……我忙伸手从裤兜里掏出手机赶紧关掉，生怕这种全球化的物件打破我此刻奇异的如梦一般的感受。在一条深巷尽头，出现一座松柏和花木遮蔽的宅院，不知哪户人家。亮才推门进去，竟然是一座小庙。正房正中供奉一位泥塑大汉，威风八面，双目如灯。亮才说："这位就是猎神杜朝选，周城这村的本主。"我忽然明白，这是一座本主庙。正是那张传说可以接通神灵的甲马纸——猎神，把我引入白族奇异的本主文化中来。

我读过一些白族本主文化研究的书。我对这地远天偏的白族特有的民间崇拜好奇又神往，但没想到自己毫无准备，已然站在一座本主庙里。我向庙中各处伸头探脑，所有物品全都不懂不知没有见过。书本上的东西在现实中往往一无所用，只有历史文化的浓雾将我紧锁其间。

不管白族的本主是否上接原始的巫教，不管它从佛教和道教中接受多少祭祀的仪式，在直觉的感受上它并非宗教，分明还是一种纯朴的民间崇拜。在周城附近慧源寺中一座本主庙里，我看到当地的一个民间组织莲池会正在祭祀本主。头包各色头布的妇女与老婆婆们手敲长柄木鱼，齐声诵经；身边竹编的盘子上，恭恭敬敬地摆着茶壶、小碗、茶水、瓜果、干点、米酒、松枝与鲜花。没有铺张，只有真切；没有华丽，只有质朴的美；一句话，没有物质，只有精神。那种发自心灵的诵经之声宛如来自遥不可及的远古。什么原因使它穿过岁月的千丛万嶂来到眼前？

本主崇拜是以村为单位的。一般说，一个村庄一个本主。也有几个村庄供奉同一个本主，或者一个村庄同时敬祀两三个本主的。周城就有两个本主。南本主庙供赵本郎，北本主庙供杜朝选。本主又称本神，即"本境之主"或"本境福主"。用现代汉语解释就是"本村保护神"。按《本主忏经》的说法，本主可以给予人们"寿延绵，世清闻，兴文教，保丰年，本乐业，身安然，龄增益，泽添延，冰雹息，水周旋，安清吉，户安康"。故而，村民对本主信仰极虔，凡生活中生育、婚姻、疾病、生子、耕种、盖房、丧葬、远行，等等，都要到庙中告知本主，求得吉祥。甚至连买猪买鸡或杀鸡宰猪，也要到本主面前烧几根香，直把心里的事都说给本主，方才心安。从生到死，一生都离不开本主的护佑与安慰。

这些独尊于一个个村落中的本主，彼此无关，没有佛教道教的神仙们那种"族群"关系。至于本主成分之庞杂，真是匪夷所思。大致可以分为七类。一是自然物本主，包括太阳、山、雪、古树、黄牛、灵猴、白马、鸡、马蜂、神鹰、壁虎等。有的村庄会把一块石头或一个大树疙瘩奉为本主，当然一定是"事出有因"。比如大理阳乡村的树疙瘩本主相传曾经阻挡洪水，为该村建立过宏勋。二是抽象物本主。比如龙和凤。白族是崇拜龙的。即汪士桢说的"大理多龙"。龙是雨水的象征。但传说中龙的家庭十分庞大。比如龙王、龙母、黄龙、白龙、赤龙、母猪龙王、独脚龙王、温水龙王、马耳龙神，等等，不胜枚举。不同的龙因为不同的原因成为本主，不一定都和雨水洪水有关。三是历史人物本主。其中不少是南诏国和大理国的帝王将相，爱国名将段宗榜和李宓都是著名的本主。人们敬重这些历史人物，甚至连李宓手下的爱将，还有大女儿和二女儿，也在不同的村子里被封为本主。四是英雄本主。他们是百姓敬仰的为民除害的英雄豪杰。由于年代久远，在民间已成为神话传说的主人公。周城的猎神杜朝选就是其中一位。其余如柏洁圣妃、洱海灵帝、海神段赤城、南海阿老、除邪龙木匠、赤崖老公、挖色秀才、药神孟优、独脚义士阿龙，等等，数不胜数。五是民间人士。这些人士曾经都是实有其人，或做过好事，或极有个性而令人羡慕，或品德高尚被视为楷模，因被立为本主。这种本主属于"人性神身"。六是为白族熟知的其他民族的人士，比如诸葛亮、韩愈、傅友德、忽必烈，等等。七是佛道神祇。虽然本主中有佛道诸神，但本主的主流还是从白族自己的土壤中生出的令人崇敬的人物。只要全村的百姓普遍认可，便封为本主，立庙造像，烧香敬奉。由于本主曾是活人，每个本主的生日都要大事庆贺。

本主没有严格的教规，但在村内却有极强的凝聚力。他们的事迹村中百姓无人不晓。比如周城本主猎神杜朝选，谁都知道此地曾有一条巨蟒兴妖，掠去二女子，杜朝选与巨蟒血腥拼杀，最后斩蟒救女。这二女子知恩必报，一齐嫁给杜朝选。故而周城北本主庙杜朝选的神像旁，还有二位夫人以及孩子一家人的塑像。在白族的本主庙中人性和人间的味道极浓，这是其他宗教寺庙中没有的。特别是一些本主还带着"人性的缺欠"。比方邓川河溪口一位本主白官老爷，性喜拈花惹草，人极风流，但后来幡然醒悟，改邪归正，村民不仅原谅他，将他封为本主，还在他身边塑了一个美女。另一位身居鹤庆的风流本主东山老爷，常与邻村小教场村的女本主白姐夜间幽会，由于贪欢，天亮返回时慌慌张张穿走白姐的一只绣鞋。人们便让这两位本主将错就错，神像上各有一只脚穿着对方的鞋子。洱源南大坪的本主曾因偷吃耕牛的肉，被人揪去一只耳朵。庙中他的神像也缺一只耳朵，便是尽人皆知的"缺耳朵本主"。从教化的层面说，这些故事具有告诫的意义。但从人类学角度看，它们表现出白族特有的宽容、亲和与自由。这一点对于我下边研究和认识阿姎白很有帮助。

白族的本主庙不像佛庙道观深藏于山林之中。它们全在村内老百姓的中间。村民心中有事，如同到邻居家一样，出门走几步，一抬腿就进了本主庙。用自己创造的神灵来安慰自己的心灵，便是古代人类最重要的精神生活的方式了。白族的本主与汉族的妈祖有些相似，每年都要把神像抬出庙宇，以示"接神到人间"，同时歌之舞之，既娱神也娱人，沟通人与神的联系，使心灵得到安全感和满足感。但比较起来，白族人与他们的本主之间更具亲情感。他们连本主的脾气、性情、爱好、吃东西的口味，全都一清二楚，并像关爱亲人一样照顾本主。每个本主都有一个传说，每个传说都是一篇美丽的口头文学，收集起来便是一部民间文学沉甸甸的大书。这些本主的"本生故事"，大多是曾经在人间的种种美德。白族人便以此来传承他们的生活准则、伦理模式、道德理想与价值观，以及审美。

白族人与本主沟通和祈求保护的另一种方式，是通过甲马。许多村庄的百姓把他们的本主刻印在灵便又灵通的甲马纸上。当白族的本主们登上甲马，我们就深知甲马纸的分量了。这也是云南甲马不同于其他地区纸马并具神秘感之关键。

我将云南甲马的神灵与白族的本主作比较，其结果告诉我，甲马上的神灵并不都是本主，本主也并没有全部登上甲马。其缘故有二：一是本主崇拜只有白族才有，而甲马遍及云南各族。二是甲马的精神本质源自原始崇拜的"万物有灵"，它超出本主范围。在"万物有灵"这一点上，甲马与全国各地的纸马又是一致的。

在甲马汪洋恣肆的世界里，除去大量的白族的本主之外，其他神灵大抵

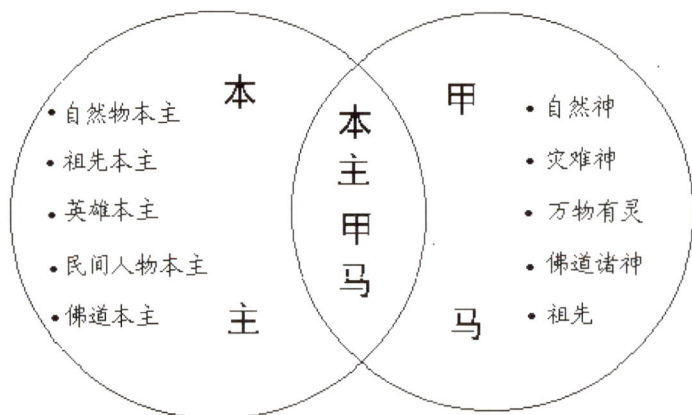

本主
• 自然物本主
• 祖先本主
• 英雄本主
• 民间人物本主
• 佛道本主

本主甲马

甲马
• 自然神
• 灾难神
• 万物有灵
• 佛道诸神
• 祖先

分为两部分。一是与物质生活相关，一是与心灵生活相关。

与物质生活相关的甲马，可以对生活——畜牧、农耕、狩猎、行路、家居、建屋、生育、健康、衣食、天气等施加全方位的保护。比如五谷神、水草大王、地母、风神、水神、树神、火神、猎神、井神、放羊哥、圈神、粪神、送生娘娘、河舶水神、金花银花、桃花夫人、土公土母、安龙奠土、张鲁二班，等等。品类之多，难以穷尽。由于在人的祈望中避祸比得福更为深切，所以原始崇拜中对灾难神的祭拜要重于吉祥神。在这里，各种制约不幸与疾病的甲马应有尽有。比如二郎神（冰雹）、火神（火灾）、瘟司（瘟疫）、夜游神（噩梦）、巫蛊（神智迷乱）、虹神（小孩口吃）、哭神（小孩啼哭）、瘟哥（医神）、姑奶奶（生疮长疥）、罗昌阁大王（眼疾）、耗神（腰酸背疼），等等。比起河北省内丘的纸马，云南甲马要广泛得多。也可能内丘地处中原，生活较之开放，许多古纸马早已消失，于今存之无多。

较之与物质生活相关的甲马，另一部分与心灵生活相关的甲马就更加丰富了。这是甲马真正价值之所在。

从这一类甲马中，可以看到古代白族对大自然的亲和与崇敬（岩神、太阳神、山神等），对不可知的自然力量的畏惧（火龙、巫师、三木天王、太岁等），对人间祥和的向往与追求（匹公匹母、小人子、解冤结等），对意外不幸的忧虑（命符、退扫、床神、平安大吉、六贼神和驱鬼，等等）。还有很多甲马体现人们对死者灵魂安宁的企望，这一切使人想到原始祭祀中的招魂。这些甲马无疑都与博物馆里远古先人的祭器相关相连。

甲马几乎渗透到人们现实生活和心灵生活的所有角落！

在大理我邀集了一些本主文化与甲马的专家座谈。最令我吃惊的是，其中二位专家收藏的甲马都达到一千多种。他们展示其中的一小部分，已使我如醉如痴。那种神奇又神秘的气氛、怪异荒诞的形象和莫名的由来，使我感受到与其之间，一如大漠荒原，空荡旷远，无法计量。那种粗犷与野性，近乎原始。然而其中生命与灵魂的张力，犹然令人震撼。经他们介绍，其中不少是早已不再使用的古纸马。当我们了解到每种甲马都承载着一种古俗或一个使用的传统，更为白族文化的深厚和博大而震惊！

由此，回到本主文化来说，白族现存的本主庙有四百一十三座。而历来就有五百神主之说。每一个本主后边都是一大片的背景；都有各自的故事传说和一整套特立独行的祭拜习俗，甚至连祭祀哪位本主的食品必须使用什么，禁忌什么，都有规定。这些习俗只在本村适用，互相绝不通用。我们常说的"五里不同风，十里不同俗"，在大理的本主文化中表现得非常突出。最珍贵的是，这一切都是活着的。前些年一位村长为人民做了好事，被本村人立为本主。他的庙和神像在村里，他本人如今也生活在村里。

可是，本主文化的另一面是悄悄地消解与中断。

在鹤庆的新华村，传统的银器工艺正在引发旅游热。村口的广场上停满了花花绿绿的大巴，游客们抱着亮闪闪的银器横冲直撞，东冒一头，西冒一头。我问一位年轻的干部该村的本主情况，他已经张口结舌说不出来，随后居然用港腔说一句："不好意思。"在周城，南本主庙赵本郎的故事早就不为人们所知，更别提浩如烟海的甲马，一不留意，即刻随风飘去。

在文化遗产中，我更重视非物质的部分，因为它的口传性决定了它相当脆弱的命运。实际上所有物质文化遗产中都包含着非物质的内容。比如敦煌石窟中各朝各代画工们作画时的习俗和技法，谁还能说出？由于那些口头和非物质的内容中断了，剩下的只有洞窟中物质性的壁画和泥塑了。非物质遗产主要是人的内容，或是通过人传承的内容，它保留在口头记忆里。如果有一天，我们对甲马上的大量的灿烂的口传故事与习俗忘记了，那么白族留给未来的最多只是一大堆茫无头绪、百思不得其解的民俗图画而已。

所以，在启动甲马抢救和普查的会议上，我们特别强调，一定要把每一张甲马的身份、背景及承载的各种记忆性的信息调查清楚。说到这里，我忽然想到它既是民间艺术，又是民间文学和民俗呢。但是至今，我们对白族各村的本主并没有彻底摸清，对甲马更是如此，究竟它是一千多种、两千多种、三千多种还不得而知呢，更别提它无形地承载多少历史与文化的信息了。这件事多么浩大与沉重！然而几位本地的研究甲马与本主文化的专家却说他们一定会做好这件事。他们没有慷慨激昂，点头承诺时却没有半点犹豫。我知道，承担的另一面一定是爱。而文化遗产只能在自觉的爱中才能保存下来。

解密阿姎白

去剑川石窟看阿姎白真费了不少周折。本该从大理直抵剑川，由于鹤庆那边有事，下一站又是丽江，只能另走一条路，便与剑川擦肩而过。人在丽江时，心里仍放不下阿姎白。最终下决心放弃了泸沽湖之行，掉转头来，翻山涉水，来到剑川的石宝山。

在白族语言中，阿姎就是姑娘；白是掰开和裂缝的意思。阿姎白是姑娘开裂地方，即女性的生殖器。但世界上还有哪个民族把它雕刻成一个巨大的偶像，赤裸裸一丝不挂地放在石窟中供人祭拜？前几年，世界妇女大会在北京召开，一些西方代表专门跑到剑川，来见识见识闻名已久的阿姎白。真的看到了，全都目瞪口呆。

说实话，我并没有这种好奇心。吸引我来的缘故，是我不相信那种通用的解释——它是云南佛教密宗思想的产物。甚至追根溯源，说它来自于印度教中具有性力崇拜的湿婆神。我第一次看阿姎白的照片时，照片拍得模糊，那阿姎白黑乎乎的，分明是一尊佛。

车子进石宝山，即入丛木密林。外边树木的绿色照入车窗，映得我的白衬衫淡淡发绿。我还没来得及把这奇异的发现告诉给同车的伙伴，沁人心肺的木叶的气息，已经浓浓地渗入并贯满车厢了，真令人心旷神怡。跟着，车子进入绿色更深的山谷。

陪同我的一位剑川的朋友说，每年的七八月，著名的石宝山歌会就在这里。到这时候，大理、洱源、鹤庆、丽江、兰坪一带的白族人，穿戴着民族服饰，手弹龙头三弦，聚汇到这里唱歌、对歌、比歌、赛歌，用歌儿一问一答，寻求臆想中的情侣。动听的歌声贯满这深谷幽壑，翠木绿林为之陶醉。一连几天纵情于山野，人最多时达到数万。这位朋友还说："在这期间，不少女子——有结了婚的，也有没结婚的，跑到山上阿姎白那里，烧香磕头，还用手把香油涂在阿姎白上，祈求将来生育顺当，不受痛苦。一会儿你就会看到，阿姎白给摸得黑亮黑亮，像一大块黑玉！"

剑川这位朋友的话，叫我在见到阿姎白之前，已经朦胧地理解到它的由来。

剑川石窟凡十六窟。石窟自道边石壁凿出，石质为红沙石，这颜色深绛的石头与绿草相映，颇是艳美。阿姎白为石钟寺第八号窟，窟形浅而阔，大大小小的造像与佛龛密布其间，都是浮雕和高浮雕，上敷五彩，斑斓华美。中开一洞形佛龛。就是阿姎白的所在地了。第一眼看上去，便让人起疑。龛外一左一右为一对巨大的执刀配剑的天王。难道阿姎白也需要天王守候吗？龛楣莲花宝盖上有墨书题记。年深日久，字迹漫漶，缺字颇多。所幸的是竟残留着建窟年代，为"盛德四年"，乃是大理国第十八代王段智兴的年号。这一年是宋淳熙六年（一一七九年）。值得注意的是，墨书题记中没有阿姎白及相关的记载，却有"观世音者""天王者""造像"等字样。那么洞内的雕像就应该是佛像，而非阿姎白了？

　　探头于洞中。中间即是阿姎白。一块巨石，上小下大，端"坐"石座上。此石极其粗砺，貌似自然石，中开一缝，缝沟深陷，两边隆起，如同花瓣，由于人们长期用手抹油，日久天长，亮如黑漆。这样一个巨大的女性生殖器立在这里，的确是天下的奇观！这样直观和直白的表现，亦是世上无二。

　　然而，细看龛内两边石壁上，浮雕着两组佛像。左为阿弥陀佛，右为毗卢遮那佛。造型严谨，雕工精整，明显是汉传佛教艺术的风格。于是，问题就出来了：阿姎白的雕刻完全是另外一种方式，好似刀劈斧砍，极端的写意，既粗犷又粗糙，绝非雕工的手法。而从阿姎白上那一条条生硬的刻痕看，无疑是石匠之所为。这说明，阿姎白与龛内外的佛像完全是无关的两回事。绝不是同时雕刻出来的。那么阿姎白是怎么跑到佛龛上去的？

　　我忽然发现，阿姎白下边的石座是一个莲花座，莲花座前边的雕花已经剥落，但靠在里边的复瓣莲花却完好如初，刻得很好，打磨得也柔细和光滑，与龛内石壁上那两组佛像的浮雕属于同一种语言，但与莲花座上连为一体的阿姎白却风马牛不相及。

　　我已经明白了！于是，离开佛龛后退几步，再远观一下。这阿姎白分明是佛的形状。上小下大，稳稳坐在须弥座上。而阿姎白——女性生殖器的形状应该上大下小、上宽下窄才是。原来这里本是一座佛的坐像，是不是后来佛像残了，被后人改造成这个样子？

进一步再从历史和艺术上进行推论：

剑川石窟的兴建是在白族政权南诏国和大理国时代。按洞窟中的纪年，由公元八五〇年至一一七九年，前后三百年。这期间，正是佛教大举进入云南的时期。白族人南诏和大理的政权和历史上西北的许多少数民族政权一样（如鲜卑的北魏，党项的西夏，蒙古的元朝等），都曾利用佛教作为精神统治的器具。兴建寺庙与洞窟是普及佛教最重要的方式。南诏与大理都是"政教合一"，剑川石窟的兴建就是一种官方行为了。这也表明为什么石窟中会出现南诏大理王朝政治生活的浮雕画面。如此弘扬佛教的石窟无论如何也不可能出现阿姎白的形象。

再从剑川石窟的雕刻风格上看，从南诏到大理这几百年间，虽然有时代性的变化，但都是一脉相承，并明显地与四川大足、广元等地石刻如出一辙。这恐怕与南诏国多次对四川发动战争并掳掠大量艺人工匠有关，这在《通鉴》的"唐纪"中有许多记载。因此，无论造像的整体造型、形象特征，还是衣纹的刻法，剑川的石雕都像是出自大足的刻工之手。这种风格是严谨的写实主义的，绝不可能从中冒出具有强烈象征意义的阿姎白。

剑川石窟的开凿终结于南宋，至今八百年。在漫长历史的磨难中，有自然消损也有人为破坏。窟中造像破损甚多，有的缺失佛首，有的臂断身残。许多造像上都有后代人修补时榫接的洞孔。这便是再造阿姎白的背景。没有疑问了，阿姎白是利用一尊残损的佛像改造和再造的。很清楚了，阿姎白不是云南佛教的密宗思想使然。不是佛教的创造，而是再造。那么是谁再造的？是民间；这再造的精神动力来自哪里？来自民间——这是一种民间的精神。

这民间的精神，在上一节关于白族本主文化的阐述已经说得很明白，那便是信仰选择的自由和对于人间情爱的宽容。而这种精神，在一年一度石宝山歌会如此浪漫而自由的天地里，更加无拘无束，恣意发挥。阿姎白的出现，势所必然。

阿姎白不是性崇拜，而是生殖和生命崇拜。

远古时代的人，无力抵挡各种灾难的伤害，生命的成活率很低，为了补充自身的缺失，生命的繁衍便是头等大事。人的生殖器官变得至高无上，而渐渐演化为一种生命的图腾。几乎所有古老民族都出现过生殖——生命的崇拜。但这个具有原始意味的生命崇拜缘何一直保存到今天？每逢七八月，它依然被人们顶礼膜拜？人们抹在阿姎白上新鲜的香油使得这片山野飘动着奇特的芬芳。

从这个意义上说，阿姎白是个奇迹，是如今还活着的极古老的文化。它活着，不是指阿姎白这块不可思议的"石头"，而是人们对它的崇拜，是它亘古不变的灵魂。那就是对生命的热爱与虔诚。此外白族人还用一代代人传承下来的各种风俗——本主信仰、绕三灵、三月街、青姑娘节、火把节等来诠释他们对生命的理解。同时又依靠风俗这种共同的记忆，把他们的民间精神像圣火一样传递下来。

别看我对阿姎白有一个"突破性"的发现，但它告诉给我的更多。那就是，如果我们遗弃了有关阿姎白的口头记忆，最终它留给后人的只是一块被误解的胆大妄为的疯狂的性的石头。

就像一些古村落，将其中的百姓全部迁出，改作商城。其中一切人文积淀和历史记忆随之消散。也许在建筑学者的眼中它风貌依存，但在文化人类学者的眼里，它们不过是一群失忆的、无生命的古尸而已。

有形的文化遗产可以作为旅游对象而被豢养，不能被消费的无形的文化遗产怎么存活？市场可以使没有市场价值的事物立足吗？纯精神的历史事物注定要被人们渐渐抛弃吗？

二〇〇四年七月　天津

长春萨满闻见记

在四川广汉看三星堆时，一位研究古蜀文明的学者望着我惊异不已的面孔说：

"如果叫你选择一项研究的题目，首选一定是三星堆吧。"

我摇头笑道："不，是萨满。"

我把此中的理由告诉给这位朋友：三星堆是死去的远古之谜，萨满是依然活着的远古之谜。死去的谜永无答案，活着的谜一样无人能解。我还说，我从三星堆的祭祀坑中嗅出萨满的气息。这句话，把我脸上的惊异挪到了他的脸上。

然而，不单单为了这个缘故，我才奔往吉林长春。更使我感兴趣的，是要与来长春参加第七届国际萨满文化学术研讨会议的中外萨满学者，一同去市郊一座典型的旅游设施——龙湾民俗村，去看萨满特意为这次国际会议做的表演。表演者是著名的吉林市乌拉街的张氏家族和九台市东哈村石氏家族。自乾隆十二年（一七四七年），朝廷颁布《钦定满族祭天祭神典礼》，明文取消了萨满的自然崇拜，改为以祖先崇拜为主的家祭。这两个家族的萨满家祭则属正宗，不仅传承有序，整套的请神仪式一直完好地保存着。据说他们仍然可以做到"请神附体"。可是，这种郑重不阿的祀神祭祖的萨满仪式也能表演吗？怎么表演？我知道眼下这一来自母系氏族社会的神秘莫测的远古文化已经进入一些旅游开发商的视野。商业化能成为这种濒危文化活下来的保护伞吗？是一条生路还是不得已的出路？从中是继续闪耀着历史的光芒还是失却了自己的精魂？这正是我关注和关切的问题。

在一座水泥建造的露天舞台上，摆放着一排动物的石雕像。虎、豹、熊、狼以及立在中间铜质的图腾柱上的雄鹰，都是萨满崇拜的对象。但这里的雕像只是现代人粗糙的仿制品，亮光光没有时间感和历史感。两张铺着红绸的供桌摆在中央，崭新而廉价的镀铜香炉锃亮刺目。临时制作的旗幡在风中猎猎飘摆，一些穿着花花绿绿满族服装的少男少女分列两边。看来这水泥舞台就是萨满即将献演的神坛了。这会不会是一场如今各地旅游景点中常见的那种浅薄又粗俗的民俗表演？

然而，台下的各国萨满学者却按捺不住心中的激动，举着照相机和摄像机，离开舒适的坐席和遮阳伞，簇拥台下，等待萨满们将不曾见过的神灵请到眼前。当然，也有人坐着不动，将信将疑。

万物有灵是人类祖先对大千世界共同的感受，也是对陌生而神秘的世界最初始的解释。在远古，我们的祖先脆弱得有如蝼蚁。无论是酷烈的太阳、肆虐的风雨、狂暴的江河、冷漠的崇山峻岭，还是凶残的猛兽、无情的烈火、骤然而至的疾病和中毒以及想象中的种种厉鬼，都对他们构成伤害，使得他们恐惧、担忧和日夜不宁。他们试图通过人神交往，请求无所不在的神灵的同情、宽恕、息怒、悲悯、关爱、庇护和恩赐。萨满就是最早出现的专职的人神中介。萨满学者认为这个时间是距今近万年以上旧石器晚期。在属于那个时代的美丽而奇妙的母系氏族社会里，具有这种通天能力的氏族的保护神一定是女人。所以从中国辽西出土的女性石像（八千年前）到奥地利维伦道夫出土的维纳斯（两万四千年前）都是神圣的裸体女性。我们无法知道一万多年前，人们用什么方式与神交往。但我们知道在人类所有与神交往的方式中，只有萨满能够把神灵请到人间，并使神灵神奇地附着在自己的身上。这因为萨满有独自的神灵观和灵魂观。

最使萨满学者感到自豪的是，这个源自母系氏族社会的萨满文化——从仪式到方式，如今还活生生地保存在地球的北半部。就像地球日趋变暖，寒冷的坚冰犹然封冻着北方一些疆土。从北欧到北美，萨满的世界像烟雾一般缭绕不已。这中间是我国北部以及朝鲜半岛与俄罗斯。萨满几乎覆盖着我国阿尔泰语系的所有民族。从古代民族匈奴、鲜卑、勿吉、靺鞨、女真、乌桓、突厥、契丹、回鹘、高句丽、吐谷浑，到近世的通古斯语族的赫哲族、满族、鄂伦春族、鄂温克族、锡伯族；突厥语族的维吾尔族、哈萨克族、柯尔克孜族；蒙古语族的蒙古族和达斡尔族等，全都是代代相传，至今依然可以看到丰富而斑驳的原生态的萨满遗存。因而被国际萨满学者视为奇迹，甚至把我国北方认作世界萨满的故乡与核心。这核心的状态如今究竟如何？

不管那些首先登场、身着满族服装的青年男女的表演如何虚假、生硬和充满旅游色彩，乌拉街汉军张氏的萨满们一亮相，一种古朴又神秘的气息扑面而来。这种萨满的神堂通常都摆在家庭的院落或堂屋，此刻香案却置于洋人的包围中。萨满们挥动鼓鞭击打长柄的太平鼓，扯着脖子唱歌时，那声音像是从数百年空空洞洞的时间隧道传来。两位老人一高而瘦，一矮而胖，身穿长裙神服，头扎神帽，额前垂着一道流苏珠帘遮住面孔，很神秘，他们的情绪全由随同腰肢有节奏地哗哗摆动着的腰铃声表达出来。这种喇叭状的腰铃又大又沉，重达三十斤，声音低沉而雄厚。萨满迈着程式化的菱形步子。左脚迈出，右脚跟上，右脚迈出，左脚跟上；一步向左，一步向右，极富韵致，又十分老到。在鼓点和腰铃声愈来愈紧的催动中，步子愈来愈疾。先是那位瘦高的萨满用开山刀的刀刃狠砸自己的裸臂，虽然刀口又薄又快，却丝毫不能伤及他的手臂；跟着那位矮胖的萨满身子猛然抖动起来。他闭目咧嘴，似很痛苦，这便是神灵附体了。他失控一般跑到香案后边不住地向上蹿跳，好像有什么东西钻进他的体内又要往外挣脱。两位俗称"二神"的萨满助手上去又按又压他。一位壮汉走上来一只手抓住他的下巴，另一只手将两根粗如铅笔的尖头银针，从他口内穿腮而出，亮晃晃形同獠牙。这便是张氏萨满有名的"放泰尉"。传说唐王猎取野猪时，曾经奉猪为神，此刻附体在这萨满身上的据称正是野猪神。待请神完成，在那位瘦高的萨满一边击鼓一边高歌的引领下，二位萨满相互呼应，以同一节奏表演一段萨满舞，动作刚劲有力，腰铃声整齐而震耳，口唱的萨满歌于激越中带着一种悲凉，此时的气氛颇具感染力。我想如果不是这群洋学者频频将闪光灯射在他们身上，如果这表演是在乌拉街古老而湿漉漉的庭院里，我们可能会幻觉到无形的神灵在空气中游动，就像远古的萨满所说的"游魂"。

使萨满学者深感惊讶的，是当那两根银针从腮部取下后，两腮不但没有淌血，竟然连一点痕迹也没有留下。

此后，九台满族石氏萨满在请来祖先英勇神之后，便表演他们拿手的"跑火池"。传说，第一代石氏与敖姓萨满斗法时，曾赤脚从厚厚的燃烧着的炭火池中跑过，从而火炼金身，驰名四方。今天，这位出场表演的石氏大萨满极具风度，威严又文静。他面对长白山方向摆上升斗，朝天举香，伫立很久，肃穆得像一株长长的杉木。随后他的萨满舞与汉人明显不同，轻盈飘忽，出神入化。在舞动神杖急转身体做"旋迷勒"时，身上五彩的梭利条和子孙绳四散飞旋，铜镜片、卡拉铃和腰铃发出一阵美妙悦耳的和声，㩆坎镗鞳，宛如仙乐。经过一整套严格的仪式，终于请来祖先英雄神，大萨满跟着便挥动枪戟，光着双脚一次次跑过两三丈长的火池。两只赤足跑过火池后，还带着一些亮晶晶、烧红的炭块，但双脚就像涉过沙坑那样若无其事。然而我想，如果萨满只是执有这样的本领，并不能令我深信他们真的能够"神灵附体"。

曾经一位民俗学者对我说，他在四川凉山的彝族村寨里看到一位能够通神的毕摩，用舌头去舔烧红的铁铧，还口嚼火炭。我知道鄂伦春族的一位女萨满也有同样的"神功"。其实自称能够通神的巫师，大都通过这种不可思议的绝技表示他们具有超自然的能力。义和团就曾经在坛口表演这种刀枪不入的硬气功，以号召人们以肉身去与船坚炮利的殖民者一决生死。至于舌刀舌火，吞食玻璃，身卧刀板，油锤贯顶，以掌劈卵石这种软硬气功以及轻功，历来为江湖艺人所擅长。有些属于独门绝技，决不外传。应该说，这属于民间文化的一部分，但还不是萨满文化的真谛。

也许来到二道龙湾的萨满知道他们只是一种纯粹的表演，没有认真进入领神的境界——昏迷。那便是依据萨满的原理，灵魂可以走出物质的身体出游，与神交往，并引领神灵进入自己的身体。在那种非凡的时刻，萨满表现出真正的歇斯底里，冲动难抑，陷入半昏迷状态。在重视从宗教体验来研究萨满的西方学者看来，这种被称作"北方癔病"的古老的方术与巫术，具有神经病学和宗教心理学的研究意义；他们甚至认为萨满是一些具有易于冲动的遗传基因的人。

萨满的昏迷，到底是一种用想象创造的人神相通的幻境，还是用理智完全可以控制的精神状态？在萨满们"放大神"时，他们的助手的责任便是负责节制适度，以免萨满走火入魔，昏死过去。

从历史演变的过程看，愈靠近早期蒙昧时代，萨满的昏迷愈接近于想象；愈接近现代社会，"术"的意味就愈强。术的目的，是要人为地制造出萨满非凡的能力。但是，一旦这种超绝的技能具有征服效应，自然就会被一些狡黠的人，作为赚取钱财的骗术。所以，对萨满的关注，应该是这种原生态的宗教现象深藏着的人类初始时的心灵，而不是形形色色怪诞的技能与功法。

民间文化的历史像一条万里江河。在漫长的流程中，不断因山势而曲转，不断有其他河流汇入其中。千千万万传承线索有如江中大大小小的舟船，时而走上一段路，靠岸停泊，抵达终点；时而一些舟船扬帆启程，驶入中流。萨满发自母系氏族社会，时至今日，已经历经千折百转。由母系氏族到父系氏族，由酋邦到国家社会，由渔猎采集到农耕生产，再加上不同的民族的文化改造，佛教的冲击、汉文化的浸入，以及二十世纪后半期被当作迷信而严加废止和近十多年又作为民俗而复苏。在这历时万年的嬗变和不断地被冲击中，哪些是它原生的元素，哪些已然发生质变？今日上台表演的吉林市乌拉街的汉军张氏萨满，虽然传承久矣，但满人将汉人编入汉军旗也不过三四百年而已。

他们可以称作原汁原味的萨满吗？

然而，这些遗存至今的萨满，从神灵观和灵魂观，到祭祀与领神的仪规，却都遥遥通向远古。尤其是神灵附体之说，乃是在危机四伏的荒野与遮天蔽日、漆黑如夜的森林间，远古人类在精神力量上伟大的自我创造。不管如今它的形式与细节变得怎样面目全非，但本质没有改变。萨满请神的全过程——由设坛请神到神灵附体，再到代神立言，最后还原为人，依然保持着远古祭祀请神的整套程序。世界上还有比这更古老的活态文化么？三星堆遗存的只是远古祭祀的器具，萨满仍保留着千万年前的仪式与精神。所以，有的学者称萨满是人类文化的基因库。

也许万里长城造成的错觉，使我们一直把中华民族文明的发源地，放在黄河流域与长江流域，忽略了长城之北那片广袤的大地——黑龙江流域，其实，文明的晨光早早就降临在这块土地上。萨满便是其中一道最夺目的人文曙照。它使我们感受到中华文明的初始感。

在于今尚存的萨满这个载体中，还鲜活地存储着大量古老的民间文化。除去萨满本身的神服和神器（神鼓、神杖、地毯、供具等）之外，还有具有奇效的民间医药、气功和迷人的传统艺术。诸如面具、图腾、剪纸、绘画、刺绣、雕刻和鼓乐。满族几乎被汉文化同化了，但满人的服饰与艺术却在萨满的屋檐下开着花朵。满语大半失传，满族萨满的人神对话却严格地使用满语。北方民族的许多古老的神话传说都在萨满中有姿有态地活着。此外还应该提到的是更辽阔的背景上那些远古的祭祀遗址和岩画遗存了。

但是这一切现在都陷入危机。

在历史上，民间文化一直存在于被漠视甚至蔑视之中。当全球化迫使人们需要它担当自身个性化的标志时，市场一眼相中它的商业价值。于是，民间文化被重新打造，包装上市。市场根本不管民间文化的历史真实性及其内涵，只需要它表面的特色，愈强烈、刺激、吸引人愈好。因而，市场对于萨满感兴趣的是奇异的服装、听不懂的歌、诡秘的气氛和匪夷所思的各种神功。我想，将来萨满在市场上最大的魅力恐怕就是"神灵附体"了，不管是真是假。市场文化全是快餐式的，看罢一笑而已。文化对于市场只是一颗果子。市场粗壮的手将它野蛮地掰开，取出所需，其余的随手抛掉。这便是当前的市场对民间文化的破坏。那么萨满怎么办？

萨满一边仍然被视作迷信，得不到应有的在历史文化价值上的认识，甚至还被地方官员们遮遮掩掩，担心弄不好出错；一边却有许多旅游开发商蹲在那里，对其虎视眈眈，寻得时机，一拥而上，剥下它光怪陆离的皮毛来，把萨满趣味化、粗浅化、庸俗化，最后变味、变质、毁掉。

所以在国际萨满会议上我说：

萨满应进入学术，萨满文化应该走出学术。萨满只有走入学术，从文化的意义上加以认识，才能看到它真正的价值；同时，学者们的萨满观只有成为大众的共识，这一珍贵的遗产才会得到真正的保护，不至于被旅游业糟蹋得面目全非。当前萨满学最重要的工作仍是全面的普查与记录，而且要抢在它被旅游化之前。

为此，我们把对萨满的抢救性普查列为中国民间文化遗产抢救工程北方地区的重点，将中国萨满文化研究基地设在长春，并与国际萨满学会合作召开了这次会议，以行动实现思想。

记得年初应李小林之约，写这个名为"田野档案"的专栏时，我说要在今年有限时间里，为《收获》的读者切下一块"生命蛋糕"。我信守诺言，却为此到了压榨自己的地步。这因为我所从事的民间文化抢救千头万绪，拥塞我所有的时空；一边又被"零经费"逼入绝境，必须奔波四方向一位位地方的父母官们恳求援助，往往却劳而无功。这便只有作画义卖，自我支援，做起一介书生唯一能做的事。

然而，谁料此时此刻的作画与写作，竟使遏制已久的创作情感得到喷发。我感受所有挥洒的水墨都飘溢着灵性之光，一切文字都是从笔管迸发与弹射出来的，它们带着滚动在我心中发烫的激情——无论是爱还是愤怒。我与一种久违了的写作的原动力重新碰撞。我喜欢这种写作，不受技术制约，一切来自心灵的压力。附带的收获是使我将这一年多半在田野中种种珍贵的发现与思考如实地记录了下来。当然远远没有全写下来——从纳西族的"神路"到瑶族的《盘王图》，从川北年画作坊中的传人到南通民间的蓝印花布博物馆，从白沙壁画到万荣的笑话。但是我不能在稿纸上停留太久。我必须返回到田野里，因为我要做的事远远比我重要。

二〇〇四年十月

折下生命之树的一枝

今日写作之于我，愈来愈必要。这里说的写作，不是小说，而是关于文化遗产及其保护问题的各类文章。我的对手无比巨大无比强大，以至常常感觉自己如螳臂挡车，脆弱无力，束手无策。我是不是逆社会的潮流而动？但在我坚信自己的思想不谬并一定会被明天认可时，绝不会放弃现在的所作所为，并把"坚守"二字视作自己心灵的重心。

于是，我调动自己的一切可能。比如演讲、呼吁、游说、组织各种文化行动，还有我原有的擅长——写作，竭尽全力去与全球化横扫一切的狂潮相抗。我这种写作也是多类的。有学术性的探究，也有是抨击时弊的思想批评，再有则是本书中这类文章。以一种散文化的笔法，记下在田野大地考察时所见所闻所感所思。这种写作多缘自一种情怀与感悟，文字中自然生出一些文学的意味。然而，这并非文人的自我抒发，而是要与读者共享这些隐藏在大地深处的迷人的文化。如果能唤起更多人对这些文化的爱意，则更是我的期望。

先前写这些文章比较零碎，直到二〇〇四年《收获》杂志主编李小林约我写这样一个专栏才刻意于一种将散文、随笔、思想批评以及文化研究融为一体的文本。我不是写文化游记，必须涉入一些文化学和遗产学的发现与思索，故而这个专栏名为"田野档案"。然而，写专栏这一年真的苦了我。专栏必须期期都有，不能"缺席"。我在天南海北的奔波中，不管怎样疲惫，也要硬挤出一些时间来写作，就像我说的"从那一年切下一块自己的生命蛋糕"。此后，我把这一年专栏文章，合为一册，取名为《民间灵气》，交给作家出版社出版。当新书散着纸页与油墨的香味捧在手中，感觉好多了，庆幸这一年总是多了一件写作上的成果；但同时暗下决心，不再为《收获》写这种专栏了。

两年过后，李小林又来叫我写这类专栏。谁料这次我竟然忘记当年自己下的决心，答应再开专栏。其缘故，是近两年间我的见闻与感受奇特又深切，而且太多太多，无限美好地拥满我的心。感受是作家的天性，非文学的笔触不能表达。再有，我三十年来主要的作品大多给了《收获》。《收获》最能唤起我对文学的依恋，我把《收获》的约稿视作对我这个文学浪子的召唤。于是，再次应小林之邀，从我今年的生命之树再折下一枝来。

尽管当下中国文化的商品化在加剧，遗产抢救与保护较之以往更加令人心焦，但每当我坐在书桌前写这些文字时，近年来种种发现、思考以及心灵的感应一如潮水激涌到书案上来。

应该说，这两年间我跑过的、见过的、想过的，较之现在写在这本书里的，不足十分之一，但我是时间的乞丐，只能选赤抛朱，择其精要，亦割爱良多。我真想备份出一个自己，专写这类文章和这些珍奇美好又鲜为人知的文化。我喜欢这种写作。

为使读者直观地见到这些文化的本身，刻意采用这种插图性的文本。书中许多图片都是我的珍藏，亟堪宝贵。为使本书与当年那本《民间灵气》具有一致性，仍交由作家出版社出版。本书取名为《乡土精神》，以表达我对文化遗产本质的理解，那就是——

不要以为人们在田野大地上只求耕种与温饱，人们更需要的坚实有力的精神生活。没人给他们精神，这精神是人们在自己的心灵中创造出来的，并给它穿上民俗民艺美丽的衣衫，用以安慰自己的生命，补偿自己的命运，消解现实强加给自己的苦难，并使生活有滋有味。

二〇一〇年三月

追寻盘王图

初遇

　　此事说来惭愧，初见盘王图并不是在国内，而是在异国他乡——维也纳一位奥地利朋友的家里。这位朋友是中国古代艺术的铁杆粉丝，古陶、傩面、刻石、老家具摆满里里外外几间屋，这些老东西倒是常见，但挂在墙上的一幅容貌怪异、瞠目龇牙、骑龙腾空的神像画从未见过，尤其这神仙右脚的长靴没穿在脚上，竟套在龙尾巴尖儿上。画面的色彩主要是黑墨、铅粉和浓重的朱砂，鲜艳又沉静；一种极浓烈又浑朴的乡土气息扑面而来，还有种神秘感和原始感牢牢把我攫住。我禁不住问："这画是哪里来的？"

　　这位朋友说："这是你们国家少数民族的画，哪个民族不清楚，我在北京潘家园买的。你知道是哪个民族吗？"

　　我摇摇头。为此，在他家整整一顿晚餐都甩不开惭愧和尴尬，还忍不住不时朝墙上那幅奇异的画瞄一眼，却觉得画中那位不知名的神仙似含讽刺地瞧着我。好像说：

　　"你算什么中国的文化人，连我都不认得！"

　　回国后我曾一度着意打听这种画的身份，由于不知其出处，中国民间美术又那么缤纷驳杂，有些艺术如荒山野岭的奇花异草，难知其名，难寻其踪。这便渐渐沉入记忆深处。直到三年后我到大理邀集当地文化学者启动"云南甲马"的普查时，在大理古城一家古玩店里忽看到一种异样的画，挂了半屋子，登时一种似曾相识的感觉，夹带着强烈的特殊的气息直冲而来。这不是我曾经在维也纳见过的那种画吗？那位右脚没穿长靴的神仙不正在其中吗？它们是云南这里少数民族的艺术吗？是呵，看它的模样就不像是中原汉民族的。

经问方知，此画出自湖南的瑶族，当地人叫"盘王图"。这古玩店的店主夫妇两人都是四川人，他们经常到湖南的瑶寨去搞这种画，所以才有这么多"盘王图"。据女店主说一般人看不懂这种画，不会买，但一个法国人倒是她多年来主要的买家。这个法国人已经收集到数百幅"盘王图"，还将这种画印了一本书。说着她拿给我一本挺厚挺重的方形画册，随手一翻，里边全是这种画——各种各样的画面和形象，全是见所未见，十分诱人。这就不能不叫人佩服欧洲人对文化的见识与行动的迅捷。往往我们刚刚发现了某一种文化，欧洲人却比我们早了许多年。这种情况我见得实在太多！从纳西人的《神路图》到黔东南苗寨里古老的绣服与花冠，从皖赣黔川中的傩到关外的萨满，我们的足尖尚未探入，西方人和日本人早把脚印深深地留在那里。所有积淀数百年乃至千年的珍稀的遗存，只要能移动的早已被他们席卷而去。在上世纪初，伯希和与斯坦因们曾经大规模地"发现"我们一次，在西部的遗址和废墟中搬走整车整车的中古时代的经卷与文书；近三十年他们又乘着中华大地上的开放之风再一次卷土重来，踏遍山山水水，到处淘宝与掘宝。而偏偏今天的"王道士"要比一百年前多得多。他们这次弄走的东西远远多于藏经洞那次。可是我们的学者们在哪儿呢？是更喜欢在书斋中坐而论道，还是害怕辛苦或无力为之？

我从法国人收集和编印的这本盘王图中还看到一些穿瑶族服装的人物以及上刀梯等场面，相信这是具有很高历史文化价值的瑶族的古代绘画。可是那天我口袋里的钱有限，和店主在价钱上说来说去，只买到两幅。画的都是那位右脚没穿靴的神仙。其中一幅画上题写着道光十四年（一八三四年）的年号，以及信主和画工的姓名。这都是很重要的历史信息。

如果还有时间，我一定会为这些盘王图再来，但我必须赶往剑川参加一位白族锡制工艺的传人的认定活动，不能缺席，便请大理文联的同志代我把这批盘王画全买下来。至少有六七十幅之多吧。我知道瑶族的信仰是盘古和盘瓠，民间俗称"盘王"，并向例有"祭盘王"的古俗，但从不知他们还有这种风格特异的盘王图。况且，这种画在技法上相当成熟和老练，程式性强，色彩浓烈

《盘王图·把坛大师》，清代，108×42cm，湖南江华。

又沉静，应是职业画工之所为。我对大理文联的同志说一俟返回天津，马上就把钱汇来。但一周后返津才知道，那家古玩店因为在大理的生意不好，在我买画的第二天就关了门，店主已经离开大理。他们姓甚名谁，去往何处，无人能知。有人说，我这才叫擦肩而过，但也算一种幸运，总还是见了一面。我却总觉得是遗憾，甚至是很深的遗憾！

由于此次知道了这种画出于湖南瑶族，便想到去请教研究湖湘民间艺术的专家左汉中先生。谁知左汉中听罢大惊，他说他在主编《湖南民间美术全集》时，曾为寻找盘王图费大力气，但所获寥寥，后来打听到湘南江华瑶族自治县的民族事务委员会收藏了一整套盘王图。江华祭盘王的古俗极盛，很讲究挂盘王图，但如今真正的古本盘王图在江华已经十分罕见。民族事务委员会对自己收藏的这一套盘王图视作珍宝。左汉中想了很多办法才将其拍摄下来，收入画集。"你怎么会见到这么多盘王图呢？"他的惊讶鲜明地表现在他的口气中。

我便深深感到，在大理这次，一宗极珍贵的瑶文化遗存与我失之交臂了。我十分后悔当时为什么不先把这批盘王图抓在手里，再设法付钱。如果说在维也纳那次是惭愧，这一次便是愚蠢。

然而我相信，如果你真心找一件东西，那件东西一定也会在找你。我与盘王图的缘分远不会终止于此。

次年秋天我去广西考察壮族的天琴，随后便跑到滇北一带去探访壮、苗、侗、瑶的古寨。这些地方连接贵州的黔东南，有许多原生态的古村落。黔地重峦叠嶂，山路崎岖，由那边很难进去，但从滇北却好深入。考察中翻看地图时忽然发现，那个盛行盘王图的江华瑶族自治县竟然紧挨着滇北，并与阳朔的距离不算远。我便问同来的广西的朋友："阳朔有古玩店吗？"他们说，阳朔是旅游胜地，外国人多，古玩店自然多。我便兴奋起来，说："待这边考察结束后，我想跑一趟阳朔。"当然，我是为寻找盘王图而去。

我知道，当今的中国，凡是一个地方有独特的文化，其遗存在当地却根本见不到——早被淘宝的古董贩子淘得干干净净，但是在周围一些交通便利的城市的古玩市场上却常常能够遇到。比如在赣西的印刷中心四堡，再也找不到一块古版，但在不远的厦门的古玩市场却能见到许多。这样的例子举不胜举。这也正是我说的那种"文化空巢"的现象之一。

　　随后，在阳朔老街的一家专事经营少数民族文化遗存的古玩店里，果然找到了久违的盘王图，大大小小十二件！令我惊异的是，一幅《天师像》上题写的年号竟是嘉庆八年（一八〇三年）。其年代之古老可见一斑。而且这批盘王图的题材内容十分丰富，譬如《天师》《三帝将军》《四府神将》《海番》（那位右脚没穿靴的神仙），乃至最具湘地巫教特色的《把坛大师》，一律全有。民族特色异常鲜明，画上边还有许多有价值的历史文化信息。我不会再犯当年在大理那样的错误，而是一网打尽买下来。回来之后，便将所有可以找到的图文资料全部汇集起来，进行研究，写了《盘王图初探》一文。事物的价值是在对它的认识中明确的。研究的成果告诉我，瑶族的盘王图是我国少数民族的一个十分珍贵又危在旦夕的文化宝藏。我想，尽管我很难比那个捷足先登的法国人见到更多的盘王图，但我已经把它列为一个专门的研究项目了。

初探

　　依据我收藏的各种盘王图凡十二件和江华县民族事务委员会收藏的一套盘王图凡十七件（见《湖南民间美术全集·民间绘画》），合并起来进行整体研究，所获竟然颇丰，并基本弄清此图之究竟，下边分为内容、文本、特点和价值四部分，逐一表述。

一、内容

　　盘王图是瑶族举行祭祀时崇拜之偶像。瑶族自古崇仰盘瓠，关于瑶族和盘瓠的传说都可以从上古元阳真人所著《山海经》中找到确切的记录。瑶族人认为盘瓠是其始祖，然而在涉及世界的源起时，盘瓠又和"开天辟地"的盘古混同一起。不管学者们怎样寻找史据证明盘瓠并非盘古，但在瑶族代代传说中，一直把盘瓠和盘古认作他们共同崇拜的祖先，并称之为盘王，还以建盘王庙、过盘王节、举行"还盘王愿"等民俗活动来敬祀盘王。"还盘王愿"缘自瑶族远古的传说，据说瑶族先民迁徙渡海时遭遇到黑风白浪，船只三个月无法靠岸，危在旦夕，便乞求盘王显灵护佑，并许下誓愿。随后，盘王果然显灵，先民得以拯救。一个以还愿与敬祖为主题的习俗便越过千年，直至今日。

盘王图是举行这些节俗时必然悬挂的神像。需要说明的是，盘王图是湘南江华瑶族自治县的称谓。兰山县称之为"神轴"，还有的地方称之为"梅山图"。这里称之为盘王图应是盛行该图的江华地区习惯的叫法。

关于盘王图的内容，其中有很大成分是道教的。道教说，三清之首元始天尊在天地初开之时，曾传授秘道给诸神，以开劫度人。他这种创世行为与盘古的开天辟地极其相似，因而元始天尊又被称作"盘古真人"。在瑶族地区，就很自然被认作为他们的始祖"盘王"了。盘王图中最重要的一幅神像——盘王像，便有着道教第一神元始天尊的成分。

虽然我国各地民间信仰，多是佛道儒与地域崇拜融为一体，但在湖湘大地尤其瑶族地区，道教的影响远大于佛教的影响。在盘王图中除去盘王（也是元始天尊），其他的神像如灵宝天尊、太外、玉皇、许天师、张天师、赵公元帅、东岳大帝、丹霞大帝、四府神将、三元大帝、太上老君、龙王、十殿阎君及各种护法神将，大都是道教神仙，无一是佛门诸神。盘王图中有一幅《总圣》，看上去与中原各地常见的《全神图》几乎一样。在中原汉文化地区《全神图》中，佛道儒所有神佛，无所不包，但盘王图中的"诸神"除去盘王，其他一律为道教神仙和民间诸神。如"三清"、玉皇、三元大帝、北斗七星、南斗六星、王母娘娘、众天师、众护法元帅、十殿阎君、梅山五郎、张赵二郎、瘟使、虫皇等。在最下边还有两排乘龙驾虎、乘骑舞刀的本地的巫师，正在将妖邪驱赶出家门。巫师也属道教范畴，这是其他地方的《全神图》所没有的，它具有鲜明的地域性。

盘王图的地域性，还表现在其他几个方面：一是在画面上常常会出现一位披发舞刀、赤裸上身的人物。这便是湖湘地区历来最盛行的巫教中施展法术的巫师（当地称作"师公"）。有的画面还有师公们"上刀梯"的场面。显然，盘王图要借用这些在当地极具信服力的巫教的法力，以张其威。二是画面上的世俗人物，大多穿着瑶族的服装，这种穿着的人物无疑会增加画面的亲切感，拉近了当地百姓与画中神像的关系。三是海番。海番坐骑原本是南蛇，传说南蛇脱壳后即成龙。海番因此被称作龙神，甚至被称作龙王。但盘王图中的海番与汉族的龙王形象相去千里。据瑶族文化学者张劲松先生考证，这位海番全名叫"海番张赵二郎刀山祖师"。在度戒仪式上，他骑龙而来，帮助度者上刀梯。至于他脱去右脚的靴子，套在龙尾上，是为了表示"海水奔波不溅身"，这位海番是一位湖湘南部瑶族的地方神。

在盛行"祭盘王"的湘南江华，还有一种《众神赴坛图》，它不同于一般的立轴的盘王图，而是一种手卷形式的图画，长达三米左右，其作用是把天上众神请入神坛。这属于具有独特功能的一种盘王图。

特别应该指明的是，在瑶族的始祖盘王崇拜与道教信仰之间，盘王是主体。不管它吸收了多少道教的成分，它在性质上还是自己民族的祖先崇拜而非宗教，所以在盘王图中明确地将自己的始祖盘王作为主神。

二、文本

这里先将我收集到的盘王图十二件中各方面信息列表如下：

盘王图原件一览表

编号	画名	画幅尺寸	画心尺寸	年代	内容	功德记文字	备注
1	海番	115×48cm	103×40cm	清代道光十四年（一八三四年）	关于"海番张赵二郎刀山祖师"记载甚少。蓝山县有一传说，在张姓和赵姓两家共用的地里长一个南瓜，瓜熟裂开，从中蹦出一个娃娃，两家争说自家娃娃，后取名张赵二姓，争执方息。后来这娃娃成了海番神，神名还保持着"张赵"二姓。	信士香主赵法印合家人口，自发成（诚）心，彩绘神像四轴，入于赵氏门庭，子孙供奉为记，保又（佑）人口青（清）吉，五谷丰登。道光十四年九月一日吉旦崇宁丹青，李宗彩笔。	购自云南大理古城

编号	画名	画幅尺寸	画心尺寸	年代	内容	功德记文字	备注
2	海番	118×48cm	110×42cm	清代	同上。此画中海番右脚脱下来的靴子不像其他盘王图那样套在龙尾上，而是用剑尖挑着，海番衣覆的花纹明显是瑶族的图案。画面上还有一披发挥刀、正在施法的巫师形象。		同上
3	三帝将军	136×54cm	122×44cm	清代道光二十六年（一八四六年）	三帝将军当地又称作"上元将军"，乃道教三元大帝（天官、地官、水官）的护法神。		购自广西阳朔老街
4	四府将军	136×54cm	122×44cm	同上	道教中"天、地、阳、水"四府的护卫神。下边乘骑者是这四府的"四值功曹"。中间还有一乘骑者手持牛角和尖刀，似在施法，上方还有一披发赤臂者，应是巫师。		同上
5	总圣	136×54cm	122×44cm	同上	道教诸神尽其中。下方两排巫师，正在驱赶一恶鬼，深具本地特点。《总圣》中的神仙数目多少不一，最多可达一百零八位。		同上
6	海番	136×54cm	122×44cm	同上	同上图	信仕（士）香主×××氏男法合家人口，出（诚）心彩画神像四轴，人兴才（财）旺，五谷丰登，香门兴旺。道光二十六年丙午十一月初日吉旦。	同上
7	圣主	120×48cm	108×42cm	清代嘉庆八年（一八〇三年）	原件背面署名"圣主"。其说不一。一说盘王，一说玉皇。待考。		购自广西阳朔

编号	画名	画幅尺寸	画心尺寸	年代	内容	功德记文字	备注
8	太上老君	120×48cm	108×42cm	同上	即道教三清中的道德天尊，亦老子。道教尊其为祖师，以其《道德经》为经典。太上老君手持一扇，绘有阴阳镜，象征太极分两仪。		同上
9	天师	120×48cm	108×42cm	同上	即张天师。张道陵，东汉人，道教创立者，后被神化，民间奉为降伏镇宅之保护神。	信士家冯姓合家诚心请匠到家，彩画满堂圣像共十四轴，天桥已度，保佑子孙，人丁兴旺，遗后子孙，远永（永远）流传，福有所归。丹青陈连，李肇兴笔立子（字）。嘉庆八年岁次癸亥仲夏月朔九起手望五月开光完笔。	
10	把坛大师	120×48cm	108×42cm	同上	掌管阳界祭祀之神。画中有本地的巫师、"上刀梯"场面、吹乐和穿瑶服的人物，都极有研究价值。	信士家冯姓合家诚心请匠到家，彩画满堂圣像共十四轴，天桥已度，保佑子孙，人丁兴旺，遗后子孙，远永（永远）流传，福有所归。丹青陈连，李肇兴笔立子（字）。嘉庆八年岁次癸亥仲夏月朔九起手望五月开光完笔。	同上
11	总圣	130×50cm	110×43cm	清代	此图中道教诸神，俱在其中。下方众巫师供一牌位，上书"香门兴旺"。画面上方有"福佑民"三字。		购于广西阳朔老街
12	众神赴坛图	20×286cm	16×280cm	清代	此为手卷形式由右至左，展示天上众神在法师们的鼓乐声中，来到神坛。护法神将乘骑挥刀，鼓师乐手皆着瑶装。其中有瑶族传说"黄斑饿虎咬邪精"的情节。		同上

在将我收藏的盘王图（下文称冯藏盘王图）与江华民族事务委员会收藏的盘王图（下文称江藏盘王图）进行比较分析和整体研究后，得出的认识如下：

（一）江藏盘王图是整套，共十七幅，原物主是一个人。冯藏盘王图十二幅，只有其中四幅（三至六）为一整套，其余皆为失群画作，其时代与原物主皆不相同，但所有神像在江藏盘王图中都有，这表明江藏盘王图是一套较为齐全和完整的盘王图。它包含着多组神像。每组三幅，一幅神像居中，左右神像相配。如《盘王》《水府》和《地府》为一组，盘王居中，水府与地府一左一右。再如《灵宝天尊》《玉皇》和《太外》为一组，灵宝天尊居中，玉皇和太外一左一右。此外，还有两幅一组的，多为护法神。如《四府神将》和《三帝将军》为一组，《许天师》和《张天师》为一组，都是左右相配。所谓左右，就是左幅画中人物的脸朝右，右幅画中的人物脸朝左。这样才好与主神搭配。一般是主神居中，正襟危坐，左右两幅的神仙面朝中央。

盘王图悬挂时，整体要讲究对称，每一组也要求对称。这样才能庄重肃穆，井然有序。

从现有资料看，江藏盘王图是幅数最多的了，凡十七幅。在冯藏盘王图中包含两套，幅数却各自不同。一为冯藏盘王图（三至六），画面上的"功德记"中写着"合家人口，出（诚）心彩画神像四轴"，说明这套盘王图总共只有四幅，但也是完整的一套；二为冯藏另一组盘王图（七至十），画面上的"功德记"中写着"合家诚心请匠到家，彩画满堂圣像共十四轴"，表明这套盘王图原为十四幅，现只剩下四幅，属一组失群画作。但由此表明，一套盘王图的数量是不固定的，可多可少。

瑶族人祭盘王的形式有两种，一是在盘王庙或较大空间进行的公祭（一称众愿），一是在家中私祭（一称家愿）。《盘王图》在祭盘王时悬挂，要求"满堂众圣"。由于受空间限制，空间大的厅堂可挂十多幅，空间小的厅堂只能挂少数几幅。比方冯藏盘王图（三至六），就可能因为空间小而只选择了其中的四幅。然而，不管多么少，其中必有一幅主神。这套盘王图的主神是《总圣》。因为《总圣》囊括了天地间所有的神仙，也包括盘王。所以在盘王图中，《总圣》又被称为"正坛"，是要挂在中间的。在《总圣》之外，还要配上一左一右两幅护法神像。这套冯藏盘王图（三至六）选择的护法神是《三帝将军》和《四府神将》；此外还有一幅则是最具瑶族色彩的骑龙挂靴的海番像，可见这位海神在瑶族信仰中地位的重要。

这种按自己需要来选择神像的方式，很像河南滑县的神像画。在滑县，画工也是根据主家的需要来提供不同的神像组合。

（二）从冯藏盘王图（七至十）画面上的"功德记"里的一句话"请匠到家"，可知在当地有一种以画盘王图为职业的画匠。从盘王图的画技上也能看出，这种画非常专业。特别引起我注意的是，冯藏盘王图（三至六）和江藏全套盘王图，不仅画风一致，画稿完全一样，内容细节乃至用笔技法也完全一致，甚至连功德记的词语与书法亦如出一辙。由此表明，这两套画无疑出自一个画工之手。江藏盘王图画于道光十六年，冯藏盘王图画于道光二十六年，前后相距十年，这说明一位名叫王家义的画工一直在江华一带瑶乡从事画业。这位画工使用民间惯用的粉本来作画，设色、用笔、图案都是程式化的，技法熟练并很讲究。再以江藏道光十六年（一八三六年）的《天师》与冯藏嘉庆八年（一八〇三年）的《天师》相比较，就显然不是同一画工所作的了。两幅《天师》相距三十多年，非同一代人之所为，但彼此之间很多基本元素——构图、造型、开脸、图形和花边装饰都具有鲜明的传承性。由这些研究可以确信，盘王图在瑶族（尤其在江华）是一种历史悠久、传承有序的民间绘画，内容确定，形式独特。当然对其文化与艺术的特征还要进一步做具体分析。

三、特点

盘王图的特点极其鲜明，一望便知。倘未见过它，会立即产生异样之感。这表明它在艺术上已自成体系。

盘王图使用地方土纸，从纸的色泽（淡褐色）与柔韧性分析，应为湘地特产——手抄竹纸。关于手抄竹纸，本文"湘中三事"中有详述。

盘王图的形式为立轴，上下以草秆为天地杆。用时打开悬挂，用后卷起收藏。画幅尺寸为高一百三十厘米左右，宽四十八厘米左右。画心内缩数厘米。每套尺寸统一。

画心外的四边绘有花饰。上端以墨笔画云团三朵，粗大雄厚，内卷外旋，其他三边饰以简笔花草，此为盘王图一明显特色。

盘王图最鲜明的特色在色彩上。以浓重的朱砂为主色，神仙的衣服、背光、火焰皆用朱砂，其间杂以黑、黄、蓝、白，都是瑶族喜欢的颜色。衣纹用笔粗重，面部勾线细柔，粗细对比，很有质感。染色的方法很像木版年画，以短锋粗笔一边蘸色一边蘸水，一笔可画出浓淡，有立体感。深色的轮廓线的内侧，常用白粉复勾，不仅使形象明快醒目，也使事物厚重。由于画工是职业化的，运笔相当老到，画面生动鲜活，与庄重浓烈的色彩浑然一体，画面血肉丰足，气氛雄健传神。以此为准，在至今所见到的盘王图中，冯藏盘王图应为艺术上难得的珍品。

在结构上，作为主角的神立在画的正中，非常突出，下边多有协侍的神仙或护法神将。护法神骑在马上，表示求之即来。盘王图的画面上最常见的是两种图案，一是红色火焰，一是褐色云团。前者表示法力，后者表示神在天上，高不可攀。于是满纸云烟飞动，火焰熊熊，肃穆崇高，甚为强烈。

一套盘王图，不论多少幅，都有一幅画面上用朱砂线条勾出一长形的空白，约十厘米见方，上书题记。类似壁画中的榜书和造像上的发愿文或功德记。上边记载主人的姓名、神像的幅数，以及心中的愿望；此外还要题写画工的姓名以及该画完成与开光的日期。物主一般自称香主、信士，其家庭自称香门，愿望多是"人丁兴旺"和"五谷丰登"等，具有极强的农耕生活的色彩。这种"功德记"的形式源于寺观的"庙画"，而盘王图的艺术特色却来自其独有的民族文化了。

四、价值

盘王图的价值是多方面的。

一是历史文化价值。盘王图与其原始的崇拜和古老传说紧密相关，是其民族精神生活的重要内容和历史见证。盘王图是瑶族自己绘制出来的他们心中的祖先形象，它应是一种崇高的理想形态。再一点便是与道教及巫道文化的融合，形成了瑶人的理想天地与信仰世界。古老瑶族的宇宙观、生命观、价值观尽在其中。

二是风俗价值。盘王图是瑶族特有的节日（盘王节）与特有的民俗（还盘王愿）的主要的祭祀用品，是祭拜偶像。它悬挂于愿堂中央，在整个民俗活动中处于核心位置，也是民俗仪式中必不可少的核心载体，民俗意义至关重要。

三是艺术价值。盘王图是瑶族人绘制的神像类的绘画，它鲜明地反映瑶族人共有的审美与集体性格。本文已对其造型、结构、设色、画法作了分析。可以说，如果缺少盘王图，我们对瑶族的民族文化的认识便会减少和变得有限。

然而，近二十年随着外国学者的文化考古和古董商贩的淘宝，瑶族盘王图已处于飘零失散、几近消亡的境地。尽管瑶族年年还在过盘王节，使用的盘王图已多为仿制品。失去了历史见证的文化一定会变得轻飘与表浅。这也是全国各族各地域民间文化日渐稀薄与弱化的缘故。

本文写到这里，忽有一个朋友拿来一堆照片，说四川一商贩手里有川北傩面与戏偶上千件，其中不少当称绝世精品，其年代，上及元明。四川各地的傩戏如梓潼戏、端公戏、鬼脸壳戏等，以及民间木偶戏如提线偶、杖头偶、掌中偶、被单戏等，应有尽有。我相信在这些文化的家园里，已经找不到它们的身影。就像上边说的盘王图，在江华无迹可寻，可是竟然全跑到大理的古城中挤成一堆，此后再在什么地方露上一面，随即就不知被什么人弄到哪里——最终谁也看不见。

当一种文化消失了，它最后就保留在一些残存的遗物上。如果这些遗物再离开它的故乡故土，剩下的唯有虚无。但这是我们自己把自己搞成虚无的。其缘故是我们无知，或我们只是抽象地"热爱"自己的文化而已！

可是，我们能叫后人也落入这种历史和文化的虚无中吗？谁来做？怎么做？！

二〇〇九年八月

高腊梅作坊

——隆回手记之一

来到长沙只是稍稍一站，便扎到下边，由湘西绕到湘中，为了心中的期待太久的一个目标：隆回。

我喜欢驱车纵入湖湘大地的那种感觉。好像一只快艇驶进无边的凝固的绿色巨浪般的山野里。刚刚从一个毛茸茸的山洼里绕出来，又转进一个软软的深幽的山坳中，好像在一群穿着绿袄的胖胖的大汉温暖的怀抱里爬来爬去。那些从眼球闪过的丛林里一块块黑黝黝的阴影，蛰伏在嶙峋的石头下边苍老的屋顶，似有若无、飘飘忽忽的烟雾，使我恍然觉得梅山教的精髓仍在其间，眼前陡然现出那个此地独有倒翻神坛的张五郎的形象……神秘的湘中文化便混在这湿热的空气里，浓浓地把我包裹起来。我知道，只要这文化的气息一出现，那种古老的生命便会活生生地来到面前。

我的心一阵阵激动起来。

来到隆回，我首先奔着滩头的木版年画。不仅因为滩头的画好，还由于心里一直怀着一种歉疚。

虽然我们为隆回的滩头年画做过一点事——曾将其列入中国木版年画抢救的主要目标之一，帮助他们启动了田野普查，并请深谙湖湘民间美术的专家左汉中先生协助他们编撰了滩头年画的文化档案。这项工作为滩头年画进入国家非物质文化遗产名录起到了关键作用。然而，我自己却没到过隆回的滩头。多糟！前两年，滩头举办年画节，人家千里迢迢来请我，我却因琐事缠身不得分身而婉拒了。滩头年画的活化石——钟海仙老人，两次托人带话请我去，我依旧未能成行。更糟！

在湖南隆回探访年画传人高腊梅。

我说钟海仙是"活化石"，是因为一个世纪前拥聚在滩头镇小溪河两岸的大大小小数十家年画作坊，如今硕果仅存的只剩下钟李二家，而且都是井然有序的世袭传承。滩头年画的招牌作品有两种，一种是《老鼠娶亲》，它还是鲁迅先生心爱的藏品呢；再一种是各类门神。滩头的门神别具一格。在全国各地门神的印制中，门神的双眼多为版印，很少手绘，唯滩头是手工"点睛"。我曾看过钟海仙为门神点睛的录像，他手握粗杆的短毫毛笔，蘸着浓墨，在门神的眼皮下边一按，落笔凝重，毫不迟疑，笔锋随着手腕在纸上微微一颤，似把一种神气注入其间。一双大而黑、圆而活的眼睛立时出现，目光炯炯，神采照人也逼人。应该说滩头年画传承了数百年的画艺就保持在这位十八岁便成了"掌门师傅"的钟海仙身上。民间的手艺虽是代代相传，然而上辈的手艺好，并不一定准传到下辈身上。全要看下辈人的才气与悟性了。如果下辈的禀赋高，还能青出于蓝胜于蓝，后浪高过前浪呢，钟海仙就是这么一位。当时，我知钟海仙老人年事已高，还安排了一位研究人员跑到隆回去做他的口述史，尽可能多留下他的一些真东西。事情是做了，但时不待我，人也不待我，去年十月钟海仙老人辞世了。他那些出神入化的手艺有没有失传？这也是我此行最关切的事情之一。

钟家的老宅子依旧在河北边的小街上。临街的两层木楼，下店上坊。钟海仙的老伴高腊梅掌管着画坊，门口的牌匾是"高腊梅作坊"。这倒不是钟海仙去世后改了字号，而是在上个世纪的极左时代，老字号"成人发"不能用了。钟海仙名气大，年画又属古艺，不敢太张扬，便用了妻子的名字为店号。高腊梅是钟海仙一生的画伴。一位个子矮矮却稳重雅致的湘中妇女，生在新邵县高雅塘，自幼随母学习凿花，技艺高超；后与丈夫一同印制年画，又是画艺在身，但如今岁数也大了。我把最关心的问题说给高腊梅："现在谁是画坊的主力呢？"高腊梅笑了，指指楼顶，意思是到楼上一看便知。

楼上是典型的手工年画作坊。高大而发暗的木板房内，一边高高低低架着一排排竹竿，晾满花花绿绿的画儿；一边是大画案，一男一女腰间系着围裙，正在面对面印画。房中充溢着纸香与墨香。文人的书房也常常是这种香味。不过文人这种香味清而淡，飘忽不定；画工这种香味浓而烈，扑面而来。印画的男子为中年，女子略小一些。待问方知，女子曾是钟家的帮工，后收为徒；男子是钟海仙的长子钟石棉。原在县自来水厂工作。自小在画坊长大，耳濡目染，通晓画艺。如今父亲去世，母亲年高，当地政府担心钟氏年画一脉由此中断，遂与钟石棉所在单位商议，让他提前退休，享受公务员的待遇，人回到家中承艺，以保其艺术的香火不灭。

我无意间看到贴在墙上的门神蛮有神气，眼神也活，便问高腊梅这门神是谁做的。高腊梅指指钟石棉说："他。"我对钟石棉说："真不错呀！可得守住你们钟家的绝技，还得往下传呵。"

钟石棉露出憨笑，我喜欢他这种笑。这笑朴实，踏实，里边还明显表达出两个字：当然！

据说，钟石棉还有个弟弟在县检察院做检察官，也被政府安排回家承艺，原单位的公职和薪水保持不变。有了两兄弟的"双保险"，钟家画艺的传承何忧之有？

隆回的非遗保护竟然如此认真到位又如此专业！

为作坊题写牌匾。

　　此后，我又到小溪河边去看望金玉美作坊的艺人李咸陆。当今滩头镇开店印画的，除去钟家，再只有这位老艺人了。但他身患重病，见面时坐在椅子上，连站起身也不能了。很热的天，下半身盖一条被单，握手时他的手又凉又湿。他叫人在桌上摆了笔墨，请我留字。我便写了四个字："画纸成金"，以表达对这位李氏传人的敬意。我更关切的是金玉美的古艺怎么下传。李咸陆有四个孩子，都不肯接过父亲手中的画笔，这是民间文化传衍最要命的事。幸好冒出一位外姓的年轻人，愿意学习李氏的画艺，被李咸陆收为弟子。于是，县政府准备以命名"传人"的方式，鼓励这位年轻人担起历史交接中一副不能搁置的担子。

　　滩头之行使我颇感欣慰的是，虽然滩头年画和各地民艺一样，皆处濒危，但他们抓住了关键——传承。非遗是一种生命，活态的生命保持在传承中。这就必须有传人。只要保住传人，就保住了"非遗"的本身。

二〇〇九年七月

细雨探花瑶

——隆回手记之二

不管雨里的山路多湿滑，也不管有人提醒"你别把冯先生扯倒"，老后还是紧抓着我的手往山上拉，恨不得一下子把我拉到山顶，拉进那个花团锦簇的瑶乡。这个瑶乡有个可以入诗的名字：花瑶。

花瑶，得名于这个古老的瑶族分支对衣装美的崇尚。然而，隆回县政府为花瑶正式定名却是上世纪末的事。这和老后不无关系。

老后是人们对他的昵称，他本名叫刘启后，一位从摄影家跨越到民间文化保护领域的殉道者。我之所以用"殉道者"，不用"志愿者"这个词儿。是因为志愿多是一时一事，殉道则要付出终生。为了不让被声光化电包围着的现代社会，忘掉这个深藏在大山深处的原生态的部落，二十多年来，他从几百里以外的长沙奔波到这里，来来回回已经二百多次，有八九个春节是在瑶寨里度过的，家里存折的钱早叫他折腾光了。也许世人并不知道老后何许人，但居住在这虎形山上的六千多花瑶人却都识得这个背着相机、又矮又壮、满头花发的汉族汉子，而且没人把他当作外乡人。花瑶人还知道他们的"呜哇山歌"和"桃花刺绣"列入国家非物质文化遗产名录，老后是有功之臣，他多年收集到的大量的花瑶民歌和桃花图案派上了大用场！记得前年，老后跑到天津来找我，提着沉甸甸一书包照片。当时他从包里掏出照片的感觉极是奇异，好像忽然一团团火热而美丽的精灵往外蹿。原来照片上全是花瑶。那种闪烁在山野与田间的红黄相间火辣辣的圆帽与缤纷而抢眼的衣衫，还有种种奇风异俗，都是在别的地方绝见不到的。我还注意到一种神秘的"女儿箱"的照片。女儿箱是花瑶妇女收藏自己当年陪嫁的花裙的箱子，花裙则是花瑶女子做姑娘时精心绣制的，针针倾注对爱情灿烂的向往，件件华美无比。它通常秘不示人，只会给自己的人瞧。看来，老后早已是花瑶人真正的知己了。

老后问我："我拉你是不是太用力了？"

我笑道："其实我比你心还急呢。你来了多少次，我可是头一次来呵！"

这时，音乐声与歌声随着霏霏细雨，忽然从天而降。抬头望去，面前屏障似的山坡上，参天的古树下，站满了头戴火红和金黄相间的圆帽、身穿五彩花裙的花瑶女子。那种异样又神奇的感觉，真像九天仙女忽然在这里下凡了。跟着是山歌、拦门酒，又硬又香的腊肉，混在一大片笑脸中间，热烘烘冲了上来。一时，完全忘了洒在头上脸上的细雨。而此刻老后已经不再前边拉我，而是跑到我身后边推我，他不替我挡酒挡肉，反倒帮着那些花瑶女子拿酒灌我。好像他是瑶家人。

在村口，一个老人头缠花格布头布的老人倚树而立，这棵树至少得三个人手拉手才能抱过来。树干雄劲挺直，树冠如巨伞，树皮经雨一浇，黑亮似钢。站在树前的老人显然是在迎候我们。他在抽烟，可是雨水已经淋湿了夹在他唇缝间的半棵烟卷，烟头熄了火。我忙掏出一支烟敬他。老后对我说："这老爷子是老村长。大炼钢铁时，上边要到这儿来伐古树。老村长就召集全寨山民，每棵树前站一个人。老村长喊道：'要砍树就先砍我！'这样，成百上千年的古树便被保了下来。"

古树往往是跟古村或古庙一起成长的，它是这些古村寨年龄尊贵的象征。如今这些拔地百尺的大树，益发葱茏和雄劲，好似守护着瑶乡，而这位屹立在树前的老村长不正是这些古树和古寨的守护神吗？我忙掏出打火机，给老人点燃。老人用手挡住火，表示不敢接受。我笑着对他说："您是我和老后的'师傅'呀！"

他似乎听不大懂我的话。

老后用当地的话说给他听。他笑了，接受我的"点烟"。

待入村中，渐渐天晚，该吃瑶家饭了。花瑶姑娘又来唱着歌劝酒劝吃了，她们的歌真是太好听了。听了这么好听的歌，不叫你喝酒你自己也会喝。千百年来，这些欢乐的歌就是酒的精魂。再看屋里屋外的花瑶姑娘们，全在

给古树"保护神"敬烟。

开心地笑，没人不笑。

所有人都是参与者，没有旁观者，这便是民俗的本质。

老后更是这欢乐的激情的参与者，他又唱歌又喝酒又吃肉。唱歌的声音山响；姑娘们用筷子给他夹的一块块肉都像桃儿那么大，他从不拒绝；一时他酒兴高涨，就差跳到桌上去了。

然而，真正的高潮还是在饭后，天黑下来，小雨住了。在古树下边那块空地——实际是山间一块高高的平台上，燃起篝火，载歌载舞，这便是花瑶对来客表达热情的古老的仪式了。

亲耳听到了他们来自远古的鸣哇山歌了，亲眼瞧见他们鸟飞蝶舞般的咚咚舞、"桃花裙"和"米酒甜"了，还有那天籁般的八音锣鼓。只有在这大山空阔的深谷里，在回荡着竹林气息的湿漉漉的山里，在山民有血有肉的生活中，才领略到他们文化真正的"原生态"，其他都是一种商业表演和文化作秀。人们在秋收后跳起庆丰收的舞蹈时，心中按捺不住喜悦的心情和驱邪的愿望是舞蹈的灵魂，如果把这些搬到大都市的舞台上，原有的舞蹈灵魂没了，一切的动作和表情都不过是做"丰收秀"而已，都只是自己在模仿自己。

今天有两拨人也是第一次来到花瑶的寨子里。他们不是客人，而是隆回一带草根的"文化人"。一拨人是几个来演"七江炭花舞"的老人。他们不过把吊在竹竿端头的一个铁篮子里装满火炭，便舞得火龙翻飞，漫天神奇。这种来自渔猎文明的舞蹈，天下罕见，也只有在隆回才能见到。还有一拨人，多穿绛红衣袍，神情各异，气度不凡。他们是梅山教的巫师，都是老后结交的好友。几天前老后用手机发了短信，说我要来。他们平日人在各地，此时一聚，竟有五十余人。诸师公没有施法，演示那种神灵显现而匪夷所思的巫术，只表演一些武术和硬软气功，就已显出个个身手不凡，称得上民间的奇人或异人。

花瑶的篝火晚会在深夜中结束。

在我的兴高采烈中，老后却说："最遗憾的是您还没看到花瑶的婚俗，见识他们'打泥巴'，用泥巴把媒公从头到脚打成泥人。那种风俗太刺激了，别的任何地方也没有。"

我笑道："我没看见什么，你夸什么。"

老后说："我是想叫你看呀。"

我说："我当然知道。你还想让天下的人都来见识见识花瑶！"

这话叫周围的人大笑。笑声中自然有对老后的赞美。

如果每一种遗产都有一个"老后"这样的人守着它多好！

二〇〇九年七月

手抄竹纸

——隆回手记之三

随着隆回县委书记钟一凡乘车渐渐进入一片山林。湘木都像吃过激素一样，极其茂盛，车外边的树色把车厢照绿；青竹散发的清澈的气息已经充满我的肺叶。再看，四面的车窗全是画儿了。我问钟书记："你要把我带到哪儿去？"他笑了笑，不答。从他脸上的自信与得意可以读出，他一准会叫我惊喜的。就像昨天他把我导入那条名叫荷香桥的古街，那里不仅许多老作坊是"活着"的，连出售的布鞋、油灯、首饰、纸笔，都是老样子，说明镇上的人还在使用这些东西。我称那条罕见的老街是"时光隧道"。这位书记怎么能把那条"破烂"的街看成了宝贝？如果在大城市里可能早被那些挂着"博士"头衔的官员们一声令下，给推土机一夜之间夷平了吧？

马上要去的，又是一条时光隧道吗？

车子在一个小小的山口停住。不远的前边，一个新奇的场面把我吸引过去。山脚下一块平地上，几位山民在削竹皮，一棵棵刚砍下的修长而湛绿的"仔竹"，被放在三棵竹竿捆成的三脚架上，山民们手执月牙般的弯刀，削竹皮的动作老练又畅快。被刮去竹衣的竹竿露出雪白的"身躯"。不等我问，钟书记就引我去看屋外一个个方形的水池，雪白的竹竿一排排躺卧其中。我忽有所悟，便问钟书记："是不是造纸？"

钟书记眉毛一扬："你怎么知道？"

我说："别忘了你们的《中国木版年画集成·滩头卷》是我终审的。那卷书上有一节专门介绍滩头年画使用自造的土纸，而且说你们这里至今还保持着从砍竹、沤料、抄纸和焙纸的全部流程与技艺，我正想看看你们的手工抄纸呢。现在原原本本的手工抄纸已经非常罕见了。"

我这几句话使钟书记更加得意。他引我往山上走，走不多路就钻进一间石头搭建的作坊里。这作坊正是抄纸房。十多平方米的空间里，一边是踩料凼，一边是纸槽和木榨。原始的工具粗糙和简单得不可思议。所谓踩料，无非是把石灰沤过的碎竹倒进凼中，凼中斜放着一块竹笆，山民们靠着赤脚踩住料，用力在竹笆上摩擦，将料踩成泥状。可是光着脚和快如刀刃的竹片硬磨，不是很容易把脚划破吗？

下边的工序便是抄纸。抄纸看似容易，将泥状的料置入石质的水槽里搅匀，然后用一种细竹条编织的盘子在槽里一抄再一荡，提出来，翻过来一扣，便是一张薄如蝉翼的纸坯。一张张湿漉漉的纸坯叠在一起，直至千张，使木榨轧干水分，然后送到焙屋里，揭开烘干。于是，可写可画、金色的竹纸就诞生了。我问道："纸坯这么薄，相互不很容易粘在一起吗？"

钟书记从身旁拿了一片绿叶给我。经问方知，原是当地野生的胡椒叶，用水煮后放入纸槽中，可使纸浆润滑，抄出来的纸坯彼此绝对不粘，当地人称之为滑叶。

奇怪，这滑叶的功效当初是怎么知道的？这就不能不佩服先人、古人了！

"可是——"我又问："木榨这么重，又使这么大劲儿，上千张纸紧紧轧在一起后，又怎么一张张揭开呢？从哪里来揭呢？"

我这问题竟然引出一则民间传说。钟书记说当地抄纸的人自古都知道一个神话传说：

一天抄纸房里人们正忙，忽然一位过路的老人进来讨茶讨烟。一个年轻人嫌这老人碍手碍脚，不给他烟和茶，轰他走，谁料这老人走后，榨好的纸成了一个大坨子。人们感到纳闷儿，怎么会忽然揭不开呢？于是开始疑惑，刚才那老人别是一位过路的神仙吧，待人家不客气，人家不高兴，施个法，纸就揭不开呗！于是大家跑出去找那老人。找到后，让茶让烟，老人喝足茶抽足烟，站起身只说了一句话："去揭靠身子那个右角吧！"说罢扬长而去。经老人指点，回去一揭靠身子的右角，果然一张张纸轻易地揭开了。由此，滩头的手抄纸都是揭右下角，别的角是揭不开的。为什么呢？科学的解释没人说得清。而这个含着尊老敬老意韵的美丽的传说，却一直在坊间随同抄纸的手艺代代相传。

上边这个传说只是众多的版本之一。传说有广泛的生命力。往往同一个故事，在不同人嘴里说出来会大不一样。可是传说中那个化身为老人的神仙，却有名有姓，叫作李佑。仙人李佑的故事个个生动有趣，并且都与造纸有关。沤料、踩料、抄纸的几个关键性诀窍也全有李仙人的影子。传说正是由于这位仙人护佑，滩头造纸踩料时从没有划破脚的事情。可这位李佑的名字又是从哪儿来的呢？不得而知。这是滩头造纸的秘密，也是它的文化。

若说滩头的造纸文化可以追溯到隋代，及至元代此地已是长江以南的造纸中心。抗日战争期间，舶来纸的运输渠道不畅，国内用纸一时皆仰手工土纸。滩头的纸作坊竟达到两千余家。如今，随着造纸的现代化和全球化，手工土纸衰落下来。中华大地上许多土纸作坊转瞬即逝，已经鲜见原真的手工土纸了。然而，湘中这块大地的深处却奇迹般地"收藏"这种原版的古老技艺。从原材料、工艺、程序，乃至相关传说都一丝不苟、郁郁葱葱地存活着。据说明代《天工开物》中记载着南方造纸的流程与方法，竟与今天滩头这里的手工抄纸工艺不差分毫。这不是活化石、活的历史博物馆、活的文化生命吗？

回到镇里，人们铺开这种土纸，叫我题字。金黄的土纸上边刷了一道本地峡山口的一种石粉，其色泽在瓷白中微微泛青，宛如天青，十分优雅。待锋毫触纸，如指尖触到温润的肌肤，微觉弹性，那感觉异常美妙。我开玩笑说："这纸很性感。"在写字作画时，好笔好纸都会帮忙。写在这土纸上的字，竟分外显出饱满厚重，畅而不燥，笔痕墨迹，自生韵味，令我自己也十分满意。瞧着这纸，我忽想该为这珍罕的遗产做点什么吧。我叫一声："钟书记——"

钟书记笑嘻嘻地说："我知道你想什么。我们已经开始对滩头造纸做普查。文化档案和数据库年底可以立起来。而我们已经有了一个保护方案，一会儿向你请教。"

我笑道："你已经是专家了。"同时心想如果每个遗产都有这样一位懂文化的官员，我们还会焦急和发愁吗？

二〇〇九年七月

邂逅苗画

今年跑到湘西考察，在凤凰城那天晚上，与当地文化界人士聚首而谈之中，看到几帧绘画的照片，令我耳目一新。墨黑的底色中彩绘着花卉鸟虫，既有装饰之华美，又有绘画之鲜活。中间多为花儿一束，枝叶向四边对称地舒展伸开，长长的碧草穿插其间，艳丽的禽鸟成双成对装饰左右，四角布置鲜花彩蝶。画面饱满精整，疏密有致，繁而不乱，一看便知是经过长时间和多智慧构造出来的老花样。它突然使我想起黔东南苗族妇女蜡染花布时"蜡绘"的花鸟，韩美林还送给我几大本"蜡绘"的稿样呢。而这里正是苗族和土家族聚居的湘西。我便问：

"这是苗族的画吗？"

当地的同志说："正是呵。"

我说我第一次见到这种画，看上去很奇特优美，也挺古老，这是什么地方的画，是装饰用的吗？

经当地的同志一讲，这画最初的用处竟然与天津进宝斋伊德元剪纸有某些近似之处。它缘自湘西苗族妇女绣花的样稿。最早苗族妇女绣花的花样也是使用剪纸。不同的是，天津进宝斋剪纸是刻纸，苗族剪纸为锉花，当地称为"锉本"。沈从文先生就曾很欣赏这种"锉本"所表达的"美好情感"。及至清代末期，一位叫王正义的精通绘画的花垣苗族人，使用白色粉浆直接画在深颜色的布上，代替了古老的"锉本"剪纸，供妇女们直接按画刺绣。这种画在布坯上的刺绣样稿，生动而富于情趣，线条流畅又具有情感，很受欢迎。可是，王正义画得实在太美了，人们不舍得用绣线把这些美丽的线条覆盖。王正义就干脆把白色的线描改成彩绘，不再刺绣，成为一种单纯的布质绘画，用于窗幔、门帘和房中装饰，很快成为苗寨中广受欢迎的民间艺术。王正义的传人为其妻弟秧初新。秧初新擅长将湘西的山花野卉、虫鸟走兽画入画中，更加惹人喜爱。于是在这一带苗区，人们都亲切地称之为"苗画"。如今那几代艺人相继去世。幸有保靖县永田河镇白河村的梁永福及梁德颂接过薪火，使得苗画仍然在山野田间花儿一般地开放着。梁永福年过七十，画艺高超，气质清雅，儿子梁德颂继承家传，而且已经专事苗画了。

　　当我听到年轻的梁德颂在县城里还有一间小小的工作室，便约他一见。这纯朴的苗族青年拿来几幅他的"苗画"作品给我看。论其画技，已相当纯熟，用笔老到，设色也考究。虽然苗画尚不广为人知，但因其气质的特异，往往就被来湘西的有眼光的旅客买去，这便吸引一些爱画画的苗族年轻人加入进来。据说当地一个研究苗画的小小组织已开始起步了。这可是不错的事。

　　我就与当地的同志研究该做的事，一是要将历史文化档案细致地整理起来；二是收集各时期的苗画代表作及相关资料；三是保护和支持梁氏传人；四是扶持苗画研究工作。一定要把事情有序地做好，万不可大呼大叫"把苗画做大做强"。文化的事有其规律，而且首先要做精做细做深。倘若闹大闹乱，那些尚未查清的乡间遗存再被古董贩子抢先一步，先行"淘"去，那便既无历史，也无未来，其中最关键的事还是要保证梁氏的传承。特别要注意，正在受到旅客与市场青睐的苗画，切勿过度商业化。一旦把民族气质及其形态当作卖点，民间文化就会被"捧杀"。因之我讲了天津进宝斋伊德元剪纸的悲剧，希望能引以为戒。

二○○九年八月

探访康枝儿

一

　　那天，在人民大会堂举行的《羌族文化学生读本》新书发行仪式刚刚结束，急急忙忙走出来，外边细雨霏霏，凉滋滋扑在脸上。几个羌族孩子追上来，要和我以人民大会堂为背景拍张照片，我便张开双臂一下子把这四五个可爱的孩子搂在一起，让闪光灯在身上"啪嚓"雪亮地一闪，便与他们挥手告别，一头钻进低矮的车厢，心里边还涌动着刚刚会场上那种热辣辣的气氛。

　　那半年，我一直为大难压身的羌文化的存亡而焦灼，直到这本《羌族文化学生读本》印出来，并交到震区羌族孩子们的手中，才算稍稍有个停顿。当然这停顿只是个逗号，不是句号。羌文化抢救的事绝不简单，不能就此罢手，然而还有千头万绪的事情等着我们把手伸过去，比如马上就要奔往的地方——去到大草原看看和林格尔的剪纸的现状。

　　自二〇〇三年，民间剪纸艺术的抢救便全面铺开。在我国山川大地上数千种的民间艺术中，再没有剪纸这样——像野花一般随处可见，西至西北各族，东抵滨海诸省，北至关东山野，南达岭南大地。只要家中有一把剪子，几张红纸，千姿万态的剪纸便油然而生，如花绽放。由于地域多样，民族不同，习俗各异，各地剪纸迥然殊别。比如豫西剪纸与浙江乐清细纹刻纸，一粗一细，大相径庭，宛如李逵与林黛玉站在一起；再比如酷似国画的扬州剪纸与宛如西北民歌的安塞剪纸，一雅一野，相去千里，又好像碧螺春与羊肉汤相比。二〇〇六年和二〇〇八年，经我们国家非物质文化遗产保护专家委员会评定而列入"国

欣赏康枝儿剪纸。

家遗产名录"的剪纸，共两批凡四十个地区（包括第一批蔚县、丰宁、中阳、医巫闾山、扬州、乐清、广东、安塞和傣族；第二批广灵、和林格尔、庄河、建平、岫岩满族、新宾满族、长白山满族、方正、上海、南京、徐州、金坛、浦江、阜阳、漳浦、泉州、宁德、瑞昌、莒县、滨州、高密、烟台、灵宝、卢氏、辉县、孝感、鄂州、仙桃、泸溪、庆阳、苗族。代号为"315"）。当然，这还仅仅是中国剪纸的一部分。

剪纸与年画、皮影不同。年画与皮影属于职业化和产地化的技艺，剪纸却是普通大众人人之擅长。它最能展现中华大地文化的多样，最能体现中国百姓的心灵手巧。记得二〇〇二年，我和乌丙安、潘鲁生、乔晓光、樊宇等组成一个专家小组，为中国民间文化遗产抢救工程制作一本《普查手册》；我们奔赴到晋中，在出名的剪纸之乡祁县，遇到一位五十多岁的张姓汉子。各地剪纸高手大多是妇女，此地男人却都精通此道。他一手拿一把铁剪子，一手拿一块手帕大的红纸对我笑吟吟地说："说吧，叫俺剪个啥，俺给你剪，剪个啥都成。"我想，我真得难一难他，看看他功夫的深浅，便说："你们这儿有'马上赢'的说法吗？有'马上赢'的花样吗？"他皱皱眉头，好像没听懂我的话。我接着说："这是南方木雕的一种花样。马上赢，就是马上就赢，赢就是胜利、成功。这种花样通常是下边一匹马，上边——马背上趴着一只大苍蝇。苍蝇没剪过吧？"我这话有点像刁难他了。

他脸上现出了为难的神气，说道："还真的没剪过苍蝇。俺们这边没有'马上蝇'，只有'马上封侯'，马背上骑着一只猴儿……"说到这儿，他眼睛忽然一亮，好像被哪儿来的一道灵光照亮，为难之情一扫而空。他说："好，俺就给你剪这个'马上赢'吧。"那神气竟然显得很自信。

跟着，他手中的铁剪就朝着红纸剪下去。他任何草稿不画，连用指头在纸上比画一下也没有，好似他所有的想法都在手中那两片又长又亮的剪刀中间。开始时，只看他随着剪刀的舞动，一些大大小小的红纸屑落到地面上，还有他的脚面上，其他什么也看不出来。但很快就看到一个昂然而雄俊的马头出现了。然后是马的脖子、马胸、马腿和马蹄，剪纸的神奇感也出现了。别看这汉子的手指粗、剪刀大、动作快，他剪刀走过的地方就像韩美林笔下的线条那样精准地勾勒出马儿俊美的身姿与健硕的肌肉，还有在疾驰中飘飞的马鬃和马尾。随后，一个圆圆的球形的形体出来了，好似一个胖娃娃的脑袋，跟着是肥肥的肚皮、粗壮的腿和爪，发亮的眼与乍起而欲飞的双翅。原来正是苍蝇！我从来没有看过这样健美又可爱的苍蝇，显然这只象征着胜利的苍蝇被他情感化了。我相信这位山西汉子第一次剪苍蝇，剪"马上赢"，但经他的手和剪子，苍蝇便被美化和神化。艺术的本质不正是这样化腐朽为神奇吗？古来山西的大地上不人人都是艺术家吗？

此刻，我要去草原探访和林格尔的剪纸，恰恰是当年这些山西人走西口时带到草原上的。那么，这源自山西的草原剪纸又给我怎样的异象并令我称奇呢？

于是，我的好奇与兴奋驱使我们的车一路飞奔，经怀柔，走宣化，过张家口，穿越长城，一路向西。我之所以选择走公路，是想体验一下那种从中原一点点进入大草原的感受。

二

　　车子驶出呼和浩特一直向南，向南，直到车前的挡风玻璃上出现一片连绵起伏、其势凶险的山影，那便是当年晋人，特别是晋中那个剪纸之乡祁县的商帮"走西口"去往草原的必经之地——杀虎口。这么说，车子不能再往南开了，否则要开进山西了，于是打轮向左，从一片广袤的大草地渐渐走进低缓的丘陵地带。草原上的丘陵实际上是些隆起的草地，一些窑洞深深嵌在这草坡下边。看到这些窑洞我激动起来，我知道一些天才的剪花娘子就藏在这片荒僻的大地深处。

　　这里就是出名的和林格尔。几年前，一位来自和林格尔的蒙古族人跑到天津请我为他们的剪纸之乡题字时，头一次见到这里的剪纸，并得知擅长剪纸的多是女子。尤其是一位百岁剪纸老人张笑花的作品，使我即刻受到一种酣畅的审美震撼，一种率真而质朴的天性的感染。为此，我们邀请和林格尔剪纸艺术的后起之秀兼学者段建珺主持这里剪纸的田野普查，着手建立文化档案。头一天，由北京驰车到达呼和浩特的当晚，段建珺就来访，并把他在和林格尔草原上收集到的数千幅剪纸放在旅店的行李车上推进我的房间。

　　在民间的快乐总是不期而至。谁料到在这浩如烟海的剪纸里会撞上一位剪花娘子极其神奇、叫我眼睛一亮的作品。这位剪纸娘子不是张笑花，张笑花已于前几年辞世。然而老实说，她比张笑花老人的剪纸更粗犷、更简约、更具草原气息，特别是那种强烈的生命感及其快乐的天性一下子便把我征服。民间艺术是直观的，不需要煞费苦心地解读，它是生命之花，率真地表现着生命的情感与光鲜。我注意到，她的剪纸很少故事性的历史内容，只在一些风俗剪纸中赋予一些些意味，其余全是牛马羊鸡狗兔鸟鱼花树蔬果以及农家生产生活等身边最寻常的事物。那么它们因何具有如此强大的艺术冲击力？于是这位不知名的剪花娘子像谜一样叫我去猜想。

　　再看，她的剪纸很特别，有点像欧洲十八、十九世纪盛行的剪影。这种剪影中间很少镂空，整体性强，基本上靠着轮廓来表现事物的特征，所以欧洲的剪影多是写实的。然而，这位和林格尔的剪花娘子在轮廓上并不追求写实的准确性，而是使用夸张、写意、变形、想象，使物象生动浪漫，其妙无穷。再加上极度的简约与形式感，她的剪纸反倒有一种现代意味呢。

"她每一个图样都可以印在 T 恤衫或茶具上，保准特别美！"与我同来的一位从事平面设计的艺术家说。

这位剪花娘子到底是怎样一个人，她生活在文化比较开放的县城还是常看电视？不然草原上的一位妇女怎么会有如此高超的审美与现代精神？这些想法，迫使我非要去拜访这位不可思议的剪花娘子不可。

车子走着走着，便发现这位剪花娘子竟然住在草原深处的很荒凉的一片丘陵地带。她的家在一个叫羊群沟的地方。头天下过一场雨，道路泥泞，无法进去，段建珺便把她接到挨近公路的大红城乡三犋夭子村远房的妹妹家。这家也住在窑洞里，外边一道干打垒筑成的土院墙，拱形的窑洞低矮又亲切。其实，这种窑洞与山西的窑洞大同小异。不同的是，山西那边的窑洞是从厚厚的黄土山壁上挖出来的，草原这里的窑洞则是在突起的草坡下掏出来的，自然也就没有山西的窑洞高大。低头往窑洞里一钻有一种安全又温馨的感觉，并即刻置身于这块土地特有的生活中。

剪花娘子一眼看去就是位健朗的乡间老太太。瘦高的身子，大手大脚，七十多岁，名叫康枝儿，山西忻州人。她和这里许多乡村妇女一样是随夫迁往或嫁到草原上来的。她的模样一看就是山西人，脸上的皮肤却给草原上常年毫无遮拦的干燥的风吹得又硬又亮，很像干辣椒那种通红的皮。她一手剪纸是自小在山西时从她姥爷那里学来的。那是一种地道的晋地的乡土风格，然而经过半个世纪漫长的草原生涯，和林格尔独有的气质便不知不觉潜入她手里的剪刀中。

和林格尔地处北方游牧文化与中原农耕文化的交汇处。在大草原上，无论是匈奴、鲜卑还是契丹和蒙古族，都有以雕镂金属皮革为饰的传统。当迁徙到塞外的内地民族把纸质的剪纸带进草原，这里的浩瀚无涯的天地，马背上奔放剽悍的生活，伴随豪饮的炽烈的情感，不拘小节的爽直的集体性格，就渐渐把来自中原剪纸的灵魂置换出去。但谁想到，这数百年成就了和林格尔剪纸艺术的历史过程，竟神奇地浓缩到这位剪花娘子康枝儿的身上。

她盘腿坐在炕上。手中的剪刀是平时用来裁衣剪布的，粗大沉重，足有一尺长，看上去像铆在一起的两把杀牛刀。然而这样一件"重型武器"在她手中却变得格外灵巧。一叠裁成方块状普普通通的大红纸放在身边。她想起什么或说起什么，顺手就从身边抓起一张红纸剪起来。她剪的都是她熟悉的，或是她想象的，而熟悉的也加进自己的想象。她很像我见过的山西祁县那个剪纸汉子那样——不用笔在纸上打稿，也不熏样。一切形象都在她的纸上或剪刀中，其实是在她心里。她边剪边聊生活的闲话，也聊她手中一点点剪出的事物。当一位同来的伙伴说自己属羊，请她剪一只羊，她笑嘻嘻打趣说："母羊呀骚胡？"眼看着一头垂着奶子、眯着小眼的母羊就从她的大剪刀中活脱脱地"走"出来。看得出来，在剪纸过程中，她最留心的是这些剪纸生命表现在轮廓上的形态、姿态和神态。她不用剪纸中最常见的锯齿纹，不刻意也不雕琢，最多用几个"月牙儿"（月牙纹），表现眼睛呀、嘴巴呀、层次呀，好给大块的纸透透气儿。她的简练达到极致，似乎像马蒂斯那样只留住生命的躯干，不要任何枝节。于是她剪刀下的生命都是原始的，本质的，膨脖又结实，充溢着张力。横亘在内蒙古草原上数百公里的远古人的阴山岩画，都是这样表现生命的。

她边聊边剪边说笑话，不多时候，剪出的各种形象已经放满她的周围。这时，一个很怪异的形象在她的笨重的剪刀中出现了。拿过一看，竟是一只大鸟，瞪着双眼向前飞，中间很大一个头，却没有身子和翅膀，只有几根粗大又柔软的羽毛有力地扇着空气。诡谲又生动，好似一个强大的生命或神灵从远古飞到今天。我问她为什么剪出这样一只鸟，她却反问我："还能咋样？"

于是她心中特有的生命精神和美感，叫我感觉到了。她没有像我们都市中的大艺术家们搜出枯肠去变形变态，刻意制造出各种怪头怪脸设法"惊世骇俗"。她的艺术生命是天生的，自然的，本质的，也是不可思议的。这生命的神奇来自于她的天性。她们不想在市场上创造价格奇迹，更不懂得利用媒体——媒体也不认识她们。自古以来，她们一直都是把这些随手又随心剪出的活脱脱的形象贴在炕边的墙壁或窑洞的墙上，自娱或娱人。没有市场霸权制约的艺术才是真正自由的艺术。这不就是民间艺术的魅力吗？她们不就是真正的艺术天才吗？！

然而，这些天才散布并埋没在大地山川之间，就像契诃夫在《草原》所写的那些无名的野草野花。它们天天创造着生命的奇迹和无尽的美，却不为人知，一代一代，默默地生长、绽放与消亡。那么，到了农耕文明在历史大舞台的演出接近尾声时，我们只是等待着大幕垂落吗？在我们对她们一无所知时就忘却她们？我的车子渐渐离开这草原深处，离开这些真正默默无闻的人间天才，我心里的决定却愈来愈坚决：为这草原上的剪花娘子康枝儿印一本画册，让更多人看到她、知道她。一定！

三

生活总有另一面不为人知，但生活的另一面我们却不能不知。

在我将与康枝儿分手而相别的一刻，一个男子走到我身边，把一个很小的纸卷塞给我，低声说："你回去后再看。"待我扭头瞧他，他已转过身。一瞬间，我只看到他瘦削的脸颊，胸前似乎挂着一台相机。随后便只能看到他普普通通的一个背影了。

然而，我的性子急，没有等到返回呼和浩特，而是在回程的车子上就打开这小小的纸卷。长长一条纸上贴着七八张照片。读了照片旁边的文字，令我惊愕不已。原来照片上的人都是此地的妇女，都是剪花娘子，都是因为子女外出，留守空巢，受不住孤单寂寞和患病无助，或病死或自杀或精神失常。照片上那些形象叫人不忍再看。特别是其中一个黑糊糊空寥的窑洞冰冷地展示了贫困与孤独的极致。谁知道她们之中有没有康枝儿这样的剪花娘子？如今，和林格尔的剪纸已列入国家非物质文化遗产名录。在热热闹闹地庆祝"申遗成功"之后，这些遗产的传人由谁来保护？如果没人保护，"申遗成功"不就是一个漂亮的终结么？

记得一次一位记者问我："你满意你们所做的文化抢救和保护吗？"

我说："如果说满意便是对人民的文化的犯罪！"

那位记者不明我的话中怎么会有一些怒气。这因为当时我脑袋里忽然冒出那卷照片中孤苦无助的剪花娘子可悲的形象。由此想到，当年有朋友到陕北去看望那位被称作"中国剪纸天才传承人"的库淑兰。库淑兰对我这位朋友说："听说冯骥才要来看我。"这位朋友还说，库淑兰的生计很难，这话牵动我的心。然而未等我去看她，她就辞世而去。

这些年来，一些专家学者为保护和弘扬各地的剪纸遗产而努力。在他们致力挖掘与研究中，我们得识了白凤莲（陕西）、程建礼（阜阳）、林邦栋（乐清）、潘套九（台江苗族）、蔡兰英（献县）、王继汝（柳林）、祁秀梅（镇远）等。然而，这些天才的民间剪花大家大多七老八十，有的已悄然去了。大地上曾经千姿万态的剪纸之花，真的就这样日渐寥落了吗？剪纸艺术是覆盖着我们的疆域和版图的艺术。在我们辽阔的山川大地上，还有多少天才我们还没发现，有多少天才有待去发现，有多少天才还没被发现就消失得无影无踪了。

这些事谁去干呢？中国这么大，干这些事的人却分外少。

近日，我请一位年轻的研究人员去抢救一宗剪纸艺术遗产——进宝斋伊德元剪纸。

这种曾经影响了京津地区一百多年妇女衣饰的极具特色的剪纸花样，已经绝迹了至少三四十年。它的灵透、清新、鲜活与精致，有别于其他各地剪纸的仪态与风情。然而，它不是出于京津广大妇女之手，只是天津老城中一个小小的卖剪纸花样的铺面，店名叫进宝斋，艺人名叫伊德元。这种剪纸专供于妇女的衣装和陪嫁物的绣样和节庆中的花饰。京城妇女广泛用它扎花。它曾以精巧华美、清灵活泼，招致京津两地女人们的喜爱。然而，待我们动手去抢救，才发现伊德元的下一代也早在两年前辞世。第三代人所知甚少，连一张伊德元本人的老照片一时也找不到。伊德元的第三代后人说："如果你们早来两年，我姑姑还在，她会刻纸，她知道得很多。"

她知道的已给她带走。

这便是口头和非物质文化遗产的脆弱性，人去了，即刻烟消云散。抢救只能在它活态之时，过后的工作只是一种打捞，打捞到的只剩下"物质性"或"文物性"的残余了。

由此，我忽然想，今天还有多少"活着"的美丽的文化遗存不为人知，如果我们力不能及，或疏忽、懈怠、粗心，或缺少足够的有识与有志之士，到了明天，不也成了今天伊德元吗？

那么，草原上的康枝儿们会不会也成为明天的伊德元？我们该怎么办？

人在无边无际的草原上，有时会忽然失去了方向感，陷入一片浩阔的空茫，同时感受到自己极其渺小。

二〇〇九年三月

执意的打捞

　　关于对进宝斋花样的兴趣，可以追溯到上世纪六十年代末。那时，我所从事的摹制古画的工作被视作"旧文化"而遭到废止，一度到一家工艺厂做美术设计。那家工厂里都是五十年代初"公私合营"中兼并进来的各类手工作坊。一些小作坊到了工厂里就成了一个个小小的生产车间，其中位于南楼二层上的"剪纸车间"引起我的兴趣。一间方方正正的小屋里，默默坐着四五个人，多是中年妇女，围在一张桌案上低头劳作。我们通常说的剪纸并不是全用剪刀来剪，也使刀来刻。这里的剪纸就是刻纸，但不同于河北蔚县或浙江乐清的刻纸纯用刀刻。它有一种刀法，津地土称为"筑"，"筑"字来自古代以竹尺敲琴。因为这种刻纸常常要用一根小竹棒敲打刻刀上端，加之以力。这样的刻法在湖南湘中称之为"凿花"，湘西称之为"锉花"，但这里的"筑"，与湘地的"凿"和"锉"是否完全同样的刀法与工具，就不得而知了。

　　这里的刻纸看上去很神奇。薄薄一叠纸固定在一个小蜡盘上，任由手中细长的尖头小刀转来转去，伴之以筑，兼亦剞劂，花儿草儿虫儿人儿随即就神气活现被雕刻出来。此前我见过的剪纸大都朴实厚重，极具乡土味儿，头一次见到这种剪纸，很小的尺寸，清新灵透，而且雅致，甚至还有点书卷气；尤其阳刻的线条，简洁又精细，婉转自如，充溢着流畅的美。后来才知道这种剪纸并非风俗饰品，而是妇女绣衣绣鞋的花样。曾是驰名于津门的进宝斋的花样（一称伊德元剪纸）。这便吸引我经常跑到那剪纸车间伸头探脑地去看。但是，我在这工厂里只工作了几个月。由于打球膝部受伤，继而又埋头写小说，

凤戏牡丹，11×8cm，衣花（大花样）。

便离开这家工厂，遂与美妙又奇异的进宝斋花样分手作别，手里却没留下一张这种剪纸。

上世纪八十年代，一位与我同样热爱津门民间艺术的挚友崔锦先生，送给我一本小书。书不重要，重要的是夹在书页中的十几张剪纸。崔锦郑重地告诉我："这是进宝斋伊德元刻的。"崔锦是当今书画鉴赏名家，无论从他说话的口气里，还是在那些夹在书页中平整而发黄的剪纸上，都叫我感受到一种古老的文化气息。一时，我还想去十多年前工作过的那个工厂，寻访一下当年进宝斋中出名的剪纸艺人伊德元，捕捉这一过往于昔时的民间艺术的踪影。然而，八十年代是文学的时代，我那时身在文坛热辣辣的旋涡里。我被数不清的文坛的事件包括我自己搅起的事件缠绕其中，以致拿不出一点时间去顾及这种剪纸了。但伊氏手中种种剪刻的形象与图案，却如同小精灵般生动又清晰地留在我的心里。

直到本世纪初，我投入民间文化的全面抢救，进宝斋伊德元剪纸才重新站到我的面前。可是再去打听那个工厂的剪纸车间，却早已解散。伊德元先生也早在一九七一年就辞世了。待知此情，大有人亡歌息和人去楼空之感。

尤其是那家工厂竟没有留存一件伊德元的剪纸，历史有时有情，有时绝情。有时匆匆离去，不留下一点点可以让人依恋的凭借。

然而，我写过这样一句话："什么是缘分？就是在你苦苦寻找它时，它一定也苦苦寻找你。"

一天，一个年轻的朋友来访，笑嘻嘻送我一包剪纸。没想到居然是进宝斋的作品，竟有数百幅之多！这位朋友是剪纸的有心人，所藏各地剪纸数量之巨，作品之精，品相之好，匪夷所思。他曾为收集进宝斋伊德元剪纸下过大功夫，不单各类花样一应俱全，有些称得上是伊氏的上品和力作。特别珍贵的是，还有一些进宝斋的艺人们当年的手稿画样，以及贴在绣片上尚未动手来绣的剪纸，从中可以看到当年妇女绣花的工艺程序。这些至少百年以上的藏品，有的旧黯发黄，有的历久弥新。它们的出现，好像是伊氏不甘心消匿历史而跑来求助于我了。

伊德元剪纸源自天津城内鼓楼东姚家东隔壁一间门面房的小小剪纸铺，店主王进福，店名叫"进宝斋花样铺"。顾名思义就知道"进宝斋"的剪纸主要不是那种时令风俗之物，虽偶尔也卖些窗花吊钱之类，以及中秋节的玉兔和端午节贴在黄纸上的钟馗和五毒等，以应户家节俗之需；但其强项是专门供给妇女衣装鞋履绣花的底样。由于天津是大城市，市井社会强大，妇女对绣花的花样需求甚巨。那时妇女的衣花，除去夹缬和蓝印之外，再没有其他印花手段。所以人们从身上的衣装到日用的配饰（如鞋帽、衣裙、巾带、手帕、肚兜，乃至枕顶、瓶口、鞭披、扇套、腰串、荷包、门帘、轴水、阑干等）上边的彩色花饰，全部要靠手绣。千姿万态的花样就都依仗着剪纸艺人的不断翻新了。

伊德元，河北保定涞水人。早年进入进宝斋随师王进福学艺，学成后兑下师傅的店铺，店名依然沿用进宝斋。风格技艺上师承老店古风，也有个人的创造。

天津城东门内文庙前，进宝斋所在地（民国初年）由于进宝斋的剪纸主要供绣花使用，所以完全不同于一般的民俗剪纸。无论在材料、构图、结构、选材、造型还是刀法，都要适合衣物的装饰与刺绣工艺。首先是多用素白的宣纸，以便贴在有色的衣料上，只有用在浅色衣料的花样才用有色剪纸，这样易于分辨，便于刺绣；其次这种剪纸必须与绣品是一比一原大，所以花样的尺寸往往很小，有些用在袖边襟角和香囊兜肚上的碎花与折枝，小如花生，却十分精致，今天看来，件件都是艺术品。在题材上，除去象征多子多福的胖娃娃，很少历史故事和神话人物，一般多是惹人喜爱的花鸟鱼虫和吉祥图案。诸如天官赐福、鹤鹿同春、喜鹊登梅、马上封侯、岁寒三友、五子登科、和合二仙、八仙过海等，多为民间喜闻乐见的谐音取意的图样。在构图上，讲究有姿有态，疏密有致，以求近看精美，远看明快，这也都是服饰的需要。天津是大都市，服饰图案崇尚雅致，这种城市审美便是伊德元地域风格的成因。伊德元本人天性灵巧，颇多情趣，他剪刻的形象清新灵透，意趣盎然，颇受市井大众尤其是妇女的喜爱。在刀法上，为方便刺绣，从不使用各地剪纸常用的"锯齿"和"月牙"纹，而是自创一种十分细小的镂空的纹孔，用来刻画形象生动的细节，这也正适用于刺绣。伊德元还善于使用联结各部分的"阳线"，独出心裁地把这种功能性的线条，变成优美流畅、婉转自如的装饰性的曲线，使画面具有特殊的生动的美感，绣在衣服上便分外优美和爽眼。伊氏的剪纸具有天津这种大城市的气质，审美上崇尚丰富饱满又讲究雅致，特色十分鲜明，市井中人亲切地称之为"伊德元剪纸"，妇女们还常常将心爱的花样，多买几张，夹在书本里，或是个人收藏，或是好友间互相馈赠。伊德元剪纸美化了那时代人们的生活。不少花样传入京城，对老北京扎花产生深远影响。

应该说，伊德元剪纸是我国剪纸遗产中一枝独特的花朵。可是这花朵谁还记得？

因之，我把它列入"中国民间美术遗产保护与研究中心"的抢救项目之一。经过中心研究人员长达半年时间努力的搜索、调查和挖掘，其现状却令人悲观！一方面，由于近代衣装面料生产的现代化，各种衣料材质与印花图案日新月异，不必再用人工一针一线去刺绣，另一方面，则因为时代的改变，妇女走进社会并职业化，很少擅长针黹和"女红"，作为绣样的伊德元剪纸

毫釐图，16×7cm，衣花（大花样）。

便随之消失。虽然上世纪中叶，有人试图变其功能，将绣样改为特色工艺品，但终因未有强劲的市场支持而很快走向衰亡，如今在伊氏的后代中，已无人传承其艺。没有传人的民间艺术自然就中断了。

更遗憾的是，伊德元的妹妹原是伊氏剪纸的最后一位艺人，但在此次调查前的两年也辞世而去。倘若我们调查早两年启动，许多珍贵资料便可保存下来。活态的非物质文化遗产是最脆弱的，因人而存也因人而去。一旦失去，顷刻间烟消云散，连口述调查都没有对象了。

比如伊德元独有的刻纸刀法（包括"筑"），已世无人知，化有为无。

活态的非物质的文化记忆与技艺一旦失去，剩下的只有物质性的遗存。可是如果物质性的遗存也看不到了呢？那就如同根本没有存在过一样。

社会转型得太快，伊德元剪纸转瞬就要消失在地平线之下了。多年来，我国出版的各类历史剪纸资料中，从来未见伊德元剪纸的踪影。如果再不对它施以援手，恐怕真的要从此绝迹于世了。

于是，我们要做的是一种执意的打捞，即寻找有关伊德元的一切尚存的有价值的资料。哪怕是文字性的只言片语、老资料、老花样和老照片，全要搜罗到手。我们几乎是踏破铁鞋，把残存在世的零星的史证一点点聚敛起来。这包括伊德元先生的一帧旧照，进宝斋铺面景象的老照片（如今这条街已拆除），上世纪五六十年代几篇关于进宝斋的回忆资料和对伊德元的采访文章，一页一九五六年伊德元为进宝斋填写的加入工商户公私合营的申请表等。于是，这宗几乎消失的宝贵的遗产便渐渐地有一点轮廓和模样了。

同时，我们还将所搜集到的进宝斋花样，进行分类。所用的是三级分类。一级分为衣花、鞋花、枕顶花、兜肚花、配饰物品等；二级每类细分，如衣花分为领花、衣襟花、阑干（花边）等，鞋花分为鞋头花、鞋帮花、鞋底花等；三级从题材内容分，如花卉、虫鸟、民间传说、吉祥图案、吉祥文字等。然后编程进入数据库，让聪明的计算机将伊德元所有历史信息有条不紊地记忆下来，再将实物整理入档。二〇〇九年，中日韩非遗论坛时，我们将这些资料编印成美丽的图书，并以展览方式展示出来。以说明非遗一旦失去活态，会成为什么样子。

我们这项工作很像打捞一艘沉船。不是救生，而是打捞。救生是抢救生命，打捞则是打捞遗物。但打捞也是一种抢救，是最后的抢救。

由于我们热爱前人留下的每一份遗产，我们的工作则是尽全力为之。因为我们知道，为了历史就是为了未来。

二〇〇九年七月　挂月斋

绵山彩塑记

发现

　　我对于神佛造像的兴趣始于上世纪八十年代，那正是中国新兴的古董市场的黄金时代。贫穷的中国人忽然得知祖辈遗留下来、扔在一边、毫无用途的老东西，竟然值银子甚至值金子；而买主又都是富有的洋人和海外华人。发财的梦想原来可以在自己的身边实现。于是至少沉睡了数百年的老东西全被翻箱倒柜，折腾出来，搬到当地的古董市场上。对于收藏者来说，这是五百年未遇一次的天赐的淘宝良机。各种见所未见、甚至闻所未闻的奇珍异宝都跑到人们的面前亮相。例如神佛造像，甭说隋唐两宋，就是南北朝的精品力作，也常常可以不期而遇。我就在深夜里被一个古董贩子招引到市郊的一个堆杂物的小院，见到一尊青石雕刻的菩萨立像，足有六尺多高，衣薄如蝉翼，璎珞挂满身，典型的北齐作品。看得出这菩萨原是立在崖壁上；山风时过，年深日久，便在菩萨的鼻唇之间留下一些流畅而优美的曲线形的痕迹。而且价钱要得不高，只是很重，至少一吨。我嫌分量太重却又不甘心"放掉"。待转天再去联系，已被广东来的一位买家运走，我为此抱悔不已。然而，如今连这样的遗憾也没有了，古董市场已走过二十多年的历史。世上的遗珍差不多已经卖尽买尽。尤其是山西的造像——不论木雕泥塑，皆技艺精美，神韵十足；若论其"汉相"，则最纯正。可能由于山西气候干燥，物品不会霉朽，易于保存，最多只会干裂剥落，反倒增加一种岁月的沧桑感。可是如今这样上好的山西造像绝难一见了。

然而，在我进入晋中的绵山之前，曾两次听人告诉我，可以到绵山看看造像去。我知道，绵山不仅仅是寒食清明的发源地，还是古代的佛教圣地。历史上不少僧人与道士到绵山中闭关辟谷，参禅修道。但它不同于五台山，那里的宗教早在明末即已衰落。山西各地著名的寺观世人皆知，但是绵山有哪座庙宇知名，有哪座庙宇的造像知名呢？山西历来关于神佛造像的出版物很多，谁见过绵山的造像？绵山里真的有值得一看的造像么？

二〇〇八年四月五日，国家首次将清明节列为法定假日。这天，我们把盛大祭典和节日论坛放在寒食清明节的故乡绵山举行，因之有幸得观山中所藏历代神佛造像遗存；这一看，如同受到一个巨大的如雷轰顶般的震动！其造像数量之大，年代之远，造型传神之美妙与高超，令我愕然。不少造像如果放在《中国美术全集》里，也是上品乃至上上品。单是抱腹岩下云峰寺明王殿，不足二十多平方米的弹丸之地，其所构造境界的博大与塑工的华美，不逊于三晋任何一座名寺。更何况山中还有十多尊唐宋以来的"包骨真身"之像，即古代修行极高的高僧高道圆寂后，因肉身不坏，筋骨不断，由塑工中的高手，以泥包塑，再现真容——这不仅是宗教宝物，亦为绝顶的艺术珍品。何处还能见到千年来一代代圆寂后包塑真容而神态依然的古代高僧与道人？由于这些神像是真人的身体，包在外边的泥皮历久脱落之后，连里边的粗布的僧袍，以及手骨脚筋都表现无遗。那感觉的奇妙，真是难以形容。在宗教中，包骨真身像是僧人们修成正果的象征。木乃伊只是不朽的肉体，这里却是依然活着的逼人的精神。可是，缘何这一切并不为世人所知？又是谁把它们精心整理，完好保护起来的？

原来十余年前，绵山开发旅游时，谁也不知道山里边还有大量古代造像。主持者阎吉英对佛教及其文化是有心人。他发现绵山废弃的古庙随处可见，残垣断壁颓梁倾柱之间居然压着许多珍贵的神佛造像。有的被砸毁，有的埋没在荒草乱石间，有的还带着昔时日本人纵火烧山时留下的炭黑，于是怜惜之情，抢救之意，随即而生。他从山西各地邀请一些宗教文化与艺术的专家来到绵山，翻山越岭，寻觅被历史遗弃之珍；同时查阅典籍和方志，探访僧人与山民，以确认每一处宗教建筑与遗址的历史，每一尊造像的称谓与阶位，并为此建立了绵山文化研究院，将山中所有的物质和非物质文化遗产，进行归纳整理，立档研究。把这些散落山间的造像分作两类做保护性安置：倘寺院仍在，便加固建筑，原址保护，以保持造像原有的历史和宗教的生态空间；若寺院不存，则迁入代罗宫众妙堂，集中保护。代罗宫是在唐代原址上复建的。如今数百尊神佛造像已告别荒山野岭中的风吹日晒，迁入代罗宫后，从此安然无恙了。

我为阎吉英他们对文化遗存的珍视所感动，钦佩他们着力保护这些当属中华民族瑰宝的义举。因为我看到的流失到国内外古物市场上的山西精美的神佛造像实在太多了。山西的好东西，只有山西人自珍自爱，才能把它们留在自己的土地上，但这样做的人真是不多。倒是有许许多多山西人跑到北京租房开店，专门卖自己的"老家底"。为此我深知，如果没有阎吉英他们如此的文化奉献，这些宝贵的历史精粹一定早早地被古董贩子们背下山，搬到各地的古董市场，随即消失得无影无踪。

如今被保护在绵山中的神佛造像，上至唐宋，下抵明清，包括辽金，凡七百余尊。既有不同时代的佛教偶像释迦、菩萨、罗汉、弟子、天王、侍者、供奉人，也有道教诸神和民间崇拜的地方神，如绵山圣母、树神、泉神、五龙王等。这些精美绝伦的神佛造像显示了古代先民天人合一的思想，展现古人对生命和大自然未知世界的灿烂想象。

三晋自古寺庙星罗棋布，造像高手代不乏人。晋地多青石，其石雕以云冈为代表驰名天下；而晋地又多黄土，泥塑更是此地艺人擅长的手艺。而晋中的黄土质细，黏结力强，是天赐的雕塑材料。绵山这些雕塑历时都已数百乃至千年，长期暴露野外，无人呵护，日曝雨淋，却少有破败，令人称奇地表现出晋地雕塑材质之优良与艺人们技艺的非凡。

而且，绵山造像皆为圆雕。大者过丈，小者尺余。形制随朝代更迭，风格缘于时代嬗变，历史脉络，清晰分明。造型无不栩栩如生，情态自然传神，性格相互迥异，手法各臻其妙。或写意，或写实，或简约，或华美，不少可称中华雕塑之精典。

我想，阎吉英先生把他们能做的，都已经做到了。而接下来的工作，比如断代、分类、确认每一尊神像的名称和品级，以及学术整理和延伸的研究等，就理应是我们的事了。

为此，戊子夏日，我约几位专家二次上绵山，对绵山现存造像做一次全面的田野考察。一连数日，上云峰山，登五龙躔，攀李姑岩，拜谒山间寺庙，观瞻各处造像，一边调研，实地确认，一边从中选萃。继而，聘请摄影师入山拍摄，并帮助绵山文化研究院结合他们十年间辛苦得来的造像调查的全部信息，编制数据库。在此基础上，着手进行案头研究。

对绵山神佛造像研究是充满快意的。因为，此前这是一块学术的空白。不仅学术界从未涉足，文物部门也一无所知。故而，对此研究便具有建设的意味和开创的意味。它包括大量文献的梳理，实物的考证，相关地域的文化比较，以及对其本身的研究与总结。

经过半年多时间的案头工作，已见成效。我决定以一部大型的图文集，公布研究成果，也为了向世人揭开这宗珍奇的文化遗存的面纱，展示其辉煌。

研究

我国古代雕塑称雄于世界东方，其中最辉煌者当属神佛造像。华夏瑰宝，举世皆知，然晋中绵山大量精美的造像遗存，却从未出现在任何宗教和艺术的图典中。因而说，此次与绵山神佛的邂逅，进而深入认识，具有非同寻常的发现性。

这种发现是学术性的，故阐发研究的成果则必不可少。

一、宗教背景

佛教在绵山的出现，始于佛教初传我国的东汉建安年间。几乎与史籍记载第一位造佛人——笮融同时代，就有僧人爬到绵山摩斯顶上，以石砖铁瓦建造此地最早的佛教场所铁瓦寺。由此，佛教的足迹频频涉入绵山。

绵山深藏晋中腹地，谷壑幽深，云雾蒸腾，人迹罕至，静寂至极，自是僧人理想的修行之地。而山岩苍老，嶙峋多洞，这些大大小小的山洞又多在悬崖绝壁间，更是脱俗避世天造的禅房。一些山崖上的小洞至今还悬垂着一条条长长铁索，那是古代僧人依此攀登而遗留下来的。就这样，山中僧人日多，寺庙建造渐兴。北魏太和年间，高僧迪云来到绵山，遇到仙鹿、神僧、名岳、异钟等种种异象，遂请朝廷敕诏建寺。于是，绵山宗教最具核心意义的抱腹寺由此而来。

真正把绵山的佛教推向繁荣的是净土宗祖师昙鸾。由于他时往绵山聚徒蒸业，开山立派，设坛讲经，盛弘净土，使得绵山很早就成为著名的净土宗道场。

及至唐代，另一位高僧田志超走进绵山创立禅林。田志超非凡的事迹被镌刻在明正德十三年（一五一八年）所立的《抱腹岩重建空王佛殿碑》上。碑上说大唐贞观年间，长安大旱，太宗向绵山祈雨，志超命弟子将淘米水洒向西方，顿获甘霖。转年，太宗礼佛谢雨至绵山抱腹岩下，恰逢田志超圆寂。空中忽现"空王古佛"四字。太宗便敕封田志超为"空王佛"，并下旨修建云峰寺。这便使绵山宗教更加兴盛。唐开元十一年左丞相燕国公张说撰文的《空王灵验台记》说，那时的绵山已是"朱甍翠桷，浮乎青霭，仙梵青灯，现乎杳冥"。到了晚唐时，绵山拥有"十大寺，百所伽蓝，三藏金经，十堂罗汉，铜钟一鼎，铁索千寻，百尺龙潭，三层凤阁，宾厅八位，客馆千楹……"（见《大宋抱腹岩回銮寺及诸寺院灵境之碑》）。大诗人贺知章慕名来游绵山，以诗抒发情怀，这首诗当时就刻在《大唐汾州抱腹寺碑》的碑侧，至今还可以看到。大量的史料可以证实，唐代的绵山已颇负盛名。

绵山的道教可以追溯到春秋时的介子推。到了两汉，佛教涉入绵山的同时，道家人物也屡屡来造访这里的灵山圣水了。此后，几乎与佛教修建云峰寺同步——从贞观到开元年间，朝廷前后敕建天桥洞真宫、一斗泉洞真宫、大罗宫等道教寺观。到了宋代，神宗谕旨因介子推"有祷必从"而敕封洁惠侯，并在绵山举行封侯大典，道教活动呈现高潮。

发展到明代，绵山已成为晋中宗教的中心。在绵山，佛道儒以及民间各种信仰，互不抵触，彼此和合。云峰寺、李姑岩和正果寺，都是既有佛家殿，也有道家殿，所谓"诸佛栖居地，群仙隐迹营，风光资圣化，岗埠壮天庭"。

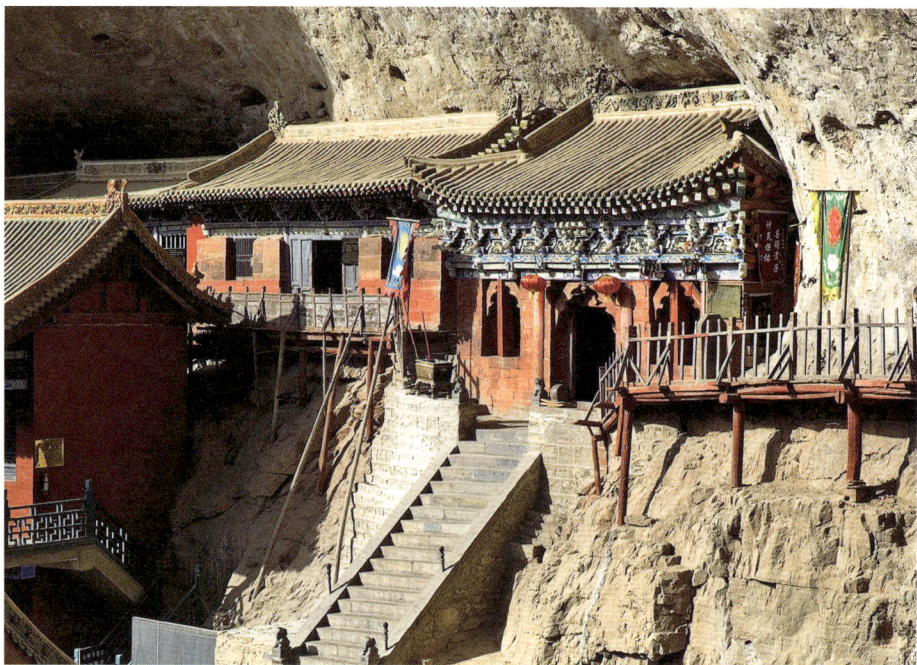

绵山空王活佛真身殿。

然而，绵山这样一个繁盛的宗教中心，后来怎么会一点点衰落下来？到底它是从什么时候开始衰落的？这的确是一个令人费解的谜。

有一种观点认为，明代正德十一年（一五一六年）是绵山由盛至衰的转折点。这一年，一场凶猛的大火，烧毁众多庙宇寺观，包括云峰寺的核心空王殿，山林环境也遭到破坏。大火之后，尽管一些寺庙得到大规模重修甚至扩建，香火依然兴旺。然而在明代，包骨真身却不再出现了。这是佛教的市俗化使然吗？从深层思考，缺少信仰力量的功利主义的宗教是其衰落的真正的缘故吗？

再从现存绵山的造像遗存来看，清代造像数量极少——这倒使我们分外注意。清代比明代距今总是更近，为什么遗存至今的造像基本上是明代的？甚至绝大部分明代造像在清代（尤其是清代中晚期）很少再行修补和重装？答案只能是：清代绵山的宗教进入了衰落期，而且衰落得厉害。

经过长长的历史岁月，及至近代，又逢劫难无数。其中，具有毁灭性的共有两次。先是上世纪四十年代日本兵入山纵火焚烧，道士被逐；后是六十年代"文革"间的扫除与涤荡，住持的僧人被赶出山门。那时，山下大举修建"万人食堂"和"万头猪圈"，缺少建材，便到山上来拆取古庙的砖瓦。到了上世纪末，便经常有古董贩子爬到山上，偷盗佛像。至此，绵山宗教已沦落为一种"失落的文明"。故此说，绵山的神佛造像正是这种"失落的文明"幸存下来的历史遗产。

然而，只有深刻地了解绵山宗教及其文化的近两千年的兴衰，我们才能更准确地把握和认识这宗遗产的历史真实及其价值。

二、遗存现况

如上所述，绵山宗教虽源远流长，积淀深厚，但后来走向衰落。及至近代，山中寺庙与造像处于渐进的消亡之中。既有恶意的人为的破坏与盗卖，也有风吹日晒，雨打雪浸，自然消损。历史遗存，必然是时间愈古老者，留存愈少。唐以前的造像现已无迹可寻，唐宋两朝的所剩无几。

中国的雕塑与绘画不同，晋唐以来绘画走向精英化，绘画作品先被著录，后有署名；雕塑却从未精英化，基本上属于民间文化范畴。没有任何文献记载与著录，难做详尽考证。即使敦煌、云冈那些伟大的造像，也不知何人雕造。其雕造年代的确定是很大的难题。只能根据不同时代雕塑特有的形制、风格、艺术特征、年代感和制作方法，凭借鉴定者的学识与经验来进行推断。

此次绵山神佛造像的年代的确定，同样依据惯常的断代标准与凭借。对于个别的时代特征不鲜明者，本着"宁下靠而不上靠"的比较保守的原则，以保证造像年代的可靠。这样，被精选到图集的造像，最早为宋元，凡十八尊，余皆明清；其中以明代最多，占百分之九十左右。由此可见明代晋地佛教造像的兴盛。这一点，从三晋神佛造像之精品多为明代（如平遥双林寺、灵石资寿寺、长治观音堂、原平惠济寺、新绛福寿寺、大同善化寺等）可以得到充分的证明。

需要说明的是，古代寺庙都是砖木结构，年深易朽；寺庙中的雕塑多为彩塑，日久便裂，彩绘的颜色会变黯和剥落。这便要修补加固，施彩重绘，整旧如新，追求"重现辉煌"。往往一尊古佛，在漫长的历史过程中会重装多遍。这样一来，岁月积淀在雕塑表面的历史感辄必消失，新的时代气息会覆盖原有的时代特点，使我今天面对它时陷入浑然，犹豫不决，难以断代。特别是有的造像重新装彩之后，表皮的时代感较近，但这表皮后边泥胎的姿态却很古老，这就更难决断它的年代了。例如：云峰寺的一尊菩萨立像（现藏大罗宫），气息古老而沉静，其袒胸赤臂的扮相、丰腴敦厚的面颊，尤其是胯部向左微倾——所谓S型的站姿，竟然带着一些唐风。然而，她只剩上半身了，两条手臂和下半身都缺失了（现在看到的是后来补上去的），能够深入探讨与论证的重要细节没有了。只能把它断定为宋代。另一尊位于正果寺观音殿的观音塑像，无论娴静的气质、秀美的面容，还是极薄的衣袍，都具有宋代造像的特征（宋代以后菩萨的衣衫变得愈来愈厚）。虽然这尊像经过多次修补与彩绘，历史的岁月感变得有限，但依其极鲜明的气质和衣装的特点，还是把这尊观音像定为宋代。这样的情况在绵山造像中常见，也是古代彩塑断代最难之处。

从中国的神佛造像的历史而论，早期石雕较多。绵山宗教悠久，理应有较多石雕木雕的造像，可现存的几乎没有石雕，连木雕也很少，绝大多数都是泥塑。估计石雕与木雕，易于搬动，多被盗卖一空。而泥塑造像又大又沉，易导致碎裂，并多在丛山深谷之中，很难搬动。故而，这些泥塑的神佛才侥幸遗存下来。

再有，绵山宗教虽屡遭破坏，但其核心区域如云峰寺一直保留着一些宗教活动，依稀的香火犹存其中。这些寺庙也就在力量微薄的修修补补中，维持下来。寺中各殿（如石佛殿、明王殿、罗汉殿、马鸣殿、五龙殿等）的造像自然也就留存较多。至于置身于更高山上的五龙躔和李姑岩两处诸殿的造像，则完全是凭借着高山险阻遗存至今。在近年修成栈道之前，有些地段一直需要攀援铁索才能到达山顶。

在现存的神佛造像中，堪称奇迹的是十五尊高僧与道人的包骨真身像。

在古代，修行高深的僧人与道士坐化后，身体不坏，形神不散，便以其肉身为胎，包塑成像，供人信奉。关于"包骨真身"像的称谓，其说不一，佛教和道教的典籍中都没有确切的说法。佛经中对高僧的遗体有"全身舍利"之说（见于《菩萨处胎经》），但并未指明是被"包塑真容"之像。在佛教历史上的遗存中，最著名的"真身"，要算是禅宗六祖惠能（六三八—七一三年）。惠能的真身像至今保存在广东韶关的南华寺中，被视为佛教圣物。但他的真身不是"包塑"，而是涂上一遍遍的胶漆与香粉。绵山这里使用泥彩"包塑"真身，是否与山西盛行彩塑有关？这还有待进一步研究。而绵山自唐代以来，就有了"包塑真容"的传统，也有"包骨真身"之说，在当地流传的《绵山十景歌》中就有多处直接说到包骨真身，因而这里采用了当地通用的称谓——包骨真身。

这十五尊包骨真身像中，有明确文字记载和物证者是其中的三尊。这三尊都在抱腹岩内的云峰寺中。

第一尊是云峰寺住持田志超。

《续高僧传》载，释志超，俗姓田，同州凭翎人。唐武德五年（六二二年）至贞观十五年（六四一年）住持云峰寺暨上方院。春秋七十有一。圆寂后"神色不变，宛若生存"，"太宗礼毕，敕赐空王佛号，包塑真容"（见明正德十三年《抱腹岩重建空王佛殿碑记》）。据传，现此像置于空腹石佛内，供奉在云峰寺石佛殿。

第二尊是焦居士。

元代元统三年（一三三五年）立石的《焦居士真骨碣铭》记载："居士讳丰，介休上堡里人也。幼嗜浮屠学，寤寐兴居，罔或违念。迨□中岁，信慕弥笃，飘然有遗世心。乃捐妻子，登抱腹岩，礼空王佛持修行之愿。服膺所戒，既精且专，六凿随泯，颢气充而丹田泽，不粒食者累年，而发玄颜赭，体愈宁健，诿寺僧曰：吾复绝尘虑，当返天真。因敛衽端坐，慨瞑而逝，众以为蝉蜕形骸，神游超升之应，寔中统之壬戌也。阅二十六稔，当至元丁亥，而躯像宛然，备固如昨。孙添虑夫历岁□邈，终归糜蠹，命工塑之，庶乎不朽。"此像在一九六七年被毁，二十世纪末重塑，将存留的焦居士衣片和骨骼包塑其中，现供奉于云峰寺马鸣菩萨殿内。

第三尊是圆通和尚。

元代人，焦丰居士之外甥。曾与焦居士共同打造攀登云峰山的铁索，为此备尝艰辛。马鸣菩萨殿后有一小岩洞，为其修行处。圆通圆寂后，弟子为其包塑真身。此事也记载于元中统立石的《焦居士真骨碣铭》中。圆通和尚包骨真身像与焦居士包骨真身像同供奉于云峰寺马鸣菩萨殿中。

其余十二尊供奉在云峰山顶正果寺中。

正果寺，在五龙躔，俗称大岩寺、大寺，因位于云峰寺上方，别名上方院。始建于唐天宝年间，为安放当时云峰寺的住持师显之师思本和怀德的真身而建。宋代元祐年间扩修；元祐九年（一〇九四年）诗人皇甫韶游绵山时，应山僧请求题"正果寺"名。元至元二十六年（一二八九年）和清嘉庆四年（一七九九年）两次重修，专门供奉不同时期功德圆满的僧人与道士的包骨真身像。元至正十四年（一三五四年）《修正果寺殿碑记》上记载，当时正果寺内已有十二尊包骨真身像。

正果寺于一九四〇年被日军烧毁，残损甚巨，十二尊包骨真身，大部分都支离破碎，有的外边包塑的泥皮开裂脱落，露出僧衣，乃至骨骸。此后数十年，此处形同废墟，多尊包骨真身像埋在砖石瓦砾中。二〇〇一年开发时经过发掘整理，复原真像。在原址上按原始建筑格局修复，分东西两殿。东殿为高僧殿，凡僧人的包骨真身像八尊；西殿为高道殿，凡道士的包骨真身像四尊。修复时，本着修旧如旧原则，有些泥皮脱落，筋骨指甲裸露在外者，亦未用新泥包裹，保持历史的原真性；有的泥皮已失，骨骸不全者，则重塑如新。

由于绵山宗教衰落日久，正果寺荒废尤甚，更有日军焚烧，寺庙中文献资料荡然无存。关于正果寺内供奉的包骨真身像的资料，来自云峰寺住持力正的口头记忆。

力正（一九一〇—二〇〇二年）七岁入绵山云峰寺，十八岁受戒，曾任云峰寺住持，二〇〇二年圆寂。力正的师傅悟觉（一八九五——九八二年）六岁出家云峰寺，拜玄真法师为师。九岁熟读《金刚经》《空王宝卷》。十六岁出游京津学佛。后归绵山为住持、方丈。"文革"间被赶出山门。一九八二年病逝，留有《临济宗第四十一代终南万顺山派流悟禅师法卷》和《孤门上宝卷》等。

力正保存有云峰寺和正果寺灯谱的手抄本一册，记录了这两座庙宇住持的传承顺序和相关资料。

根据绵山文化研究院整理的力正的手抄本和口述，列成如下表格：

正果寺包骨真身像口述资料一览

编号	名	位置	年代	备 注
1	思本	高僧殿	唐	俗姓张，大同浑源人，开元初赴长安应试不第，入抱腹寺出家，后升住持。现存《大唐汾州抱腹寺碑》即其检校与督造。
2	怀德	高僧殿	唐	唐天宝间入抱腹寺出家，后升住持。
3	师显	高僧殿	唐	唐天宝间入抱腹寺出家。幼年失语，被父母遗弃，由僧人收养，后收为弟子。经多年修炼，渐能说话。由此苦练治哑之术。后升任寺中方丈。
4	智玄	高僧殿	宋	俗姓王，平遥人。幼年多病，出家后苦修积德，被推选为抱腹寺方丈。
5	明哲	高僧殿	宋	俗姓陈，孝义人。出家后经常济贫扶困，后升任住持。
6	神远	高僧殿	金	俗姓王，灵石人，曾任寺内住持、方丈。
7	普钦	高僧殿	金	俗姓孔，河北人，原是秀才，因反对官府灾年催粮、为民请命而入狱。获救后流亡至绵山出家为僧，后任住持。
8	圆空	高僧殿	元	洪洞人。生于富家，少年时父母双亡，家道衰落。乞讨至此，为僧人收留为徒，后为方丈。曾编著《抱腹寺清规》四卷。
9	玄虚道人	高道殿	宋	俗姓秦，宋乾德年间入绵山大罗宫修道，曾为住持。
10	玄智道人	高道殿	宋	陕西关中人，好仙术，云游至绵山，被玄虚道人收为弟子，二十年后任大罗宫住持。
11	松风道人	高道殿	宋	俗名刘大觉，甘肃华亭人，为治母病入绵山挂灯许愿，母病愈后入绵山修道，任介公祠第五十七代住持。

编号	名	位置	年代	备 注
12	松竹道人	高道殿	宋	俗姓孟，河南灵宝人，因水灾流浪在外，为绵山道士收为徒，精通道籍，善于俗讲，曾为介公祠第六十代住持。

在上世纪九十年代绵山开发中，对山中神佛造像分作两类保护。一类是对寺庙建筑犹存者，则采用整修加固（如抱腹岩云峰寺诸殿、李姑岩诸殿等），基本保持原始形态和体量。寺庙中的造像仍置原来位置，不作移动；其中造像破坏严重者，则邀请专业泥塑艺人进行修补。这些造像现今仍具有宗教供奉的意义。十五尊包骨真身像也一律在原位修复。

另一类是寺庙损毁，造像或废弃其间，危机四伏，或完全暴露于风吹日晒中，便被迁入在大罗宫遗址上重建的仿古建筑——大罗宫众妙堂中，做集中保护，并以博物馆的模式进行收藏与展示。这些造像来自山中各个寺观，佛、道、儒各教和民间崇拜的偶像皆有，大多已失群，也失去宗教功能。它们被放在大罗宫玻璃展柜中，基本上属于绵山历代雕塑艺术品的陈列。

现今保存在绵山各个寺观的神佛造像（包括包骨真身像）凡四百尊；藏在大罗宫众妙堂的历代神佛造像凡三百二十尊，总计七百二十尊。然而绵山历史悠久，遗存深厚，实际数量应该还多，肯定还有遗存有待发现。如今绵山未开发的区域大于已开发区域。崇山峻岭中尚有一些寺庙深藏其间，其中有无造像尚不可知。再有，便是近日正在编制数据库时，绵山文化研究院的工作人员在云峰山上又发掘出五尊铁佛的佛首，被初步确定为元代的遗物。故而，对绵山造像进一步考察、发掘与研究，仍有极大的学术空间。

三、艺术分析

绵山神佛造像有着极高的艺术价值，但从未进入过学界和专家的视野；

无论对于文物界还是艺术史界，它都是一个盲点。这就成了我们对它着手研究的缘起。

从现存的绵山造像遗存的整体看，在年代上，百分之九十是明代作品；在材质上，百分之九十是彩塑作品。故而，明代彩塑是这里（本文）主要的学术关注点。

中国人以泥塑造崇拜偶像，其源甚远，文献渺征。辽河牛河梁出土的泥塑女神头像和甘肃秦安大地湾出土的人头陶瓶，都出自遥远的原始社会，但那时把握形态和刻画神情的能力已相当高超。到了东汉，佛教初入中国，华夏本土的泥塑造型极为成熟，所以造像一露面就开始被中国化了。特别是经过唐宋这两个非常世俗化的时期，及至明代，神佛造像愈来愈迎合大众信奉的心理需求。一方面，希望神佛有超现实的法力，可以保佑和帮助自己，因而要求造像要有神圣感和神秘感；另一方面希望神佛亲切，仁慈，可以接近，肯予施予，使自己的祈望得以应验和实现——这种"现实报"的心理需求，便直接改变着神佛的形象。佛教及其偶像也就更加人间化和人情化。

这表现在造像上，便是拉近神与人之间的距离，将神"人"化。所以明代的神佛造像愈来愈像生活中的人。在艺术上写实的成分就愈来愈多。在身体的尺度上与凡人的尺度近乎一样，骨骼和肢体的构造以及喜怒哀乐的表情也与凡人相同。明代的彩塑艺人无疑都是写实主义的高手，连衣褶和绣样都是从现实中观察来的。

山西省彩塑的历史遗存居于全国之首。各代精品纷呈。据山西省文物普查统计，现存唐彩塑八十二尊，五代十一尊，宋辽金时期三百九十四尊，元代三百八十六尊，明清一万三千多尊——当然，这还不包括绵山的彩塑。从唐代南禅寺和佛光寺、宋代太原晋祠、辽代大同下华严寺、金代善化寺、元代晋城的玉皇庙和洪洞广胜寺的神佛造像来看，彩塑的技艺在晋人手里不但达到过极高的水准，而且一直是传承有序，一贯而下，代不乏人，不断发展。

所谓雕塑，雕与塑是完全不同的。雕是硬材质，塑是软材质；雕用减法，将材料一点点"减"到心中的形象为止；塑用加法，将材料一点点"加"到想象中的样子则成。再说彩塑，不仅要塑，还要画，勾眉画眼绘衣裳。早在吴道子和杨惠之时候就要求"塑绘兼工"，所以彩塑艺人都是雕塑与绘画的全才，是极具艺术才华的人。

明代是中国雕塑史上的最后一个"王朝"。尽管明代造像已呈现程式化迹象，但由于山西塑手才高艺湛，富于创造，依然留下了像灵石资寿寺、平遥双林寺和新绛福寿寺以及绵山诸寺观这样大量的中华造像的瑰宝。

绵山造像体现着山西明代彩塑的诸多优秀的特征：

首先是造型能力高超。

现存的数百尊造像中，佛、道、儒和民间信仰全有。各种佛祖、神仙、天王、金刚、侍者、比丘、供养人以及民间偶像和地方神甚众。造型各异，千姿百态，栩栩如生。在神佛造像中，佛是定型的，不能个性化，很难赋予想象。但那些由中国人再创造的菩萨与罗汉，神佛世界中各种没名没姓的侍者，来自现实中的供养人，则是彩塑艺人们恣意发挥想象和创造才能的广阔天地。

比如现藏大罗宫的几尊侍者像，其造型能力之高达到令人惊叹的地步。一尊侍者左臂挟簿册，右手执笔，凝神注目前方，似在待命，略带稚气和腼腆的脸上显出聪明的天性，叫人一望而知；另一尊侍者双手托着画轴，亦准备着听命而动，一副俯首帖耳、十分驯顺又乖巧的模样，这样的人似乎在生活中见过；再一尊侍者仿佛级别略高，一手背后，一手在"指手画脚"，板着脸儿，挺着胸脯，肚皮微凸有些"发福"，显得矜持又傲慢，浅薄之态，惟妙惟肖；还有一尊侍者为坐像，身着朱袍，手执书卷，地位显然更高，儒雅平和，颇显出修养和文气。性格塑造是雕塑艺术中最难的创作层面。单这几尊侍者像便可让我们领略到明代晋中彩塑艺人非凡的造型水准了。

绵山造像的另一突出的特点，是具有真切的质感与量感。衣服的柔软，铠甲的坚硬，皮肉的光滑与弹性。不同部位皮肤和肌肉的质感也绝不相同。嘴巴的丰软，鼻翼的柔韧，耳朵的劲挺，手指的灵巧，全都似乎可以触到。连皮肤下又圆又硬的脑壳和衣服里各个部位的肢体，也能清晰地感觉到。雕塑的量感也很重要，又难于体现。若把图集中的那些金刚力士和众仙女们比一比，其量感就鲜明地体现出来。前者骨重肌沉，力大无穷；后者骨小身轻，飘飘欲仙。量感和质感都要服从雕塑对象的要求。从中可以看到绵山雕塑艺术所达到的高度。

再一个特点，是有很强的气质感。

中国古典雕塑与西方古典雕塑的最大不同，是前者重于"神"的表达，后者重于"形"的体现。在中国人看来，肉眼看到的东西无须再现。特别是汉代以来，雕塑的主要对象是想象世界中的神佛而非现实人物，对神佛的"神"的表达则是中国雕塑的终极目标。虽然由于宗教的世俗化，写实手法被普遍应用，但中国雕塑始终没有放弃对"神"的表达。"神"，既指不同神佛各不相同的神采和神气，更是神佛特有的气质，也就是在其共有的博大威严和至高无上的神佛气质中表现出诸神彼此不同的个性气质。气质是最难表达的，气质是精神而非物质的，是内在而非外在的，它来自艺人的内心体验而非纯技术。比如绵山古庙白云庵中的观音像，手法简朴，很少雕饰，但具有一种深切的悲天悯人的气质，质朴可近的面孔中含着慈悲，似在倾听善男信女的祈祷，给人亲切可信的感受。另一尊原址永宁庵的仙女，在行走中扭转身来，好似听到世间疾苦。闭目凝神，倾心关注，双手的动作表达她此刻的心情。身形轻巧又不失神仙的庄重；又动又静的姿态，宛如天上一朵彩色的云。如此具有神灵气质的造像，在清代雕塑中就很少能看到了。

在上述的绵山造像艺术特征的背景下，还有一些精品特别值得注意。

四、重点造像

绵山神佛造像的精品众多。除去上边列举之若干，还有一些造像杰作堪称国宝，在此推举出来，并作简略分析。

（一）明王像

在绵山现存寺庙中，抱腹岩下云峰寺明王殿是保存最完整和完好、造像水准最高的一座佛殿。这不是一尊像，而是整整一座殿中合为一体的群像。绵山的寺庙体量都不大（至少现存的寺庙体量都较小）。由于它深嵌在抱腹岩的凹处，巨岩如盖，挡风遮雨，实乃天佑。在不过二三十平方米（6.4×4.3m）的狭长空间里，神奇展现着作为护佛与护僧的十大明王法力无边、博大恢弘的神佛天地，真是匪夷所思。上下三层构造，分别摹现出天宫、地狱、人间三界。上方为悬塑的东方琉璃世界、释迦牟尼的婆娑世界和西方极乐世界，其中天宫耸立，楼桥隐现，祥云缭绕，花木缤纷，六十八尊天界诸神立在云端，展现出天国无穷的美妙与神奇。

下方是十大明王，各施其法，各发其威。个个都是硕大身躯，袒胸赤身，坐骑猛兽，足踏恶鬼，三面六臂，立目龇牙，赤发如焰，怒气万丈。整座殿堂，好似充满明王们震耳欲聋的喝吼。阳刚之气，溢满殿堂。

这样的明王殿，应是三晋乃至中国之仅存。水准之高，尚无可比肩者。可惜至今不为学界和世人所知。

（二）供养菩萨

此像原在废弃的古庙竹林寺中，已然失群。按寺庙立像的规范，这尊菩萨应立于佛坛一角，作为主佛的陪衬。此像体量虽小（0.5m），但境界清明高远。菩萨的形态俊美、轻盈端庄，眉目间透出圣洁和虔敬的心境，微笑里蕴含着天性的亲善。明代造像的服装较之宋代，变得厚重。但这菩萨的身躯在厚厚的衣装中却颇显清灵与峻拔。如此优美的菩萨当属罕见。

（三）供养人

这尊取材于现实生活中的供养人像，整体上采用工笔与写意对比的手法。躯体十分简略，一带而过，双手与面部却着意地刻画。面部的线条很硬，棱角分明，双腮深陷，皱纹如沟，显示了人物命运多舛。一双困惑的眼和紧紧合十的双手相配合，表达出心中的苦楚与犹然执着的祈求。中国古代雕塑反映现实的作品不多，此像是深刻描写人物命运与心灵的力作。

（四）罗汉四尊

这几尊罗汉的年代久远，或元或明。或坐或立，或静默或思虑，或探询或悲悯，所有神情皆出自内心，表现得十分自然，仿佛天造而非人造。中国的雕塑不强调人体解剖学构造的精确，而是追求神态的真切和自然。神态的表达是终极目的。只要神情真实自然，人的体态就一定舒服与合理。为此，艺人们凭仗着的不是解剖学的原理，而是一种对生命和艺术的悟性。这几尊罗汉都是古代彩塑的杰作。

（五）宋代的女相观音与男相观音

这两尊观音都是宋代作品，也是绵山造像中年代最早的两件遗存。面容清雅，体态适度，衣薄带轻，流转自如。女相观音身体、面颊与手足富于丰腴之美，甚至还遗留着些许唐风，然其清脱之气却是地道的宋代的艺术精神。男相的观音非常少见。此像为"自在"坐姿，目光中露出一种冷静与镇定（只是双手是后代修补上去的，与原像不统一）。这尊像可视为宋代晚期的佳作。女相菩萨堪称完美，男相菩萨值得珍视。

（六）高僧智玄像

绵山现存的十五尊包骨真身像是一种另类的彩塑，它是用泥把圆寂并风干的高僧或道人的躯体包裹起来，再依其形塑其形，依其神塑其神。更重要的是将被包塑者生前的神态逼真地外化在造像上，以永久保存。这种特殊的彩塑技艺是一种非物质文化遗产。如今宗教的辟谷与坐化已不再有，"包塑真容"的塑艺随之失传。包骨真身像便是十分珍贵的宗教文化遗存了。包骨真身像与一般彩绘造像不同，一般造像是实心的泥胎，比较坚实。包骨真身像中间是风干的躯体（通常躯体略小于常人），又身着僧衣或道袍，泥土很难贴紧，日久便会松垮，必须加固和修补。在绵山开发时，大部分包骨真身像都已松解，破损严重，躯体外露。经过大面积重修的包骨真身像，很难具有历史感。然而，所幸的还有数尊，保持较多原貌。比如宋代高僧智玄像，连人物的性格、神态、年龄，乃至呼吸和声音都好像保持在造像中。指甲、脚趾和筋骨却清晰地露在外边。这应是我国现存包骨真身像中之奇迹与上品。

五、与晋中各寺类似的几尊（组）造像

在考察与研究中，一个特别值得注意的发现是，绵山的几尊（组）造像与晋中一些国宝级的名寺，如双林寺、晋祠、资寿寺和晋城的玉皇庙的造像极其相似，有的甚至可以认作为同一作者。比如：

（一）现藏绵山大罗宫的一尊韦驮像，与晋中平遥双林寺的名塑"韦驮天"，无论身体造型、面部刻画、神气表情、头盔铠甲，以及塑造和施彩的手法，都完全相同，可视为出自同一位艺人之手。

（二）现云峰寺罗汉殿的十六尊罗汉与晋中资寿寺的罗汉像相似。这包括头部（头型与开脸及其勾眉画眼的笔法）、手部（手指偏长）、袈裟（田相式百衲衣及图案、纹样及沥粉勾金的画法）等的处理。然而，若比较这两地罗汉像的神态塑造及彩绘精美的程度，绵山这组罗汉像应略胜一筹。

（三）绵山乃祈雨之圣地。相传龙母和五龙原是绵山主人。故山上山下皆有龙王殿。现存的龙王殿就有多处。分别在正果寺、李姑岩和云峰寺。大罗宫内还藏有失群的龙母和龙王像。这些龙王像中有两尊清灵洒脱，神采飞动，风格别具。如果将这两尊龙王像与晋城玉皇庙二十八宿殿的神像相比较，就会发现它们惊人的相似。

它们都是头顶奢华精美的发冠，修长而舒展的身躯，畅如流水般飘动着的宽袍大袖，细小柔和而富于神情的眸子，连衣褶折叠的手法和堆花与沥粉的技艺，都很相似。是否同一作者，还须进一步寻找依据。

重要的是，山西晋城玉皇庙的二十八宿神像是我国最珍贵的雕塑组群之一，元代雕塑大师刘銮的代表作。

刘銮原名刘元，宋嘉熙四年（一二四〇年）生于天津宝坻。少年做道士，后投拜山东青州杞姓艺人学习雕塑彩画，聪颖过人，渐而成名。由于技艺过

人，被各地寺庙邀请塑造神像。元初忽必烈请尼泊尔塑像大师阿尔尼格监修元大都护国寺时，刘銮担任助手，因学得源自古希腊的印度塑像技艺，彩塑水准达到顶峰，所谓"庄严华妙，天下无与比"，故而被封为昭文阁大学士、正奉大夫等。我国雕塑艺人不入青史，唯刘銮是个例外。元仁宗曾下旨，除皇差外，不准刘銮为外间塑像。故其作品极少，遗存至今的只有晋城玉皇庙的二十八宿殿了。

为此，进一步研究绵山这两尊龙王像极为重要。

自唐以降，及至明代，绵山宗教一直十分兴盛。寺庙不断修建和扩增。此间，三晋雕塑亦处在繁荣期。名师高手往来各地，立像画壁，展示才华。绵山地处晋中，就近请来高手塑像，当属必然，就像当今的名家名作，也是随处可见。当然，也有一种可能，就是当某一种风格喜人，手法高妙，彼此便会学习或模仿，作品也会相对相近。例如，李姑岩圣母殿内的圣母就与太原晋祠的圣母酷似；还有云峰寺释迦殿内一尊侍女，无论眉眼、面相、发髻、形体、衣裙（包括腰带的系结之法和饰花），以及着色都与晋祠中著名的宋代女像极其相像。这些缤纷不已的发现，使我看到绵山彩塑艺术的悠久与深厚。

综上所述，足见绵山造像价值的卓越非凡，同时又令人感慨万端。历史上的绵山，曾经创造了无穷的人文财富，留下深厚的积淀，同时也遭遇无数劫难，天灾加之人祸，使其损毁、消泯与飘零。然而，纵然如此，遗存处处，犹然惊人，历史留下的残羹剩饭竟然也都是山珍海味。

此次在绵山文化研究院的大力协助下，对绵山神佛造像的整理与研究，尚属初步。而这笔遗产所具有的重要的历史、宗教、文化、艺术的价值，无可估量，则有待进一步的开掘。这里所做的，只是想将这一巨大而宝贵的文化财富推到世人和学界的面前，引起重视、关爱与共同的呵护。

做下去

己丑年以来一项重要的工作，便是将摄影师拍摄的数千帧绵山造像的照片，进行遴选，编集图典。入选者，一是现存古代造像完好的寺观，凡六座（包括抱腹岩云峰寺的明王殿、罗汉殿、五龙殿，大罗宫的白云庵，李姑岩的释迦殿与圣母殿）；一是大罗宫众妙堂所藏历代造像和正果寺的包骨真身像，从中选取上品，凡一百二十八尊，都是优中取优的经典。然后将这些图像，与上述研究文章，合为一体，配上前序后记，遂整理成一部大型图典。

同时，邀请绵山文化研究院，撰写《绵山神像保护纪实》一文，介绍他们的保护史，以及相关的保护理念、思路、方法，这篇文章很有推广价值。为此，我在图集前写了一句话：

谨以此图集向抢救和保护这一文化遗产的仁人志士表示敬意。

有了这个内容，就使这部图典包含了另一层意义——即这部图典还是民间保护文化遗产的一个范本，一个令人感动的文化保护的例证。

己丑清明，我们再次在绵山举行清明文化论坛时，适逢这部《绵山神佛造像上品》面世。在新闻发布会上，有位文化界的朋友问我，这件事是否可以画个句号了，我没有马上回答他。下午与他一同登上云峰山正果寺的空王古佛塔。塔上三层有一尊包骨真身像。

此像乃一位年约花甲的僧人，面色凝重，目光矍铄，神气逼人，酷似活人。我这位朋友说："你刚刚那部图集中，好像没有这尊包骨真身像。"

我说："这是最近他们才摆出来的。这尊像原在山顶朱砂洞旁，阎吉英开发绵山时发现了他，那时没有山道，无法搬下来，又怕被古董贩子弄走。就放在朱砂洞中，洞口砌了石块堵上，先保护起来。后来，有了山道，就设法搬下来。但在这尊像周围没有找到任何碑石，也无文献记载，他又不属于正果寺，谁也不知道他的来历，无法断代。所以一直放在文物库里，最近才摆出来。"

"那你准备怎么办？"

我笑了。我下边的话正好也回答了他刚才的问题。我说："我们的事，只有开始，没有结束。任何一桩遗产只要你发现了它，动手去抢救它，你就与它息息相关，而且永远不会离弃。抢救只是开始，保护却不能结束，永远不会'告一段落'。比如对文化遗产的传承人，你认定他后就不再管他的事了吗？比如去年我们抢救大地震中受到巨大破坏的羌文化，一年来我们一直还在为它们工作。《羌族口头遗产集成》现在已进入编辑阶段。比如绵山这里，仅仅绵山神佛造像这一项，还有两件事是要继续为之努力，一是堪称'国宝'的明王殿，一是包骨真身像，要接着做下去。我已经把它记在心里。而放在心里才是最可靠的。"

二〇〇九年五月十三日

活着的木乃伊

在晋中绵山中有一种神奇的造像，叫作包骨真身像。这种彩塑的造像的内部不是一般的木制的支架和黄泥，而是真人的身体。

这是我国的一种独特的宗教造像方式。所造的像不是神佛，而是具有极高修行的修炼成功的僧人。这种高僧通常在生命将尽时，禁食禁水。在坐化圆寂之后，如果身体不坏，形神不散，被视为修成正果，便由弟子们请来彩塑艺匠，以其肉身为胎，包塑成像，供人信奉。

关于"包骨真身"，其说不一。佛教典籍中也没有确切的说法。只是《菩萨处胎经》中将修行高深的高僧不腐的遗体称作"全身舍利"。从现有的史料看，至迟唐代就有把全身舍利制成真像的了。最著名的要算六祖慧能（六三八 – 七一三年）的真像，至今保存在广东韶关的南华寺中，被佛教徒看作"圣物"。但他的真身成像的材料，是用胶漆和香粉。此外九华山的几尊"肉身"，也是使用这种妆漆和妆金，与绵山的以泥包塑不同。然而除绵山之外，再没听说别的地方有这种以泥包塑的真像。这是否与山西自古盛行泥塑造像有关呢？

为此我两上绵山，考察取证。能够证实此地关于"包骨真身"像的说法的有两处。一是此地流传甚久的绵山《十景歌》，就有多处直接说到包骨真身，一是至今尚存的《大唐汾州抱腹寺碑》的碑文中，明确写着唐代云峰寺的住持田志超圆寂后被"包塑真容"，而且是唐太宗敕赐的。这表明绵山的包塑真身也是始于唐代。

更值得注意的是，山西这种包塑真身的泥塑的手法与安徽九华山在肉身上直接妆漆敷金不同。九华山的方法没有"雕塑"成分，而山西的包塑真容

高僧师显真身像，唐，泥塑，通高九十五厘米，现藏五龙躔正果寺。

是要依照高僧生前的容颜进行塑造的，具有艺术塑造的成分，属于一种肖像式的雕塑。

现保存在绵山云峰寺、正果寺和乾坤塔的十六尊包骨真身像，近及元明远至唐宋，不仅有佛教僧人，亦有道教道士，都是具有极高的修炼境界者。再经民间高手的包塑，神态各异，宛如活生生坐在面前，令人心生敬畏。尤其是现供奉于云峰山顶正果寺中的唐代高僧师显真身像，其神情之沉静淡定，目光之深邃幽远，看上去使人心觉纯净，了无尘埃。一位在一千多年前即已坐化的高僧，其精神至今犹存，这不比埃及的木乃伊更奇妙吗？埃及的木乃伊徒具形骸，绵山的包骨真身的精神犹在——是活着的木乃伊。

由于绵山宗教自明代已走向衰落，庙宇寺观渐渐荒芜，数百年日趋沉寂，佛道中包塑真身之举早就中断了。及至"文革"后，绵山的宗教遗存多与断壁残垣一同埋没于草莽之间。谁也不知竟然还有大量历代精美的彩塑遗存，尤其这十余尊包骨真身之像，居然存于世上！

　　绵山开发时的主持者阎吉英先生，是这一历史和宗教遗存的发现者。由于他对佛教的一往情深，使数百尊彩塑造像包括这十余尊僧人与道士的真身得以保护。这次修复是尊重历史的，其原则是一切遵循原本的位置，加固寺庙，补缀塑像。为保持历史的原真，刻意将部分残破处绽露的僧袍、筋骨和指甲，不予复原，以彰显岁月之沧桑。

　　现存绵山包骨真身像共十六尊。其中三尊在山间抱腹岩下的云峰寺，十二尊在五龙峰的正果寺。这些相传有序的真身像在二十世纪九十年代中期，都经过当时云峰寺住持力正和尚一一指认，口述其历史并记录立档。此外还有一尊，原在龙头寺下朱砂洞内。本世纪初发现后，因山势险峻，难以保护，又担心被盗，便用山石将洞口堵住，后整体移至五龙躔乾坤塔内保护起来。这尊包骨真身像长脸大手，肌沉肉重，目光恣烁，张着嘴巴，似在谈话，神色逼人，应为神品。但由于所处偏远，失传太久，究竟是哪位高僧，无人认知，亦无资料，连年代也无法断定，应为绵山一谜也。

　　现将收集到的各种资料汇编一起，做初步研究。然而绵山的包骨真身像仍是一个期待进一步深究的文化课题，它既是宗教史、民俗史和地域文化史的，也是艺术史的。切望本书作为引玉之砖，能使包骨真身这一神奇的历史文化现象，渐渐揭开面纱。

《绵山包骨真身像》序言
二〇〇九年十二月六日

青州藏佛窖之谜

　　中国的考古发现在二十世纪的一头一尾，各出现一个伟大又神秘的事件。在世纪之初（一九〇〇年），是敦煌莫高窟藏经洞的发现；在世纪之末（一九九六年），则是青州龙兴寺藏佛窖的发现。

　　这一头一尾又极为相似。

　　首先是这两次巨大又珍贵的发现都是前所未有，价值无可估量。敦煌藏经洞出土的五万件中古时代的遗书，引发了世界范畴的敦煌学的建立；青州藏佛窖出土的四百件佛教石造像，精美绝伦，造极登峰，特别是其中北齐的造像，一下子将佛教艺术史中一个至关重要的时代灿烂又迷人地填满了。

　　其次，它们都是由无关的人在偶然中发现的。前者是为此而闻名天下的小道士王圆箓，后者则是一些挖地刨槽的民工。

　　再有，它们都属于一种秘藏。前者是洞藏，后者是窖藏。

　　还有，这些秘藏大部分又都是残品。敦煌遗书绝大部分是残卷；而青州佛像造像几乎全遭到过严重破坏，无一完整之作。这叫人百思莫解！

　　进一步说：

　　它们被秘藏的时期，正好都在一个时代——北宋。敦煌藏经洞被封闭的时间至早在北宋景德二年（一〇〇二年），因为洞中文献最晚一份的纪年是景德二年；青州藏佛窖被掩藏的时间则在北宋天圣四年（一〇二六年）之后，这由于最晚一件石刻题记的纪年就是天圣四年。真是太奇妙了！它们几乎是在同一时间被秘封起来的！

　　而且它们被秘藏的原因又都是无史可查，无据可考。幽灵般的历史在完成这些宝藏的秘封之后，把钥匙也带走了。我站在青州博物馆的凉台上，远望藏佛窖的遗址，那里平坦寥廓，野草漫漫，虚无又令人神往。到底是谁，又是出于什么原因，将这数百件优美的佛造像打得粉碎，又是谁把这些残破的石像埋藏在这里？我忽觉曾经在哪里也有此同感。原来几年前站在敦煌十七号窟门前，向着黑影幢幢、空荡荡的洞内望去时，亦是这般感受呵！

于是，敦煌藏经洞和青州藏佛窖最终引来的结果就完全一样了：都是猜测纷纭，莫衷一是！

对于敦煌藏经洞被封闭的原因，历来有避西夏之乱说、曹氏封闭说、宋绍圣说、废弃说、书库改造说，等等。但是每一种说法刚被提出来，就立即遭到否定。没有一种说法靠得住。没有任何一种说法能够立于不败之地。

如今，对于青州藏佛窖的直接原因也已经有了多种说法，每一种说法也同样难以成立：

一种说法是"古神库说"。执这种说法的理由是，在六十平方米的青州藏佛窖中，这些佛像残件排列得井然有序。方向全部是坐西朝东，而且分三层摆入。除去石雕，还有铁、木、泥、陶等材质的佛像。摆放好的佛像上边盖着草席，洒放铜钱。这说明，此处窖藏是按计划、井井有条做的。执"古神库说"者认为，佛像的破损为"三武灭法"所致。而佛教向例极其尊重佛像，凡有破损者不能随手丢弃，必须由寺院统一"库藏"。据说寺院的古神库之设，始自于北魏。青州藏佛窖就是这种"古神库"。这说法是有些依据的。

但是"古神库说"一成立，相反的道理跟着就来了。反对者认为，从出土的这批造像纪年看，上至北魏永安二年（五二九年），下至北宋天圣四年（一〇二六年），横跨近五百年，其间历尽沧桑变迁。这漫长岁月中怎么可能将一代代不断损坏的佛像积存起来，然后一起埋藏？既然古神库在北魏就有了，为什么早不埋藏？这一来，"古神库说"就靠不住了。

另一种说法是"宋徽宗崇道说"。执此见者认为，宋徽宗赵佶崇信道教，登基之后，对道人林灵素盲听盲信，任其摆布。昔时林灵素云游四方，曾乞食于僧寺，受到轻侮，他得势后为了报复，撺掇赵佶兴道抑佛。宋徽宗曾下诏改佛为道，态度十分强硬，连寺院的名称，僧尼的称呼，以及僧服全都要更换。执"宋徽宗崇道说"者认为，在如此大背景下，毁坏佛像势所必然。并依此推断出毁佛时间应为颁布诏书的宣和元年（一一一九年）之后。这样就正好与窖藏的时间（一○二六年）之后紧紧扣上了。

这种分析与推论看来既严密又合理。但也有质疑者说，在窖藏造像残件中，还有大量的碎块，最小的只有拳头大。有的是造像的耳朵或手指，有的只是衣角袖边。这样，问题就出来了。虽说宋徽宗扬道抑佛，但并没有把佛教视为异端，对峙如仇。怎么会把佛像破坏得这样"粉身碎骨"？这一诘问，便使"宋徽宗崇道说"又动摇起来。

再一种说法则是"宗教冲突说"。执这种说法者认为，青州龙兴寺的遭遇，如同新疆克孜尔和龟兹一带石窟佛教壁画的遭遇是一样的，应为宗教因素。在历史上，佛教东渐与伊斯兰教东渐为同一条路线——都是丝绸之路。丝绸之路东端之一就是青州。连这批出土的北齐时代石佛身上的彩绘人物，还有胡人的形象呢！可见青州是佛教东渐也是伊斯兰教东渐的终点。伊斯兰教是"认主独一"的。龙兴寺的造像难免碰到麻烦，而只有宗教冲突才会这样彻底。这说法听起来似乎挺有说服力。

然而，相对的说法却是，伊斯兰教东渐的过程，是与华夏之文化相互和谐化的过程。伊斯兰教在新疆毁佛是它"东渐"的初始阶段。比如克孜尔石窟遇到破坏则是蒙古族察哈台汗国强行推行伊斯兰教时发生的；然而伊斯兰教进入河西与中原之后，渐渐融入博大宽和的多民族共创的华夏文明，后期很少发生毁佛事件。青州已是丝路末端，也是华夏文明的腹地，更不会发生这样强烈的异教冲突。显然，这种说法也属臆断之列。

只有各执一词的说法，却没有真正牢牢站住脚的论断。青州藏佛的真正缘故，实际上是一片空白。到底在北宋年间，这里发生过怎样一个突发的变故，竟将所有佛像一律砸得粉碎？过后又怎样被佛教徒虔敬地埋藏保存下来？其中一定隐藏着叫人浮想联翩且匪夷所思的故事，或是错综复杂又酷烈非常的历史事件。我们期待着一个确凿的历史发现，以撩开蒙在青州这些举世无双的造像上神秘的纱幕。但也许它真的和敦煌藏经洞封闭的缘由一样，是一个永恒难解的谜了。世界上许多重大的文化遗址都带着巨大的谜团。从埃及的狮身人面像到南美玛雅人的遗迹。历史的由来与人类的去处总都是一片令人神往的谜。也可以说，正是这些无法破解的历史之谜，才使青州龙兴寺藏佛窖这样的文化遗址充满了无尽的魅力。

二〇〇一年十一月

晋地三忧

俗话常说，地下文物看陕西，地上文物看山西。在山西一转，果然没有虚传。倘在北京，指某一老屋，说是建自大明，必然令人愕然，并视做珍宝；但在山西，那些随处可见的古寺古塔，一问便是唐宋！

也许真的是好东西太多，不当作宝。近几年，山西的文物充斥全国的古物市场，文物离开了它的"出生地"，便失去了一半的意义。这真叫人忧虑。那么留在山西的文物的境况如何？在山西看了之后，忧心更重，尤使我所忧的乃是如下三处：

一、资寿寺的壁画脱落在即

资寿寺坐落在晋中灵石县。由于寺中十八个明塑罗汉头被盗，流落海外，后经台湾陈永泰先生重金买下，送归故里，重敷金身，资寿寺因之名噪天下。如今这些罗汉们可谓"大难不死，必有后福"，寺中的守卫不再是那两位因耳聋而听不到锯佛头声音的老人了，而是换上了几个耳聪目明、精力十足的年轻人。罗汉堂的屋角还安装了红外线报警器，有了"特护"，足以使人心安。

可是大雄宝殿和药师殿的几面巨幅的壁画却处境不妙，前景堪忧。

依我看，资寿寺的壁画有极高的艺术水准，在我国现存的明代壁画中应属上品。在风格上，一边明显地带着唐代接受外来影响的痕迹，一边具有强烈的本土化的中原风格。大雄宝殿西壁的壁画为工笔重彩画法，富丽华贵，严谨庄重。壁画左下角的护法神为关公，这种将民间崇拜的关公融入佛天之中的画面，极为罕见。大概与关公是山西解州人而备受晋人尊崇有关。壁画的线条精准而流畅且有粗细的变化，应比芮城永乐宫的壁画更具表现力。大殿东壁壁画在风格上稍有不同，它明显地出自另一位画工之手。这位画工还画了药师殿的壁画。他技艺超群，用笔十分精熟老到，行笔的速度很快，奔放之中极有神韵，几十平方米的壁画好似一气呵成，却毫无轻率之感。而且设色很淡，线条很突出，全幅画几乎是用线结构而成的。即便是明代画坛上那些大家，有几位能有这位民间画工如此扛鼎的笔力？

然而，这些极其宝贵的壁画已经开始起甲和酥碱。大雄宝殿东西两壁壁画的酥碱处，显然已经无可救药。起甲之处，随处可见。用手指一碰，便可剥落下来。在靠墙的香案上可以看到许多剥落下来的粉末与带着色彩的碎渣。药师殿壁画受潮情况更重一些。墙壁上可见一大片依然含水的湿迹。西壁的一角已然大片大片地膨起，完全离开墙体，倘若受到震动，或者再经过几次夏胀冬缩，必然会脱落下来。

尤为叫人心忧的是，寺中对这些壁画的病害没有任何治理措施，任其自然消损。我对寺中人员说，可以向敦煌研究院去求援，他们有治理壁画病害的比较先进的办法与技术。寺中人员面带困惑，显然他们是无力解决的，那么谁来挽救这些病入膏肓的国宝级的壁画？非要等着哪一天壁画也被盗，成为一个事件，再来应对地加以保护吗？

二、应县木塔不能再上人了！

看过应县木塔，我心里最想说的话，就是这一句：木塔绝对不能再上人了！

早就从媒体上获知，这座辽代木制的宝塔一如比萨塔，已经倾斜，因受世人之担忧。但到了应县木塔上一看，比料想的境况糟得多。

虽然木塔的倾斜已久，但近几年变得明显加快。几年来，倾斜度加大了六十多度。现在，五层木塔（不算暗层）对外开放到第三层。就这三层而言，笔直而立的木柱已经不多。有的斜得吓人。梁柱与斗拱之间插接的木榫有的已经完全脱开。此塔是层层叠加，没有穿层的大柱。故而，整座塔的倾斜分成三截，中层向右，上层向左。这就给治理造成极大的困难。故而，治理方案一直没有确定下来。有的主张落架重建，有的主张用吊悬的方式分段调整与加固，现在所做的只是专家们对其险情随时进行监测而已。

在方案没确定之前怎么办？也就是在尚无治疗方案之前，怎样对待这位病体垂危的"老人"？

现在每天上塔的游客，少至一百，多至数百，旅游季节游客如云。虽然管理部门限制每次同时上塔者不能超过三十位，但依我观察其规定并不严格。塔大人杂，对进塔和出塔的人群很难有效地控制。但每一位游客都会给"病塔"增加一百多斤的负荷。人们来回走动，还会产生震动，对"病塔"造成进一步伤害。我发现有的楼板踩上去已经有些颤动。可是有的游人在上面故意颤动双腿，试试楼板是否结实。因此游人上去，只能增加人为破坏的可能。木塔的每一层，至多只有一个看守者。如此力度如何能捍卫这座巨大而罕世的千年宝塔？更不用说，每一层还都有极为精美的辽塑！万一坍塌，损失无可估量！

但可能出现的事就摆在我们面前——反正这塔，无论如何也不能再上人了！

但是，一旦谢绝参观，一笔不算少的门票收入从何而来？门票一张三十元，一天至少损失几千元，这个缺口谁来弥补？

三、悬空寺的古佛伸手可摸

在悬空寺那些搭在绝壁上的木栈道上，小心翼翼地上上下下时，一边钦佩古人的奇思妙想，一边对古人心怀愧疚——我们这些不肖子孙把你们天才般的创造糟蹋成了何种模样？

这座始建于北魏的奇寺，由于身挂悬壁，各个殿堂都十分狭小。里边供奉的神佛就在眼前。悬空寺是一座佛道相融并存的寺庙，神佛形象十分丰富，而且唐宋以来几代的塑像都有，且多为泥塑，甚是珍贵。有的虽经后代彩绘，其筋骨与神韵仍不失原貌。可是寺中对这些神佛基本上没有保护，游人进入这只有两米进深的殿堂后，塑像就在眼前，伸手便可触摸。游人出于好奇，对佛像摸头摸脸，寺中又根本无人看管，故而许多塑像的脸颊、鼻尖、额头、嘴唇，全摸得污黑。还有的游客对神佛的琉璃眼珠有兴趣，一些塑像的眼皮都被抠破。一座号称"国家级重点文物保护单位"的古寺，哪里还有尊严可言？简直是游客登梯爬高，"玩玩心跳"的娱乐场！

更可悲的是，悬空寺的另一边，竟然新修了一条水泥栈道，依靠扶摇而上，中间还要穿过一张俗不可耐的巨大的黄色龙嘴，其终点居然也是一个架在崖壁上的红色仿古楼殿。原来这是个新建的旅游景点，而且绝对高度还在悬空寺之上。这样一比，悬空寺便黯然失色，哪还称得上什么"中华一绝"，我们古人的智能不是太"小儿科"了吗？

世界上哪里还会这样糟蹋自己的文化？

当然，这不是文物部门干的，而是一些非文化的单位修造的用来赚钱的旅游景点。

把高贵的历史文化降低为世俗玩物，是"旅游性破坏"的一种本质。

那么，这种事应该谁管？还是根本无人来管？

写到此处，由忧转愤，担心忿极失言，赶紧停笔住口。住口之前，还要说一句，赶快救救这些国宝吧！这样的国宝已经不多了！

二〇〇一年十一月

大雪入绛州

在禹州考察完钧瓷古窑出来，雪花纷纷扬扬，扑面而来，这雪花又大又密，打在脸上有种颗粒感。按计划要取道郑州和洛阳而西，经三门峡逾黄河北上，去新绛考察那里的年画。现今全国的十七个主要的年画产地中，就剩下晋南新绛一带的年画的普查还没有启动。晋南年画历史甚久，现存最早的年画就出自北宋时代晋南的平阳（临汾）。这一带很多地方都产年画。除去临汾，新绛和襄汾也是主要的产地。上世纪八十年代末我在京津一带的古玩市场曾买到过一些新绛的古画版。历史最久的一块画版《和合二仙》应是明代的。这表明新绛的年画遗存在二十年前就开始流失了。它原有的历史规模究竟如何，目前状况怎样，有无活态的存在，心中毫无底数。是不是早叫古董贩子全折腾一空了？

车子行到豫西，没想到雪这么大，还在河南境内就遇到严重的塞车。大量的重型载重卡车夹裹着各色小车像漫无尽头的长龙，一动不动地趴在公路上。所有车顶都蒙着厚厚的白雪，至少堵了一天了吧。我们想出各种办法打算绕过这一带的塞车，但所有的国道和小路也全都堵得死死的。在大雪里我们不懈地奋斗到天黑，又冷又饿，直把所有希望都变成绝望，才不得已滞留在新安县一家旅店中。不知何故，这家旅店夜间不供暖气，在冰冷的被窝里我给同来的助手发了一个短信："我有点盯不住了，再找机会去绛州吧！"然而，清晨起来新绛那边派人过来，居然还弄来一辆警车，说山西那边过来的路还通畅，要我跟他们呛着道儿去山西。盛情难却，我们只好顶着风雪也顶着迎面飞驰而来的车辆，逆行北上，车子行了五个小时总算到了新绛。

用餐时，当地主人提示我先不去看年画，先去看光村。光村的大名早就听到过，北齐时这村子忽生异光，因而得名光村。主人说，你只要去了就不会后悔，村里到处扔着极精美的石雕，还有一座宋代的小庙福胜寺，里边的泥彩塑是宋金时代的呢。我明白，他们想叫我们看看光村有没有保护价值，怎么保护和开发。而今年春天我们就要启动全国古村落的普查，听说有这样好的村落，自然急不可待要去，完全忘了脚底板已经快冻成"冰板"了。

雪中的光村有种奇异的美。但我想，如果没有雪，它一定像废墟一样破败不堪。然而此刻，洁白的雪像一张巨毯把遍地的瓦砾全遮掉起来，连残垣断壁也镶了一圈白绒绒的雪，只有砖雕、木拱和雀替从中露出它们历尽沧桑而依然典雅又苍劲的面孔。令我惊讶的是，千形百态精美的石雕柱础随处可见。还有不少石础被雪盖着，看不见真容，却能看见它一个个白皑皑、神秘而优美的形态。它们原是各类大型建筑坚实又华贵的足，现在那些建筑不翼而飞，只剩下这些石础丢满地。光村原有几户颇具规模的宅院，从残余的一些楼宇中可见其昔日的繁华并不逊色于晋中那些大院。但如今损毁大半，而且毫无保护措施。连村中那座被列为国家文物保护单位福胜寺中的宋金泥塑，也只是用塑料遮挡起来罢了。我心里有些发急，抢救和保护都是迫在眉睫了。根据光村的现状，我建议他们学习晋中王家大院和常家庄园在修复时所采用将散落的古民居集中保护的"民居博物馆"的方式。但这需要请相关专家进一步论证，当务之急是不能叫古董贩子再来"淘宝"了。因为刚刚从村民口中得知最近还有一些石雕的柱础与门狮被文物贩子买去了。近二十年来，那些懂得建筑文化的建筑师们大多在城里为开发商设计新楼，经常关心这些古建筑艺术的是不辞劳苦和络绎不绝的古董贩子们，这些古村落不被毁掉才怪呢。

从光村回到新绛县城后，这里的鼓乐团的团长听说我来新绛，特意在一座学校的礼堂演一场"绛州鼓乐"给我们看。绛州鼓乐我心仪已久。开场的"杨门女将"就叫我热血沸腾，十几位杨氏女杰执槌击鼓，震天动地，一瞬间把礼堂中凛冽的寒气驱得四散。跟下来每一场演出都令人不住叫好。演出的青年人有的是当地的专业演员，也有艺校学员。应该说这里鼓乐的保护与弘扬做得相当有眼光也有办法。他们一边把这一遗产引入学校教育，从娃娃开始，

来到建于北齐时代的绛州古村光村时，正赶上大雪飞扬。

这就使"传承"落到实处；另一边将鼓乐投入市场，这也是令它延续下去的一种重要方式。目前这个鼓乐团已经在市场立住脚跟，并且远涉重洋，到不少国家一展风采。演出后我约鼓乐团的团长聊一聊，团长是位行家，懂得保护好历史文化的原汁原味，又善于市场操作。倘若没有这样一位行家，绛州古乐会成什么样？我由此联想到光村，光村要是有这样一位古建方面的行家会多好呵！

相比之下，新绛的年画也是问题多多。

第二天一早，当地的文化部门将他们保存的新绛年画的古版与老画集中在一间很大的屋子，单是古版就有近二百块。先前，新绛的年画见过一些，但总觉得它是古平阳年画的一个分支，比较零散。这次所见令我吃惊，不单门神、戏曲、风俗、婴戏、美人、传说等各类题材，以及贡笺、条幅、横披、灯画、桌裙、墙纸、拂尘纸、对子纸等各种体裁应有尽有，至于套版、手绘、半印半绘等各类制作手法也一应俱全。其中一位门神是《三国演义》中赵云，怀里露出一个孩童——阿斗光溜溜的小脑袋，显然这幅门神具有保护儿童的含意。还有一块《五老观太极》的线版，先前不曾所见，应是时代久远之作。特别是十几幅美人图，尺寸很大，所绘人物典雅端庄，衣饰华美，线条流畅又精致，与杨柳青年画的"美人"有着鲜明的地域差异，富于晋商辉煌年代的华贵气质和中原文明的庄重之感。看画时，当地负责人还请来两位当地的年画老艺人做讲解。经过与他们聊，二位艺人都是地道的传承人。所谈内容全是"口头记忆"，是十分有价值的年画财富。看来口述史调查需要尽快来做。只有把新绛年画普查清楚，才能彻底理清晋南年画这宗重要的文化遗产。可是当地没有专门从事年画研究的学者，没有绛州古乐团团长那样的人物，正因为此，时至今日它还像遗珠一般散落在大地上。这也是很多地方文化遗产至今尚未摸清和整理出来的真正缘故。而一些宝贵的文化遗产在无人问津之时就已经消失了。

　　雪下得愈来愈大，高速公路已经封了。原计划再下一站去介休考察清明文化已经无法成行。在回程的列车上，我的心里真是五味杂陈。三晋大地文化遗存之深厚灿烂程度令我惊叹，但这些遗存遍地飘零并急速消失又令人痛惜与焦急。几年来我们几乎天天为一个问题而焦虑：从哪里去找那么多救援者和志愿者？到底是我们的文化太多了专家太少了，还是专家中的志愿者太少了？

　　我望着窗外，外边的原野严严实实无声地覆盖着一片冰雪。

戊子正月初六

涂了漆的苗寨

今年十二月里，在南宁的文化遗产抢救论坛上我讲了一句话："许多遗产在我们尚未抢救时就已经消失了。"我所表达的是近些年常常碰到的一种令人焦急的状况与感受。会后一个当地的记者追着要我对上边的话具体说明，我说："还要我举例吗？你下去跑一跑就知道了。"

从他的脸上看，显然还不明白我这话的意思。但紧接着发生的事情，就可以拿来回答他的疑惑。

从南宁出来，一路北上，去到桂北的山里考察少数民族的村寨。如今的经济发达地区，比如江浙的沿海地区，再比如山东，古村落已寥若晨星。我知道，只有在这片黔桂湘三省交界的大山皱褶里，还会隐伏着一些古老的山寨。然而这些古寨的现状如何？还有多少完好的历史杰作？我特意邀请当地的几位文化学者做向导，他们知道我想看什么。

然而，亲眼目睹却如挨了当头一棒。

依原计划我们要先到融水苗族自治县去看山上的一座有名的苗寨，据说这山寨的历史至少在五百年以上。从一位做向导的当地学者的描述听得出，这座苗寨外貌优美，内涵深厚，宛如宝寨。然而驱车攀山三四个小时之后，停车出来抬头一看，令所有人——包括做向导的学者也大惊失色。遍布山野一片刺目的艳丽五彩。原来这古寨竟刷了油漆。木楼的墙板涂成雪白，再勾上湖蓝色的花边，吊脚楼长长短短的木柱一律刷上翠绿色，看上去像堆在天地之间一大堆粗鄙的、恶俗的、荒唐可笑的大礼盒。当地的一位学者不禁说："怎么会这样？几个月前来还好好的呢！"

后来才知道这里要建设新农村，一些人认为这样做是为了表现"新"，所以整个古寨焕然一新。这叫我想起二十年前写过的一篇小说《意大利小提琴》。一位落魄的艺术家在旧物店里发现一把意大利小提琴，如获至宝，但手里的钱不够，他回去四方借款，待把钱凑齐再去买琴时，出现了同样荒唐的一幕——店主为了使这把老琴更招人喜爱，用白漆把琴亮光光重油一遍，好像医院用的便壶。

能说店主不是出于好意吗？但无知也会"犯罪"。一座古寨就这样报废了。

接下来我去访问龙堆山顶上另一座历史悠久的侗寨时，所见景象更加糟糕。为了开发旅游，吸引人们去看著名的龙脊梯田，这座山寨快成旅行住宿集散区了。老建筑改建的改建，涂漆的涂漆，然后再用彩漆在墙板写上各种店名。与我同来的本地学者哑口无言了。是呵，刚才被他描述得神乎其神的那座侗寨呢？

看吧，这些古寨和古村落，不就是在我们还没看到时就消失了吗？我很想打电话叫南宁那位记者来亲眼看一看。可惜我没有保存他的名片。

珍贵的文化遗产就是这样被毁掉的。一半是片面地为了 GDP，为了政绩，为了换取眼前一些小利，一半出于无知。

文化遗产就是以这样的速度消失了的。几个月前还在，几个月后就完了，永远消失不见。

我想起两个月前到浙南考察廊桥时，在陈万里先生居住过龙泉县的大窑见到一座古庙。这座庙立在村头的高坡上，老树簇拥，下临深涧，风景优美。此刻，当地为了开发旅游，正忙着翻旧为新，换砖换瓦，油漆粉刷。待我们爬上去一看，这座庙竟是一座明代遗存文物。不仅建筑是明代的，连木柱上原先的油漆所采用的"披麻带灰"的工艺也是明代的。我还发现大殿两侧木板墙上画着"四值功曹"，风格当属清代中期。所用颜色朱砂石绿都是天然矿物，历久弥新，沉静古雅。然而眼下民工们正在用白色的油漆往上刷呢！四位天神已被盖上一位，还用彩漆依照原样"照猫画虎"重新画上，花花绿绿，丑陋不堪。我忙找来村里的负责人，对他说："你知道你干的是什么事吗？这可是你们村里的宝贝。快快停下来，千万别这么干了！"

遗产的抢救不仍要放第一位吗？但抢救不光是呼吁，更需要行动。要到田野，到山间，到广大民间去发现和认定遗产，还要和当地人讨论怎样保好这些遗产，而不是舒舒服服地坐在屋里高谈阔论，坐而论道。

此次在桂北三江的澄阳八寨，徜徉于那种精美的鼓楼和风雨桥之时，真为侗族人民的创造而折服。经人介绍，与当地的一位侗寨的保护者结识。据说这八座侗寨就是他保护下来的，遂对他表示敬意。谈话中他说，当初有关领导部门也曾来人，要他们把这些美丽的风雨桥全漆成大红色，要和天安门一样。被他们坚决拒绝。如果没有那次拒绝，就没有今天迷人的澄阳八寨了。后来知道，此人是一位侗族学者，现在就住在澄阳八寨，天天守在这里，为保护和弘扬侗族文化而努力工作。

一种遗产如果有一位钟爱它的学者。这遗产就有了一定的安全保证。但我们中华民族的遗产实在博大而缤纷，多数遗产的所在地实际上是没有学者研究的，甚至没有几个明白人。如果没有文化上的一些见识，这些遗产必然置身在危机之中，毁灭时时可能发生。

抢救是必须在田野第一线的。第一线需要学者，而且需要学者中的志愿者。问君愿意在中华大地上千千万万濒危的遗产中认领一样悉心呵护么？

二〇〇八年元月

羌去何处?

羌，一个古老的文字，一个古老民族的族姓，早已渐渐变得很陌生了，最近却频频出现于报端。这因为，它处在惊天动地的汶川大地震的中心。

羌字被古文字学家解释为"羊"字与"人"字的组合，因称他们为"西戎的牧羊人"。在典籍扑朔迷离的记述中，还可找到羌与大禹以及发明了农具的神农氏的血缘关系。

这个有着三千年以上历史、衍生过不少民族的羌，被费孝通先生称之为"一个向外输血的民族"，曾经为中华文明史作出过杰出贡献。但如今只有三十万人，散布在北川一带白云迷漫的高山深谷中。他们居住的山寨被称作"云朵上的村寨"。然而这次他们主要聚居的阿坝州汶川、茂县、理县和绵阳的北川，都成了大灾难中悲剧的主角；除去少数一千羌民远居住在贵州省铜仁地区，其他所有羌民几乎都经受了灾难。

古老的民族总是在文化上显示它的魅力与神秘。羌族的人虽少，但在民俗节日、口头文学、音乐舞蹈、工艺美术、服装饮食以及民居建筑方面有自己完整而独特的一套文化。他们悠长而幽怨的羌笛声令人想起唐代的古诗；他们神奇的索桥与碉楼，都与久远的传说紧紧相伴；他们的羌绣浓重而华美，他们的羊皮鼓舞雄劲又豪壮，他们的释比戏《羌戈大战》和民俗节日"瓦尔俄足节"带着文化活化石的意味……而这些都与他们长久以来置身其中的美丽的山水树石融合成一个文化的整体了。近些年，两次公布的国家非物质文化遗产名录已经把其中六项极珍贵的民俗与艺术列在其中。中国民协根据这里有关大禹的传说遗迹与祭奠仪式，还将北川命名为"大禹文化之乡"。

在这次探望震毁的北川县城的路上，到处是大大小小的飞石，树木东倒西歪，却居然看到道边神气十足地竖着这样一块大禹文化之乡的牌子，可是羌族唯一的自治县的"首府"——北川已然化为一片惨不忍睹的废墟。

二十天前北川县城就已经封城了。城内了无人迹，连鸟儿的影子也不见，全然一座死城。湿润的空气里飘着很浓的杀菌剂的气味。我们凭着一张"特别通行证"，才被准予穿过黑衣特警严密把守的关卡。

站在县城前的山坡高处，那位靠着偶然而侥幸活下来的北川县文化局长，手指着县城中央堆积的近百米滑落的山体说，多年来专心从事羌文化研究的六位文化馆馆员、四十余位正在举行诗歌朗诵的"禹风诗社"的诗人、数百件珍贵的羌文化文物、大量田野考察而尚未整理好的宝贵的资料，全部埋葬其中。

我的心陡然变得很冲动。志愿研究民族民间文化的学者本来就少而又少，但这一次，这些第一线的羌文化专家全部罹难，这是全军覆没呀。

我们专家调查小组的一行人，站成一排，朝着那个巨大的百米"坟墓"，肃立默哀。为同行，为同志，为死难的羌民及其消亡的文化。

大地震遇难的羌民共三万，占民族总数的十分之一。

在擂鼓镇、板凳桥以及绵阳内外各地灾民安置点走一走，更是忧虑重重。这里的灾民世代都居住在大山里边，但如今村寨多已震损乃至震毁。著名的羌寨如桃坪寨、布瓦寨、龙溪川、通化寨、木卡寨、黑虎寨、三龙寨等都受到重创。被称作"羌族第一寨"萝卜寨已夷为平地。治水英雄大禹的出生地禹里乡如今竟葬身在堰塞冰冷的湖底。这些羌民日后还会重返家园吗？通往他们那些两千米以上山村的路还会是安全的吗？村寨周边那些被大地震摇散了的山体能够让他们放心地居住吗？如果不行，必须迁徙。积淀了上千年的村寨文化不注定要瓦解么？

在久远的传衍中，这个山地民族的自然崇拜和生活文化都与他们相濡以沫的山川紧切相关。文化构成的元素都是在形成过程中特定的，很难替换。他们如何在全新的环境找回历史的生态与文化的灵魂？如果找不回来，那些歌舞音乐不就徒具形骸，只剩下旅游化的表演了？

北川中学。

在擂鼓镇采访安置点的羌民时，他们中的一些人穿着美丽的羌服，相互拉着手为我们跳起欢快的萨朗舞来。我对他们说："你们受了那么大的灾难，还为我们跳舞，跳这么美，我们心里都流泪了。你们的乐观与坚强，令我们钦佩，我们一定帮助你们把你们民族的文化传承下去……"

不管怎么说，这次地震对羌族文化都是一次毁灭性的打击。它使羌族文化元气大伤。在人类史上，还有哪个民族受到过这样全面颠覆性的破坏，恐怕没有先例。这对于我们的文化遗产保护工作，无疑是一个巨大的难题。

可是，总不能坐视一个古老的兄弟民族的文化在眼前渐渐消失。于是，这一阵子文化界紧锣密鼓，一拨拨人奔赴灾区进行调研，思谋对策和良方。

马上要做的是对羌族聚居地的文化受灾情况进行全面调查。首先要摸清各类民俗和文学艺术及其传承人的灾后状况，分级编入名录，给予资助，并创造传承条件，使其技艺和文化"传宗接代"。同时，对于地质和环境安全的村寨，经过重新修建后，应同意原住民回迁，总要保留一些原生态的村落——

当然前提是保障安全！还有一件事是必做不可的，我们要将散落各处的羌族文化资料汇编为集成性文献，为这个没有文字的民族建立可以传之后世的文化档案。

接下来是易地重建的羌民聚居地时，必须注意注入羌族文化的特性元素；要建立能够举行民俗节日和祭典的文化空间；羌族子弟的学校要加设民族传统文化教育的课程，以利其文化的传承；像北川、茂县、汶川和理县都应修建羌族文化博物馆，将那些容易失散、失不再来的具有深远的历史和文化记忆的民俗文物收藏并展示出来……说到这里，我忽想做了这些就够了吗？想到震前的昨天灿烂又迷人的羌文化，我的心变得悲哀和茫然。恍惚中好像看到一个穿着羌服的老者正在走去的背影，如果朝他大呼一声，他会无限美好地回转过身来吗？

二〇〇八年六月

废墟里钻出的绿枝

车子驶入绵竹，这里好像刚打过一场惨烈的战争。零星的炮声——余震还时有发生。到处残垣断壁，瓦砾成堆，大楼的残骸狰狞万状；多么强烈的地动山摇，能够把一座座钢筋水泥建筑摇得如此粉碎？由车窗透进来的一种气味极其古怪，灭菌剂刺鼻的气息中还混着酒香。一问才知，剑南春酒厂的老酒缸全碎了。存藏了上百年、价值几亿元的陈年老酒，全部化成气体无形地飘散在震后犹然紧张的空气里。

这使我想起五年前来考察绵竹年画时，参观过剑南春酒厂。那次，我是先在云南大理为那里的木版甲马召开专家普查工作的启动会，旋即来到绵竹。绵竹不愧是西部年画的魁首。它于浑朴和儒雅中彰显出一种辣性，此风唯其独有。绵竹人颇爱自己的乡土艺术。那时已拥有一座专门的年画博物馆了，珍藏着许多古版年画的珍品。其中一幅《骑车仕女》和一对"填水脚"的《副扬鞭》令我倾倒。前一幅画着一位模样清秀、衣穿旗袍、头戴瓜皮帽的民国时期的女子，骑一辆时髦的自行车，车把竟是一条金龙。此画所表达的既追求时尚又执着于传统的精神，显示出那个变革的时代绵竹人的文化立场。后一幅是"填水脚"的《副扬鞭》，"副扬鞭"是指一对门神；"填水脚"是绵竹年画特有的画法。每逢春节将至，画工们做完作坊的活计，利用残纸剩色，草草涂抹几对门神，拿到市场换些小钱，好回家过年，谁料无意中却将绵竹画工高超的技艺表现出来，简练粗犷，泼辣豪放，生动传神。这一来，"填水脚"反倒成了绵竹年画特有的名品。记得我连连赞美这幅清代老画《副扬鞭》是"民间的八大"呢！

看望四川绵竹年画艺人陈兴才。

　　那次在绵竹还做了几件挺重要的事：去探望年画老艺人，召开绵竹年画普查专家论证会；这样，对绵竹地区年画遗产地毯式的普查便开始了。普查做得周密又认真，成果被列入国家级文化工程《中国木版年画集成·绵竹卷》。其间，中国民协还将绵竹评为"中国木版年画之乡"。这来来回回就与绵竹的关系愈扯愈近。

　　大地震发生时，我人在斯洛文尼亚，听说震中在汶川，立即想到了绵竹，赶紧打电话询问年画博物馆和老艺人有没有问题，并叫基金会设法送些钱去。那期间，震区如战场，联系很困难，各种好消息坏消息都有，说不上哪个更可靠一些。一回国后，便从四川省民协那里得知年画博物馆震成危楼，幸好没有垮塌，两位最重要的老艺人都幸免于难。但一个画乡棚花村已被夷为平地。更具体和更确凿的情况到底怎样呢？

　　这次奔赴灾区，首先是到遵道镇的棚花村。站在村子中央，环顾四方，心中一片冰冷。整个村庄看不到一堵完整的墙，只有遍地的废墟和瓦砾，一些印着"救灾"二字的深蓝色小帐篷夹杂其间。村中百户人家，罹难十人。震后已有些天，村民心情渐渐平静下来，开始忙着从废墟里寻找有用的家当，但没人提年画的事。人活着，衣食住行是首要的，画画的事还远着的。

茫然中想到，最要紧的是要去看另外两个地方：一是年画博物馆，看看历史是否保存完好。二是看看两位重要的年画老艺人现况到底如何？

年画博物馆白色的大楼已经震损。楼上的一角垮落下来，外墙布满裂缝。馆长胡光葵看着我惊愕的表情说："里面的画基本上都是好好的，没震坏。"他这句话是安慰我。我问他："可以进去看看吗？"眼见为实，只有看到真的没事才会放心。

打开楼门，里边好像被炸弹炸过，满地是大片的墙皮、砖块和碎玻璃，可怕的裂缝随处可见，有的墙壁明显已经震酥了。但墙上的画，尤其前五年看过而记忆犹新的那些画，都像老朋友贴着墙排成一排，一幅幅上来亲切地欢迎我。又见到《骑车仕女》和那对"填水脚"的《副扬鞭》了，只是玻璃镜面蒙上些灰土，其他一切，完好如昨。我高兴地和这些老相识——"合影留念"，然后随胡馆长去看"古画版库"。打开仓库厚厚的铁门，里边两百多块古画版整齐地立在木架上，毫发未损。看到这些在大难中奇迹般完好无缺的遗存，我的心熠熠地透出光来。

当我走进老艺人居住的孝德镇的射箭台村，心中的光愈来愈亮。当今绵竹最具代表性的两位老艺人，一位是李芳福，今年八十五岁。上次来绵竹还在他家听他唱关于年画《二十四孝》的歌呢。他的画风古朴深厚、刚劲有力，在绵竹享有"北派宗师"的盛名。地震时他在五福乡的老宅子被震垮了，现在让儿子接到湖南避灾，人是肯定没事的，灾后一准回来。另一位是南派大师陈兴才，年岁更长些，人近九十，身体却很硬朗。我见到老人便问："怕吗？"他很精神地一挺腰板说："怕什么，不怕。"大家笑了。他的画风儒雅醇厚，色彩秀丽，多画小幅，鲜活喜人。这几年，当地重视民间艺术，老人搬进一座新建的四合院。青瓦红柱，油漆彩画，当然都是自家画的。房子很结实，陈氏一家现在还住在房内。北房左间是陈兴才的画室；右间里儿子陈云禄正在印画；东厢房也是作画的作坊，陈兴才的孙子和邻家的女孩子都在紧张地施彩设色。这些天，全国各地来救灾或采访的，离开绵竹时都要带上两三幅年画作为纪念，需求量很大，在绵竹市大街上还有人支设帐篷卖年画呢。绵竹年画反变得更有名气。

如今陈家已是四世同堂。两岁的重孙儿在画坊里跑来跑去，时不时也去伸手抓画案上的毛笔，他将来也一定是绵竹年画的传人吧。

我说："只要历史遗存还在——艺术的根还在，杰出的艺人和传人还在——传承在继续，绵竹年画的未来应该没有问题。"

民间艺术生在民间。民间是民间文化生命的土地。只要大地不灭，艺术生命一定会顽强地复兴的。

在受灾最重的汉旺镇那几条被完全倾覆的大街上考察时，我端着相机不断把发现的细节摄入镜头。比如挂在树顶上的裤子，死角中一辆侥幸完好的汽车，齐刷刷被什么利器切断的一双运动鞋，带血的布娃娃，一盘被砸碎的《结婚进行曲》的录音磁带和被纠结在一团钢筋中大红色的胸罩，时间正好定格在下午两点二十八分的挂钟……忽然我看到从废墟一堆沉重又粗硬的建筑碎块中钻出来一根枝条，上边新生出许多新叶新芽，新芽方吐之时隐隐发红，好似带血，渐而变绿，生意盈盈，继之油亮光鲜，茁壮和旺盛起来。它忽地唤起我刚刚在射箭台村陈家画坊中的那种感受，心中激情随之涌起，不自禁一按快门，"咔嚓"一声，记录下这一倔强而动人的生命景象。

二〇〇八年六月二十八日

保定二古村探访记

马年阳春，我编写好《中国传统村落立档调查田野手册》，赶在付印之前奔赴保定一带，打算走两三古村。在村落这一遗存的活体中，体验一下《手册》是否得用，还有哪方面欠缺。这些年做田野工作时懂得了，任何自以为高明的学问与丰富的经验，在千姿万态的现实面前总会露出贫乏，我们有必要去生活中检验自己的工作的实效性。

保定这片燕赵的腹地，每个古村都是一本厚重的书。但过去这些书大都是"无字书"，也很少人去阅读它。这次要寻访的两个村子，一是清苑县的大汲店村，一是位于易县西陵的"守陵人的村子"——忠义村。没料到这一次走访，还真是大有所获呢。

大汲店村

大汲店在保定西南。未进村子，未见房舍，只是一片曲折又自然的水湾、河汊、闲舟、堤坡上横斜的垂柳，已感受到一种田园般的深幽。据说这条名为白草沟的河道自商周起就一直联通四方，更曾一度北抵天津。古时河道交通和运输的意义，堪比今天的高速公路。它带给大汲店人一段值得骄傲的悠久又繁华的历史。后来，由于各种变迁，河运已经不通，但村中一些老街犹存。本村一位善画的村民，曾用类似《清明上河图》手卷的形式，凭着村民的集体记忆，细致地描绘出昔日各种舟车往来，贸易兴旺，各色商铺沿街并立的景象。当时还对传说中的一家名为"北铺"的店铺做何营计众说不一；后来一位老人出来破解，他说当地口音中"北"与"笔"同音，这个"北铺"其实是一家笔铺。一个村子里居然有专门卖笔的店面，可知其文化底蕴非同小可。

大汲店曾经寺庙很多。在古代，寺庙是人们安慰自我心灵、追求生活圆满与安稳的精神场所。村民喜欢吹拉弹唱，亦文亦武，民俗文化也很丰富。从如今依然矗立村中的高大砖木戏台，可见昔日文化生活之有声有色。我发现这座戏台和一座小小的观音堂都被细心地整修得很好。

村里的老书记在这个岗位上已经干了三十多年。他兴致勃勃带领我去看村中一处处历史遗址、老树、古碑等，这些珍贵的遗存被他们当作本村的"传家宝"保护着、爱惜着。还有一些年轻人正在自发整理大汲店村的历史文化。记得前几年一位日本学者对我说，他们的一些从村里去到城市读书上学的年轻人，假期回家主动帮助自己的故乡整理村史和文化遗产，并设法印成图书或文字资料。我听了很羡慕，而如今我们的年轻人也这样做了。当地人送给我一本打印的《大汲店村俗志》，里边包括本村的姓氏、习俗、节日、民艺、民风、服饰和大量的民间文学，都是从民间搜集和调查到的。厚厚的一册拿在手中，心中深受感动。我们的年轻人已经开始拿自己的文化当回事了。

老百姓的文化自觉才是最重要的、最根本的。

更使我眼睛一亮的是一座简朴的小院落——村民中心，两间小屋子展示着本村的历史与文化，一间干干净净的农家书屋藏书近万册；还有一个宽敞的房间四壁悬挂着花花绿绿的书画，这是喜好翰墨丹青的村民抒发情致的地方。看来这个古村的文脉没有断绝。它的根是活着的；对于所有生命来说：根系都比花朵更重要。

我在小展室里看到一幅刻剪纸，刀法清劲又精到，一打听才知是本村农民的作品。约来一见，一位四十多岁的"大棚菜农"，名叫刘志近。他的剪纸技艺来自奶奶的传授。奶奶高龄，活到一百零二岁时辞世；她生前擅长剪纸，每逢节庆便剪许多，分送亲朋和邻居去美化居舍，从不以此卖钱。刘志近从小受奶奶影响，痴迷于剪纸，曾多次自费去蔚县学习。农忙干活，农闲剪纸，剪了送人，也不卖钱。依然是乡村艺人的老传统，自娱自乐，或与人共享，这便是民间文化的原生态。

站在大汲店村的街心四下看看，这个经历了各种变迁的古村，物质遗存确实不多了，古老的面貌已不完整；但骨架犹存，环境依旧，尤其村落的精神传统仍在，元气犹然，人们热爱自己的家园及生活方式，愿意在这里和谐相处，生活得平静和踏实。他们对我骄傲地说，村中从未发生过丑恶的事情。他们为自己的家园自豪。

我们过去总把那种看上去古色古香、可观赏、可供旅游的村落视为传统村落（古村落），但保护传统村落，不是为了旅游者，而是为了世世代代住在那里的人，为了那里一种根性的文明的传承。单从物质遗存的层面上看，大汲店村可能够不上国家的传统村落的标准，但这一类的美好和文明的传统村落如何传承下去——这个问题已经进入我的思考。

忠义村

一个清代守护皇陵人的村落，随着清西陵于二〇〇〇年列入世界文化遗产引来的旅游热，渐被人知。

早在乾隆初年，选址在永宁山下这片丰饶的风水宝地来建造皇帝的陵寝时，就由北京内务府派来一批官差着手操办这一旷日持久的巨大工程。官差们都要携眷在这里定居，这个忠义村的前身便是当年办事营房，当时称作"泰妃园寝内务府"。因此，它的构造与其他天生的村落都不相同了。

村子周围是一道城墙式的围墙，砌墙的青砖都是乾隆年的老砖，不少砖上全有砖窑的戳记。由于最早来到这里的官差人多为满族正黄、镶黄、正白"上三旗"，村内的街道象征性地规划为"上"字形。更有意味的是围墙只有两个出入大门，一朝南，一朝东。东门是正门，面向东边的皇陵。最早的房屋被称为"大东房"。北京的四合院坐北朝南，这里的"大东房"则一律坐西朝东，表示对安寝在皇陵中的帝王们的朝拜之意。这样的建筑形制天下唯一。

忠义村的历史丰富又独特。有的在史书中可以查到，有的流传在民间的口头中。在乾隆年间，这里发生一桩贪腐案件。由于官商勾结，侵吞银两，偷工减料，致使工期拖延，构造粗陋。大学士刘墉奉旨亲自到这里办案。此案牵涉到高官巨贾近百人，刘墉办事雷厉风行。革职、发配、处斩均严惩不贷；事后打制三道铜铡置于东班房，分别为龙头铡虎头铡狗头铡。龙头铡铡龙子龙孙，虎头铡铡文武大臣，狗头铡铡恶豪劣绅，以此警示世人。现在忠义村中还传为美谈。

最早住进忠义村的总共二十户人家，经过二百多年的繁衍，如今已一百一十户，四百余人。最初人们的主要是守陵，兼亦种地，自给自足。然而经过清代王朝的衰败与灭亡，忠义村人守陵的职能早已不复存在，村落文化出现中断。忠义村最早是个满族村，随着满汉开始通婚与逐渐的民族认同，忠义村原有的文化个性随之消解。人们看不到自己特有的历史文化的价值。它渐渐成为一个隐没在山野间寂寞的小村了。

使忠义村出现重大转折的是本世纪初清西陵成为世界文化遗产。一下子，这个村子与清西陵密切相关的历史和满族文化都成为旅游的亮点，给他们带来致富的机遇。很快，二〇〇二年忠义村就进入以旅游效益为目标的全面开发热潮。人们原先熟视无睹的民族民俗生活方式——民俗、民艺、烹饪——全成为旅游开发的资源。人们惊奇地发现自己说话的口音居然还是二百多年前的祖先从皇城带来的北京腔。

然而，对于历史遗存在没有科学认识之前就急匆匆地开发，是致命的破坏。许许多多的"原生态"被扫出村子，代之以清一色的仿古新建筑。而原先最具个性的建筑——坐西朝东的大东屋改做了坐北朝南的新屋新房，东南村口两对带乳钉的沉重的老门及其高门槛被视作妨碍旅游的不合用的旧物而拆掉，换成了仿古的红漆宫门。如今村中一间历史民居也见不到，刘墉办案那座老宅子也无迹可寻——那三道铜铡早在"文革"时就不见了；在街上唯一能见到的"历史见证"，只有孤零零一个石质的井口和一个石碾，显然是陈列给旅客看的。至于已经列入国家非遗的民间舞蹈《摆字龙灯》，已成了单纯的旅游表演。

为经济"搭台"的文化常常受制于经济，同时失去自身的价值与意义，最终会找不到自己。村支书反复说着一句带着苦味的反思："发展太快了不一定全是好事。"

当今被粗鄙化的旅游开发改造得面目已非的村落已经有很多，它们是否还应该进入国家保护之列？列入之后如何保护与发展？每一村落都是个案，这恐怕是我们今后工作中的难点。

　　现在，首先要做的是在《手册》中，要求调查者把村落的现状调查清楚，准确地表述出来，也就是把问题提出来。只有提出问题，才好去想解决的良策。

二〇一四年五月十九日

太行山的老村子

那年在开封办完事，决定去到山西的长治平顺一带考察古村落。由开封到晋中有几条路可选择，我决定取道豫北的新乡，穿越太行山，顺路看看山里边的老村子。早就听摄影家和画家告诉我，山中有许多古村其美如画。

然而，当我们驱车在那些重重叠叠的雄山险谷中蜿蜒穿行时，一路上所看到的山村给我的震撼却不是美，而是一种死寂般的苍凉。这些大大小小的山村或隐身于林木茂盛的山坳，或依傍于溪谷，或伫立在一块巨大的石崖上，看上去像宋人绘画里的景象，可是现在全都空空如也，绝无人烟，有如鸟雀飞去后丢下的空巢，黑糊糊、轻飘飘挂在树顶上，狂风一来，即可散落破碎。我在一两处空村前停车下去，看到屋里屋外扔着石碾、轧刀、锄头、瓦缸、破木凳木桌……晾衣绳还拴在树上，老门栓扔在地上，陶瓶土罐堆在窗台上，碎石头堆砌的小神龛立在绝壁前，甚至还有一尊石刻的土地爷发呆地坐在里边。无疑，这里的人们离开了他们祖祖辈辈、靠山吃饭、艰辛生存的地方，欢欢喜喜寻找新生活去了。那么这些"空巢"呢？没人顾得上。据说只是在夏秋之交，会有零星的摄影家开着吉普，带点吃的用的上来，在这空无一人的山村里找间屋子住几天，晚上睡，白天去拍照，待过足了拍摄瘾，扔下村子开车走了。这次太行之行，令我百感交集；既有为山里人跑出去奔往新生活的欣然，也有一种历史被遗弃、冷落的带来的伤感。

此次来到邢台的沙河开全国传统村落立档调查工作会议，听说这里也属太行山区，老村子也不少，有一些还保存得相当不错，当地的人居然有心气儿想把自己的村子保护起来。这便勾起我数年前太行山之行的那些感触，寻

在王硇村一座民居的石墙前。

得时间，一连看了好几个村子。

没想到沙河这里的老村子竟很特别！它与我上次在山西那边看到的山村虽然同属太行，都是依山就势、就地取材，都是石板路石头房子；但沙河这边的民居有一种燕赵之地特有的豪迈和刚健，在三晋那边看不到。所有民居的墙体都是从山岩凿下的发红而粗粝的石块砌成的，石头的体积大似斗；所有的屋顶都是从叠层的山岩取下的巨大而光滑的石板铺成的，石板的面积宽如床。更难得的是这里独特的历史给村庄带来方方面面的奇异"特色"。

传说王硇村的创建者是一位王姓的四川人，五品武官，押运一批皇纲进京，途经这片几省交界、匪盗纵横之地，遭了劫，自家性命难保，便隐居山里生存繁衍，渐渐成了一个村子。因此，这个村子在建造上有很强的防御性。不仅每个道口都有一座可以瞭望的碉楼，家家户户还有暗道和地道相连。我爬到一处较高的民居屋顶上一看，层层叠叠，俨然一座坚固无比的石头山寨。而它最具神秘色彩的是每个院落的东南角都向内退进去一块地方，当地人称"有钱难买东南缺"，据说由于他们的祖先在四川，东南方向正对着自己的家乡，他们以此表示怀祖与乡愁；彰显着本村一个独有的传统：对根的依恋。一个村子有这样的传统，人情事态自然独异于他乡。

与村人聊得知，近十多年中，沙河这些老村子的年轻人也多外出打工，村民老龄化严重。但最近两三年悄悄有了变化，人们开始重视自己村子的历史及其遗产；那些在老人记忆中原以为是"陈谷子烂芝麻"的旧事，都成了可以获得许多"新发现"的有价值的矿藏。从抗战到解放战争这里一直是"革命老区"。由于这些村庄身处山地，隐蔽性强，加上自身构造的防御性，许多大人物如朱德、邓小平、刘伯承等都住过这里。这两年，人们把这些经历非凡的老院子老房子——县政府、独立营、交通站、抗日小学都收拾出来；人们还从自己家里翻腾出当年邓小平和刘伯承署名的立功牌匾，以及战时出入这些村子的路条，纷纷拿到一间小小的具有博物馆雏形的展室陈列出来。除了这些珍贵的"红色物件"，还有老农具和老家什。虽然这里还没有正式进行旅游推广，但到假日和周末陆续已有游客慕名而来；在一两个院落里，已经有农家妇女做纺线织布的演示。传统生活的一幕被他们活生生地保持下来了。他们哪来的这样的意识？别以为今天的农民还是封闭的。他们天天看电视，还出去旅游，手机上网，对天下的事知道得愈来愈多；王硇村的老村长王现增说村里曾经组织几十个青年人到皖南的宏村、西递开阔眼光，学习经验。你与他们聊天时会发现，他们都知道"古村落"这个词儿了。你说他们村是古村落，他们就会高兴。

我问他们将来是不是也想搞旅游。他们都说"想"。他们已经懂得自己独特的历史与民俗是一种"天赐"的旅游资源；旅游对文化的正面效应是使当地的人们认识到历史文化的价值是什么，在哪里，从而有利于文化的保护与传承。他们向我征询开展旅游时要注意什么。我给他们的建议很简单。一要干净卫生；二要全是真的，千万别造假；三是不要总想做大做强，别透支历史文化。村子还得是人们安居乐业的地方，是家园，不是景点。不能一切围着旅游转。一旦开展旅游，这个尺度可得"拿捏"好。

我对沙河这些村子还是很放心的。因为他们很爱自己的村子，有的村子已经编写和出版了自己的村史。十年前全国也没有多少村子有村史呀，但今天的沙河人已经开始整理自己的历史和文化的财富了。在大坪村，村民们引着我去看他们的一座石头房子，这房子是借着一块巨大的岩石势头垒起来的，石屋与山岩浑然一体，坚实无比，显示他们先人的智慧。我拉着他们在这石屋前合影时，扭脸看着他们咧着嘴得意又自豪的笑，心想这笑里边不是已有了一种"文化的自觉"了吗？老百姓的文化自觉才是村落保护最可靠和最根本的保证呵。

如果这种村民的自觉来得再早一些多好呢，上次在太行山里看到那些村子就不会全成了空巢。可是现在的"自觉"也不能说晚，我们还有不少优美和醇厚的古村正期待着他们主人的这种自觉呢。

二○一五年六月十九日

永远的乌钦

一个拥有英雄史诗的民族分外令人景仰。这个话题，在世界范围可以使人联想到希腊与罗马的神话传说；在中华民族则马上会使我们骄傲地想到藏族的《格萨尔传》、蒙古族的《江格尔传》、柯尔克孜族的《玛纳斯传》、赫哲族的《伊玛堪》。英雄史诗浓缩着一个民族的历史精神与文化精华，是一个民族有声有色的灵魂。在这层意义上，在工业文明正在结束农耕文明的今天，当达斡尔族的一部民间英雄史诗又被整理出来，并印制出版，我们十分欣喜，并视作珍宝。

在辽阔和丰饶的嫩江流域，沿江两岸那些达斡尔人聚居的村落中，每逢节日，民间艺人都会一边弹奏四弦琴，一边眉飞色舞说唱着那种古老、浑厚又优美的"乌钦"。乌钦是达斡尔人喜闻乐见的传统说唱艺术，也是传承民族精神理念与民间习俗规范的一种文化形式。乌钦的历史由来已久。但自本世纪二三十年代，有一个长篇的乌钦开始盛传开来。它叫作"少郎岱夫鸟巴西戈勒"（音），也就是少郎岱夫起义造反的故事。

《少郎与岱夫》所演唱的是二十世纪初（一九一七至一九一九年），达斡尔族一场英雄豪杰式的起义。在少郎与岱夫这两位起义者的领袖纵横江野，行侠仗义，除暴安良之时，嫩江流域就已经流传着许多关于他们的神奇的故事。当这两位英雄最终失败牺牲，他们的传奇便进入众口传诵的乌钦之中。老百姓总是用自己的情感与想象来再造自己心目中的英雄。于是少郎与岱夫说唱中大放异彩。

达斡尔族人口仅有三万。但这个民族十分优秀。虽然他们亦牧亦猎，却很早就进入农耕。他们骁勇善战，性格倔强不阿；除此之外他们颇富智慧，他们口头的谚语丰富得可以编一本小辞典。一个人口少而历史长的民族，一定有着非常独特又深厚的文化。于是，达斡尔人口头创作的这部《少郎与岱夫》，便有着很高的艺术性。从少郎与岱夫的鲜明又复杂性格的刻画，到景物的描写，再到故事情节有节奏的展开与环环相扣的设置，都具有长篇史诗的那种博大气象。在表述故事的过程中，他们不断地变幻叙事与抒情，加上比喻、排比、夸张、拟人等多种手法的运用，使得事件与人物都极富表现力，形象强烈，感人至深。《少郎与岱夫》是一部大型悲壮的史诗，有时会一连演唱数日。据说听者会时而激昂难抑，时而兴奋喊叫，时而悲泣有声。

《少郎与岱夫》是达斡尔人乌钦的经典。可以说，达斡尔人把他们的历史多磨的经历，民族鲜明的性格，率真的情感，处世为人崇高的准则以及非凡的才气，全放在这一乌钦中了。

一切民间文化都是自生自灭的。尤其是达斡尔族，他们有自己的语言却没有自己的文字。他们的口头文化——包括乌钦，很容易不知不觉地失散乃至化为乌有。

幸亏黑龙江齐齐哈尔有一些极具眼光的民间文化学者。他们慧眼识珠，很早就认识到达斡尔族这一珍罕而无形的文化财富。他们于一九六二年开始了抢救性的收集工作，通过翻译用汉字把它记录下来。此后，虽经"文革"劫难而暂停，"文革"一过，工作随即启动。早早于一九八〇年就组成了"少郎与岱夫"的抢救小组，成员包括达斡族、满族和汉族凡十五人。应该说，现在摆在我们面前这部达斡尔族的史诗是多民族心血的结晶。

抢救小组的工作极其艰巨。自八十年代初期至世纪末，收集整理的工作竟然经历了二十年！他们跑遍嫩江平原所有达斡尔人聚居的村落，采访数百名民间艺人、歌手、故事员以及普通百姓。由于民间说唱很自由，常常由艺人们即兴添加与修改。《少郎与岱夫》流传的版本十分丰富，单是抢救小组整理出的原稿就有两万多行，四十多万字。而且，把一种民族语言转化为另一种民族文字又非易事。在整理过程中，既要保持原始说唱时口语的神采与味道，又要具备记录文本的欣赏价值，这些都向抢救小组提出有力的挑战。但是，高水准的多民族的民间文化抢救小组把这一切障碍都跨越过去了。当我们翻开这部用汉字记录的达斡尔族的英雄史诗时，便会立即进入八十年前达斡尔族那段可歌可泣的英雄历史，进入伴随着四弦琴那种四句一段的优美又纯朴的乌钦境界，同时还进入一种风情独异、清新刚健的民间文本中。据说有人把这汉字文本翻译回去，请达斡尔族的民间歌手来演唱，歌手们一开口马上就能流畅地演唱起来。

此时我想，如果没有这样一部用文字整理出来的《少郎与岱夫》，口头的流传能够坚持多久？无疑，它最终一定要泯灭的。因而，我们强烈地感受到，对于民间文化来说，抢救就是一种建设。

我们要深深感谢黑龙江齐齐哈尔的多民族民间文化工作者，当然也要感谢那些才情并茂的达斡尔族的民间艺人。当这部书闪光地出版之时，它鲜明地显示出两种意义：一是这一艰巨的民间抢救已成为一个文化硕果；一是达斡尔人这个关于他们心目中英雄的传唱，将成为一段永远而迷人的乌钦。

二〇〇一年十二月一日

晋中双宝

当历史的巨人走过大地，它留下最大的遗物就是民居。古代民居以三种形式遗存于世，中外皆是如此。一种是成片的街区，一种是整体的古村落，另一种是单体的豪宅与庄园。历史街区多在城市，古老的宅院大多如遗珠一般散落在僻远的乡间。

我国各地都有民间的豪宅。称其冠者，乃是晋商。而晋商宅院中杰出的典范，便是晋中地区灵石的王家大院和榆次的常家庄园。这两处宅院虽然都是占地一二百亩，屋宇一两千间，若说制造之精美，要属王家大院；要论气势之宏阔，当推常家庄园。

晋商乃是中国封建经济鼎盛时期的风云人物。明清时代虽有十大商帮，然晋商风格别具。他们头脑灵活，审时度势，学养都好，视野开阔，行商上很有远见大略。而且他们天性勤俭，善于积累。一生只身闯荡在外，赚得的银子却最终拿回家乡，修屋盖房，植树栽花，精雕细刻，用尽心血，造出一座座如花似锦、仪态万方的豪宅。他们不单是叶落归根，颐养天年；更为了营造一片人间乐土，一个家庭化的理想王国，完成自己人生终极的愿望。晋商竟是这样富于人生信念的！所以，这些晋商的老宅不仅是建筑史的奇迹，也是人文史的一个奇迹。它们不只是向我们炫耀足可敌国之富，更是执意地展示传统的中国人独特而美好的生活向往与理念！

如今我们信步穿行在王家一道道错落有致的庭院，或徜徉于常家那条大街，首先感到惊异的是它们规划严格，井然有序，层次清晰，界定分明。这些界限有形地呈现出古老家族中的规则与秩序。如果依照这些规例的路线在房子里走一走，便会生动地感知到昔日生活中的节律、庄重与尊严。

然而，在这确定不移的建筑规制里，却又是千变万化和充满想象的。建筑在古代不仅是功能空间，更是精神空间。人在其中所需求的种种心理的感受，比如疏朗或幽秘，流畅或迂回，宏大或小巧，从容或险峻，一切一切，尽在其中。如此运用空间的创造来满足人丰富的心理要求，唯晋商这等宅院才有。

倘若定睛注目，便是无所不在的雕刻艺术。晋中这两大名宅——王家大院和常家庄园，称得上一座国家级的建筑雕塑博物馆。所有门楼、照壁、房脊、檐口、墙壁、柱础，几乎无处不雕；各类石雕、木雕、砖雕、灰雕，可谓无雕不精。有时一件雕刻，镂空雕、透雕、高浮雕、浅浮雕，线刻兼而用之，玲珑剔透，高悬屋角，令人惊叹不已！晋地的雕刻似与北魏灭凉时大批河西走廊的雕刻石窟的工匠东迁至此有关。风格上具有北方的浑厚大气，同时由于晋商对这些豪宅精益求精的要求，促使雕工们又去兼容了南方的精巧与细腻。于是这晋地独有的雕刻艺术，自然可以称雄于北国。

但是这些雕刻更深刻的价值是其中的内容。雕刻的题材，一方面是民间熟悉的神话传说和戏剧故事，一方面是民间广泛使用的谐音图像。这些寓意着企望富贵、健康、好运、平安的形象，全都化作优美与精致的雕刻，在宅院的里里外外，密密实实地布满了所有空间。此外还有大量的千姿百态的楹联、抱柱联、匾额和文字性的砖墙木窗，等等，从内容上看，全是治家格言、圣贤名言和好诗与美文；从形式上看，书法美、文字美、绘画美、诗词美、雕刻美又融为一体。如此巨大的密集的文化信息都被浓缩到晋商们的宅院中了！因而构成了一种强烈的文化氛围，一派儒雅的气息，一个浓郁、浑厚、具有教化意味的精神世界。它形象地体现着中国人独有的哲学、人生、伦理、道德与审美的追求，同时又是家庭化、生活化与亲近化的。在这里，一切都是可以去触摸的；人就生活在其中。它既把生活理想化，又把理想生活化。世界上任何地方也见不到这样的民居——这样的民居文化与文化民居！这晋中双宝也是中华文明之宝。

今天，我们能够拥有这一文化瑰宝，应该感谢此地的百姓与领导者，特别是耿彦波和他的工作班子。近百年来，随着晋商的衰落，三晋一带极负盛名的众多宅院渐渐荒芜与倾圮，有的已然荡然无存。然而住在王家大院与常家庄园里的百姓们，却很文明，他们知道先人的遗物不能毁坏。这是晋中一带地面文物保存较好的人文基础。然而即便这样，因自然的破损和年久失修，到了二十世纪八十年代，这两座历尽沧桑的大宅院都已经湮没在数百户居民柴米油盐的生活里。幸好有一位耿彦波，在他先后担任灵石县县委书记和榆次市委书记时，慧眼识出它们的历史价值，也看到它们的未来价值——这正是它们的文化价值。故此，对这两座宏大的古宅下大力气先后进行整治。他以对待文物的态度与方式来精心整修这两大民居，使得古物重光，再放异彩。我常常想：倘若换一种人，换一种态度，将两大残败的老宅改造成一片矗立的高楼，我们将失去的是什么？仅仅是这晋中双宝的本身吗？

何况，当今神州各地都有一些民居，亦精亦美，风格各异，而且也像这晋中双宝被整治之前那样，伤痕累累地披着厚厚历史的尘埃。它们的命运怎样？只有等待着开发商的推土机吗？我们可是从来没有任何修复古老民居的意识与经验的！

于是，这套画集除去展示晋中双宝的无尽的风姿之外，同时为各地保护和修缮古老民居提供一种范本，一种新的着眼于未来的价值观，一些具有创造性的可操作的方法，以及若干必须遵循的准则。我想，这一定也是敬业于文化遗产保护的西苑出版社着力推出此书的本意。如果我们各地都是这样珍惜先人留下的遗存，文化幸甚，后人幸甚矣！

且为序。

二〇〇二年八月二十五日

《普查手册》序

　　壬年初春，我国一些重要的民间文化学者，聚首京都，研讨与论证中国民协即将启动的"中国民间文化遗产抢救工程"。

　　在现代化和全球化时代，各民族的本土文化受到冲击是世界性问题。而对于我们这样一个突然对外开放的国家，冲击就显得尤为强烈。但是，本土的民间文化是一个民族精神情感的载体，民族特征的直接表现，民族的凝聚力之所在。故而，在经济全球化时代，文化上的走向是全球本土化，民间文化无论在本民族文化中的位置，还是在当代世界的位置都愈来愈重要。但在

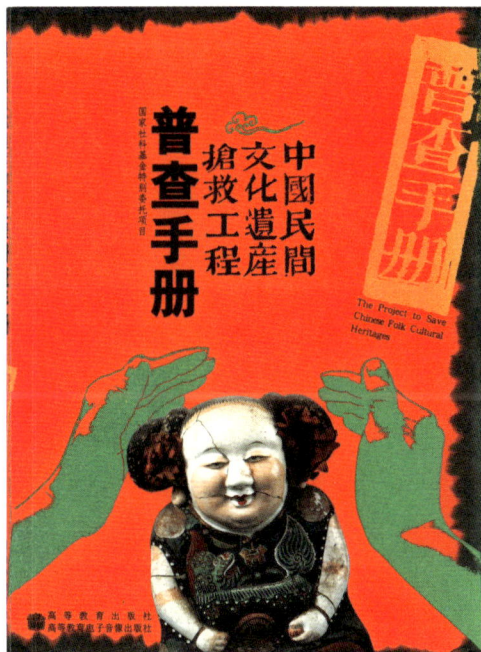

《中国民间文化遗产抢救工程普查手册》，二〇〇三年高等教育出版社出版。

我国，民间文化还没有受到足够的重视。随着现代化、工业化、城市化、商品化、旅游化，我们大量优秀而珍贵的民间文化正在急速地涣散与消亡。

另一方面，民间文化的存在特点，是自生自灭。由于我们在历史上对自己的民间文化从未做过系统的盘点，民间文化如遗金散珠，逝水流花，存失不知，心中无数。因之这双重的危难就落在我们这一代文化人的身上。

中国民间文艺家协会把抢救民间文化视为己任，视为当代民间文化工作者的首要任务，视为不能拒绝的历史使命，计划开展中国历史上首次的民间文化大普查，抢救与整理我们这一伟大的文化财富与文化传统。于是，邀集部分学者，对这一巨型的文化工程进行研讨、论证与构想。

会议中，学者们表现出广阔的文化视野，深邃的思辨和高度的文化责任感。通过研讨，这次会议应该被看做中国民间文化事业进入二十一世纪的里程碑式的新起点。一场显示着当代知识界对自己文化整体关怀的空前的文化盛举即将开始。

为了记录这一历史性的足迹，故将会议论文与讲话，整理成集，同时将会议期间学者们激情签名的"抢救中国民间文化遗产呼吁书"，以及中国民协草拟的《中国民间文化遗产抢救工程计划大纲》等文件收入集中，以使本书更具文献性。西苑出版社以奉献性的工作，努力使这些重要材料成书问世。应该说，文化上的卓识与道义感，充满字里行间。写到此处，感动不已，就此住笔，余者则留给同行与读者去体会吧。是为序。

二〇〇二年五月九日

蔚县窗花的文化大典

中国是个剪纸的大国，各地剪纸，异彩纷呈。其中河北省蔚县的彩色窗花独树一帜，分外抢眼。而如今，它不仅仅是民俗生活的饰物，并早已成为国人亲朋好友之间相互寄托美好情谊，乃至馈赠国外宾客的上佳礼品。应该说，蔚县的窗花已经成为中华民族一种美丽的象征性的符号。

它之所以被大众认可为一种象征，一方面由于它具有中国民间文化所有的特点：质朴、率真、热情和浓烈的生活情感。它饱满的构图、丰富的题材、深切的寓意，以及农人们的心灵手巧，都是中国民间艺术的典型特征。

另一方面，它又鲜明地体现着一种地域个性，一种燕赵故土的阳刚气息，一种北国大地特有的朴拙又敦厚的乡土精神。特别是它从武强年画吸收来的点彩手法，使其窗花别具绘画的性质，这是其他地方的剪纸所没有的。

共性使它可以代表整个中国民间艺术，个性又使它无可替代。

于是，蔚县窗花从一种地域文化的象征，渐渐转化为华夏民族的民间标志。

每当我们把这种又轻又薄、花花绿绿、淳朴可爱的剪纸放在手掌上，总会感到它背后有一种神秘乃至神奇的东西。那种巧妙而洗练的阴刻，那种斑驳又华美的色彩，那些栩栩如生的人情物态，究竟出自谁人的刀剪与彩笔？究竟是怎样一块神奇的土地能够产生如此灵透的文化土产？

记得 20 世纪 60 年代，听说过蔚县有位剪纸艺人名叫王老赏，但不知他是时人还是先人，我还买过他的一套画片。他制作的窗花真如磁石一般，定睛一看，就会被牢牢吸住。他的笔法十分传神，他的刀工极其精妙；他又将这刀与笔魔术般地交织一起，简直说不清到底是图画的剪纸，还是镂空的年画？反正，从技术上说，只有采用"阴刻"手法，纸的整体性才更强，也更易于绘制。蔚县的艺人多么聪明和高明，多么善于从姐妹艺术吸收营养，发展自己和创造自己。从那时我就向往着去到蔚县，拜访这些才高艺湛的王老赏们，并看一看那块土地缘何而来这样的魅力与魔法？虽然至今也未能成行，但心中的愿望未泯。

然而——今天，我们手中的这部书了却了我的心愿。

这是一部在著作与编辑思想都十分独特的书。它不像过去常见的某某民间艺术介绍性的书籍，更不是一部作品的图片集锦。它独出心裁地从蔚县的自然地貌、历史遗存、人文环境、民俗生活，一步步进入了这种农家自娱自乐的窗花艺术。民间艺术大都来自于民俗生活。民俗生活又产生于特定的自然环境与历史环境。本书的作者正是从人类文化学入手，便一下子打开蔚县文化的宝库，径直进入了这种民间文化的本质；也使我们穿过神奇和缤纷的外表，清晰地看到了它文化的脉络。

同时，作者对蔚县窗花的源流衍变、工艺流程、题材内容、工具材料、技术特点以及独有的使用方式，都做了明晰而详尽、有章有法的叙述。我真的被作者学术精神所感动，我知道这里边包含着多么巨大的劳动！

本书作者是田永翔和刘建军先生。从书中田永翔先生一篇自述性的文章里，我得知他对蔚县窗花所做的长达半个世纪的艰辛的考察、搜集与研究。他几乎把蔚县剪纸当做自己一生的研究对象，倾尽了心血。他们占有的材料无人能够企及，他对这一独特的民间艺术之精通达到了一种极致。故而，他们整理出这样一份十分厚重的文化财富。

尤其是在当前，应该被我们格外地重视——

今天，农耕社会正在向着工业社会转型。在此关头，一方面是日见衰微和消解的民间文化急待抢救；一方面是自生自灭的民间文化亟须记录和整理。

而蔚县窗花是幸运的！因为有田永翔、刘建军等这样一些民间文化的专家。他们把田野作为书斋，注重实地调查，而且从大量、翔实、第一手的材料进入研究。这种调查和研究是充满鲜活的生命气息和活力的，也充满发现性和崭新而独到的见识。对于口传性质的民间文化来说，意义更为重大。经过这样的整理，无论对于文化遗产保护，还是发展与弘扬，都提供了一种坚实而可靠的基础。我想，如果我们各地的民间文化和民间艺术都有这样的有心人——那会有多么美好！

故而这本书对于蔚县窗花是一种深层次的全貌，对于当前已然启动的民间文化的抢救与研究工作则是一种高水准的范本。

我对本书的出版感到高兴并表示祝贺。

且为序。

二〇〇二年十二月四日

当代知识分子的文化良心录
——阮仪三《护城纪实》序

如果你对现代化狂潮中正在毁灭的城市文化遗产感到忧虑、焦急和愤懑，却又无奈，那就请打开阮仪三教授这本书吧！你会在峥嵘的云隙里看到一道夺目的光明，或者感受到一阵浇开心头块垒的痛快的疾雨。

此刻，我在维也纳。我接受朋友的建议，刚刚跑一趟捷克回来。捷克令人欢欣鼓舞。布拉格的确如歌德所说是"欧洲最美丽的城市"之一。整个城市像一座人文图书馆和历史画册。走在那条著名的石块铺成的、年深日久、坑坑洼洼的皇帝路上，我忽然想到，在上世纪九十年代的巨变之后，从俄罗斯到东欧诸国都进入了经济开放与开发的时代，但是他们并没有急于改天换地，没有推倒老屋和铲去古街，没有吵着喊着"让城市亮起来"；相反，他们精心对待这些年久失修、几乎被忘却的历史遗存，一点点把它们从岁月的尘埃里整理出来。想到前两年在柏林，我参观过一个专事修复原东德地区历史街区的组织，名字叫"小心翼翼地修改城市"，单是这名字就包含着一种对历史文化遗产的无上的虔敬。于是，从圣彼得堡到柏林、华沙、布拉格和卡洛维发利，都已经重新焕发了历史文化的光彩，并成为当今世界与巴黎、伦敦、威尼斯一样重要的文化名城……在从布拉格回到维也纳的路上，我暗自神伤，彷徨不已，因为我想到了我们的城市，我们的古城正在迅速地变为新城！我的心情糟糕之极。但到了居所，一包书稿在等候我——就是这部《护城纪实》。我捧着书稿一口气读到结尾，心中的郁闷被它扫荡一空。

过去，我只知道阮仪三教授是保护平遥的英雄，是拯救江南六镇的"恩人"。从本书中得以知之他二十年来为守住中华各地风情各异的古城古镇和山川胜迹，所进行的一连串非凡的"战斗"。并且知道，那么多历史遗存今日犹在，竟是他直接奋斗的结果；那么多历史遗存不幸消匿，也曾留下他竭力相争的痕迹。

在这本书中，阮仪三教授采用纯纪实的手法。他不从事文学，没有对每个事件的环境、人物、语言细致地描述。我们却能从中读出他的立场、性格、语气与心情，感受到他对民族文化遗产的挚爱与焦虑，他不妥协的精神，他奋争到底的作风，还有他的知识品格与人品，并为之感动！

我国真正现代意义的知识分子始于清末民初。自始，他们就表现出强烈的社会良心（一称社会责任感）。这社会良心自然包括文化良心。一九〇八年，一批史学界人士救火一般抢救敦煌藏经洞的遗书，便吹响了文化良心的号角。一百年来，他们为保卫优秀的中华文化倾尽全力，呕心沥血，而且薪火相传，直抵今日。从罗振玉、陈寅恪、马寅初、梁思成，到今天的阮仪三教授等人，他们一直信奉知识的真理性，坚守着知识的纯洁与贞操，并深信放弃知识就是抛弃良心。由于有这样的知识分子，衡量社会的是非才有一条客观的标准，文明传统才能延续不息，知识界才一直拥有一条骨气昂然的精神的脊梁。

而且，阮仪三教授不仅仅大声疾呼，更置身于具体的矛盾之中，以学识匡正谬误，以行动解决问题。我一向遵从"行动的知识分子"的概念，像他这样的知识分子就尤为可贵。

在当前城市文化保卫战中，实际上建筑界的知识分子一直站在最前沿。他们是城市规划和建筑设计的实施者，又是决策的参谋。城市的历史文化遗存也在他们的手中。故而，是趋炎附势而升官发财，还是坚持知识的良心，这是一个重要的选择。但选择是需要付出代价的。在本书中，他提到香港著名建筑师陈籍刚先生退出有害于福州历史街区"三坊七巷"的设计，很令人深思，给人以教益。故而，阮仪三在这本书中告诉给我们的远远超出图书本身。

阮仪三教授是我国著名的建筑师和规划师。本书既是他专业之外的一部著作，更是他专业之内一部罕见的作品。在书中，他着力表述自己对当代重大文化问题的思考与立场，以及为这些思想付出的一切。因此说，这是一部具有时代性和思想性的大作品，是当代中国知识分子的一部良心录。在功名利禄迷乱人心的今天，这部作品必有振聋发聩、唤醒良知的力量。

此书付梓在即，阮仪三教授寄来书稿，嘱我撰文助兴。我出于对他学识与人品的钦佩，欣然承命，并有感而发；思为笔，情为墨，且为序。

二〇〇三年六月十二日　维也纳

年画艺人的口头记忆

随着当代社会由农耕时代向工业时代过度,一个崭新的学科被人文学界所关注并快速升温,其学术充满活力和魅力。这个学科就是非物质文化遗产学。

然而,由于社会转型,遗产濒危,这学科一开始就面对着强大的时代性压力——抢救。即抢救大地上随处可见又日见凋敝的民间文化遗存。抢救最关键和最首要的工作是田野调查。田野调查对象的重中之重是非物质文化遗产的主要载体——活着的传承人。于是,广泛应用在人类学和社会学中的口述史方法,便顺理成章地被拿过来,成了非物质文化遗产田野调查最得力的必不可少的工具性的手段。

其缘故:

一、口述史面对的是活着的人,而非物质文化遗产的主角就是活着的传承人。

二、口述史是挖掘个人的记忆,而非物质文化遗产都保存在传承人代代相传的文化记忆中。

三、口述史的工作是将口述素材转化为文字性文本。当文化遗产只保存在传承人的记忆中时,是不确定的,不牢靠的;只有将这种"口头文化遗产"(即非物质文化遗产),转化为文字后,才可以永久保存。

所以说,口述史调查是非物质文化遗产最重要的抢救手段和保护方式。

因而,在始自二○○三年春天展开的中国民间文化遗产抢救工程中,口述史调查被我们广泛地采用。

中国木版年画的全面普查作为抢救工程最先启动的项目已进行六年。如

十四卷的《中国木版年画传承人口述史丛书》将各地杰出的年画传承人的"口头遗产"整理成书。

今，全国各年画产地的文化档案陆续完成。其中十六个产地已列入二〇〇六年和二〇〇八年公布的《国家非物质文化遗产名录》。一般认为，只要进入国家非遗名录，田野普查即已完成。

然而，产地的普查成果侧重于对传承人集体性的总结。但是，传承人的个人记忆还保存着大量的具有遗产价值的文化材料。于是，设立在天津大学冯骥才文学艺术研究院的中国木版年画研究基地决定承担这一延伸性的口述调查工作，项目确定为"中国木版年画传承人口述史"。此次口述调查的特点是：一、在每个年画产地选择一位至两位具有代表性的传承人，为调查对象；二、个人文本；三、依照抢救工程的统一标准，对传承人调查的内容包括：家庭年画史，个人从艺史，地域文化背景，个人擅长的题材与体裁，制作经验等；同时对传承人的个人小传、传承谱系、代表作目录、家藏古版目录，以及地方性的制作术语等进行文字整理，以求全面充分，不留死角。四、充分使用视觉人类学中的影像记录方式，使口述史调查之所获更加丰满和立体。对于这种活态文化的记录，影像手段则更为必要。

民间文化在世代相传中，每一代都有代表性的传承人，他们体现着这一文化形态的最高水准。也可以说，历史活态地保存在他们身上。他们的记忆是宝贵的文化矿藏。故而对这些传承人的口述调查，就是对这一遗产进一步地深入开掘。

此次口述史调查，在整理时分为两步。第一步是将录音转化为文字，保持现场问答的原貌，这些重要的原始资料都已存放在《中国木版年画数据库》中，妥善地加以保存。第二步将上述的问答（对话）材料转化为传承人的个人口述（第一人称）文本。然后配以珍贵照片，以图文形式每产地一人一集或两人一集陆续出版。

这一系口述史文本，将以忠于传承人的口述真实为工作原则，为每一个产地重要的传承人，建立一份完整的个人化的文化档案。文字的整理工作只是理清顺序与头绪，剪去与遗产本身无关的枝蔓，决不添加任何虚构的细节。同时，注重口述者个人的语言特点，保持口述的现场感及口述者的个性气质，以使文本具有传承人的生命性。

相信这是历史上首次中国木版年画各产地传承人的口述调查。它无论在民艺学、民俗学、美术学，还是人类学和文化遗产学方面，都具有标本的意义和文化研究的基础价值。

当然，只有当这次传承人口述史调查全部完成之后，我们才能说，我们这一代人对中国木版年画的历史性田野普查，便可告一段落。

是为序言。

二〇〇九年四月十日

我们的观念与方式

今天，与各位专家学者，共同研讨抢救和保护文化遗产的观念与方式。为了强调当代非遗保护的重点在田野第一线，因此我们把今天的会议主题称作"田野的经验"。

自二十世纪中期以来，"非物质文化遗产"这个概念渐渐进入了全人类的视野，被全人类重视。这在遗产学上具有一个非常重要的、里程碑式的意义。从对物质文化遗产的保护认识到对非物质文化遗产的保护，是人类遗产观上的一个伟大的进步。我常常想这样一个问题：如果我们现在还没有"非物质文化遗产"这个概念，没有"保护非物质文化遗产"的观念，那么半个世纪以来，在全球化、工业化、商品化、城市化飞速发展的时代，人类的非物质文化遗产至少要损失一半。所以，它的意义非常重大。

可是，非物质文化遗产不是在博物馆里面，不是在书本上，它是在生活里，是一个生命。它不见得是看得见摸得着的，但是它在你的血液里，并时时要以美轮美奂的、富于魅力的方式显现出来。所以说，非物质文化遗产是无所不在的，它在我们的生活里面，只拿分类学是解决不了非物质文化遗产存在的极其复杂的问题。它整体地、活态地存在着，并影响着我们的生活方式和思维方式，是我们生命里的非常重要的内容。我们的田野，实际上就是我们的生活。也许我们过去有一种误会，我们是城市人，认为田野就是农村。我们离开城市到农村去，才是去做非物质文化遗产的调查、抢救或保护。实际上，我们每个人身上和周围都有文化历史的积淀。我们在田野之中。当然，我们工作的田野远远不是个人生活其中的"田野"，是广阔的田野。世界上，那么多的国家和民族都有非常灿烂的文化遗产，都有独具特色的田野调查的经验，我们需要和他们交流。

在上世纪末，人类遭遇到了共同的重大问题，就是全球化、工业化、城市化。我们中华民族的田野上，五十六个民族的民间文化全面受到现代化的冲击，全面濒危。我们民间文化工作者认为，我们有一个责任——要去抢救和保护。但是，在几千年的农耕社会里形成的民间文化到底有多少种、有多少形态，我们并不清楚。我们必须把这个"家底"全部搞清。所以，从二〇〇二年底开始，正式启动了"中国民间文化遗产抢救工程"，要对九百六十万平方公里上的五十六个民族的所有的民间文化进行系统、全面、地毯式的普查。这个普查，实际上是一个大型的田野调查的工作。它不同于以前的专家个人化的调查，而是一个集体行为，面对的是全民族的文化遗产。它既要对过去文化的创造者负责，也要对未来文化的享受者负责。这是我们这代人文知识分子神圣的责任。就像传递火炬一样，我们要把前一代创造的文明之火接过来，完整地交给下一代。

中国民协开展的这项田野调查，有以下几个特点：一、集体性。二、多学科。既有民俗学、文化学、历史学、美术学、美学，也有人类学的方法和视角。三、多种方法。它不仅要用传统文字的、照相的方法，还要用声音和动态图像的方法。因此，我们在做任何项目和任何领域的调查之前，先要做一本《工作手册》。必须是统一标准、统一规格，出来的成果才是严格、科学和系统的。我们做的传承人普查、认定和命名，中国民间文学、中国木版年画集成、剪纸集成、彩塑集成、唐卡集成、服饰集成、民间美术普查集成，以及古村落及其民俗志调查等项目都有《工作手册》。因为，这个普查不只是我们专家做，还要动员当地人来做。只有当地人重视了他们的文化，文化才能保护下来。如果人们对自己的文化不重视，一旦专家离开，文化照样消亡。所以说，我们必须在当地做普查的培训工作。比如说，中国民协副主席余未人在做《中国民间美术集成》示范卷《贵州卷》时，就在当地搞了很多的培训班，所以他们才能够把贵州省的九个地区、八十五个县、两千多个村庄全部普查了一遍。他们的普查成果《中国民间美术集成·贵州卷》最近在美国获得了一个大奖。

我们还在普查的基础上，建立了民间文化遗产抢救工程档案数据库。

此外，我们肩负着一个责任，就是呼唤全民的文化自觉。我们国家确立文化遗产日，就是促使公众在这样一个文化的节日里重温、亲近、熟悉与热爱自己的文化。这件事就是文化界呼吁的一个结果。保护不仅是专家的保护，我们还要促进全民的保护。只有全民的保护，文化遗产才能真正保护下来，因为文化遗产是属于全民和全人类的。同时，保护各自民族珍贵、独特的文化遗产，也就是在保护人类文化的多样性。这是世界上所有文化学者共同的目标，让我们为这个共同的目标而努力。

二〇〇九年六月十三日

背上的一块石头落下来

十天前，驰车去京的路上，忽接到中华书局编辑部主任宋志军先生的电话，他用一种报喜的口气说："您放心吧，《平阳卷》印出来了。"

《平阳卷》是山西最古老年画产地临汾的文化档案，也是我们为之奋斗了近十年总数达二十二卷的《中国木版年画集成》的最后一卷。它是这场漫长的苦战最后的一枪。

一瞬间，好似背上一块重石滚落下来，人有飘飘欲仙之感。车轮在高速路面上"刷刷"地疾驰着，很快把我送回到过往十年亦苦亦乐的岁月里。

清楚记得二〇〇二年深秋，在朱仙镇举行中国年画国际研讨会那几天，寒流骤至，空气都好似结了冰。我用自己冻得发僵而不大灵便的嘴巴，把即将启动全国性地毯式文化抢救的信息冲动地传达出来。这是中国文化界面对全球化冲击，坚定不移地将自己的主体文明传承下去的一种积极的应对与出路；我们还决定把木版年画的全国大普查作为龙头项目。

这因为一千年来，年画是所有中国人都必不可少又喜闻乐见的画种，融绘画艺术、雕版印刷、民间文学和民间信仰为一体，它产地众多，风格各异，样式纷繁，技艺高超；而且传承方式多样，既有个人家庭式的传承，又有村落集体式的传承。重要的是濒危。在当时，一些产地的年画差不多进入了临终状态。

当年腊月，遍布九州的大大小小产地那些寒冷的村落里，都出现了我们普查工作者三三两两的身影。及至年根那些天，在杨柳青年画传人霍庆有师傅引领下，我带着一个专家小组冒风顶雪走进昔日所谓"家家能点染，户户擅丹青"的"南乡三十六村"。居然在一些村子里，寻访到几位依然健朗的丹青高人。比如宫庄子画缸鱼的王学勤和南赵庄早在一个世纪前就已名闻遐迩的"义成永"画店的传人杨立仁。记得走进这些暖烘烘的泥屋时，两手左右交叉地"啪啪"拍去肩上的雪；特别是画缸鱼的王学勤骡棚旁边那间又贫寒又缤纷的小画室，叫我神往地看到了上千年农民们原真的艺术生活。这种痴迷促使我将这只有几平方米的景象奇特的画室，复制到天津大学跳龙门民间艺术博物馆里。

那时，我们没有经费，行动起来更像一些铁杆的文化抢救志愿者。

然而在困难和重重压力面前，志愿者总是快乐大于痛苦。因为志愿者不会是被动的受累受罪，而是主动和心甘情愿的承担。

记得一次奔赴冀中的年画之乡——武强县南部的旧城村，去发掘"文革"间藏匿在一座老屋顶棚上的古画版。不料赶上大雨，我的脚大雨鞋小，就在鞋子外边套了一个塑料袋；走在泥地里，像初学滑冰。那天收获真不小，发现许多珍贵古版，返回时我和一些年轻人打着伞，身上湿淋淋，沾满泥水，模样狼狈，却哈哈地自嘲："我们是丐帮。"

我们这个"丐帮"有多少人，无法统计。中国大大小小年画产地上百个，大大小小的非遗上万项。我们这些人不论阴晴，顶着烈日或雨雪，翻山越岭，穿行大地，走村串乡，挨门逐步地寻访文踪，查找遗存，探访艺人。那时，人们的目光都在花花绿绿物质世界里。我们究竟为谁工作，人们能理解这件事与他们有着深刻的关联吗？我们到底是为过去抑或将来而做？一次，王志在他的"面对面"节目中问我："你说的这种事有报酬吗？"我说："没有。"他用他惯常的诘问的口气问我："那谁和你干？"

志愿者——但我没说。

因为我明白，这种志愿者可不是一时一事，而且不仅仅要吃苦受累卖力气——

在中国文化史上，从来没做过这种划时代总结性的文化大普查，没有前人现成的经验可以凭借；尤其是非遗调查更没做过，因为非遗主要承载于人的记忆与行为中。应该怎么调查？调查什么？于是，我们给这次文化普查——

比如年画，设计了十个方面的调查内容：村落习俗，历史遗存，题材体裁、工艺流程、工具材料、画店艺人、传承谱系、经营方式和相关的民间传说等。这就必须从民俗学、人类学、历史学和美术学来进行多学科多角度综合的调查与研究，并且要在传统的调查方式——文字与拍照中，加进去音像记录的手段，才能将活态的"非遗"保存下来。然而，这种专业素质要求很高的工作首先面临的问题是缺少专家。尤其年画是人们的自发文化，产地原本是没有专家的。

这样的困难没人能解决，只能由我们想办法。针对的措施是编制普查手册，制定规范、标准与具体要求，然后是人员的培训和专家的配备；特别是整理档案时，还免不了一次次反反复复甚至是推倒重来的修改。

为了帮助那些专业力量不足的产地，我们必须一次次奔赴到一线甚至田野，从认定、启动到推进和提高。在匆匆奔波中，我情不自禁把许许多多掠过心头的经历与感受用散文的笔法写下来。从《南乡问画记》到《内丘纸马》，从《大理心得记》到《大雪入绛州》，再到《豫北古画乡发现记》等。这是写作人的一种本性。凡是心动过的，都要留在纸上。

没料到这些由性随心记下来的东西，帮助我留住那么多美好的场景与氛围，还有真切的话语与表情。特别是我的一些精神伙伴，还有在中华文化大地深深的皱褶里结识到的那些才高艺湛的传承人。比如《探访缸鱼》《四访杨家埠》《高腊梅作坊》……我还把汶川地震后专程去绵竹看望那里的南派宗师陈兴才老人时的所感所思，也化为文字，放在《废墟里伸出的绿枝》一文中。

近十年里，我为年画——仅仅是千头万绪的民间文化遗产抢救中的一项付出了多少精力？没法计算。反正经我手修改过的各产地的文化档案的稿纸堆在书房一角，应是一部大长篇的体量，还不算为它南来北往用去的时间。我与《中国艺术报》的向云驹先生（他原是中国文化遗产抢救的负责人之一）说：这十来年间，咱俩之间单为年画抢救这一项打的电话至少上千个吧。

于是，不断有朋友问我，你把时间与精力不放在写作或绘画上，到底值不值？

我说："没法比较。这是完全不同的两件事；一件是个人的，一件是民族的。"

今天三月，中央电视台记者裴斐来访，说她不久前去了"5·12"汶川灾区一趟，见到了绵竹画师陈兴才老人。老人说他想念我，希望我去看他，并托她捎来他一对手绘的文门神《如意状元》，所绘人物之端庄富丽，色彩之独特优美，叫我又感受到绵竹年画那种特有的炽烈又迷人的地域魅力。我曾在绵竹为他们写字，赞美他们的年画："土中大艺术，纸上剑南春。"

　　这次，我用小楷把与陈兴才老人这段交情题写在门神画上，装好镜框，悬于书斋；静心欣赏之时，想到近十年我们这些志愿者为年画使尽心思所做的各种事。如今大多产地的年画都已复兴。在生活迅急现代化的嬗变中，历史上"生活的年画"正在转化为现代社会的"文化的年画"，开始重新返回到国人的生活里。在这个过程中，我们没有叫它因时代更迭和社会转型而消亡。我们还实实在在、有头有尾地做了一件事，用二十二卷图典大书和各大产地代表性传承人的口述史，为农耕时代中国木版年画做了总结性和档案化的全记录。

　　此刻，这件事做完了。最后完成的总是最难攻克的。肩上一块石头陡然地落下来。身子真的轻了吗？掂一掂膀子——好像还没有，落下来的石头只是一块而已，还有几大块沉甸甸压在上边呢。

二〇一一年四月

为大地之花建档
——《中国民间美术遗产普查集成》序

　　在我国民间文化遗产抢救工程启动后的第三年（二〇〇五年），我们启动了民间美术遗产的普查。这是历史上首次对民间美术遗产作出的整体性的盘点，旨在将这宗重大的历史文化财富全面摸清，整理有序，以利传承。

　　此项工作的姗姗来迟，缘于我国民间美术过于丰繁，深不见底，浩无际涯。动手之前要有充分的准备。

　　从历史的长度看，我国民间美术的起源何止于一两万年？在遥不可及的远古时代的那些石器、岩画、玉件、骨雕和彩陶上，华夏先人匪夷所思的艺术想象与造型能力，足使今天那些自诩先进的现代人叹为观止。艺术的本身从无先进与落后之分，只有高超与平庸之别。在那漫长而曲折历史不断的嬗变中，我们的先人还创造了无以穷尽的审美语言和审美形态。可以骄傲地说，中华民族是尚美的民族。

　　从地域的宽度看，幅员辽阔的神州大地山川各异，气候相差，物产多样。再加上历史经历和民族的不同，各地文化相去甚远。民间美术是生活艺术和民俗艺术。创造者是普通百姓，他们没有任何美学的主张，只是将生活的情感与向往随心所欲地表现在身边的事物上，民间美术因之无所不在。从各类建筑及所有构件，到生产工具、祭祀法器、风俗用品、像具什物、服装首饰、游艺玩具、家居饰品等，它们在天生富于艺术才华的华夏先人的手中都可以化为至美的作品，所涉及的材料和制作工艺又极为多样。雕刻、绘画、刺绣、烧造、冶铸、印染、编织、漆艺、吹塑、剪贴等，数不胜数。同时，它们因时代而异、因地域而异、因民族而异，其种类难以尽知。单说刺绣，表现在

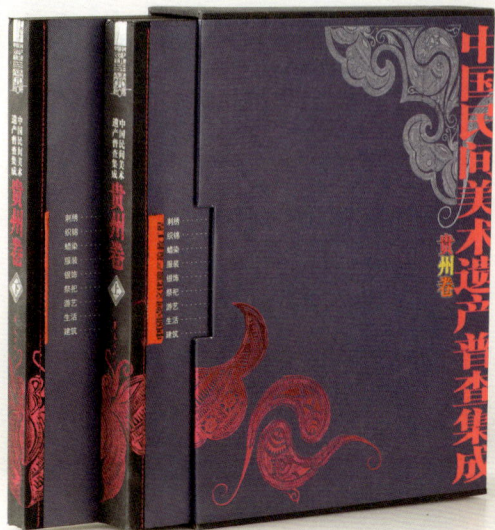

《中国民间美术遗产普查集成·贵州卷》，二〇〇七年华夏出版社出版。

各民族的服装上，便不下数百种；仅是剪纸，遍及全国，各地迥异，风格万千，再说雕刻，由于材料不同而区别的就有石雕、木雕、玉雕、牙雕、骨雕、角雕、竹雕、砖雕、核雕、瓷雕、蛋雕、漆雕、微雕，等等；单是石雕，由于地域不同，又有多少种？

谁能说出中国美术遗产范围究竟有多大？

民间美术本质地有别于精英美术。它不是个人的单独创作；它是大众的共同创造和世代相传的。精英文化提倡个人独来独往的精神，民间文化的价值表现在本地域百姓的集体认同。它往往是一个地域审美的整体表现，或者说民间美术最能体现一个地域的审美共性。它们都是其土地上看得见的乡土个性。那么，整个民间美术不是华夏民族外化的精魂吗？

从艺术的本身看，中国民间美术具有举世无双的艺术魅力。它鲜明的东方气质，浓烈的乡土色彩，神奇的想象和斑斓的多样性，都是一望而知的。在唐宋时期精英美术形成之前，各种艺术皆为民间工匠所为。到了宋代，文人画的出现促使了绘画的精英化。但书画之外的各种必须通过手工制作的艺术——包括雕塑——一直没有出现精英层面。中国一直没有西方意义的雕塑家。这一点，中国和西方是不同的。中国把书画之外的艺术（美术）划给了民间，所以工艺一直在民间。它一直是百姓的艺术手段。心灵手巧的中国人便在生活中将它发挥得淋漓尽致。民间美术由心生发，伴随情感，无所拘束，所以浪漫的想象是其艺术主体。夸张、写意、象征和拟人是最常用的手段。理想化的内容、张扬的情感、对比的色彩、超时空的结构、意象化的造型和图案化的形象是中国民间美术的基本特征。我国民间存在着一整套完整的、丰盈的、独特的审美体系。它与精英文化完全是两种审美体系，与西方的审美更是相去千里，可惜我们至今还没有一部中国民间的美学史。其缘故，是我们面对的学术对象——民间文化太博大太纷繁了。

但是未等我们充分认识它，民间文化却发生了灾难性的变化。

自上世纪，人类社会已经开始由农耕文明向工业文明转型的步伐。始由八十年代，我国的这种转型一出现，便具有"遭遇"的色彩。由于改革是从"文革"造成的文化废墟中开始的，一种猛烈的社会急转弯使得本来已经相当脆弱的文明在延续上出现了断裂之虞，而迎面扑来的又是全球性物质主义的市场经济的冲击。

民间文化面临的困境是：一方面是它赖以依存的农耕社会迅速瓦解；民间艺术是与生活同在的艺术，皮之不存，毛将焉附？另一方面是民间文化的创造者并不知道他们所创造文化的珍贵。于是上述的民间美术大量和急速地消失着。传人去了，其艺了结；遗存散了，历史空寂。因此，我们把这次紧急和应急的民间美术遗产的普查，当作是一次"终结性的盘点"。我们要将这繁衍了上万年的大地之花彻底地搜寻一遍，为其立档，为其制谱，使之永存。

鉴于中国民间美术遗产无比的博杂，前提的工作是做好分类的标准。我国民间美术学者在分类上，一直是各行其是，缺乏一种通用的规范的统一的分类标准。倘若如此，普查一旦开始，便会陷入乱无头绪。因此，急需一种便捷、科学、标准化的分类法，从而使我们田野普查得来的成果井然有序。因此说，无论在纯学术的建设上，还是工具性的应用上，必须对分类法先一步进行研究和确立，不能回避。

中国民间美术分类研讨会于二〇〇五年八月三十日至三十一日在天津大学冯骥才文学艺术研究院举行。与会者皆是国内知名的民俗学与民艺学的专家。值得高兴的是，这次充满学术压力的研讨会没有泛泛而论，走入空谈，而是富有成果地认定了一种具有应用性和可行性的分类法，即从张道一先生提出的"二分法"入手，进行多级分类的方法。这次研讨会对即将开启的民间美术遗产的普查颇有贡献。

本《集成》的样卷本"贵州卷"，正是以这种分类法为依据，结合本地遗产的特殊性，来理清极其芜杂的普查成果的。需要说明的是，按照联合国教科文组织的概念，文化遗产包括物质的和非物质的。这种纯客观的物理性的机械的区分的方式在学术界至今存在歧见。因为非物质的文化遗产也有物质性的部分，而且不同门类的文化遗产的物质内涵大不相同。作为民俗和民间音乐舞蹈，它活态的非物质的进行过程是最重要的；作为民间美术，它物质的创造结果才是最重要的。故此，本次民间美术遗产普查将着眼点落在物质性的遗存本身上，而把对相关的传人的调查放在另一大型项目"中国民间文化杰出传承人"之中。

本次普查以省为单位，要求地毯式的拉网普查，不留死角。对所有美术遗存都要进行表格化的文字登记，并以品质优良的照片作为视觉文本共同存录。然后，分类整理，建档保存。此外还要记录这些遗存应用于生活的种种影像，以使所保存的档案具有更宽广的人类学的价值。每省的普查结果，都要建立完整的遗产档案。以纸面的卷宗和信息库两种方式保存，并精选一册以上大型图集出版，名为《中国民间美术遗产集成·××卷》。

本次普查的组织，由中国民协各省分会负责，组织相关专家学者和志愿者。普查在专家学者的指导下进行，对成果的甄别和整理必须由专家学者来做。经费来自两个方面。一为地方政府，一为社会各界支持。冯骥才民间文化基金会将负责社会的集资工作。

为了做好这次全国的民间美术遗产普查，特意选择贵州省率先进行。贵州民族众多，遗产丰厚，学者实力强。此次承蒙贵州省委宣传部门鼎力支持，学者全力劳作，历时一年半，跋山涉水，历尽艰难，将三十几个民族上千个村寨的遗产全部锁定和摸清，终于将该省的民间美术遗产一清二楚地把握在心中。为此，才有这样一部完全是第一手资料的学术性极强的高质量的图集，堪为全国各省民间美术遗产的普查做出示范。

如前所言，本次中国民间美术遗产的普查为前所未有。虽然古往今来，不少专家都做过许许多多民间美术的田野作业，但大都属于专项的和个体的。像此次这样全面、整体、拉网式地搜索大地之花，尚属首次。这也是民间美术遗产遭遇全球化和现代化冲击的极其濒危之时，当代文化界做出的富于高度文化责任感的令人感动的选择。我们不能叫后人对先人的天才创造茫然无知，也就是说，我们一定要为中华民族的民间美术遗产留下一部完整的档案。

丁亥年正月初三

我们共同的日子

　　个人一年一度最重要的日子是生日，大家一年一度最重要的日子是节日。节日是大家共同的日子。

　　节日是一种纪念日，内涵却多种多样。有民族的、国家的、宗教的，比如国庆节、圣诞节等；有某一类人如妇女、儿童、劳动者的，这便是妇女节、儿童节、母亲节、劳动节等；也有与生产生活密切相关的，这类节日都很悠久，很早就有了一整套人们喜闻乐见、代代相传的节日习俗。这是一种传统的节日。比如，春节、中秋节、元宵节、端午节、清明节、重阳节，等等。传统的节日为中华民族所共用和共享。

　　传统节日是在漫长的农耕时代形成的。农耕时代生产与生活、人与自然的关系十分密切。人们或为了感恩于大自然的恩赐，或为了庆祝辛苦的劳作换来的收获，或为了激发生命的活力，或为了加强人际的亲情，经过长期相互认同，最终约定俗成，渐渐把一年中某一天确定为节日，并创造了十分完整又严格的节俗，如仪式、庆典、规制、禁忌，乃至特定的游艺、装饰与食品，来把节日这天演化成一个独具内涵与情氛的迷人的日子。更重要的是，人们在每一个传统的节日里，还把共同的生活理想、人间愿望与审美追求融入节日的内涵与种种仪式中。因此，它是中华民族世间理想与生活愿望极致的表现。可以说我们的传统——精神文化传统，往往就是依靠这代代相传的一年一度的节日继承下来。

　　然而，自从二十世纪整个人类进入了由农耕文明向工业文明的过渡，农耕时代形成的文化传统开始瓦解。尤其是我国，在近百年由封闭走向开放的过程中，节日文化——特别是城市的节日文化受到现代文明与外来文化的冲击。当下人们已经鲜明地感受到传统节日渐行渐远，日趋淡薄，并为此产生忧虑。传统节日的淡化必然使其中蕴含的传统精神随之涣散。然而，人们并没有坐等传统的消失，而是主动和积极地与之应对。这充分显示了当代中国人在文化上的自觉。

近五年，随着中国民间文化遗产抢救工程的全面展开，国家非物质文化遗产名录申报工作一浪高过一浪地推行；二○○六年国家将每年六月的第二个周六确定为"文化遗产日"；二○○七年国务院又决定将春节假期前调一天，把除夕列为法定放假日，同时三个中华民族的重要节日——清明节、端午节和中秋节也法定放假。这一重大决定，表现了国家对公众的传统文化生活及其传承的重视与尊重，同时这也是保护节日文化遗产十分必要的措施。

节日不放假必然直接消解了节日文化，放假则是恢复节日传统的首要条件。但放假不等于远去的节日立即就会回到身边。节日与假日的不同是因为节日有特定的文化内容与文化形式，那么重温与恢复已经变得陌生的传统节日习俗则是必不可少的了。

千百年来，我们的祖先从生活的愿望出发，为每一个节日都创造出许许多多美丽又动人的习俗。这种愿望是理想主义的，所以节日习俗是理想的；愿望是情感化的，所以节日习俗也是情感化的；愿望是美好的，所以节日习俗是美的。人们用烟花爆竹，惊骇邪恶，迎接新年；把天上的明月化为手中甜甜的月饼，来象征人间的团圆；在严寒刚刚消退、万物复苏的早春，赶到野外去打扫墓地，告慰亡灵，表达心中的缅怀，同时戴花插柳，踏青春游，亲切地拥抱大地山川……这些诗意化的节日习俗，使我们一代代人的心灵获得了多么美好的安慰与宁静。

谁说传统的习俗全过时了？如果我们不曾知道这些习俗，就不妨去重温一下传统。重温不是模仿古人的形式，而是用心去体验传统的精神与情感。

当然，习俗是在不断变化的，但我们民族的传统精神是不变的。这传统就是对美好生活不懈的追求，对大自然的感恩与敬畏，对家庭团圆与世间和谐永恒的企望。

这便是我们节日的主题。我们为此而过节。

由此，我们便有了编写此书的初衷。在刻下恢复传统节日之际，将各个时代各个地域的传统节俗收集起来，让大家了解。有的久已废弃，且从中可以体味到古人的用心；有的至今还沿用，则使我们更明了它的意蕴与初衷；有尚可采纳的，不妨摹习，恢复传统，丰富节日。每节一册，以应时节，配图插画，为了直观。由于时间仓促，疏漏错误在所难免，敬希诸位明白人多多指正，以便不断修正和完善，使之成为一本普及传统节日文化的工具性小书。本书的目的，是为了大家过好我们的节日，保持民族优良的文化传统。为了今天，更为了明天。

二〇〇八年三月二十日

一座名城的文化家底

本质地说，这不是一部一般意义的画集，而是大同这座中国雕塑名都的第一部视觉档案，也是城市的文化家底。

城市的文化家底，是指它在长期历史进程中积淀下来的文化财富，是那些历史经典，是必须继承的精神传统。

文化家底这个概念是本世纪初我们发动中国文化遗产抢救时提出来的。其原因是中国正在经历空前规模和猛烈的现代化颠覆，为了不失却传统和保证传承，必须抢先对各个城市和地域的文化遗存进行盘点，以认清自己的家底，从中找到城市个性化的文化基因，不使自己迷失于全球化的斑斓又芜杂的洪流中。这是一个城市、国家和民族在文化上必须做的大事。前人不曾做过，我们必须做。

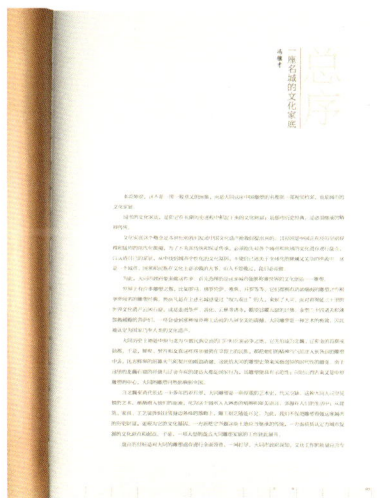

本文旨在阐明大同史上第一次全面的雕塑普查的意义。

为此，大同市政府要来做这件事。首先选择的是这座城市能够称雄世界的文化创造——雕塑。

世界上有许多雕塑之都。比如罗马、佛罗伦萨、雅典、开罗，等等。它们都拥有浩如烟海的雕塑之作和举世闻名的雕塑经典。然而凡是在上述名城感受过"叹为观止"的人，来到了大同，面对着绵延三十里的世界文化遗产云冈石窟，或是走进华严、善化、云林等诸寺，瞻望县曜五窟的巨佛，金塑二十四诸天和薄伽教藏殿的菩萨们，一样会受到那种鬼斧神工造就的人间至美的震撼。大同雕塑是一种艺术的极致，因被认定国家乃至人类的文化遗产。

大同历史上地处中原与北方少数民族交流的门户和兵家必争之地，它先后成为北魏、辽和金的首城或陪都。于是，鲜卑、契丹和女真这些终年驰骋在草原上的民族，都把他们的精神与气质注入各自的雕塑中去。比方鲜卑的沉雄大气和契丹的刚劲清健，这就给大同的雕塑史带来风格迥异的时代性的嬗变。由于这里的北魏石窟的开凿与辽金寺观的建造大都是国家行为，其雕塑便具有示范性；同时山西自古又是中原雕塑的中心，大同的雕塑自然影响到全国。

自北魏至清代长达一千多年的岁月里，大同雕塑是一册厚重的艺术史，代无空缺。这种大同人司空见惯的艺术，渐渐溶入他们的血液，化为这个城市人人熟习的精神和审美语言，弥漫在人们的生活中；从建筑、家具、工艺装饰到日常身边各样的器物上，雕工刻艺随处可见。为此，我们不仅把雕塑看做这座城市的历史财富，更视为它的文化基因。一方面把它视作这块土地应当继承的传统；一方面将其认定为城市发展的文化原点和起点。于是，一项大型的盘点大同雕塑家底的工作就此展开。

盘点的目标是对大同的雕塑遗存进行全面普查，一网打尽。大同市政府深知，文化工作的质量应由专家把关，为此邀请国内重要的雕塑史专家、雕塑大家、摄影名家等，会同大同当地相关学者专家与专业部门，经过将近一年紧张有序、甚至是夜以继日的工作，终于将大同历代雕塑遗存查明理清、拍摄登录，进而按大同雕塑的分布特征和艺术品种之不同，分成云冈石窟雕刻、寺观雕塑、建筑雕刻和馆藏雕塑四大类；在此基础上择其精华，以画集方式出

为大同编撰的三函六册巨型图集《中国大同雕塑全集》，包括《云冈石窟雕刻卷》（上下）、《寺观雕塑卷》（上下）、《民居建筑雕刻卷和馆藏雕塑卷》。它是迄今为止，作为我国第一批历史文化名城的大同最翔实并具科学性的文化档案。

版《中国大同雕塑全集》。按四类设四卷，有的两集，有的一集，凡四卷六集。

其中，《云冈石窟雕刻卷》乃是世界文化遗产云冈石窟的专集，画卷般展示云冈的艺术精华；《寺观雕塑卷》包括上下华严寺、善化寺、法华寺、观音堂、悬空寺等寺观的精品力作，多处雕塑为国家重点文物，其中辽金雕塑为国内这一时期存世之极品，堪称国宝；《建筑雕刻卷》既有宗教与官府建雕塑的代表，亦有民居艺雕之力作，多处九龙壁都是国内罕见的这一题材建筑雕塑的顶级作品；《馆藏雕塑卷》为大同市博物馆之珍藏。既有出土精华，也有生活小品，尽显此地雕工塑手非凡的才艺。

本集作品多是首次面世，殊堪注目，即使是常见于画集的石窟与寺观的雕塑，由于此次分外注重内涵的发掘与艺术美的体现，着意遴选，注重角度，精心拍摄，选出新意。

本集囊括大同市各类雕塑代表作上千件，每件作品都经专家撰写说明，标注相关信息；各卷卷首皆有分卷主编所写的序文，虽属概述，却都是极富见地与学术价值的研究论文。应该说，这种对城市遗产进行如此大规模地整理、如此严格的学术整理和审美审视，对于大同是第一次，其他城市亦很少见。它表现大同市政府对历史文化的尊重，对城市文脉传承的自觉，对此次普查要求的严格；为此，才刻意邀请相关专家出手相援，清点家底，理清文脉，寻找文魂，慎重行动。文化是精神性的事务，理应这样三思而后行。

我们参与这一工作是看重此事的意义，看重大同政府非凡的城市理念，看重这种由政府出头却信由专家依照专业方式来工作在当前的示范价值。有专家参与的保护才会是科学保护，有专家参与的发展才会是科学发展。

此外，本集的另一个意义是对一座城市历史雕塑的全面和整体的视觉展示。其甄选之精当，拍摄之考究，编审之严谨，印制之上乘，都是努力再三才达到的，因使这部画集具有资料、欣赏、收藏等多重价值。当然，如何使这些雕塑的受众更为广泛，还需要多方面的再努力。一座名城文化财富的真正主人是城市的百姓。只有它们五彩缤纷、生气盈盈活在百姓的精神生活里，并化为新时代文化的生命基因与动力，城市传统才真正能够传承下去。这也是此次整理大同的城市文化家底的终极目的。

相信现在大同人会说：我们有一份自己值得自豪的文化档案了；还会说：我们有一份中国雕塑之都坚实而确凿的历史见证了。

二〇一〇年五月十六日

孝义皮影的家底

　　山西乃中华腹地，孝义是三晋腹地，大地上的文明深藏其间，历岁经年，终于养育出各种艺术精灵。孝义皮影便是耀眼的一种。

　　孝义是块神奇的土地，胸淌汾河，背靠吕梁。此地人不但能耕善种，自给自足，还创造出各种艺术，或唱或演，亦雕亦画，以抒发情感，慰藉自己的心灵。其中戏剧尤甚，孝义皮影便是此中的精粹。

　　我国是影戏大国。神州四方，南北各省，皆有皮影。皮影的历史悠久，始于汉，兴于唐，盛于宋元，流行于明清。在长期发展中，由于各地风习文化的不同，皮影风格因地域不同而相异。皮影属于戏剧艺术，但不同于一般戏剧，它不是由人来表演，而是借助于雕刻出来的艺术形象，摆台设帐，投光为影，以影为形，随形演唱。它是综合雕刻、绘画、戏曲、音乐——于一身的艺术。这样，各地的乐调、民歌、唱腔、戏剧、雕刻、剪纸等艺术因子便深深地融汇其中。它成了一种地方民间文化的集合体。这便带着各地独有和强烈的特色，为人们喜闻乐见。在古代广大的乡间，这种有光有影有唱有演的东西，是本乡本土自娱自乐的文化方式，称得上是大众百姓的"彩电"，曾经给人们以无尽的文化享受。

　　然而，在全球化和现代化的冲击中，它却分外脆弱而首当其冲。它是综合的，缺一不可。只要缺少其中一项，无论是乐手、表演者，还是雕刻艺人，便即刻瘫痪和崩溃。然而随着社会生活的转型，农耕方式的现代化，农村人口的迁徙与身份的改变，特别是电视机进入农村家庭，这种受宠了千年的皮影遭到了空前无情冷落。传承人老了，离去了，或者改从他业；那些老戏班里传世的家什被搬到古玩市场，成了卖品。皮影正在快速地离我们远去。

在我们为皮影感到伤感和无奈之时，孝义似乎是一个例外。

这因为孝义一直有些人珍惜着自己的历史文明。他们不是像一般收藏家那样，只对昔时的神奇的皮影遗存感兴趣，而是着眼于这一古代艺术的文化整体。近二十年来，他们一直注意普查，深入挖掘，致力传承，并着手全方面的研究，由此还建造了一座专题的孝义皮影艺术博物馆。

现在，我们手里的这部书就是一个充分的证明。从孝义皮影的源起、流变、传衍、兴衰，到唱腔（皮腔与碗碗腔）、剧目、艺人、表现方式和雕刻手法、程序及种种特征，都有周详的记录、精细的分类和透彻的阐述。所收集的皮影及相关文物，不仅表现了孝义皮影历史文化之丰厚，艺术气质之强烈，还体现出本书作者——也是两代皮影专家所尽的心力。

现在拿这样一部厚重的书在手里，会使我们感到拥有了孝义皮影的一份家底。

我一直认为，每一种遗产后边都应该有几位专家。所谓专家，就是文化上的明白人，他们真正知道文化的价值在哪里，应该怎样保护与发展。他们不会叫文化遗产流散而去，也不会叫它们被商业化庸俗地挥霍掉。有他们在，我们才放心。

为此，我对这部书的作者表示祝贺。

且为序。

二〇〇六年十月

一次成果硕大的研究

这是中国首次民间美术分类的研讨会。分类是学科研究的根本，是构筑百尺高楼的基础，但民艺界一直缺乏一种通用的规范的分类法，这一领域的学术著作就难免芜杂与缭乱。应该说，今天这个研讨会有些姗姗来迟了。

同时，它又是及时的。在当前对民间文化大规模的田野调查与案头整理中，亟须一种便捷、科学、标准化的分类法，从而使其成果——我们的文化遗产井然有序。

无论在纯学术的建设上，还是工具性的应用上，分类法都是必须研究的，不能回避的。这样，本次研讨会便感到一种压力。

有压力就有学术责任，没压力便会陷入空谈。然而，本次研讨会却意外地、出色地走出了一大步，即在各抒己见的基础上，摸索出一种具有应用性的可行性的分类法。即从张道一先生的"二法"入手，进而多级分类的方法。这一点在书中"发言摘要"的"总结部分"有详细的阐述。

在本次会议之前，学者们在分类上一直是各行其是，在分类理论上长期处于模糊状态，但在本次研讨会中却找到一个共同认可的方法，这是极为难能可贵的。应该说，这表现了与会学者学术功力之高深，还有一种学术上可贵的合作精神。因此说，本次研讨会在学术上获得了重要的突破。它为民艺学的建设和民间文化的田野普查、整理和保护作出贡献。我们的理论支持了田野，支持了时代。

由于本次研讨会的论文和发言摘要具有重要的学术价值，故编集成书，为砌垒民艺学大厦奉上一块砖石吧。

且为序。

二〇〇五年十月二十五日

《灵魂不能下跪》序

人最高贵的是灵魂。

灵魂不仅为人所有。一个城市、一个国家、一个民族都有它的灵魂。

灵魂又是看不见的。因为它是一种形而上的精神。思想、品格、信仰、原则都在其中。它是独立的、个体的、尊严的、不可侵犯的。它是比肉体还要高贵的人之本。所以无论面对谁、无论为了什么，灵魂都不能自我违背而屈膝下跪。下跪是一种放弃，放弃的是自己至上的尊严。

可是由于灵魂是看不见的，它就容易被看得见的东西所遮蔽。尤其在物质化的市场大潮席卷而来时，花花绿绿的物欲迷乱了我们的心智，那个看不见的灵魂便被忽视，似乎变得可有可无。尤其在令人馋涎欲滴的种种诱惑面前，灵魂——思想、品格、原则、尊严，好像都不那么高贵了。无论是个人的品格还是城市的尊严。

不久前，南方某大城市新开发出来的仿英式的别墅区内，竟然竖立起一座胖胖的丘吉尔的铜像。我知道，这不必大惊小怪，丘吉尔是个很了不起的人物，但它和那个城市有什么关系呢？为什么为他立像？古今中外放在纪念碑式的台座上的雕像可都是人们心中崇敬的英雄，谁认识这位洋老头呀。当然，我知道丘吉尔先生在这里只是充当开发商们的一个卖点、一个商业广告而已。但我却感到我们的膝盖真的变软了。为了钱无论把谁都可以请出来，弯腰屈膝拜一拜。哎，只要留意一下，不是时时处处都可以看到这种金钱导演的闹剧和悲剧——灵魂的下跪吗？

于是，一个以"精神捍卫"为目标的使命摆在我们一代知识分子的面前。

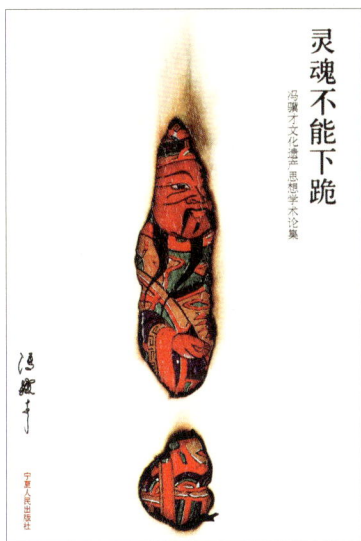

《灵魂不能下跪——冯骥才文化遗产思想学术论集》，二〇〇七年宁夏人民出版社出版

这也是我所投身的文化保护工作的"背景"。

依我之见，知识分子和文化人的不同是，知识分子有强烈的社会责任，心甘情愿地背负起时代的十字架，文化人却可以超然世外和把玩文化。

尽管我说过，我是"行动至上"者。这行动却不是盲目的。它是一种对思想的实践。思想与思辨仍是一种前提。多年来，在与充满挑战的现实困境搏斗的同时，大量的文化思辨，对混沌现实的透析，对荒谬的世事的口诛笔伐，以及有的放矢的呼吁与有感而发的写作，是我工作中一个很重要的部分。因为，作家总是试图用思想影响生活，不管成功与否。

此间，与我一起进行这场思想与文化上拼搏的伙伴向云驹先生，希望将我笔下这些伴随时代进程的思考汇集起来，以便获得更多的知己与"战友"，同时也可以梳理一下自己，更清醒地面对未来。经他的努力，把我散见于各种书刊上的相关文章和一些重要会议上的讲话收罗起来，校勘谬误，分类编集，选精摘要，因有此书。并且以我一次演讲的题目作为本书的书名，这书名正是我为人为文的座右铭。在这里，我要感谢云驹对我的理解，特别是精神上的理解。还有他为此书付出的努力。相信一个人的事情，一多半是由他人相助而成的。是为序。

丁亥年正月初二于醒夜轩

到田野去，盘点我们文明的家园！

　　我国五千年历史基本是农耕的社会史与文明史。农耕的家园是村落。在漫长岁月中，我们的中华民族不仅生于斯，长于斯，创造于斯，也传承于斯。由于历史悠久，我们的村落底蕴深厚；缘自地域不同，我们的村落多彩多姿，文化灿烂丰富。我们村落之多样，世所罕见。不仅形态、风貌、景象彼此不同，物产、风俗、宗族、游艺、手艺，以及传习的仪规也自成一格。尤其是少数民族独有的文化大部分不在城市里，而在树拥山抱的村寨里。如果这些村落消失了，我们最古老的根、世世代代的家园和历史生活的见证，无数迷人和多样的文化则烟消云散。我们能看着它消亡吗？

　　然而，过去我们对传统村落这种根性的文化价值认知有限，大部分村落又没有村落志，所以在时代转型中，它们的消亡是无声无息的。近二十年，我们失去多少极其珍贵的村落遗产，谁能统计出来、说清楚？

　　这样重大的历史文化责任不应该由我们这一代文化人承担吗？

　　自二〇一二年国家启动了"中国传统村落"项目，由住建部、文化部和财政部联合启动与大力推动，一部分知识界各领域学者专家积极地参与进来。今年，经国务院新闻办发布，已有先后两批一千五百六十一个村落列入"中国传统村落名录"，从而成为我国物质和非物质文化遗产之外极为重要的另一类文化遗产，成为国家和政府必须保护的活态的历史财富。国家在相关文件中明确表述，在城镇化进程中，它们将是必须着力地、精心地、文明地面对的一部分。

　　对于城镇化中的乡村，一句"要望得见山，看得见水，记得住乡愁"，

在四川乡间考察。

切中了传统村落最深切的精神意义与存在价值，以及力保不失的决心。

这体现了我们这个文明大国的国家的文化自觉和文明的高度。

那么进一步知识界应该做什么？

除去在传统村落的保护与发展中，我们要提供必不可少的科学的理念、规划、标准与试验，还有一项工作必不可少，即为国家确定的传统村落建立基础档案。这个工作的内容是：对传统村落进行全面的标准化的调查，盘清家底，以精确的图文结合方式将村落的各方面原生态的信息记录下来，为国家这一重大的历史文化资源与财富立档。

过去我们是没有完整确切的村落档案的。这次对自己的农耕家园进行全面的盘点与记录，应是历史上的首次。这是一种历史责任，也是一种时代的机遇与福气。

中国文联的两大专业的文艺家协会——中国民间文艺家协会、中国摄影家协会决定联合承担起这项工作。民间文化学者将拿起笔，摄影家们将背起相机，携手走进祖国的山水深处、田野腹地，共同完成时代赋予我们的文化使命。

十二年前，我们启动了全国民间文化遗产的抢救性调查，经过十余年艰辛与努力，完成了对中华大地民间文化的调查与盘点。十二年后的今天，我们又将开启另一项意义非凡的文化工作与文化行动——为中国传统村落立档。这次，由于国家住建部给予的全力支持，由于中国摄影家协会强大的精锐的摄影家队伍的加入与合作，我们对高质量完成这一工作充满信心。

这项工作，将使我们对传统村落真正心有底数，对其保护与发展有充分的图文依据，并将为历史存照，为未来留下这一巨型的历史文化财富确凿的文字记载与真实的完备的图像。

依照十多年来我们工作的方法，每一项全国性文化调查之前，必须制定一本工作手册，统一标准、规范和要求，以保证工作的有序与最终成果的科学与完整。

这本《田野手册》将在此次调查中人手一册，是工作必备的工具与指南。希望调查者在走入田野之前熟读它，研究它，并严格完成手册中的每一项要求。

工作的意义、性质、目标和方法明确了，我们已经把一件重大的任务心甘情愿压在自己的肩背上了。

我们的确在做一件大事情，为了国家民族，为了自己尊贵的历史，更为了后人与未来。

二〇一四年六月

义成永画店传人杨立仁口述实录

时间：二〇一一年二月二十三日 下午两点

地点：天津市西青区张窝镇南赵庄

被访者：杨立仁、杨仲民（杨立仁子）、杨鹏（杨立仁孙）

访问者：冯骥才，文章中略为"冯"字

冯：　　你们家族是什么时候迁到这里来的？

杨仲民：我们来到这里三百二十年。

冯：　　怎么能算得这么清楚？

杨仲民：有人记。

冯：　　谁记呢？

杨鹏：　南赵庄的老赵家，有家谱，记得都特别详细。我们家的家谱在北京呢。

冯：　　赵家现在还有人么？

杨鹏：　有人。

冯：　　我看你们这儿拆得厉害，现在村儿里还有人么？

杨鹏：　大概还有三四十户吧。

冯：　　你们呢？肯定也得迁吧？

杨鹏：　不想拆，但压力很大，再看吧。

冯：　　地方想拆就拆么？有没有一些法律的制约？比方说，我们不愿意离开，可以？

杨鹏：　反正总理已经说不能强拆了。

杨仲民： 我家里有不少版，正准备发扬光大。我爷爷有句话，是我爹传给我们的，说将来子孙们要是能达到他想象的那个地步，这一脉就没白传。我盖的这几间房子，不是像别人那样给儿子娶媳妇，就是按照我爷爷的想法，去繁衍家族的画业，但现在有麻烦了，看形势吧。

冯： 你现在做什么事呢？

杨仲民： 现在一手抓经济，养孩子，养家庭；一手就是想操办年画这事。您看我做的这些画门子，那边还存着不少刻版的杜梨木，准备大干呢。

冯： 你们这儿是一个作坊么？在这儿画画？

杨仲民： 过去，我太爷爷、我爷、我爹他们就在这儿印画。

杨鹏： 您瞧瞧这《全神》，多少年我家一直在印。

冯： 这块版我也看了不少年了，九十年代的时候，我在娘娘宫前面买的《全神》就是这块版印的。

杨仲民： 世界上就这么一份儿。

冯： 我现在家里还存着几张呢，那时候颜色好像比这个还重一点儿。

杨仲民： 这张在墙上挂了几年的，褪色了。

冯： 这是你们家的老版么？现在你们家老版还有多少块？

杨仲民： 咱这儿还有个十块八块，我哥那儿还有。

冯： 你哥是杨仲达吧。我们编的《杨柳青卷》，收了不少。是马仲良他们从杨仲达那里发现的，那些版都很好。

杨鹏： 杨仲达——也就是我三大爷家，就在前面，我们家前面这个院儿现在已经都拆了，平了。您看，这是《五大仙》，也叫《五大家》。

冯： 今年《灶王》还印么？

杨仲民： 印了八千多张。

冯： 现在《灶王》都是谁买啊？农民买么？现在很多农民都搬进楼了，还用《灶王》吗？

杨仲民： 那都完了。

冯： 看来是住在村儿里的买，住在单元里的不买？

杨仲民： 对，一般都静海县那边，还有宁河、宝坻、独流，住在农村的买。

冯：　　　《灶王》上面的"二十四节气"是年年刻么？

杨仲民：每年刻新的，二〇一〇年的就作废了。今年的"二十四节气"是杨鹏刻的。

冯：　　　他在哪儿学的刻版？

杨仲民：是我教给他的。

冯：　　　他这版儿刻得够深的。你们家过去谁刻版？

杨仲民：有自己刻的，也有找人来刻。过去我们家的版最多，在咱们这一块儿那是首富了。

冯：　　　十年前那次我来，听你们老爷子说，过去的画版堆了两三间房子。

杨仲民："文革"都毁了。

杨鹏：　刚才爷爷还说呢，有的做搓衣板了，有的搭鸡窝了，再大的当跳板儿了。爷爷，冯老师看您来了。

冯：　　　您好啊，见好几面儿了。我们这次是想把您家的"义成永"的历史，好好帮您倒腾倒腾，把它弄清楚了。当时那么有名气，可现在的人都不知道了。最近我们在日本的博物馆里发现了好多"义成永"的年画。是一九二〇年到一九三〇年的，到现在应该是八〇年到九〇年，当时是日本人在炒米店买的。

杨立仁：哦，我想看看。

冯：　　　我下回来，把这些年画的照片给您洗出来，您看看吧，真挺好的。《杨柳青卷》里杨仲达藏的那些版，都是线版，没有颜色。日本收藏的那些都是原画。今儿我来，是想跟您慢慢儿聊，把当年义成永的事记下来。先问您，您干这个干了多少年？

杨立仁：跟您说，我打小十二三岁就干。

冯：　　　那时候是一年到头干？还是年年到秋后才动手干？

杨立仁：是平常，一年到头。

冯：　　　到了春天夏天种地浇水的时候怎么办？

杨立仁：种地？有人种。

冯：　　　你们的画主要是在炒米店儿卖？

与老人见面，分外亲切。

杨立仁： 不，平常时候是批发，过了八月节以后拿到炒米店去卖。八月节以前呢，往东丰台批发，再往上东北、新疆。

冯： 哦？义成永的画一直销得那么远？

杨立仁： 是呵，使车运。顶着（等到）日本人一来，就打包从邮局走了。

冯： 邮到哪儿去呢？

杨立仁： 还是东北。

冯： 东北用年画的量很大吗？

杨立仁： 好家伙，净收高级的。

冯： 也从东丰台走？

杨立仁： 嗯，都打东丰台那儿哈儿（口语，那个地方）走。

冯： 有的画店比如戴廉增，在东丰台还开了分号。你们那时候在东丰台不开分号么？

杨立仁： 我们没正式的，就是每年在那儿组织个店，临时批发。

冯： 还想问问，您家的画是套版多，还是手绘的多？

杨立仁： 套版多。

冯：　　有手绘的么？

杨立仁：有。

冯：　　谁手绘呢？

杨立仁：手绘都是外加工。就我们这四五个村子。

冯：　　这些村儿真厉害呀。

杨立仁：跟您说吧，线版之外，分带套的和不带套的两种，不带套的，就是
　　　　那细活啦，光印那个底子，线活儿；带套的呢，就是一般粗活儿。

冯：　　那时候村里能画的人占多少？

杨立仁：呵，百分之八十都画这个。这周围，农业不忙，也不上班，就靠祖
　　　　传的手艺，都是祖传。

冯：　　刚说您十二三岁是哪年啊，我算算。您今年八十八岁。

杨立仁：嗯，八十八。

冯：　　八十八岁，十二岁就是七十六年前，一九三五年。

杨立仁：您刚说日本人是嘛时候来杨柳青买画的？

冯：　　一九二〇到一九三〇年之间。您哪年生人？

杨立仁：我啊，民国十二年。

冯：　　民国十二年是一九二三年，日本人来买画时您还小呢，肯定是您父
　　　　辈做的画。那时候画店和画店之间，画版有串换么？比如说您有块
　　　　好版，我喜欢，我能够照您的样子刻一块同样的么？

杨立仁：行可是行，但也刻不起呀。样子太多了。

冯：　　我要是按您的样子刻，您高兴么？

杨立仁：那反正横竖你得改点儿，在上面添点儿，去点儿。

冯：　　如果要是不改您不高兴吧？

杨立仁：那是啊。

冯：　　那时候您家的版有多少？

杨立仁：非常多。我那时候，这样的屋子（大约十五平方米），摞得一人多高。
　　　　一套版四五块的，七八块的。

冯：　　每年都有新样子？

杨立仁：每年都有，富裕就添，不富裕就不添新样子了，也有的同行倒闭，便宜卖给你。

冯：　　有没有出新画稿的？新画稿是谁画呢？

杨立仁：有人画。

冯：　　是从杨柳青去请人画还是你们雇人来画呢？

杨立仁：我们这儿有那个画画的老先生。

冯：　　老先生画？使毛笔画？

杨立仁：拿毛笔画，打了样子，你个人刻。他光卖那个样子。

冯：　　您说的这个老先生还在吗？

杨立仁：最近没了。

冯：　　过去我见过有一个姓房的老先生，画得不错。

杨立仁：姓房的，那是房庄子的；我们南赵庄，那是赵景春，他的号叫子阳，文化忒高。

冯：　　他勾的稿子拿来了之后，那套版谁来分？

杨立仁：稿来了，先刻底子（线版），再分色；分好颜色，再刻那个套版。

冯：　　哦，先做线版，然后掂配颜色儿，再让人按颜色去刻套版。这个过程很有意思。

杨立仁：我们一直这么干。

冯：　　杨柳青的套版，最多几套？

杨立仁：那个年头最多有八套。

冯：　　八套？杨家埠是六套，朱仙镇也是六套，都没咱这儿多。

杨立仁：咱这里有五套的，有六套的，有八套的。越老的，套版越多。

冯：　　有的地方，一个红，再加一个蓝，一重叠就变成紫色儿的了，又多一个色儿。

杨立仁：咱这儿不行，红的单是红的，蓝的单是蓝的，绿的单是绿的。

冯：　　更费事的恐怕还是手绘。

杨立仁：是呵，像这个脸儿，那时候都得画，给它抹上粉，回来再开脸儿，成费事了。

冯：　　　您记得那时候"义成永"店一年最多印多少？

杨立仁：我只能跟您说个大概。

冯：　　　您一令纸一令纸地算算。

杨立仁：一九五六年那年，我还干着呢，那年我销了一百二十令。

冯：　　　一令纸五百张。一张纸不一定印一张，有的还要三裁？三裁就是三个。

杨立仁：这种《小天》一张纸出七个。

冯：　　　咱们算算。就说三裁吧，三五一千五，再乘以一百二十令纸，您那时一年印近两万张。都是您自己印吗？

杨立仁：我自己印不出来，六七个人呢，那时大画多。

冯：　　　这些人都是雇来的？

杨立仁：嗯，雇来的。

冯：　　　雇的这些人是常年在您店里干呢，还是有的时候也给别的店去干。

杨立仁：临时的。他们不能闲工，哪儿忙到哪儿干。

冯：　　　那时候使的纸呢？是什么纸？

杨立仁：不用宣纸，用雪莲纸。

冯：　　　现在有很多都用宣纸印了。宣纸太白，上粉脸儿看不出来。

杨立仁：它成本也高啊，雪莲纸价钱低。

冯：　　　我看您这儿有的年画印着您家"义成永"的大号，这个"义成永"三字，是原本刻在版上的，还是另外有个戳儿往上面盖的？

杨立仁：我们的版原先挖一个槽，印完画用个戳儿再往上盖。

冯：　　　全这样盖吗？

杨立仁：不，有的版像《天仙赐贵子》《麒麟送状元》，那是把店名刻在版上的。

冯：　　　您记得"义成永"店里面过去哪种画儿好卖？

杨立仁：反正迷信的画儿好卖。

冯：　　　迷信？神像？

杨立仁：嗯，各种神像。

冯：　　　我听说过去您这儿的门神特别大。

杨立仁： 对，门神大。门神是雪莲纸铺开一张纸。雪莲纸出这个《小天》呢，一张纸出三个。出这个《单灶王》呢，一张纸出九个。

冯： 那时候给您这儿干活的有多少人？

杨立仁： 记得那时候给我家干活的是两路工人。一路工人是在这屋里管吃管住，另一路是外加工。他在家做，做完了，再送回来。在我们这儿是二十多人。

冯： 再问问，您记得上边几代人？我是说您往上数，比如您的父亲，爷爷，您记得最早是哪代人？

杨立仁： 那不记得了。

冯： 爷爷的名字还记得么？

杨立仁： 记得。

冯： 爷爷再往上还记得么？

杨立仁： 不记得了。

冯： 您知道爷爷往上还有几代人做过年画？

杨立仁： 也不记得了。

冯： 您的老人，他们往上念叨的有谁？

杨立仁： 往上我爷爷我都记得，叫杨宝庆，再向上不记得了。

冯： 您家里传下来的版，您看到过的，最老的版传了几代了？

杨立仁： 也不敢说。这么说吧，您看哪个磨得越光滑，哪个就传得时候长。

冯： 那也有可能哪个画儿印得多了——比如说《灶王》，它的版就模糊呀。

杨立仁： 对呀，印得模糊了，一看不好印了，就做新的了。

冯： 那时候年画的体裁很多，比如斗方呀，四条屏呀，八条屏啊，您也做吗？

杨立仁： 做，做。您看那时候《白蛇传》那个版，一弄就三十六块啊。你算算，它是六扇屏吧，它这一张都得六块版，一块版要打六套。六六三十六，得三十六块版。摞到一块儿啊，比我还高呢。

冯： 再请问您，这画里面的神仙，现在您都知道吗？认得么？

杨立仁： 认得出来。

杨立仁讲解他家古版上的奥秘。

冯： 这是玉皇。

杨立仁： 这是玉皇大帝。这是谁，名字我想不起来了。

冯： 是四值功曹吧。

杨立仁： 对，对。

冯： 画神像有好多规矩，外加工时，这些规矩是你们掌握呢，还是画画的人按自己的意思去画？

杨立仁： 我们掌握。怎么样告诉他，他怎么画。

冯： 比如说这个玉皇，有什么规矩呀？

杨立仁： 先抹上白粉，回来勾脸子，勾相子，点嘴儿。

冯： 等于你们来验收。那时候这三十六个村儿，哪个村儿画得多，画得好？

杨立仁： 他这一个庄，不是都画得好，有画细的，有画糙的。有画小的，有画大的，像贡尖。

冯： 你家给城门楼子做的门神有多大？

杨立仁： 嗯，北京城门楼子的门神，比这张纸，两扇儿啊。这边一扇儿，那边一扇儿。

冯：　　　那是几块版呢？

杨立仁：那个不带套版。它是拿版拼的，五六块呢。线版印完拿手绘。可漂
　　　　亮了。

冯：　　　上回我在这儿，你说打灶台后边新刨出来一块儿"对美"的版，我
　　　　想看看。

杨立仁：就这块。不知什么时候塞在灶台后边，最近一折腾，折腾出来了。

冯：　　　这裙子的线多好啊。杨柳青跟别的地方的画就是不一样，它有国画
　　　　的勾线在里面。你看桃花坞就没这些东西，桃花坞都是小细线，粗
　　　　细一样，好像用钢笔画的。你看这裙子上细密的图案多好。

杨鹏：　　冯老师您看这个，这是《八仙人》。爷爷管它叫"供花儿"。

杨立仁：嗯，供花儿。

冯：　　　供花儿，就是上供的时候插在供品上的小画片。

杨立仁：到北京，这就是《中八仙》，还有一个比这大点儿的《大八仙》，
　　　　再有一个比这小点儿的。三路八仙，上八仙，下八仙，中八仙。

冯：　　　呵，这块版也快用平了。

杨立仁：哎呵，快用平了。这线条变粗了，磨得嘛。

冯：　　　这八仙实际是九个人，两个一组，两个一组，中间是个寿星。这块
　　　　儿版好啊。

杨立仁：好。磨坏了好些这样的版。

冯：　　　现在你们家还有多少块版？

杨鹏：　　老杨家都放一块儿，得有几十块。

冯：　　　这些老版得把它保护好。老版没了就真再也补不回来了。

杨立仁：还是老的，墨线多好。

冯：　　　这个《对美》版我也特别喜欢。两个女子，这个钓鱼，那个采花。
　　　　这边是俩蝴蝶，那边是俩蜻蜓。多好啊！听说您家还有些老版埋在
　　　　地下？

杨立仁：一九六四年的时候，也是这个季节埋的。那时"文革"还没开始，

闹"四清"。

冯：　　　哦，"四清"。"四清"就是一九六四年开始的。

杨立仁：　这我们简直都没法儿弄啊。我在我们屋子中间掘了个方坑子，埋进去的。我们哥四个啊，这搁点儿那搁点儿，实在藏不住了，一看不行，干脆埋吧。后来"文化大革命"就更厉害啦，给我整的，反正我是害怕呀。

冯：　　　现在还埋在那里吗？

杨立仁：　是啊。可是他们都说那些版肯定不行了，都糟了。但是我还不死心。我给那个地界挖出来，我看看。我还不死心。

冯：　　　挖的时候，不管挖得着挖不着，我都来，跟您一块儿看看。

杨立仁：　现在就可以跟您挖去。

冯：　　　等天再暖和点儿。

杨立仁：　不远！房子最近已经推了，挖不深就能挖着。这一溜房都是我们的，我们哥四个的。

冯：　　　现在太凉，等开了化吧！反正您得有个心理准备，时间太长了，多半糟烂了。

杨立仁：　哎呀，五十年了。我跟您说还没到"四清"，我们这就开始了。我们哥四个，各藏各的。我在我家里藏一点，藏的嘛呢？当时正用的东西，大纸啊、门神啊。我的门神都是好门神，有双喜字的，有带钱边儿的，有执瓜门神、执刀门神……

冯：　　　杨老，喝点儿水别太累了。我呀跟您说，过些日子，我要叫我们学院做年画研究的人专门过来跟您聊聊。请您把您知道的这里的历史呀，风俗呀，一代代哪些人呀，各种画的样子呀，技法呀……都一点点说给他们。您稳稳当当地说，别急。渴了，喝茶；累了，您就不说。您要是说累了，不想说了，他们就走。

杨立仁：　我会讲细一点，我知道的我都说，我不知道的我也没法儿说，我不会说瞎话。

古佛寺年画传人董玉成口述实录

时间：二〇〇三年一月十一日 上午

地点：天津杨柳青南乡古佛寺

调查人：冯骥才，文章中略为"冯"；肖娟，文章中略为"肖"

被调查人：董玉成，文章中略为"董"

冯：　这缸鱼，脑袋朝里贴吧？

董：　脑袋朝外不就浮着走了嘛？

冯：　灶王爷的狗必得朝外。缸鱼也有两种吧？就看水缸摆在门左还是门右。

肖：　这张图案内容是过大年吧？

冯：　是呵，一家人在这儿包饺子呢。这是拜年、挑水、放鞭炮、吃年饭的、猫把鱼偷走了、玩牌的、梳头洗脸的、做饭的、包饺子、下饺子、蒸豆包。这是三十的。这张是画初二回娘家的，初二题材的年画我可是第一次见。

董：　咱娘娘宫那儿看不见传统年画了。就说干我这行的，在杨柳青二十人都没有了。我四天画一张。

肖：　卖多少钱一张？

董：　十块钱一张。

冯：　您的年画我可是买了不少次了。年年在书店拐弯的地方您摆地摊卖画，前七八年，我年年都到那儿买。还有一张是《农家忙》，您画的吗？

董：　《农家忙》的画我没了。现在我一个人弄不了。

冯：　还有什么题目，我看看。

董： 还有《穆桂英大破天门阵》。

冯： 您就这两块版。年年画就这两块？

董： 十来个样子。

冯： 灶王爷画吗？

董： 不画了。

冯： 您今年多大岁数？

董： 七十八岁了。

冯： 从多大开始画的？

董： 从小就开始跟老人学。

冯： 您老人也画这个。

董： 过去咱这些个村就指着这个为生。这是旧时候。

冯： 曹碑店、张窝、方庄子。

董： 梁姓的几大家都在曹碑店。

冯： 原来杨柳青几大家都在曹碑店有门脸，齐建隆、戴廉增也在曹碑店开店。

董： 我们这些村都是给曹碑店画画，早上送晚上收。哪怕一夜不睡觉，你也得给我完成。完成了之后，你这个工才算完了，就可以睡觉了。这是过去，现在也完了，现在谁摸这个？上个班，八个小时，谁还好这个？

冯： 您的父亲、爷爷也做吗？

董： 做。他要不做，我是怎么学的呢？

冯： 您祖上有几代人画画？往上说说。

董： 我这个根来自北京，我们家是打北京挪到这儿来的独户。

冯： 我听您可是杨柳青口音，原来是打北京搬到这儿来的。

董： 听老人们讲，老两口闹意见了，老头走了，回北京去了，老婆留下了。传了好几辈了，我个人就四辈了。上色，就是那么学的。

冯： 那时候的色和现在的色也不一样。您现在用什么色？

董： 都是水彩，搁上水就上。

冯： 您家还有没有老版？

董： “文革”都给烧了，劈了，都给祸祸得乱七八糟。嘛也没有了！

冯：您的老爷子是哪年故去的？

董：刚解放的时候。

冯：解放以后（新中国成立以后），年画是不是慢慢不行了？

董：不让弄了。以后，开放了，我那时候四十五六岁，现在我体力也达不到了。懒得动了。年轻的都不干了，就我一人干。

冯：后代没一个干的了？

董：都不干了，都上着班。

冯：您几个孩子？

董：一个，四个孙子。我们四代人了，我都已经当老太爷了。

冯：那么，您画的画，都是自己去杨柳青卖吗？我当时，可是看见您是自己去卖的。

董：就自己去卖。一过腊月二十到三十，这十来天，你得赶上趟。

冯：过去年叫"二十四扫房子"扫完房子才挂年画呢。

董：有的就先买着搁着，买了也就不上街了，接个短什么的。

冯：过了二十四就得赶紧贴年画。

董：来晚了，就没有了。

冯：实际就是几天的活。那两年我看见您的时候，能够卖多少张年画？

董：那阵卖得多，那阵贱呢。缸鱼一幅才两毛钱一张。

冯：买缸鱼的人比较普遍，是吗？

董：对了，使唤缸鱼的比较普遍。可以送闺女，闺女头一年结了婚，娘家就给送一对"胖小"过去。这十来年来，都是老人贴。夏庄子，有个老婆一年准要一张。老婆都八十来岁了，上杨柳青走着去。孩子说："还是我给你买去吧。"她说："谁也别去！"我要是不去，她就上家里来买。

冯：她知道您画得好，找上门来了。

董：现在画缸鱼的不多了。

冯：这个鱼有什么要求，有什么讲究没有？

董：讲究可大了。我儿子不干呢，孙子也不干了。

肖："缸鱼"和"灶王爷"每年都换新的吗？

董：一年换一张。

冯：什么时候揭下来？

董：贴的时候换。过春节的时候，按规矩过了腊月二十三，哪一天贴都行。比如贴对子吧，就粘上了。

冯：过完年缸鱼一直贴着吗？

董：整年。一年。这缸鱼是贴在墙上，缸的上头。鱼头冲里屋的门。凡是周围村的，没有不认得咱们的。对心思，你就拿走；不对心思……现在人家杨柳青有自来水，不用水缸，不摆了，咱也就不去了。

冯：您的老爷子怎么称呼？

董：我的老爷子是哥俩。一个是董庚富，一个是董庚贵。

冯：您的父亲是董庚富，还是董庚贵？

董：我的父亲是董庚富。

冯：他画的跟您画的一样吗？

董：都是这个，不是这个我也学不了。老头、老婆都是这个，也都指着这个为生呢。

冯：那时候都在家里画吗？

董：都在家里。

冯：您家一直住在这里，离开过吗？

董：没有离开过这儿。

冯：咱现在古佛寺这个村还有人在画吗？

董：没有了，就我一人了。除去这个村，周围村里都没有了。老人死了，小孩儿没有画这个的，他们上着班还画这个？别的村还有没有就搞不清了。如今我也不卖去了，也看不见了。

冯：您这个版，我能看看吗？

董：版？都压着呢，没法倒腾。

肖：您画这个年画，是不是得会画画，有没有美术的基础？

董：都是从上面传的，刻出木版来接着再画。

冯：过去刻版的都是谁？您父亲会刻版？

董： 凑合着。画完了，脸、手、衣服重要的地方红、黄、蓝、白、黑都要上色。

冯： 您是从哪年开始不画的？

董： 今年没画，去年还画呢。今年有点浑身不得劲。岁数大点了，七十八了。

冯： 哪像七十八的，还挺硬朗呢。您那些年画画的时候，平常还上班吗？在哪儿上班？

董： 电缆厂看大门，我在那儿十来年了。

冯： 等于您农活不干了，就在电缆厂看大门了。

董： 我们看大门，三个人倒班。为什么三个人倒班？这样影响不了我画画。要是整天的上班，我还不干呢。要说三个人倒，一个月上十二个夜班。一个月耽误十二天，那十多天我在家画画。年前得拿几百张画出来。

肖： 您这个村子里打什么时候就你一个人画画了？

董： 刚一解放，我们这里还有个三四个人，后来剩下我一个，如今我也不画了。

泰山挑山工口述史

今年十月待我将"当代社会与传统生活"与一个盛大的津门皇会展结束停当，即赴泰安寻访挑山工。由于泰山方面主人为我尽心安排，我会与几位挑山工见面，还将到山里观察了解挑山工的生活现状，这就免去我因寻找挑山工而费时费力。我便着力准备访谈的问题与方式，其方式当然是我擅长的口述史调查方式。

我说主人为我的"尽心安排"，是他们帮我所找的挑山工，其中几位是从泰安周边山村里请来的老挑山工，皆已撂挑不干，我将在山下与他们见面。此外还有几位仍在山上，如今依然肩担着沉重的货物，在盘道上上下下，我将在中天门做那几位挑山工的口述。

于是，我做好计划，把此次各处调查的重点确定好。一、在山下见老挑山工，重点发掘他们的记忆史，还有职业经验、习俗和内心世界等；二、在山上去看挑山工的生活区，主要是了解挑山工的现状；三、在山上见现在"当职"的挑山工，其要点是去观察新一代挑山工的濒危状况和深层的原因。

口述的最大快乐是意外的发现与收获。我会将这些发现写在如下的口述调查中。

这里，应当说明我此次口述的调查与整理的方式与理念。由于口述的环境、条件和调查对象的不同，调查方式也应不同，应是"一对一"的调查方式和整理方式。口述调查绝不同于记者访谈。口述调查没有热点，排斥新闻性，不能一问一答。口述调查是一边呈现一边记录历史，追寻本质，关键是人，注重细节，所以口述调查的基础更应具有"聊天"的意味，与口述对象一同进入记忆空间与历史情境，决不功利地为最后的口述成果而调查。

为此，我将两位陪同我的主人也列入调查范畴。他们是当今泰山景区的主要管理者，也是专家——刘慧先生和葛遵瑞先生。他们虽不是泰山挑山工，不是亲历者，却是挑山工最直接的见证者，他们的口述极具价值。这样，在口述整理中，我采用集体口述方式，即一种相互交谈式的口述；在材料整理时，采用拆解与重组。这里所谓的重组，没有任何虚构和我的添加，所有材料都使用口述的原始材料。其目的是删除重复与枝枝蔓蔓，将驳杂与错综的交谈内容理清并逻辑化。这是此次口述所采用的调查方式与整理的方式。

历史上关于泰山挑山工没有文字记载，没有文献可考。可是挑山工一直是泰山特有的一种人，也是一种生活与人文。既是历史的，也是现实的；历史应当理清，现实应当面对。这便是此次口述的目的。

说明

调查文本的人名为求简便，易于识别，我本人只用第一人称的"我"字；口述者用代称。文本上对口述者的姓名、年龄、身份等皆有说明。

一、老挑山工口述

导语

经主人努力寻找，我终于见到两位老挑山工。他们虽已撂挑多年，人在村里，但都是干了一辈子，是终身的挑山工。

在小天庭旅舍的待客室见到他们时，给我的印象是两个人身材都矮矮的，并不强壮，长年风吹日晒面部黝黑苍劲，站立的双腿坚实有力，但神情有点木讷和抑郁，默默寡欢。我忽然想，几次登岱，很少见过体魄魁梧的挑山工，这样的体型与性情，是不是整整一生一直在沉重的扁担下压成的？

再一位胖胖的中年男子，四四方方的脸盘给一件鲜蓝的外套一衬，显得光鲜红润。经主人介绍，这位男子原先也是挑山工，现在是泰山挑山工队的队长。这"挑山工队"现在实际上已是个人承包的包工队，队长就是包工头，负责揽活、谈价、组织挑山工干活、安排住处和发工资。如今山中的包工队不止一个，山下、山上（中天门）和山顶都有，这个队在山下。

口述就这么开始了：

口述者

主人（刘慧，五十七岁，泰山管委会副主任，文博研究馆员）

（葛遵瑞，五十岁，中天门索道运营中心副主任）

挑甲（宋庆明，七十岁，曾做挑山工三十六年，济南长清区万德镇房家庄人）

挑乙（金玉友，六十岁，曾做挑山工三十年，济南长清区万德镇房家庄人）

队长（房群泽，四十七岁，现泰山挑山工队队长）

正文

○·缘起

我：　泰山真有灵气。今天早晨上网，看到《中华泰山网》发了一条消息，说要"寻找冯骥才画中的挑山工"。他们不知道我已来到泰山，也在找你们，而且已经找到了。听说你们已经不干"挑山"了？

挑乙：我六十，今年头几个月不挑了。

挑甲：我三四年不挑了，我七十，属猴。

我：　我属马，比你大两岁，你为什么前三四年就不挑了？

挑甲：挑不了了，年龄大了。

我：　现在干什么呢，在家歇着？

挑甲：我现在在"老防"，防火线，不是护林防火嘛，在树林里待着。

我：　你们是当地人吗？

挑甲：我俩都是房家庄的，桃花峪那边。

我：　在泰山干挑山工的当地的人多吗？

主人：不多了。过去可能多，现在旅游热了，靠着山搞经营，好赚钱，很少再干这种苦活。挑山工大都来自远处比较偏、比较穷的地方，徂徕山、化马湾、巴山地区，到这儿来干活赚钱。但是干挑山工必须是山民，整天翻山越岭，不怕走山路，平原人干不了这个。

我：　你们打多大岁数就挑了？

挑甲：我二十五六。

挑乙：我二十来岁。

我：　我三十多年前带学生来画画，在山里待了半个多月，整天山上山下跑，那时说不定碰上过你们呢。我和老宋（挑甲）都是三十岁出头呀。你们挑哪条线？

挑甲：最早没索道，也没公路，上山就一条路，走大盘。从红门上，中天门是中点，再上十八盘，到玉皇顶。

○·路途

我：　路有多长？

挑甲：从红门到中天门就是十二里。

挑乙：它不是平地，是石头蹬，一步一蹬。

我：　能准确说泰山从山底到山顶究竟多少蹬？我读过《泰山道里记》，说四千多阶。

主人：原先资料是六千六百阶。一九九五年我们认真数过一次，是六千八百一十一。怎么数的？四五个人一起蹬台阶，每人都数，每段路碰一次数，发生错误重走重数。石磴高低不同，只要高出一公分算一蹬。所以说，一九九五年的六千八百一十一绝对准确。可是，二〇〇〇年重修盘道时增加了，现在是七千八百阶。

我：　十八盘多少阶？

主人：五百七十二阶。

我：　最陡莫过十八盘了吧，中天门下边一段好像也很陡，有点直上直下的感觉。

主人：最陡一个十二盘之上，一个是回马岭，也是和挑山工他们最较劲的地方。

我：　老金，你一般挑多重？

挑乙：年轻那会儿一百一、一百二。

挑甲：我最轻一百一，最沉的一百二、一百三，一般都是这重量。

我：　你们干了三十多年，见没见过力气特别大的。

队长：有，黄家营人，叫刘老全，他能徒手把三块大石头摞起来。别人挑一百斤，
　　　他那时挑二百还过一点。这人没了。

我：　长得魁梧吗？山东大汉？像武松？

队长：不，个子矮。

挑甲：个子矮好挑。

○·生活

我：　这么长的山道，你们中间歇几次？

挑甲：分四趟。从红门上来，到东门口放放，到回马岭放放，再到中天门歇歇，
　　　就上山顶了。

我：　一天下来很累了，用什么法儿缓缓筋骨。

挑甲：全剩下睡觉，累得慌。

我：　不烫烫脚，活活血脉？

挑甲：烫脚？小火炉上的水都不够喝的，顶多上河里洗洗。

我：　喝酒解乏吗？

挑乙：有喝的，舍不得喝。

我：　习惯吃什么？

挑乙：煎饼，掺棒子面，两掺和的。

我：　一天全是煎饼？

挑乙：天亮从红门走之前，先吃饱了。带着煎饼，到中天门再吃，晚上的一
　　　顿回到山下边吃。

我：　吃得多吗？

挑甲：我吃三斤。

我：　总得带水吧？

挑甲：要带水，装那个水葫芦。走之前喝足，不能随便喝，到山顶没了。

我：　煎饼里卷什么菜？

由始至今挑山工一直住在这种"石头棚"里。

挑乙：咸菜、胡萝卜、大葱、酱豆腐。

挑甲：逮嘛吃嘛。平常我就两三毛一斤的豆腐，抓一把大盐，吃五六天。

我：　没有肉吗？不吃肉力气从哪儿来？

队长：呵呵，反正他们没有高血糖高血脂，什么病也没有。

我：　你们平时住在哪儿？

挑甲：我们那时都住在山下石头棚，现在大都住在中天门。

我：　还是石头棚吗？

挑甲：还是，祖祖辈辈挑山的在山里一直都住着石头棚。

我：　我明天要去中天门你们的住处看看。挑山工是否是一种职业或者是一种专业？

○·职业

主人：你的问题好。挑山工是一种职业，也有很强的专业特点，但人员并不固定。即便有人常年干这个，也是个体，手里一根扁担，有货挑就绑在扁担上，山上山下挑。家里农活忙就回去。

我： 农活总比这活好干，没这么苦这么累。天天要挑着上百斤的东西爬几千蹬的大山。

挑乙： 这个钱实惠，是现钱，货挑到了就拿到钱。上外边干活去，时间长，钱不放心，他不给你。上山干这个活，完事该多少钱就多少钱，他不欠你。

我： 都是哪些人雇你们？

队长： 山上一切吃的用的都是从山下挑上去的，不论是公是私，还有上山来香客带的东西，自己拿不动，就雇人挑。

挑乙： 在山上做买卖的，光做买卖，东西全要交给我们挑。

我： 会不会货挑到了，少给你们钱，赖账？

主人： 自古以来，无论买卖也好，香客也好，见他们靠力气吃饭，不容易，比较同情，钱又不多，一分钱不会少给。

我： 赚的钱够养家吗？

挑乙： 反正你得省着用，小孩还得上学。

我： 什么季节什么天气里活最难干？

主人： 冬天呵，再下点雨，叫"地皮甲"，最可怕。整个山都一层冰了，你不挑东西，走两步就把你摔倒。

挑乙： 那个小霜一下，石头打滑。脚上必得缠草料子。

挑甲： 使草绳子缠在鞋外边。

主人： 有时没草料子，就买了平安袋套在脚上。

我： 管用吗？

挑乙： 那个草勒着冰，防它打滑。

我： 夏天秋天下雨呢？

挑甲： 下雨就得淋着。

我： 人和东西全淋着？

挑乙； 钢筋、沙石不用盖。水泥得盖，水泥怕水。

挑甲： 随身总得带着塑料布，人家的东西不能淋湿。

我： 人呢？穿雨衣吗？

挑甲： 人淋着。

我： 呵！再请教个挑东西的诀窍。我看有两种，一种是把东西挂在绳子上，一种是把东西绑在扁担上，是吗？

挑甲： 挂在绳上是系呵。俺是摽，把东西摽结实，要是路远必得摽上。你挑建筑上的瓦片，不摽紧就碎了。

我： 我看你们上山多是走"之"字，斜着身走，扁担必得换肩？

挑甲： 必换。扁担换在外边肩上。

我： 有什么讲究？

挑甲： 两手一转。

我： 几步一换？

挑甲： 走"之"字，走到一头，一反身就换。

挑乙： 累得慌就得换。

我： 扁担多长？两米？

挑乙： 你说对了，两米左右。

我： 泰山的扁担两头有个铁尖，黄山峨眉山没有，这铁尖有什么用？

挑乙： 扁担上的铁尖是家里挑柴时插柴火的。在山上挑东西的扁担不是专用的，来山里干活就从家里拿来了。

我： 扁担是什么木头？

挑乙： 一般是杨槐木，桑木也是好木头，给肩膀磨得挺滑，不咧，不发膀子。

我： 扁担下边垫布吗？

挑乙： 不垫，布有褶儿，硌得慌。

我： 时间长了有茧子？

挑乙： 有，那个硬，磨都磨黑了。

我： 用什么绳子把东西和扁担摽一起？

挑乙： 小麻绳，现在用尼龙绳。摽有技术，摽好了不晃，摽不好一颤乎就给你"哗啦"了。

我： 结扣儿有讲究吗？

挑乙： 系活扣儿，带鼻儿，一拉就开，可愈走愈结实，俺们不系死扣。

我： 这很像帆船上系缆绳的扣儿。什么东西最难挑？

挑乙： 十公分左右的瓦片子，还有砖块。

我： 挑砖一次多少块？

挑甲： 一块五斤，一头十二块，两头一百二十斤。下雨就沉了。下雨天少挑几块。

我： 加钱吗？

挑甲： 按块算，下雨不是人家的事，挑多少给多少，不加钱。

我： 一次我见挑西瓜，瓜难挑吧？

挑甲： 挑瓜不算难，装袋子里。最难挑鸡蛋，一硌就破。

我： 你们在山里挑东西时，有往上的，也有往下的，相互遇着有没有规矩，谁给谁让道？

挑甲： 下山让上山的。打上溜的，也分左右，远远给人家让出路来。

我： 当初我在朝阳洞一带画画，曾看过一处石刻，三个字"行利它"。这应该就是泰山的文化了。

挑甲： 呵呵。

我： 你们往上挑东西时不喜欢说话吧。我发现有人和你们说话时，你们很少答话。

挑乙： 用力气嘛，一说话就没劲了。

挑甲： 不愿意说话，喘不匀了。

挑乙： 容易分神。上山时，膝盖和脚腕子都吃着劲儿，石头蹬高高矮矮，容易伤着。

我： 上山的速度有什么讲究？

挑甲： 一个劲儿，慢慢上！

○·内心

我： 想问你一个很个人的问题？你干了三十多年"挑山"，这么累，你喜欢这个活儿吗？

挑甲：你不喜欢怎么干这个活，没法儿，不愿意挑没钱花。

我：　我换个说法，打个比方，如果有个别的活儿和"挑山"挣的钱一样多，比"挑山"省劲，你还愿意干这个活吗？

挑甲：我还干这个，这个自由。

我：　怎么自由？

挑甲：早早上去，就能早早下来。早起天不热，不热人就不累。要是想多睡，就在棚里睡，晌后头再走。想回家就回家，不愿意回家在这儿干。虽然苦点，时间听自己的。不像在家里干农活的，日出而作，日落而息，天天按钟点干。

我：　你在山里走，喜欢周围的景吗？

挑甲：天天景一样，不觉得了。

我：　遇过什么险事？

挑甲：不会，有老奶奶保佑着。

我：　你信泰山娘娘碧霞元君？

挑甲：信。俺上去时常带着纸到大殿里烧，到老奶奶那儿放点钱，没多少，磕完头回来心踏实了，挑山工都讲究这点事。

○·历史

我：　你是泰山的专家，这要请教你了，挑山工的历史有多长？在文献记载中好像很少。

主人：史料记载较多与"山舆"有关，就是山轿与轿夫。明代留下一些关于乘轿登山的诗文。近代冯玉祥也写过同情轿夫的诗。山轿在解放前（新中国成立前）很流行，蒋介石和宋美龄当年就坐轿上的山。现在泰山没轿夫了，解放后（新中国成立后）认为坐轿是有钱人剥削抬轿的穷人。可是关于挑山工几乎没有记载。我们泰山博物馆仅收藏着一张民国早期挑山工的照片，外国人拍的，很珍贵。没有更早的史料了。可能过去山区里搬运东西都用扁担挑，没人会去单独地注意他们。

我：　挑山工这个概念从哪儿来的？

主人（开玩笑）：从你这儿来的吧。

我：　我最早也是从泰山里听到的。

队长：原先这儿叫作"挑挑的""挑山的"。

我：　当年在泰山我听人称他们是"挑山的工人"，才用"挑山工"这个称谓。我感觉"挑山"两个字浪漫，把山挑起来，要有多么大的力量和气魄，这是一种精神！峨眉山和黄山只是有一个称呼——"挑夫"而已。"挑夫"只是个职业称呼，"挑山"可不是！

队长：这儿人就这么说，一问谁干吗去了，"挑山去了！"

我：　挑山工有女的吗？

挑甲：没有，女人干不了这个。

我：　我"文革"时在中天门遇到一个女挑山工，三十来岁，挺有劲。

挑甲：山里的吧，临时想赚两个现钱花，不会常干，女人干不了这个。

我：　挑山工有组织吗？

主人：私人组织。过去叫包工头，现在老房就干这个，他是"泰山挑山工队"的队长。

我：　历史上也有包工的形式？

主人：有。比方过去泰山进香很盛，山下有很多香客店，香客上山，人得坐轿，吃的用的东西得往山上挑。民国时山下的旅行社很多，肯定雇挑山工。这些挑山工都是相对有组织的，包工头管。你要来泰山干这个活，人生地不熟，肯定找个头。你上姓张的那儿去，我上老李头那儿去，哪儿好去哪儿。

我：　人家有活就找包工头？

主人：和包工头谈好，包工头派人接货送货。一斤运费多少钱都有一定的。

我：　有零散自己干的吗？

挑甲：有，不多。包工头有石头棚，管住，自己没地方睡。

主人：历史上挑山工最多的时候多少人？

队长：不好说，反正二十世纪八十年代那阵子最多两百多人，听说那是最多的了。

主人：八十年代现代旅游业兴起了。

挑甲： 历史上没有过那么大工程。

挑甲： 山上要修建各种相应设施，还要修路，真正危险是这种抬纤的时候。抬和挑不一个劲儿。抬是大件，索道的大件、大齿轮、大树、盖房用的滑溜溜的大筋。一个人、几个人干不了。抬大件的时候，横着竖着，几十人抬着，前后二三百米。不能歪，有一个歪了就一大片歪了，伤了多次人。

我： 这山道一截截的，转来转去，怎么上？

挑乙： 有人喊号子。遇到陡的地方，上面有人拉纤。

我： 你们说的抬纤，就是下边有人抬，上边有人拉纤吗？

挑甲： 是，拉纤、喊号子、抬东西的必须步调一致。

主人： 现在山上一切现代化机械化的东西其实都是人弄上去的，都是挑山工干出来的。可以说，没有挑山工就没有泰山现代化的索道。我们曾试着用两架直升机吊运过建材，东西比较大；在弘德楼一带，风过来，飞机栽下去，幸好人没受伤；但我们清楚了，不用挑山工什么也弄不上去。

挑乙： 那年修南天门那边，也是一块板一块板往上扛。

我： 现在还有这种工程吗？

主人： 应该说中国历史上泰山上最大的工程就那一次，从八十年代起，直到二〇〇三年泰山成为世界文化和自然双遗产，严格规定不准再兴建任何建筑，维修也要上报申请。此外，山上有了货运索道，在桃花源那边，挑山工也就用不了那么多了，年年减少。现在山上还剩三四十人吧。

队长： 现在人们可以干别的赚钱，不受这个累了。

挑甲： 我们小时候在山里放牛放羊，满山遍野跑，从小就和山混在一起，现在牛羊都成批生产了。

主人： 现在的挑山工最年轻的已经过四十五岁了。你十年后再来找他们，就不会有真正意义的挑山工了。

队长： 可是山上还需要挑山工。索道只能把东西运到货站，但货堆在站里，总得有人往各个景点给用户挑。山上商店、饭馆、办事部门每天都有东西需要人去送，"挑山"这事还是少不了。关键是没人干了。

主人：看来将来只有"重赏之下，必有勇夫"了。

我：　有人研究机械代替人工吗？

主人：没听说过。

我：　我们的发明很少为人发明，都为赚钱发明。

队长：不过现在有一些山区还很穷，人穷不怕受累，所以还有人肯干。

我：　等到有一天没人干了，挑山工从泰山消失了，我们是庆幸还是悲哀？

二、泰山挑山工队队长口述

导语

　　由盘山公路驱车而上，在临近中天门的地方停住，下车一看，一条纵向的溪谷的谷口两边的山坡上，有几间水泥瓦房半隐在林木间。入冬后溪水干涸，木叶扶疏，反倒宁静清幽。这里便是中天门挑山工队所在地，实际也是个货物转运站。从山下由汽车运上来的货物卸在这里，再由挑山工分送各处用户。房屋前的空地堆着一些货物，还有不少从山上挑到这里、待运到山下的成袋的垃圾，花花绿绿扔在周围的草坡与树丛间，与风景不协调。

　　这几间房屋是队长办公、值班人工作兼住宿的地方，只一间用于挑山工喝水吃饭。队长的办公房虽然简陋，倒还收拾得像样。办公用的桌椅，铺设干净的小床，取暖的铁炉，烧香供拜的金元宝和泰山石；墙上悬挂着几面挑山工曾在山上见义勇为、援救游客而受赠的锦旗。可是，那间挑山工吃饭的小屋却惨不忍睹，用一些石头砖块和木板架起来的条凳与小桌，堆满吃喝用的饭盆、瓷碗、水瓶、酱罐，四周则是垃圾一般的木箱、草筐、纸箱、铁桶和大堆杂色的塑料。一些装在各种袋子里的煎饼、馒头、菜食杂乱不堪地挂在低矮的房梁上，可能是为了防止鼠类偷吃。这便是挑山工干完活回来喘息一下、以粗粝的食物填满饥肠饿肚的地方。在这几间房的后边，有些一米多高的石块码成的矮墙，上边盖着油毡、塑料、木板，这大概就是挑山工们所说的他们的住处——石头棚子。

挑山工的真实生活令我震惊。他们并不在贫困线之上。

这支挑山工的队长也是挑山工出身，从挑夫到包工头干了三十年，久不干活，身子已经发胖。他开着一辆车，山上山下跑，由于自己是挑山工中间干出来的，毫不回避告诉我挑山工自古以来从未改变过的境况与命运。

因此，他的口述便分外有意义了。

口述者

队长（赵平江，五十岁，泰山中天门挑山工队长）

主人（泰山景区管理者）

正文

我：　队长五十岁过了吧，我看你头发花白了，在这儿干了多少年？

队长：三十一年。

我：　你挑过活吗？还是一直干承包？

队长：挑过挑过。

我：　你这个队是哪年成立的？

队长：八三年，那时还没有泰山管委会。

我：　在你们成立之前，挑山工在山里分散着干吗？没人管理吗？

队长：分散着。那时都是生产队管，给自己干不行，干了活要向生产队交钱，生产队给他一天两毛补助，划工分十分。

我：　八十年代你成立这个包工队后不久，泰山就开始大规模的旅游开发，大批使用挑山工了。他们都是祖祖辈辈在这山上干活的吗？

队长：也有长辈干这个的，也有没干过的。都是远近山里的壮劳力。什么地方？有历城、黄桃村、大汶口乡、黄泉镇、张夏镇，还有徂徕山那边的。

我：　八九十年代挑山工最多的时候多少人？

队长：不止二百人。八九十年代都是大件，三四十人以上一件件往山上抬，前头必须有人拉纤。

我：　过去山上盖庙的房柁，还有石头往上抬也得拉纤吗？

队长： 石头就地取材，不用往山上抬。大木头得抬，要是十来个人抬不用拉纤。历史上拉纤用得最多还得我们这时候。从英国进口的大锅炉,烧柴油的，一百多人抬上去，整整抬了三天。

主人： 我指挥过一次抬大件，三千二百斤，走云步桥最难，那么多挑山工，向左向右，步调一致，气势非常壮观。

队长： 那时一切全靠人力。

我： 他们的收入呢？

主人： 二〇〇〇年修索道时，一天从山底到山顶十五元钱。

我： 现在？

队长： 现在一天二百块，但不是天天挑，一个月二十天吧，比以前强多了。

我： 可是队长——我坦率跟你说，刚才看到挑山工吃饭休息的那间屋，心里特别不落忍，觉得我们城里生活那么好，自己所敬佩的挑山工的生活竟是这样，心里难过。他们付出的不比我们小，我们应该帮助他们。

队长： 我觉得自己这个当队长的心里有愧，这么多年一直改善不了，能有个伙房就好了。挑活再苦再累，回来有口饭吃，不用自己烧饭，现在还是自己做。有的挑夫来一看这环境，住这个棚，就走了。有个地方，条件比这儿强，但离这儿二里多地，远了，中午回来不愿意再跑到那儿休息，就近找个隐蔽的地方能睡下来就行。住在这个棚里，冬天那个风真太危险了。那个风"呜呜"的，跟个老虎似的。

主人： 将来能达到你现在住的那个水平就行，很豪华。

队长： 哎呀，豪华倒是不豪华。我年年写申请改善挑夫住处，一直批不下来，我对不起挑山工，有时聊起来就想掉泪。我愿意用自己的钱给他们盖个屋。

主人： 你这儿属于个体经营，相当于山上搞小买卖的，不算是一个单位。现在泰山上建房子有严格限制，原先没有的建筑，除非古建，一间也不准再盖。

我： 是否可以改造一下工棚呢？

主人： 现在的石头棚也是不合法的。这里边有个矛盾，如果把他们挪到偏僻一点隐蔽一点，他们就会嫌不方便。如果对现在这个地方改造，加上围墙，必须省里批。现在的工棚不是正式建筑，等于新建住房。在世界文化遗产里面不准许，不会得到批准。

我：　队长，你至少可以先实际地改善一下他们的生活条件。吃饭的条件，休息和居住的条件，新盖房子难，改善一下总还可以。无论历史还是今天，泰山有这样美好的人文，挑山工是有功的，要爱惜他们，不能对不起他们，屈待他们。何况他们可能是最后一批挑山工了。不能叫他们是最后是被穷困逼出历史舞台、逼出泰山的。

三、中年挑山工口述

导语

对山上挑山工的口述调查，是在中天索道的运营站里。所见到的挑山工使我"耳目一新"，尤其是韩士礼，他与我见过的挑山工都不一样，身穿一件有花纹的毛衣，头扣一顶短檐的迷彩帽，个子不高，活力外在，爱说话，喜欢表达，了解山外的社会，有自己的思考，连网上的信息也关注。这些在下边的口述中都能鲜明地表达出来。对他口述调查时，我不觉心头一动：他是新一代挑山工的代表人物吗？

然而，他又说他是泰山最年轻的挑山工，已经四十五岁，再没有更年轻的人来干挑山工，他自己的儿子在上学，将来也不会再干这种苦行僧般的差事。历史将把这个韩士礼化为一个句号吗？

可是，他们又一致地说，照泰山的实际状况，在这样的地势错综复杂的大山里，没有人力搬运、没有挑山工是不可能的。那么，挑山工将何去何从？

这便是我在山上做口述调查时心里最关切的问题。

口述者

挑丙（韩士礼，四十五岁，中天门挑山工，济南市长清区张夏镇西叶老村人）

挑丁（赵平地，五十岁，南天门挑山工，泰安市岱岳区黄前镇谷家泉村人）

队长（赵平江，中天门泰山挑山工队队长）

主人（泰山景区管理者）

正文

队长：　自泰山有了索道，山上用什么货物，不用再从山底挑到山顶，改从中天门走十八盘，上南天门。

我：　比起以前，你们现在挑一半路了。好，咱们先聊聊你们现在的活怎样干——说说你们现在走几条路线？

主人：　一条道是从山下边用汽车把货物拉到中天门，再往各处挑，也往山顶送。还有一条道，山下桃花源有个货运索道，可以把货物一直运到山顶，卸在天街北头，然后从那里往各个地方分发。所以，山上的挑山工是两拨人，一拨在山顶，这拨人不走十八盘，只在山顶上干活。一拨人专走大盘，从中天门上十八盘到山顶。

我：　山上这么多景点，吃喝用加上买卖的东西很多，都靠你们送吗？

队长：　他（挑丁）就是山顶上的那一拨。不走大盘，专门搞山顶货物的倒运和分送。

挑丁：　哪儿需要我们就往哪儿送。公家的，转播站、宾馆、碧霞祠都送。

队长：　不论山上山下，各景点各单位只要有货要运，有东西要挑，就和我们队里联系，我们就派人去接货送货。他们挑活的今天可能送朝阳洞，明天可能送南天门，每个人每天的路线不一样，收入不一样，按路程算费，在山这边一个价钱，拐到山那边就另一个价钱了。

我：　你（挑丙）大名怎么称呼？

挑丙：　韩士礼，我四十五岁，成家了。网上有个纪录片《云上的人》就看见了。

我：　哦，都上网了，名人了。你干了多少年了？

挑丙：　二十多年。

我：　多大岁数开始干？

桃丙：　二十吧。

我：　你是当地人吗？

队长：　他家是张夏镇西叶村。

挑丙：　就在桃花源那边，好天的话，站在山上就能看到了。

我：　　你最初来干挑山，就是找的这位赵队长吧？

队长：　他一开始就到我这儿来。他老哥韩士英、韩士照、韩士栋在这儿挑的时间长，现在都六七十、七八十了，都是他老哥。

我：　　你这儿还在"挑山"岁数最大的多大？

队长：　六十三，王忠。

我：　　你头一次挑多少？

队长：　和军训一样，肩膀疼腰疼腿肚子疼，受不了了，跟军训一样，必须过头一个星期。

挑丙：　开头挑九十斤，走得快，技术掌握不了，腿就不行了。

我：　　你是山里人，不也总挑挑儿吗？

挑丙：　在家里挑粪，走山道熟，没盘道，都是斜坡，不像咱这儿，这个台阶就不行了，抬腿不一样，家里斜坡抬五六公分，这儿台阶抬十八九公分；使的劲也不一样。

我：　　这中间有没有想不干的时候？

挑丙：　有过，可是这个活儿自由。

我：　　我昨天听两位老挑山工也这么说。还有什么时候，叫你觉得快乐、高兴？

队长：　开工资的时候。

挑丙：　我觉得一天天都行。咱泰山这个自然环境好，游客都带着笑脸，跟医院里不一样，旅游业就是这样啊。

我：　　在路上有人和你说话吗？

挑丙：　游客是有文化的。就说"挑山工是泰山一道亮丽的风景线"，有的说"你们真伟大"，还有的说"这才真是爷们儿呢"！我们挺自豪的。

我：　　你愿意人家跟你合影吗？

挑丙：　好多好多，一般照相有点侵犯别人的肖像权，可我不介意。尤其是暑假时候，有的女同志专门带着孩子来，就是来看我们，想和我们合影。

主人：　就是因为读了冯先生的《挑山工》，你知道吗？

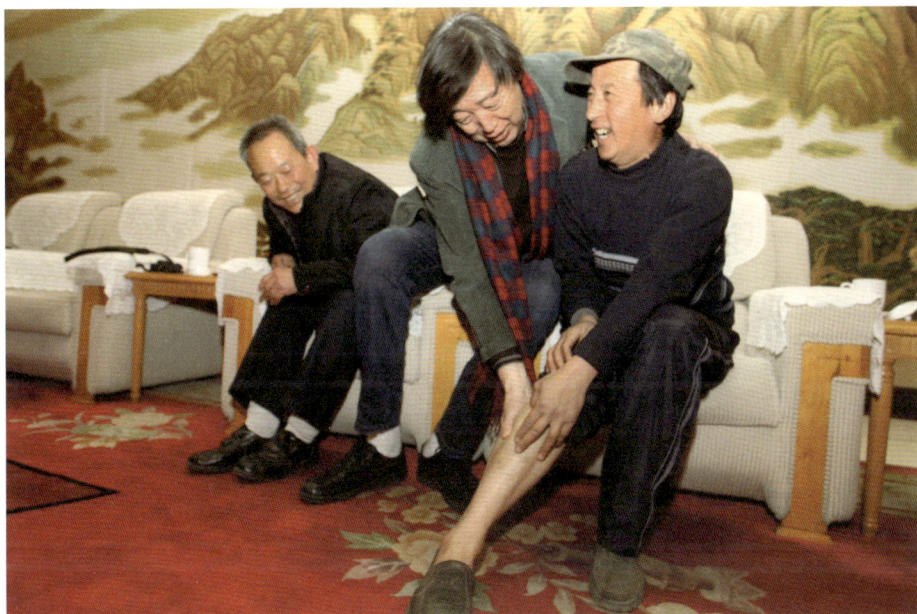

"我摸摸你的腿肚子。"

挑丙： 我听说过，有人说是小学学过的，有人说"这不是书本上学过的《挑山工》吗？"有的说"是，就是"。您那个是书本上的教材，我们是活生生的苦教材。

我： 再问问你，刚才你说泰山的自然环境好，从山下到山上你喜欢哪个地方？

挑丙： 喜欢的不一样。比方我回家住些天再回来的时候，一进红门一个心境，到朝阳洞那块一个心境，再到南天门又一个心境。境界不一样，人的心情感受也不一样。

我： 说得真好。你上学上到几年级？

队长： 他念到初中。他平时好学习，游客扔的报纸，他都捡回来看。

我： 有几个孩子？

挑丙： 一个男孩，上高中，十七了。

我： 他不会干你这个活儿吧，念了书就学别的去了。

挑丙： 现这个行业正好是年轻的不干，老的干不了，我们正好在中间。

我： 你想过一直干到老吗？

挑丙： 干什么都有个度，身体好时多挑点，不好时少挑点。现在回家待一段时候还真不行，想回来，可是回来马上干也不行。在家里人放松，就得把自己紧起来才行。我想我还再干二十年吧，到六十五。现在体重一百三十五斤，身体还够棒。

我：　你们干"挑山"的胸肌好像不发达。

挑丙：我们的腿结实，腿肚子最发达；还一个，老百姓说的肩胛台子，有个疙瘩；再就是两个肩膀。

我：　都是挑挑儿使劲的地方。我摸摸你腿肚子。哎哟，这么硬，像块大鹅卵石。你登台阶时哪儿着地？

挑丙：脚尖着地，人和扁担都跟着有个颤悠劲儿。

我：　所以你的肌肉不是硬劲，是韧劲。下山呢？

挑丙：下山更是脚尖着地，要不墩腿肚子，所以我们下山特别快，脚尖一着地人就过去了。

主人：昨天那老挑山工说，要没技巧，肯定会歪脚扭腿，坏了膝关节。

挑丙：登台阶时要始终掌握着膝盖的感觉。如果不舒服，就得慢。

队长：他们走"之"字就是侧上，不是直上。

挑丙：那个力就不集中在膝盖上。

我：　这样一来你们的东西就必须摞紧吧？

挑丙：是呵，不能晃。

主人：有两种方式。上台阶，货物绑在扁担上比较合适，如果走斜坡或平道，直接挑比较方便。

我：　我想问你一个将来的问题，你希望看到一个更年轻的挑山工吗？

挑丙：如果泰山没有挑山工，有一件事就很麻烦。

我：　哪件事？

挑丙：比方旅客发病、摔伤，甚至老人走不动了，就得咱们把他们抬下来。咱能不管吗？泰山能没有咱们吗？

我：　噢，你把自己和泰山连在一起了，泰山真的不能没有你们。泰山得想法把你们留住才是。

二〇一四年四月二日

敦煌痛史

一九九六年我应中央电视台之邀，创作大型电视片的文学剧本《人类的敦煌》。在长达一年半的写作中，我一边沉浸在被敦煌与丝绸之路激扬起的浩荡的情感之中，一边经历了一种异样而强烈的写作感受——即对文化的痛惜。那始自一九〇〇年灾难性的敦煌百年发现史，其实就是近代中华民族文化命运的浓缩。它戏剧性的坎坎坷坷里，全是历史与时代的重重阴影。我清晰地看到它被紧紧夹在精明的劫夺和无知的践踏之间，难以喘息，无法自拔，充满了无奈。我们谁也帮不上历史的忙！然而，这文化悲剧往往是一个民族文明失落后的必然，而这悲剧还有一种顽固性。如今我们所剩无多的文化遗存，不是依然在被那种"王道士式"的无知所践踏着吗？

幸好，从世纪初，一代代杰出的知识分子奋力抢救与保护着敦煌。他们虽然不过是一介书生，势单力孤，但是他们单薄的手臂始终拥抱着那些岌岌可危的文化宝藏。他们置世间的享受于身外，守候在文化的周围，不辞劳苦，耗尽终生。他们那种文化的远见，那种文化责任感，那种文化的正气，连同对磨难中文化的痛惜之情，深深地感染着我们！对此我曾在电视文学剧本《人类的敦煌》中激情地写过。那时，我是想通过电视，广泛传布这种虔敬于文化的精神。

可惜这部电视片历经四年，周折迭出，终未实现，变成了虚幻。终于导演告诉我，他们准备放弃这一拍摄计划。我没有对导演过多地责怪。关于敦煌所有的事，全都要有一种献身般的精神。这可不是所有人都具备的。再说，若要从文化上把握敦煌又谈何容易！然而我心不死，由此反倒生出一个念头，即另写一本书——表达我上述的想法。我想做得像房龙那样，面对广大读者，尤其是青年，写一本敦煌藏经洞的通俗史，把历史的真实明明白白告诉给年轻一代。我以为每一代人都有一种责任，那就是把前一代最宝贵的东西传递给后人。对于敦煌的整个历史来说，那就不仅是灿烂的文化本身，还有一百年来中国文化的命运以及知识分子那种神圣的文化情感。故此本书把重点放在这里，因而叫作《敦煌痛史》。

在我动手写这部书时，一位好友李忠武先生参与了进来。当年在我写作《人类的敦煌》时，他帮助我查阅与考证史料。他对敦煌的挚爱以及治学之严谨，令我感动。这次，他不单为本书到处搜寻照片，还为这些照片写了翔实的说明。他的工作使本书更加可靠和厚重。

再有便是敦煌研究院的摄影专家吴健先生和上海古籍出版社的学者性编辑府宪展先生，都为本书提供了珍罕的照片。图片是使历史复活的最好方式，它能使书中的一切忽然出现在眼前。它们还会使事物变得更加可感。说到感受——如果读者也能感受到书中刻意表述的那种对文化的痛惜之情，那么本书的写作便抵达目的地了。

一、湮没的敦煌

一百年前，身在中原的人，很少会提到敦煌。只是偶尔在吟诵到唐人王维那个名句"西出阳关无故人"时，幻想里才会出现那个远在天边的孤城。敦煌在人们的地理概念中，几乎是最边缘的一块极地。

它寂寞地陷在荒沙大漠里。

在那个时代，即使敦煌本地的人，也不知道自己的过去。小小城池四外的那些土夯的烽燧与城堞，只剩下奇形怪状的残骸。有的快被终年不绝的烈风吹尽，与地面含糊地消融在一起，几乎快分辨不出来了。有的则与雅丹地貌那些特有的鬼魅似的土丘混成一片。谁也说不清它们的年龄和来历。至于阳关外那一大片开阔地上，有时大风吹过，忽然会非常神奇地露出一些古董，比如陶纺轮、青铜戒指、棋子、箭镞、车马饰、古钱等，所以人们称它为"古董滩"。一九九六年，我和中央电视台的一行人去到那里，正赶上头天夜里刮大风，一位制片人居然拾到一枚有雕工的铜戒指，形制十分古雅，优美之极。但这些东西是哪里来的？这里曾是什么地方？仔细看，有时从地面上可以看到很清晰的一处处房基。它原是一座村落或村镇吗？再看那些随处可以拾到的古钱币，有一千年前唐代的开元钱，也有两千年前汉代的五铢钱，它竟然又是那么遥远！但什么缘故使它衰落、倾圮、几乎没顶于地平线了？至于玉门关外那条伸入戈壁滩的无穷无尽的古道，更是无从知晓它来自何处，通往何方？而且这条道从戈壁滩这坚硬的地面上凹下去几尺深。多少人走了多少年，才踩出这样一条令人惊心动魄的大道？

谁来回答？

历史去得太久，已经没有回声。

也许只有通晓历史的学者才能说出——这条古道始自汉唐中国的腹地长安与洛阳，它北上西行，穿过两千里长的河西走廊，抵达敦煌这里；然后穿过阳关和玉门关分作一南一北两条道，纵入浩瀚的新疆（那时称作西域）。在古代，中国的威胁与外来的恩惠全来自西方，所以这条至关重要的大道便遥遥穿过中亚诸国，再穿过万里之外西亚的安息和两河流域，直抵地中海南岸的埃及与北岸的希腊与罗马。这原是公元前后两千年人类几大文明往来交流的大动脉呵！

它就是著名的丝绸之路。而敦煌就处在这中外交流的咽喉要地。

无数在东方人看来无比新奇的西方事物，还有被西方人看作匪夷所思的东方人的制品，都在这里相互交流、交换、交汇！比如中国人发明的丝绸——所以这条路被纪念性地命名为"丝绸之路"！

可是，历史上曾经并没有"丝绸之路"的称呼。

它是德国地理学家李希霍芬在一八六八到一八七二年对中国进行七次考察后，才将这条"往返于西域的骆驼商队所走的道路"称做"丝绸之路"的。到了十九世纪末，欧洲史学界的文化传播派出现。这个流派的观点是"人类文明的进程是各种文明相互联系、冲动、借用和转移的结果"。这样一来，人们对丝绸之路的研究就分外关注了。

但这只是学术界的一种认识。对于丝绸之路本身，历史早已翻过那一页。至少七八百年前，随着"海上丝绸之路"的兴起，东西方的交流由陆路变为海路，整个中国——从政治中心到文化重心都由西向东转移，敦煌的位置便从最前沿一点点转变成大后方，并一步步衰落下来。

时间真是太漫长了。丝路上早已看不见人影。戈壁滩上连走兽与飞禽也很少出现。历史最大的无情是遗忘。敦煌和它往日那么灿烂而丰富的一切，差不多快被人们忘得干干净净了。

可是谁料到，一九〇〇年——它竟然起死回生，奇迹般地"再现辉煌"！

敦煌真是个有灵性的地方。它从来都是一种奇迹。它这次突然一下子起死回生般、传奇般地重现在世人面前，更是一个奇迹。它不仅惊动了中国，也惊动了世界。

然而，别高兴得太早。这一次伴随着它的，却是一场旷古未闻的文化悲剧。

二、出没在死亡之海的探险家们

十九世纪中期，更边远的新疆一带，时而会出现一个或几个面孔陌生的洋人。他们不像是来做买卖的商人，手里往往拿着一些从未见过的很奇特的器具，比方望远镜和绘图仪等，当地的人用惊诧的目光望着他们，猜不透这些人的用意。

在那个时代，西方考古忽然热了起来。它显示了正在进入现代社会的人，开始要用历史眼光认识自己的过去了。西方人的考古，一方面在他们的本土上进行，一方面则是由西向东进行发掘。从希腊、埃及到西亚的巴比伦，再到印度，接下来是中国的新疆，一路上都是收获极丰。这种文化上的"顺藤摸瓜"，无意间是在踩着中古时代东西方之间相互交流的足迹，也就是踏着当年的丝路和佛教东渐的路线，将久已被湮没的那段东西文明交流史活生生地挖了出来。

然而在那个殖民时代的特殊的背景下，西方人的考古不可能那么纯粹，它有意或无意地渗入了特定的殖民时代的"历史内涵"。这就是后边一系列悲剧的根本性的因素。

到了十九世纪末，当西方考古的热潮来到中亚地区时，沙皇俄国和英国在中亚地区势力对抗正在加剧，在新疆各地外来的洋人就渐渐多了起来。俄国人把他们的边界拼命推入中国，同时越过锡尔河与阿姆河，从北边进入新疆；英国人则通过他们的殖民地印度，由南部来到新疆。最初来到新疆的是一些考古和科学探险队。这些探险队往往肩负着的使命是进行地理测量与气候考察。这种活动是带着战略性的，当时的新疆人根本不明白。至于政府官员，也看不到这些活动后边的"深谋远虑"。而此时，中华帝国的皇城——北京那边，随时都可以进入列强们大炮的射程。人们的目光都盯着东南一边的脆弱与危机四伏的海疆，没人会注意这边远的荒漠中偶然出现的三三五五个洋人。

然而，激活考古活动的还是靠着考古本身的重大发现。

一八八九年，在喀喇昆仑山口出现一件意外的事。一位富有的英国探险家安德鲁·达格列什，被一个来自阿富汗的凶厉的汉子杀害。这个阿富汗人名叫多德·穆罕默德。为了抢劫安德鲁·达格列什，朝他开了火，然后乱刀砍死。英国政府当即任命大尉鲍威尔到中国来办案。鲍威尔追捕凶手到达库车。他没有抓到那个狡猾的阿富汗人，却意外得到一本古书的原稿。这原稿是手

英国考古学家斯坦因（一八六二－一九四三）。

写到桦树皮上的，共五十一页，样子极其古老，文字也很古怪，全是斜写的，像豆芽菜一样，根本无法看懂。后来鲍威尔把它拿到印度，经印度的大学者霍恩雷的鉴定，竟是世界上现存最古老和久已失传的中亚婆罗谜文写本。这件事惊动了西方学术界，为了纪念鲍威尔的这个"发现"，史学界给这无价的写本命名为"鲍威尔古本"。不久，法国的杜特伊·德·兰斯探险队，在和田地区也获得同样古老和珍奇的佉卢文贝叶本《法句经》。

这些信息强烈地刺激和诱惑着西方的学术界，尤其是考古界向来有很强的发现欲，他们反应十分敏锐与迅速。随即英、德、日、芬兰、瑞典、普鲁士等国就组织起探险队，来到新疆，而且立即都得到惊人的收获。

一八九五年的秋天，年轻的瑞典探险家斯文·赫定翻过巍峨的帕尔米高原，到达中国边境的小城——喀什。在这个绿洲上的城镇中，他听到许多美妙的传说。都说有一些堆满财富的古城，就埋在那个恐怖又暴虐的塔克拉玛干大沙漠的深处。人们只是说说而已，连传说这些故事的人也并不当真。斯文·赫定凭着他考古的天才和灵性，坚信这些传说是真实的。塔克拉玛干气候酷烈，骄阳似火，终年无雨，寸草不生，正午的气温高达五十摄氏度，除去偶见的嶙嶙兽骨，一无所有。没有任何生命从这里生出来，只有生命在这里死去，人称"死亡之海"。在历史上，除去两位去西天取经的和尚玄奘和法显走过那里，从此再没人敢走进去。但斯文·赫定去了，他在里边吃尽苦头，几乎丢掉性命，但是他在那里发现了消失千年的迷人的古城——楼兰。

于是就有更多考古学家来探险。他们所走的道路，就是沿着塔克拉玛干大沙漠的一南一北，由西向东而行。他们没有一个不是收获巨大。那些沙漠里荒废的古城，到处是千年前的器物。在倾圮的寺观与佛塔中，常常可以找到古老的写本与绘画。新疆的遗存和任何别的地方的遗存都不同。它既不是在地面上，也不是深深埋在地下，而是在当年废弃后，被风沙遮盖起来。只要掀起这层黄沙，一件珍奇的古物就出现在眼前！这对于考古学家来说，简直比神话还神奇！

这些古物，全是东西文化大交流时代的创造，想象之浪漫，形象之奇特，都是前所未见，而且带着极强烈的历史气息。对于已经把丝路历史忘却千年的整个人类，每件古物的发现，都如同把一部分消失的往日呼唤回来。这便吸引着这些探险家们在辽阔的西域展开了一场空前的文化搜寻。他们不放弃任何一处遗址，所到之处都是狠挖一通，能搬走的全部搬走，墙上残存的壁画也都用刀子割下来。他们确实是一些训练有素、经验丰富、极能吃苦耐劳的考古探险家。从十九世纪八十年代到二十世纪二十年代，前后不过三四十年，他们把新疆一百六十多万平方公里上的所有沙埋的古城——高昌、楼兰、尼雅、交河、且末等都挖了出来，所有遗址都翻了一遍，所有历史遗存差不多全都拿空了。从此以后，新疆考古竟然再没有什么重大发现。

然而世界上哪里还有这样的彻底的文化清洗?

到了二十世纪初，他们把新疆搞得差不多了，便一路向东，进入甘肃，而更大一块肥肉敦煌就摆在这必经之路的路口上。

第一位与敦煌打交道的探险家是英国人斯坦因。他是一九〇七年三月来到敦煌的。但来到敦煌之前，他完全没想到会遇到二十世纪人类最重大的考古发现之一——敦煌藏经洞文献。

三、道士王圆箓

说到藏经洞，第一句要说的话是：当藏经洞里的千年宝藏横空出世时，历史居然安排王圆箓这样糟糕的人物来担当主角，真是一个极大的错误！

但历史是不能修改的，只能是这样——王圆箓为湖北麻城人，年少时逃避灾荒，四处奔波，后来流落到西北，在酒泉的巡防军内当过一名士卒，退伍后出家，随同一位名叫盛道的老道，修炼成为一名道士。他虽然文化很低，但道士做得十分虔诚。一八九八年他云游来到了敦煌的佛教圣地莫高窟。一到这里，立刻被看到的景象迷住了！

莫高窟在敦煌城东南二十五公里的戈壁滩上，原是一座名叫鸣沙山的光秃秃的山崖。传说十六国时，一位叫乐僔的和尚路经这里，忽见山上金光四射，好像有千万尊佛同时出现。于是就在崖壁上开凿第一个佛窟。从那时开始，代代开凿，千年下来，这山崖就像蜂房一样高高低低布满洞窟，里边全是精美的壁画与塑像，所以莫高窟又有千佛洞之称。王道士来时，莫高窟已经很古老。许多低处的洞窟被泥沙埋没，高处的洞口也给流沙堵死，洞外木质的扶梯与栈道多已朽坏。但它灵气未绝，仍然是一派神圣的气象。一些洞窟还被信男善女应用着，参拜礼佛的人们络绎不绝，香火很是旺盛。

王圆箓对佛教一窍不通，但在泛神的中国民间，佛道之间的界限十分模糊，甚至混为一体。他便决心在莫高窟安顿下来。王道士对佛教很尊重，而此时住在莫高窟的和尚大都是喇嘛，信奉藏传佛教，不会用中文诵读佛经。王道士识些字，就为佛教徒念经，还四出募款，修缮洞窟，很受佛教徒的欢迎。但他心里惦着的，还是他的道教。他发誓要在莫高窟建一座道教的太清宫，并筹划将几个洞窟打通，改建为一座道观太清宫。如果他真的在这个佛陀的世界里建起道教寺观来，那会不伦不类，非常可笑的。

他选中的用于改建为道观的洞窟，窟室很大，又高又深，一条挺长的甬道通到洞口。这个洞窟人称"吴和尚洞"。吴和尚名叫洪辩，是唐代的一名僧团首领，在当地很有权威。这洞窟是他担任唐代河西都僧统时开凿的。但时间已过去一千年，洞窟早已废弃，大漠吹来的黄沙不仅拥在洞口，还把甬道也深深埋了一半。

王道士雇了一些人，把洞口与甬道的流沙全部清理干净，居然还将洞中佛像打碎，塑起一尊道教的灵宫。这天，工间休息的时候，一位雇工杨某，在甬道上靠墙而坐。墙壁上画着一大排很高大的供养菩萨，但已经很古老，上边有很多细长的裂缝。这位杨某吸旱烟。照当地的习惯，用芨芨草燃火点烟。燃余之草便插在身后墙壁的裂缝上，以便烟灭了，随手取草点烟。芨芨草很长，可是这天往墙缝里一插，竟然掉了进去。杨某觉得奇怪，屈指敲敲墙壁，咚咚地响，里边竟是空的。他就将这不可思议的情况告诉王圆箓。待打开一看，里边竟然还有一个洞窟。钻进去一瞧，他完全呆了，洞里竟然像一座小山一般堆满了古代的经卷、文书、佛画和法器！

人间罕闻的宝藏就这样被发现了。这个藏宝的洞就是后人所称的藏经洞了！

这一天是一九〇〇年六月二十二日。

义和团正在中国的滨海名城天津的租界里，与八国联军殊死搏斗。整个民族危在旦夕！谁会往这渺无人迹的荒漠与阴冷黝暗的石室里望一眼？看来，历史不仅选错了角色，也选错了时间！

生不逢时。这也许就注定了敦煌宝藏的灾难性的命运了！

尽管王道士识些字，却完全不懂得这些东西的价值。在他眼里，最多只是些破古董而已。当然，他知道古董也值几个钱，便先从敦煌城内请来几位士绅，想用这些东西跟他们换些银钱，好修建他的太清宫，但士绅们毫无兴趣。他装了一箱子经卷文书，送到他昔日在酒泉当兵时的老上司安肃道台陆廷栋那里。陆廷栋居然认为这些经卷上的字没有自己写的好，也完全不当回事。王道士就时不时拿出一点，当作礼物送给当地的官绅，以换取他们的募捐。这些东西就开始零零散散在西北地区流散开来。

一九〇二年金石学家叶昌炽到兰州来做学台，听说敦煌发现一些古代写本，还有佛画，便请敦煌县令汪宗瀚替他找些看看。他是个行家，一看拿来的东西，立刻判断这是些了不得的文物，马上建议甘肃省当局把藏经洞的文物全部运到兰州保管。但这样做需要五千两银子的经费，还至少得用七辆大车。可是省里怕这笔花费，推说费用无法筹措，就下令敦煌县令汪宗瀚去查封藏经洞。

汪宗瀚受命，于一九〇四年三月将藏经洞文物就地封存。但他只是一个庸官，念过书，但完全没有文化意识。照官场的习气，凡是公事，敷衍了事。他根本没有认真查点，开列清单，只是把这一洞的宝物推给了王道士来看管。

在当时的官场中，明白人只有叶昌炽一人。但叶昌炽毕竟也是个官儿，虽然懂得这些东西的文化价值，却毫无责任感。他屁股一直坐在衙门里，根本也没有亲往敦煌查看一下。等到四年后，他听说一个外国人把弄走的敦煌写本拿到北京展览时，文化的良知方才苏醒，心中懊悔不已，但那时已然回天无力了。

四、千古之谜

这里，暂且把藏经洞下边的遭遇放一放，说说这藏经洞到底是怎么回事。它原先究竟是做什么的？为什么封闭起来？到底是谁把这么多宝贵的东西藏在里边的？为了什么？这肯定是我们先要弄明白的问题。

藏经洞属于"吴和尚洞"的一间耳室，面积只有八点六五平方米，原是吴和尚洪辩平日坐禅的地方。吴和尚去世后，他的弟子们就凿一个禅床式的石坛，上边塑了他的泥像，作为纪念。还在他身后的墙壁上画上菩提树、净水瓶、执杖侍女以及举着团扇的比丘尼，表达对他的敬意。此外，西南的壁龛内还嵌上一块石碑，铭刻他平生的善行与功绩。这耳室就成为纪念这位高僧的一个影窟了。

这个洞的开凿时间大约是在九世纪中期，封闭时间是在十一世纪初。但它为什么会堆放这么多文书经卷？到底是什么特殊和意外的缘故，迫使它封闭起来后再画上壁画来伪装？一百年来，众说纷纭，猜测不已，可是谁也没有把它说清楚。这就使藏经洞愈发的神秘与诱惑。

通常的说法是，宋代末期莫高窟的和尚们为了躲避西夏人的侵袭，悄悄将这些文献和写本封存洞中。理由是藏经洞文献中没有西夏文的写本。按逻辑推论，肯定是藏经洞封闭在前，西夏人入侵在后，故而洞中没有西夏时代的写本。这种推断听似简洁清晰，十分有理，但是推断者有一个重要的疏忽，就是西夏占领敦煌是一〇三六年的事，而藏经洞文献中最晚一份的纪年是一〇〇二年，中间相差三十四年。莫高窟和尚怎么会提前几十年就猜到西夏的入侵，并作出如此保密性极强的行动？

这个反问，实际上就把上面的论断推翻了。

另一种说法是藏经洞的经卷多为卷轴式，而自十世纪末期，折页式的经文已经流传开来。这些老式经卷失去实用意义，故而封存起来。这个说法听来也有道理。但是，这种封存是很正常的，封存后为什么要画上伪装呢？显然不能自圆其说！

还有一种说法，认为藏经洞封闭与敦煌内部的权力斗争有关。十世纪与十一世纪之交，敦煌遇到有史以来最大的麻烦。在外部，东边是刚刚崛起的西夏党项人，势头逼人；西边是与佛教为敌的哈拉汗王朝，随时可能纵骑而至。哈拉汗王朝大肆毁佛，并对信仰佛教的于阗国发动圣战。如果他们到来，莫高窟肯定要经受一场灾难。在内部，也正是一〇〇二年，敦煌权贵曹氏后裔曹宗寿为了争夺权位，逼使他的叔父、原归义军节度使曹延禄自杀。局势可谓错综复杂，凶险四伏。在这严酷的形势下，封闭藏经洞文献已成了大势所迫。可是，这仍然只是一种猜测，没有任何具体的依据作为凭证，哪怕是一个也好。

没有一个说法可立住。可是更离奇的说法却不少——

据说，在流散到海外的敦煌遗书中，曾发现两件很晚的写本，一件是宋代天圣九年（一〇三一年）的，一件竟是清代康熙二十一年（一六八二年）的，这一信息曾使人惊讶不已！因为藏经洞封闭的时间，必须晚于洞中文献的纪年。如果真有一件更晚的文献，整个封闭的理由又会成为一个全新的神话。可是，有人怀疑这两件写本不一定出自藏经洞，很可能是在敦煌其他地方出土的。于是，一切又回到扑朔迷离之中。

各种说法自执一词。只要有一种听来可信的说法，就会招致一种相反的说法来否定。什么时候才会找到事情的真相？同样没人能回答。

一百年来，藏经洞之谜，已成为中国文化史上最大的永难破解的谜。人们之所以如此关注藏经洞，最根本的原因，还是由于洞中遗书那无可估量的巨大的历史文化价值。

那么，接着的问题又来了：

这藏经洞的宝藏究竟都是什么？

五、千年宝藏

在这堆积如山的藏经洞的宝藏中，最重要和价值最高的是文书写本，所以藏经洞宝藏又被称作藏经洞文献或敦煌遗书。

藏经洞文献包括佛教经帙和典籍文书两大部分，大多是卷轴式的写本。所以从照片上看，它一卷卷和一层层堆得很高。

藏经洞文献约五万件。其中经卷约三万件。所有文献基本上全是手写的。它们始自晋代，及至宋末，中间历经七个世纪。这样数量巨大的手写文献真迹，多半又是孤本与绝本，谁能估算出它的总体价值！这么说吧——这五万件中，拿出其中任何一件都是"罕世奇珍"！

在佛教文献中，许多是《大藏经》中的佚文佚经。有的抄本年代早，对后来的传世本具有极其重要的校勘价值。有的经卷在印度连原始的梵文本都已经散佚了，其意义就更加深远。

文献中大量的寺院文书，尤为宗教史家注目。这些发现的本身，使我们第一次周详地了解到中古时代寺院的日常生活。而佛教之外，一些关于道教文献，都是过去不曾见到的。过去人们对摩尼教、祆教以及来自叙利亚的景教，知之甚少，但洞中的几个卷子，就把那个神秘的历史角落曝光了。历史的空白一下子全给有血有肉地填满。

在藏经洞内，凡重要的儒家典籍几乎全能找到。古代的著作都以传抄和重刻的方式流传下来，中间最容易发生错误。这些早期的抄本便会捧出历史的原貌来。在这些古本书中，还有一些著作如王粲的《晋纪》、虞世南的《帝王概论》、孔衍的《春秋后语》等，都是第一次见到的。至于从洞中首先发现的非常丰富的古地理资料，以及大量的官家文书和世俗文书，给我们淋漓尽致、浩瀚又具体地展开了中古时代的生活全貌。

藏经洞内还保留大量珍贵的文学作品。许多歌辞、俗赋、白话诗、话本，全都是从未见过的。至少有数百首诗——包括唐代大诗人韦庄的长诗《秦妇吟》，都不曾收录在《全唐诗》中。还有从寺院中"俗讲"演变出来的"变文"，早在宋真宗时被明令禁绝，但这次它们竟然大量地从藏经洞冒了出来。由于这些重要的作品的出土，大大扩充了中国文学的历史宝库。

比文学更有价值的，还有大批医药、天文、历书、星图、农业、科技、算术乃至儿童的启蒙读物。从更广的范围看，这些文书还涉及针灸、兽医、矿业、化学、气象、兵器、冶炼、工具、食品、植物、动物、音乐、酿酒、药物、制毯、制糖、造车、造纸、养蚕、星占、丝绸、印花、印刷、雕版、婚丧、民俗等领域。人间万物，世间万事，几乎无所不包。

这里有：

我国第一部正式药典《新修本草》；

最古老的针灸专著《吐蕃灸法残卷》；

最古老的针灸图谱《灸疗图》；

最古老的染发剂《染髭发方》；

最早治疗猝发心脏病的药方《辅行诀脏腑用药法要》；

最古老的图经《沙州都督府图经》；

最早的佛经《法句经》；

最古老的报纸《进奏院状》；

最早的汉语剧本《释迦因缘剧本》；

最早的应用文写作大全《敦煌书仪》；

最早的词《敦煌歌辞》；

最早的星图《全天星图》；

最古老的数学著作《立成算经》；

最古老的从西亚引进的星期制日历《敦煌日历》；

最早的楹联，最早的标点符号，最早的广告，最早的学生作业……

这里无法将洞中所有珍罕的书籍文献全部开列出来。如果我们再看看各种文字的写本——古藏文、粟特文、于阗文、龟兹文、梵文、回鹘文、希伯来文等，更会对藏经洞内涵的博大精深，感到震惊。这些各个民族文字的写本的本身，就显示了一千年东西方各民族之间交流的广泛与相互的主动，使我们对人类历史的真正的交流有了深入的认识。

藏经洞这些写本的每一个环节都有着珍贵的价值。它每个写本所用的纸都是千年古纸；它每个写本上的字迹，都是中古时代的书法真迹。它无一不是无价之宝。还有一些刻版印刷品，现存最古老，而在当时又是世界最先进的。从藏经洞出土的唐太宗《温泉铭》、欧阳询《化度寺邕禅师舍利塔铭》、柳公权《金刚经》等，都是如今能见到的最久远的捶拓本了。

唐咸通九年（八六八年）印本的《金刚经》，卷首有一幅《释迦牟尼说法图》，线条精美，刀法纯熟，今天也很难雕刻得出来。它不仅是中国现存最早的版画，比起德国的古版画《圣克利斯道夫》（一四二三年），还要早五百年。它被誉为"世界印刷史和版画艺术之冠"！由于一千年前，中国走在世界的前沿，很多文献的价值都是世界性的。

别忘了，这里还有失传千年的琴谱、乐谱、舞谱、棋经！那么多佛画、绘画、纸画和佛教人物画！

世界上哪里还有这么浩瀚无涯的古代文献？如果说打开古埃及的图坦·卡蒙墓，找到了一个逝去的法老的世界，那么发现藏经洞，就是发现了千年前中古时代的整个中国，以及千头万绪的人类文明的线索。

也许正是这样，刚刚重见天日的藏经洞文献，很快就陷入了人类文明史上最无情、最惨重的悲剧。

那些穿过死亡之海的探险家们正在一个个向这里走来！

六、可怕的搭档

第一个来到藏经洞取宝的西方人是斯坦因。

斯坦因在西方考古界是位大名鼎鼎的人物。

他坚强又狡猾的个性，他在中亚充满冒险经历的传奇故事，他如有神助的考古收获，以及他最终获得的荣誉，令后辈的考古学者艳羡不已。

此人出生在匈牙利，后来入英国籍。个子矮小而结实，天生的精力旺盛，作风实干，擅长谋略，而且非常主动，碰到机会决不放过。他还富于语言天才，精通德、法、匈、英、希腊、拉丁、波斯文字和梵文，还会说突厥语。对于考古学家来说，他这种功夫十分过硬。在大学他专攻中亚史、印度和波斯史。服役前学习过地理的测量与绘图。他很幸运——他所学的，在以后的探险生涯中全都使用上了，一样也没白学。

他二十二岁在牛津大学学习考古专业。又在大英博物馆干过一阵子研究后，经英国学者劳森推荐去到印度的一所东方语言学校担任校长。这就正好可以施展他实地的考古才能了。

他在西方人对中国西部的考古发掘的热潮中，先后四次进入中国。第一次是在一九〇〇年至一九〇一年。这一次他的足迹只局限在新疆南部的和阗一带，没有到新疆东部，更没进入甘肃。但此时敦煌的藏经洞已经被王圆箓发现了。

这次探险结束后，他回到印度，从匈牙利地质调查所所长洛克齐那里听说，甘肃的敦煌千佛洞有大量壁画和雕像，精美绝伦。此时，已有不少国家的探险队都争先恐后地从新疆的佛窟与废圮的寺庙中割取美丽的壁画，可是还没有人知道敦煌。他想，他应该抢先一步到敦煌，把壁画弄到手。这就促成他第二次雄心勃勃的中国之行。

一九〇六年四月他到达新疆疏勒后，最重要的事是要聘请一位能干的中文译员。斯坦因完全不懂中文，他的第一次中国之行，由于聘请的译员嗜好赌博，给他带来许多不便。这次他要去遥远的甘肃，又是一处佛教的画窟，如果译员不力，麻烦会更大。

他找到昔日相识的阿克苏道台潘震。潘震很替他用力，提笔为他写一封介绍信给当时的敦煌县令王家彦（此时已不是汪宗瀚了），还把一位名叫蒋孝琬的人推荐给他做译员。潘震不知道，这个推荐等于葬送了藏经洞；斯坦因也不知道，他日后"惊人的成功"，竟然一半以上来自这位个子瘦长而干练的中国男子。

但是，以斯坦因的精明，他很快看出来，蒋孝琬的作用远远不止于一名译员，或者干脆就是他的一个搭档！

这个湖南出生的中国男子，有着和他一样充沛的精力，做事勤快和爽利，头脑灵活，有出色的说服别人的能力。难得的是，他的古文化修养很好，能鉴定文物，而且居然也懂得考古。有一次，他们在一座残破的佛塔旁，发现一大堆极薄的木片片，像是用刨子刨的，但上边全写满了汉字。大家都弄不懂这是做什么用的。蒋孝琬却判断出这是一位古人用来进行书法练习的。他说，这位古人用木板练写字，每每写满字，就把这层字刨去，然后再写，写满了再刨，于是就成了这些带字的木片片了。斯坦因很佩服他的想象力。而考古学家就需要这种具有想象的判断力。

蒋孝琬还有一种女人般的细致，能够把事情做得周密和妥实。这样他实际上就是斯坦因这支考古队的总管了，一切人吃马喂全由他照料，里里外外的事靠他张罗着。斯坦因无法与那些雇用的当地劳工进行语言交流，就全由他来担当"桥梁"，他把考古队内的关系搞得顺顺当当。斯坦因是个"发现狂"，每见到一座古墓，就恨不得刨地三尺。蒋孝琬便在一旁，把挖掘到的每件古物都用笔详细地记载下来。后来当斯坦因把这些东西弄回英国，入藏到大英博物馆时，就全凭着他这些十分精确的记录了。他的主动配合的意识，使斯坦因高兴之极。可是，狡猾的斯坦因还是在想，这位中国人为什么如此慷慨地贡献出他的全部天赋和能力呢？绝不仅仅为了每月有限的十两银子的酬劳吧。他想，可能是因为他与蒋孝琬的上司潘震很熟。他这样卖力，是为了间接地讨好潘大人吧？斯坦因是个很实际的人。他很会用功利关系来把握别人。他便暗示蒋孝琬，他会为蒋孝琬出力谋取一个好职位。不管斯坦因的猜想对不对。但他一直在设法掌握住蒋孝琬，利用好蒋孝琬。

很快，斯坦因发现他和蒋孝琬已经成为一对十分默契的搭档。这可不是件很容易的事。因为，斯坦因不懂中文，蒋孝琬也不懂英文。唯一能沟通的是，两人都会说突厥语。但他们就凭着这种古老而生涩的突厥语，两人之间毫无障碍。

对于看守藏经洞的王道士来说，他将遇到的可就是一对连体的老虎，一对类似狼与狈那样可怕的搭档。

七、玄奘的信徒

一九〇七年三月，斯坦因一行裹着寒风和沙尘来到敦煌。进了城便去拜访县令王家彦，呈上了潘震亲笔的介绍信。王家彦热情接待了他。那时，西方考古学家到中国来发掘，都得先和地方官们搞好关系。有了这层关系，下边的事就好办得多。于是，这次见面，后来就成了蒋孝琬向王道士展示自己官方背景的资本了。

斯坦因此行的目的，原本是为了获取莫高窟的壁画。但很快他从一个乌鲁木齐商人那里得知，敦煌藏经洞发现了一批古代文书写本，看守人是道士王圆箓。

斯坦因即刻出发到了莫高窟。他一眼看到戈壁滩上一处金黄色的山崖上，一大片足有几百个洞窟，里边全是华美和灿烂之极的壁画，真的惊呆了。但是他发现莫高窟的一些佛窟仍在被使用着。无数善男信女来到莫高窟礼佛。他从来拜佛的百姓那里得知，莫高窟是人们心中的圣地和天堂。他怕犯众怒，不敢对壁画下手。而这时，王道士不巧外出化缘募捐去了。他在几天彷徨的等待中，偶然发现一个小和尚手拿着一卷古老的手稿，他要来一看，古雅之极，并透着年代久远的气息。经蒋孝琬鉴定，正是一件珍罕的古代写本。再打听，就是藏经洞的东西！他一下子便感到藏经洞的深厚与非凡了。可是王道士不知何时归来，他们怕待在莫高窟太招眼，只好暂时返回县城去等，同时不失时机地去到敦煌城外汉长城烽燧的遗址，一个个地去发掘。

这一带的汉长城从未被发掘过，里边的一切，就像当年一样。每个烽燧的灰堆（垃圾堆）里边，几乎都可以找到一些两千年前的遗物。比方汉简，在世上已经绝难觅求，但在这些灰堆里，一挖就是好多。这对于满怀着寻宝心理的西方探险家来说，简直刺激得发狂。可是斯坦因的心，还是放在莫高窟一边，因为他知道那边的东西一定更有价值。

五月二十一日，他们再次来到莫高窟时，王道士已经回来。斯坦因看见藏经洞被石块和木板堵得严严实实，心里很沮丧；而且通过短暂接触，他发现这个脸颊上有着深深皱纹的道士，处事老到，精明狡诈，很难对付。他刚提出想看一看藏经洞，马上就被王道士断然拒绝。任何人都会感到绝望了。

斯坦因却很老练，沉得住气。他决定在莫高窟停留下来，慢慢寻找机会。为了不招惹百姓与官府的注意，他们在莫高窟外的一处僻静的小树林的深处支起帐篷。一切与王道士打交道的事，全由蒋孝琬出面去办。他只是偶尔通过蒋孝琬与王道士聊聊天，但绝口不谈藏经洞，不触及敏感点。

一次，斯坦因从王道士口中得知，王道士对唐代高僧玄奘九死一生奔赴印度取经的精神十分敬仰。玄奘当年就是通过敦煌，穿过死亡之海，去往印度的。这里关于玄奘有了许多传说，王道士还叫画师把玄奘的一些故事，画在他所居住的下寺的墙壁上，看来他对宗教还真的很虔诚呢！由此，斯坦因忽然联想到，他节衣缩食，用个人节省及行脚僧式化缘得来的钱，去清理堵塞石窟的流沙，开掘通道，为教徒们修复这些拜神的场所，这不都在表现着一种异乎寻常的虔诚的宗教情感吗？原来这个精明练达的道士还有非常执着的一面，而这正是一个人可以被攻破的脆弱的一面！

斯坦因找到了突破口。他便通过蒋孝琬向王道士表示，自己也是玄奘的一个追随和崇拜者，他从印度千辛万苦，翻山越岭，跋涉万里，访问过许多当年玄奘朝拜过的寺院，就是为了寻找当年玄奘从印度带回来的那些经卷。可是他的赤诚无人能理解……

斯坦因的计谋，果然发生了神奇的效力。

当晚，斯坦因扎营在小树林的小帐篷的门帘忽然掀开，蒋孝琬钻了进来。他满脸喜悦，眸子发光，暖炉里的炭火把他清瘦的面颊映得明亮生辉。他弯腰从宽松的黑袍子里拿出一卷古老的中文经卷，这正是王道士从藏经洞拿出来交给他的。

跟着，更奇异的事出现了。蒋孝琬发现这古老的经卷，居然正是玄奘本人从印度带回来的佛经，而且是玄奘本人翻译的，上面还有玄奘的名字呢！

这巧合未免太离奇了，但它毕竟是事实！也许这正是一种天意，更是一种命定的不可抗拒的灾难。斯坦因有点发呆，他真感到自己得了神助；王道士知道后，更感到这是玄奘的在天之灵的一种暗示，不能再违抗了。

就这样——藏经洞被打开了。

悲剧的大幕被拉开了。这拉幕的两个人，一边是无知而愚蠢的王道士，一边是精干和媚外的蒋孝琬。一个是没文化的人，一个却是很有文化的人。他俩居然一齐使劲共同把这大幕拉开，使斯坦因跳上台来，施展本领。

这真是文化史上最荒诞也是最可悲的一幕了。

八、四块马蹄银

斯坦因站在藏经洞前。过了许多年，他还深深记得这一刻。他在《沙漠契丹废墟记》里，记载下当时的感受：

当我看到渐渐显露出来的小洞时，我的眼睛都瞪大了！卷子一层层堆积起来。在王道士昏暗而微小的烛光里，它高达10英尺，整个手稿近500立方英尺！

他惊讶得完全说不出话来。他感到身心震动和目瞪口呆。

大致十五年后，英国的另一位考古学家霍华德·卡特借着摇曳的灯光，注视着尼罗河畔国王古埃及法老图坦·卡蒙那间幽暗的墓室时，也是这样的身心震动和目瞪口呆。

可是，斯坦因明白，这些东西是被官府封存了的，若要公开去搬运是危险的。斯坦因便躲在帐篷内，根本不露面。天天夜深人静，由蒋孝琬一人到藏经洞去搬。蒋孝琬先把这些成卷的写本抱到外边一个大洞里，用布帘遮挡着，以防别人看见。再抱起来一趟一趟地从山崖下运到远处小树林中的帐篷里。蒋孝琬发现这些写本有些是用梵文写的，有的是用于阗文写的，有的则是一些中亚细亚各种文字写的。这种文本，世间早已失传，这里竟有这么多呵！他还发现很大一个布包，里边全是非常精美的古画，有绢本也有纸本，还有丝绢的佛像，全都美丽之极，珍贵之极。他一猫腰，把这些画全抱出洞来。

这样往返搬了整整七个夜晚。东西愈来愈多，实在抱不动了，他就弄来一辆车拉。等到东西弄进小帐篷，蒋孝琬还要给斯坦因解释每一个写本的内容，再由斯坦因决定哪件要，哪件不要。如果没有蒋孝琬，斯坦因面对这些古汉语的文献，就会如读天书。

斯坦因不懂汉文，但画是谁都能看懂的。蒋孝琬弄来这一大包画，至少三五百件，古老又美丽，全是唐宋时代的作品。在世上，宋画十分珍罕，唐画早已绝迹，其价值不可估量。斯坦因看得兴奋如狂，竟一揽子全要了。

随后的事，就是怎么把这些东西弄到手。斯坦因正在扮演着"玄奘信徒"的角色，不好出面讨价还价，谈多了就会露馅。这种事就全由蒋孝琬出面，与王道士磋商和周旋。蒋孝琬使出不少不为人知的小招数。当然最有说服力的理由，还是说斯坦因来到莫高窟的目的，就是要把这些当年玄奘取来的经卷，送回到印度的"学术寺庙"中去。这理由不可抗拒，王道士彻底顺从了。王道士答应他们从藏经洞取走部分文物，包括九千多件文书写本，五百多轴唐宋佛画。这些写本文书是藏经洞文献的五分之一，绘画作品却是洞中藏品的绝大部分！斯坦因拿出四块马蹄银，给了王道士，但他不说买，而是强调这是支援王道士修建寺观的。既然是"支援"就不能计较多少。如果是出售的话，价钱绝不会这么低，四块马蹄银只相当二百两银子，平均到每份卷子上只有二分银子。但只花这样低得惊人的钱就弄着这么巨大的宝藏，足以显示斯坦因和蒋孝琬的厉害了。

可是，如果没有蒋孝琬，斯坦因会用四块马蹄银，就得到如此巨大的宝藏吗？相反，斯坦因多半会一事无成！

蒋孝琬也是个文化人，并且深知这些东西的价值。但我们无论怎样想，也想不出他这样做的动机。他所做的，就像刨开自己的祖坟，把祖先的尸骨挖出来，交给了一只狼。

我们只能说，这是中国文化人中一个十足的败类！

一九〇七年六月十三日，斯坦因把弄到手的敦煌文物装入木箱，其中文书写本二十四箱，绘画及文物五箱，总计二十九箱。他们把这些大箱子抬到骆驼背上，乘夜摸黑离开了莫高窟。大约十六个月后，当这些装满写本和绘画的箱子放在伦敦的大英博物馆时，斯坦因说他才"真正宽慰地舒了一口气"。

斯坦因由于这次成功的行动和巨大的收获，在考古界名扬天下。一连串地获奖和受勋，直至高贵的英国女王接受他的吻手礼。英国皇家地理学会还把一只金质的"发现者勋章"煌煌地挂在他胸前。直到八十年代的《大英百科全书》，居然说莫高窟也是他发现的。

如果他是发现者，上述的史实便是他这位发现者真正的丰功伟绩了。

一位敦煌学者曾在大英博物馆的仓库中，看到斯坦因一件在中国西部的发掘物，叫人触目惊心。这是一只小孩的手骨，细细的指骨紧紧抓着一卷东西——东西没有打开。这显然是斯坦因发掘到的。他为了要获取这个奇特的历史细节，竟然切断尸体的腕骨，把它取了下来。

这叫我们联想到这位"发现者"在藏经洞所做的。

他把藏经洞的宝藏狠狠地——带着文化的血——切走了很大很大的一块。但这一块绝不是结果，仅仅才是开始呢！

九、伯希和来了

斯坦因走后，藏经洞的"封条"就等于被揭开了。斯坦因拿出那么多东西，居然没有麻烦，随之王道士的胆子便大了起来。这对于第二个走进藏经洞的外国人——伯希和来说，也就顺利得多了。

伯希和是法国人。

比起斯坦因，他具备斯坦因所有优点，但没有斯坦因的缺点。

比方他一样能吃苦耐劳，一样精力充沛，而且运气也一样的好。他在图木休克的遗址上，无意间将马鞭往沙地上一插，好像触到什么东西，用手一挖，就有一件希腊风格的彩色雕像出土了。这种神奇的好运是属于天才的考古学家的。至于优点，首先是他年轻，他钻进藏经洞时才二十七岁，但他绝不浅薄，他也会多种语言，而且极有语言天赋。他头脑清晰，有极好的记忆，记住的语言马上能灵活地运用。斯坦因掌握七种语言，伯希和精通十三种语言，还能看懂中亚流行的几种文字。更重要的是，他还是一位天才的汉学家。居然还有深厚的中国图书版本的知识。他完全用不着蒋孝琬那样的人，需要办的事，他一个人就全办了。这样一位出色的人进入藏经洞，对于藏经洞自然是更大的一场灾难了！

如果斯坦因有他这样好的汉学，那么斯坦因的"成就"至少还要翻一番。然而，由于斯坦因不通汉学，不能完全弄懂那些汉文的文献，这便把一半以上的好运留给他了。

伯希和从一八九九年开始在越南河内的法国远东学院工作。这期间，他曾往中国购买过古籍图书与绘画作品。现在看起来，这些差事好像是日后进入藏经洞挑选写本与佛画的一次次实习。

比起欧洲各国来，法国人对中国西域的考古发掘有点"慢半拍"。伯希和到达中国之前，英国人、俄国人、德国人、瑞典人和日本人，差不多已经把新疆的古代遗址翻过一遍了。法国人迟迟未来的原因，是因为他们一直在

伯希和在烛光中挑选敦煌卷子。

柬埔寨的丛林里发掘那个宏大而灿烂的吴哥古迹。但他们又是"为时未晚"，因为他们选中伯希和这样一位极具才干、精通汉学的人，来担任第一支中亚远征考察队队长。

这支考察队成员为三人。除去队长伯希和，还有一位是负责测绘地图与采集自然标本的路易·瓦兰博士，一位是摄影师查尔斯·努埃特。他们于一九〇六年六月十七日由巴黎出发，八月到达中国新疆的喀什。然后沿着塔里木盆地北沿的丝绸古道，对一路上的古文化遗址进行发掘。虽然此前一些国家的考古队已把这里着实地翻检一番，但伯希和凭着他的敏锐与知识，还是获得相当可观的收获。他们在库车的一些荒废久远的寺院中，居然挖出来用早已失传的文字书写的经卷，这叫先前的其他国家那些发掘者们，后悔自己的粗心大意。

但是这期间，伯希和对藏经洞的事却一点也不知道。直到一九〇七年八月，他们停留在乌鲁木齐时，遇到了一位先前在北京认识的王室贵族载澜。这位载澜由于受到一九〇〇年义和团运动的牵连而被终身流放在这里。两人饮酒闲谈中，载澜谈到了敦煌藏经洞发现古代文书的事，并拿出一份古代手稿，据说就是来自藏经洞。伯希和一看，立即判断这是八世纪的珍贵写本。他深知这东西无可比拟的价值。于是他立即取消了原先去往"遍地古物"的吐鲁番盆地的计划，急急渴渴奔往敦煌。

十、每天看一千卷

一九〇八年三月二十六日伯希和到达敦煌。他和王道士见面才说了几句话，王道士立即对他产生了好感。一是他一口流利和漂亮的中国话把王道士迷住了。二是王道士从他嘴里得知，那个矮小的斯坦因严守秘密，没有把买走经卷的事告诉他，于是王道士对外国人有了信任感和好感。还有，斯坦因一年前给他的那些钱早已用光了，他修缮佛窟和建造道观都急需用钱。这样，很快王道士就把伯希和领进了藏经洞，允许他随便挑选。

伯希和第一次站在藏经洞里时，和斯坦因的感受一样，简直是呆若木鸡。

跟着他估计了一下这些东西的总量，至少有数万件。他心里明白，王道士决不会叫他把东西全部搬走，否则无法向县政府交代。因此他下决心要把所有文书经卷一件不漏地全看一遍，将精华挑出来。他暗暗给自己立下三条标准：一是要有历史纪年的，因为有具体年代的文物价值要高得多；二是要普通大藏经之外的各种写本，不要大路货；三是着重挑选汉文之外各种民族文字的文献，这由于各种北方和中亚民族文字的写本向来都极为珍贵。这三条标准，显示了伯希和对文物认识的水准，以及极强和极快的判断力。这也就把藏经洞剩下的精粹全部筛选出来了。

钻进藏经洞的人，真是一个比一个厉害！

伯希和还给自己确定了争取的方向，就是用这三条标准，把整个文献一分为二。符合这三条标准的文献要不惜一切代价获得，在这三条标准之外的文献必要时可以放弃。工作标准和目标确定后，他便开始工作。他天天蹲伏在漆黑的洞中，在一盏昏暗的小油灯的照射下，用了三个星期时间，把洞中全部文献看过一遍。工作量之巨大，难以想象。至于断纸碎片，天知道有多少！据他自己说，他在最初的十天，以每天一千卷的速度翻阅这些文献。如果一天工作十个小时，每小时最少要看上一百卷文献。即使一位中国学者也很难胜任。这足以显示了这位法国考古学家惊人的汉学功底。

这期间，瓦兰和努埃特忙着爬到各个洞窟去拍摄壁画。每当三人聚会，他的两位同事便见他容光焕发，喜气洋洋，把塞满外套里的珍奇的古本，一件件拿给他们看。告诉他们哪一件是八百年前描写戈壁滩上一个奇异的小湖风光的手稿，哪一件是一座古代寺院的账目，哪一件竟是从古代欧洲流传到中国的圣约翰斯托里福音……

随后，伯希和还同他的考古队员将莫高窟做了一次全面考察。将洞窟编了号码，并以日记形式对洞窟的结构及内部装饰做了描述，系统地记录下壁画上的题记。这便是考古史上著名的《伯希和敦煌石窟笔记》，同时还绘制了平面图，拍摄了照片。这是历史上首次对莫高窟所做的学术性考察。后来，清政府把一群逃窜到敦煌的白俄士兵关押在这里，使一些壁画遭到破坏。伯希和所留下的照片和记录就有着十分重要的意义了。

好运气的伯希和在考察壁画时，也有一些惊人的收获。他在第四百六十四窟中发现到一桶回鹘文木活字。这是世界上现存最早的印刷活字，竟有数百枚。它对研究活字印刷的起源具有巨大价值。这一桶活字当然是被伯希和搬走了。

在整个过程中，伯希和只是在与王道士的谈判中费了一些周折。当然，最终还是谈成了——他以五百两银子从王道士手里换取六千余卷文书写本和两百多件古代佛画与丝织品。这次王道士得到的钱，比从斯坦因那里得到的多了一倍，付给他的东西却少了几乎一倍。王道士很满意也很得意，以为自己这次卖个好价钱。

这便是文化落入无文化的人的手里真正的下场！也是所有文明失落的地区的文明共同的遭遇。

实际上，如果论其质量，斯坦因那批东西可无法与伯希和相比的。比如标有纪年的历史文献，先入藏经洞的斯坦因拿走的是三百四十四件，为总数的百分之四点三；后入藏经洞的伯希和拿走的却是五百一十五件，占总数的百分之十九。再比如，伯希和拿走的各种民族文字的写本，竟是他获取的敦煌遗书总数的一半。这一比，伯希和比斯坦因高明得多了。

一九〇七年斯坦因钻进藏经洞时，伯希和已经在库车一带进行考古活动了。伯希和之所以没有捷足先登，是因为他得到的消息迟了一些。如果两人倒换一下，轮到斯坦因来"吃剩饭"，那么斯坦因的收获会很惨。

一定还有更惨的呢，那就是敦煌！

敦煌又被血淋淋地切去很大的一块，而这一大块恰恰是整个藏经洞文献中的精华！我们在前面的章节中提到的一些绝世珍奇的写本，都落入了伯希和获得的这批东西之中了！

据说，经过伯希和的挑选之后，"漏网"的梵文写本只有一件。伯希和的厉害由此可知。但伯希和知道后还犹然后悔不已呢！

一九〇八年五月伯希和结束了他在敦煌的活动，派人把他弄到手的东西，装了十箱，辗转运到河内，再运往巴黎。他本人则只身穿过河西走廊进入中原，十月初到达北京去采购图书。这期间，精明机警的伯希和对所接触到的中国学者守口如瓶，对敦煌藏经洞的事只字不漏。直至十二月，返回越南河内的远东学院。

观世音菩萨像，英国不列颠博物馆藏。

当然，关于藏经洞的事，最终还是他公开说出来的，但那完全是另一种目的了。

十一、惊动京华

转年五月，伯希和受法国国立图书馆的委托，从河内又一次进入中国，先后到一些大城市南京、天津和北京收集与采购古籍。由于他事先知道，那批从藏经洞弄走的宝物已经安全地运抵巴黎，这次便放心大胆，随身带来一小箱遗书，送到北京的裱画店装裱。他本人住在苏州胡同。七月间，一位姓董的文人在伯希和的住处看到了这些东西，便告诉了我国的金石考古大家罗振玉。罗振玉赶到苏州胡同一看，大为震惊，世上怎么会有这么珍罕的东西？

伯希和和斯坦因的性格完全不同，斯坦因老谋深算，含而不露；伯希和年轻气盛，喜欢表现和张扬。王道士以斯坦因的信守诺言和守口如瓶来估计他，那就完全错了。然而，伯希和也不是个冒失鬼。他是等到那批东西踏实地装进自己口袋后，才站出来自我地炫耀起来。不过这却给藏经洞的命运带来了转机。

伯希和几次来北京购买古籍，又研究汉学，与在京的大学者们都很熟悉。既然罗振玉已经看见了，他就主动将一些遗书的照片送给学者们，以便搞好关系。这样，事情就愈传愈广。传来传去总会对他不利。九月里，伯希和索性把事情公开了。他在北京的六国饭店办一个展览，请来罗振玉、蒋斧、王仁俊、董康、宝熙、吴寅臣等著名学者。他将带来的敦煌遗书的原件展示给学者们。这其中包括《沙州图经》《尚书释义》《敦煌碑赞合集》《慧超往五天竺国传》等稀世珍本。同时他还做了一个演讲，将他在莫高窟的奇遇与见闻描述一番。在场的中国学者全都受到了极大的震动。这才知道远在敦煌有举世罕见的大发现，而且多数出土文物已落入外国人手中！此时，清朝学部为筹建京师图书馆，正在到处寻觅古本。宋版书早已是寥如寒星，很难得到，可是忽然一个洋人手拿着一批年代更久远的隋唐写本跳到眼前，还说有更多的千年古本已经搬到海外。这真如一阵狂飙，吹乱了中华的学坛。当罗振玉听伯希和说，莫高窟的藏经洞里还有上万件遗书，便风风火火、迫不及待地报告学部，要求学部即刻发令保护。这位学者的凛然大义，感动了学部左丞乔树楠。急不如快，当即由罗振玉写了电文，火速命令陕甘总督毛实君将藏经洞的劫后残余再次就地封存，严禁卖给外国人，随时准备押送京师；学部还拨六千银两，交给敦煌县令，以尽量收集藏经洞失散的遗书，并补偿一下王道士。以知识分子唱主角的中国历史上第一次文明大抢救就此拉开大幕。

如果当年甘肃的藩台要是听取了叶昌炽的建议，花五千两银子，将藏经洞文献押运到甘肃政府封存起来，就把东西保住了。再退一步说，如果自从一九〇四年敦煌县令汪宗瀚把藏经洞封闭之后，敦煌政府要是每年派人去检查两次，王道士就不敢如此胆大妄为了。汪宗瀚把藏经洞一封，敦煌政府几年都不问一问，王道士实际上不成了这批宝物的"拥有者"？但历史是不会改写的，而历史的失误从来不会是偶然的，它是一种必然。往下看吧——

学部拨银那六千两，一经过官场，就落入官场那一套。层层经手，必然层层揩油，巧立名目，东挪西用，最后到王道士手里只剩下三百两。至于将藏经洞文献押往京师的事，仍旧一拖再拖，直拖到第二年，学部才命令新疆巡抚何彦升将藏经洞劫后之余全部押往北京。这次，从封存到运走，中间又隔了一年。官府这一拖，漏洞又出来了，机会也来了，悲剧又接着演。

灾难深重的中华文化呵！

十二、雁过拔毛

本来，由于伯希和"泄露天机"，王道士很害怕背上监守自盗的罪名，受到惩罚。可并没人追究他。甘肃政府来人检封藏经洞文献，依旧像当年汪宗瀚一样，做得很草率，同样没有认真清点和登记造册。而且过后又搁了下来，一直没运走。已经往洞里伸惯了手的王道士，一看官府对这批东西的态度依旧并不认真，便再次壮着胆子把一大批写本拿出来。他一时卖不掉，就把这些东西巧妙地塞在两个大木桶里，外边油漆彩画，套了木轴，伪装成藏传佛教诵经时用的"转经桶"，安装在佛殿上。

可别小看这两个木桶，里边所匿藏的敦煌文献的数量非常可观。一九一一年十月至一九一二年二月日本的大谷探险队从王道士手中弄走的六百余卷写本，一九一四年三月斯坦因弄走的五百七十卷，以及同时俄国著名的佛教艺术史家奥登堡弄走的数量极大的藏经洞写本，都出自这两个不可思议的"转经桶"里。实际上，这两个转经桶就代替了藏经洞，成了走失文物之源。

藏经洞的文物被拿走得愈多，名气就越大。民国初年，甘肃和新疆一带，常有外国人来民间"猎宝"，也就常有人向外国人私售这种古老的珍本文书。敦煌遗书流散之严重便可以想见。据说宣统二年（一九一〇年）、民国元年（一九一二年）、民国三年（一九一四年）甘肃政府几次命令敦煌县令查询情况，由于官员们根本不当回事，敷衍了事，始终不了了之。王道士却依旧照卖不误。

藏经洞文献已被切得残肢败体，血肉模糊，但还在被小块小块零碎地出卖着。

一九一〇年何彦升起运藏经洞文献时，丝毫没有对王道士进行追问与调查，只把洞中的搬走了事，甚至连藏经洞本身都没有认真检查一下。一九一四年至一九一五年间，俄人奥登堡居然在洞里挖出数量惊人的历史文献。连同他从王道士手里买的，居然有一万多件！后来入藏到俄国列宁格勒（圣彼得堡）亚洲民族研究所中！

直到一九一九年，甘肃政府对藏经洞文献仍旧神奇地屡屡地出现，感到诧异，怕上边也有耳闻，怪罪下来，便由省教育厅出面，命令敦煌政府全力再搜查一遍。谁想这一次搜查还真有收获，里边竟然还埋藏着九十四捆遗书！这些东西是哪来的？俄国人奥登堡不是在洞中挖过一次了吗？怎么还有？难道是从洞里冒出来的不成？有人问，何彦升当初是怎么干的？

这位何彦升是和当年敦煌县令汪宗瀚一样，只是个对文化没有兴趣的庸官吗？完全不是！再往下看——

其实，最黑暗的问题，就出在负责押送的何彦升这些官员的身上！

在运送途中，实际上是从敦煌的县衙门，官员们就开始雁过拔毛了。这些被运送的古代文书，只是草草地往木箱里一装就走。这便给大小官员们的窃取带来方便。从敦煌至北京，其间数千里，如同设下的层层关卡，每过一处官府，地方官必要伸手从车上取下几件"宝物"。实际上他们本不懂得这些破旧的纸卷有何价值，只知道"送宝"的车经过眼前，机不可失地捞一把罢了。

这是典型的无知者的巧取豪夺。

最厉害的一关，要算何彦升本人。他家在北京的打磨厂，当大车进了北京，经过打磨厂时，他竟让儿子何震彝把大车接进他家，给两个随同押送的官员放假去逛妓院，然后由何震彝和他岳丈李盛铎，以及亲友刘廷琛、方尔谦等人把车上所有遗书翻一遍，将精品摘取出来——当然早已是伯希和与斯坦因挑剩下的了。为了怕缺了件数，被人发现，居然把较长的卷子一撕为二来充数。

他们到底懂不懂这些东西的价值？如果不懂，他们怎么如此疯狂地打劫这批东西？如果懂得，他们怎么会忍心把这些珍贵的文书撕开？

文化在这些人身上只是一种财富——不论他们懂得还是不懂得。这才是敦煌宝藏悲剧的本质。

后来，何家弄走的这批遗书，以八万日元卖给了日本京都藤井氏的有邻馆。最终变相还是到了海外。

当大车把这些劫余的遗书，这一车车淌着血的文化残骸送进京师图书馆时，总卷数仅仅为八千六百九十七卷，不足它出土的五分之一，而且全都是几次筛选后的残余，大部分都是佛经。那些具有无限深广的历史文化意义和极其丰富的社会生活内容的文书，差不多都在遥遥万里的大洋之外了。

至于藏经洞内的一千余件唐宋绘画与手绘经幡，无一存留国内！

于是，大学者陈寅恪才有这样一句名言，深深并痛楚万分地铭刻在我国学坛上：

敦煌者，吾国学术之伤心史也！

十三、文明大抢救

自从敦煌藏经洞文献被盗事发，罗振玉请求学部火速封闭藏经洞，中国学者就展开了一场文明大抢救。

人们不约而同称藏经洞文献为"敦煌遗书"。这个"遗"字真是意味深长。它既是历史遗忘的，也是现实遗失的。但学者要挽回这失去的一切！

侠义肝胆，古道热肠，不单在武人身上，更在文人的心中。

就在罗振玉看到六国饭店伯希和那个展览的当月，他便在《东方杂志》上发表了《敦煌石室书目及其发现之原始》一文，记录了这次见到的敦煌遗书十二种书目三十一种。紧接着又补写了《莫高窟石室秘录》，首次向国人公布了地处边远的敦煌无比重大的发现，以及痛失这些宝贝的真实状况。

公布这惨痛的事实，一如当众失声地痛哭。

凡有责任感的人，都感到自己心中有一口钟，被他敲响了。

紧接着，王仁俊、蒋斧等学者就把从伯希和那里得到的照片刊行出来。王仁俊的《敦煌石室真迹录》于一九〇九年九月出版，罗振玉和蒋斧编的《敦煌石室遗书》于一九〇九年十一月出版。这对于当时的印刷能力来说，他们几乎用了救火的速度来抢救这些失却的文化珍宝。

一时的焦迫之情，也正在这做事的速度之中。

罗振玉和王国维。

这一来，立即得到广泛和积极的呼应。当时比较知名的学者包括胡适、郑振铎、王国维、陈寅恪等几乎全都投入进来。在很短的时间里，对敦煌遗书的收集、校勘、刊布、研究，全方位地展开。像罗福葆《沙州文录补》、罗继祖《敦煌石室遗书三种》、王国维《敦煌发现唐朝之通俗诗及通俗小说》、刘师培《敦煌新出唐写本提要》、贺昌群《敦煌佛教艺术的系统》等，每部新著问世，即刻成为一时注目的中心。各学科同时并举，形成了敦煌学最初的架构——一个朦胧又实在、复杂又宏大的学术架构。这反映了我国知识界人才济济、实力雄厚和学术上的敏感。

极具学术远见的陈寅恪，已经在他的头脑里，感到一种新学科正在形成。他感到这学科的博大深厚，及其无限的潜力与前景。于是他在为陈垣的《敦煌劫余录》所作序文中，首次提出了"敦煌学"的概念，这就一下子把敦煌这个全新的学科推出来了。

然而，当时中国的学术界对被瓜分的敦煌遗书的总体情况所知甚少，仅仅靠伯希和赠予的有限的一点照片，还远远不行。于是他们开始把目光转向海外，奔赴到欧洲和日本，去抄录和研究那些流失的遗书。

最先到日本去做这件事的还是罗振玉。他在一九一四年赴日参观"西陲古物展览会"上，与日本探险家橘瑞超见了面。他从橘瑞超那里获得被日本人弄走的那些敦煌遗书的目录和材料，迅速写成文章，在国内发表。

最先在欧洲做这一工作的是大诗人刘复（半农）。他在法留学期间，将法国国立图书馆收藏的反映世俗生活的写本，全部照录下来，共计一百零四件。然后送回国内出版，书名叫《敦煌掇琐》，其内容非常广博。全书分小说、杂文、小唱、诗、经典演绎、艺术、家宅田地、社会契约、讼诉、官事、婚事、宗教、历书、迷信、杂事和语言。单是这百余件写本，就大角度展开了中古时代社会生活的众生图景了。这更叫国内学者痛惜那些失去了的稀世之宝！

从一九三四年起，学者向达、王重民、姜亮夫、王庆菽、于道泉等自觉背负起这文化抢救的使命，漂洋过海，去到万里之外的欧洲，整日埋头在博物馆和图书馆里，抄录、拍照、研究、编目。向达于一九三五年到达英国，他在大英博物馆东方部阅读敦煌卷子时，受到那里的一个叫小翟里斯的人种种刁难。他只能阅读很少一部分写本，但还是看得非常仔细，并将每件写本都做了卡片，记下卷子的一切特征，还拍了照片。此后他转向法国，抄录了大量资料。一九三八年他从英法博物馆中一个字一个字抄写回来的资料，竟有几百万字！王重民于一九三四年到法国国立图书馆工作。他拍摄了三万张关于敦煌遗书的微缩胶片。这种工作的繁重难以想象。姜亮夫从巴黎跑到伦敦，从伦敦跑到柏林，追踪着每一卷遗书。在法国国立图书馆每拍一张胶片要付十四法郎。为了尽可能多拍一些，他只能勒紧裤带，喝米粥，嚼面包干，白天抄写卷子，晚上回到小旅舍连夜复查整理。他们想用手中的笔把那数万件遗书"搬"回来。

那是怎样虔诚的敦煌情结和文化情结？

当他们千辛万苦地返回祖国，正赶上日本人用战火狂烧中国的江山。姜亮夫辛辛苦苦抄录回来的手稿，存放在上海闸北的一个朋友的家里，但在日本飞机轰炸中，全部毁在这场战火中了。

灾难又碰倒一块不幸的敦煌文化的多米诺骨牌。

然而我国学者对敦煌遗书的大抢救，是历史上第一次自我的文化觉醒。它义动当世，光耀千古，成为百年来中华学坛的一股飒爽、浩荡和堂堂正正的文化正气。

十四、华尔纳的胶水桶

大约在一九一〇年，上海有正书局出版了一部《石室秘宝》。它是由存古学会编辑的。这部书与其他关于敦煌的书籍不同，别的书全是敦煌遗书的内容；这部书有几页图版，首次发表四幅敦煌壁画的照片。莫高窟的艺术一露面，就使国人为之惊讶和陶醉了。世上早已看不到唐代绘画的真迹，而唐人的精品居然大量地放在这里！而且敦煌那种奇异、雄健又浪漫的风格，中原大地何处有之？

可是对于当时的中原的人来说，敦煌实在远不可及。谁也无法想象整个莫高窟是什么景象。它到底有多少窟，多少壁画？还有什么更神奇的画面？一大堆彩色的问号在人们的心中浮现出来。但谁也不可能到几千里之外的敦煌去啊。

莫高窟依旧在那片荒芜和寂寥的世界里。藏经洞的遗书运走了，灾难并没有完结，代之受难的又轮到了壁画与塑像。

十月革命时，一批被打得到处窜逃的白俄士兵，跑到了中国的敦煌一带。大约有五百多人，被当局抓住了。这么多人关押在哪里呢？敦煌当局竟然想到莫高窟是最佳的拘留地。四外全是戈壁滩，荒无人烟，关进去就只能老实待在里边，一旦逃出来，站在戈壁滩上，连吃的也没处可找，只有饿死，或者被野狼吃掉。这一来，真把白俄士兵困在里边，连看守都用不着。但遭殃的却是莫高窟！这批白俄士兵被关进莫高窟后，整天圈在洞里，苦闷绝望，便把几近疯狂的情绪全发泄在洞中的壁画和雕塑上。他们在那些历时千年、精美绝伦的壁画上乱写乱画。在佛的身上写上沙皇旧部的番号，口中喷出斯拉夫语的下流话。一个安放古代公主遗骸的密室叫他们发现了，就将里边的文物掠劫一空，剩下的东西全部捣毁。在这批白俄士兵被拘留的半年里，他们在洞中做饭，烟熏火燎，许多洞窟都留下大片大片的浓黑的油烟。

壁画发出的痛苦的哀叫，无人能听见，只有忍受着。

这些粗野的白俄士兵根本不懂得壁画的意义；懂得壁画价值却是一个美国人，他叫作兰登·华尔纳。

不懂壁画的是敦煌的灾星，但懂得壁画的却是敦煌的一个克星。

为什么敦煌文化总是在这种正反两方面厄运的夹击之中——无法逃遁，注定遭难？轮到华尔纳在掠劫敦煌了。

华尔纳是美国的一位考古学家和艺术家。他在哈佛大学的福格博物馆担任东方部主任，是个真正的行家。这个人个子很高，红头发，有一股英武的气概。一九〇三年毕业于哈佛大学之后，就到中亚一带考古。他对丝绸之路上发生过的一切全有强烈的兴趣。一九二三年秋天他受哈佛大学福格博物馆的委托，来到中国西北"寻宝"。他早在欧洲就认识了伯希和，从伯希和与努埃特拍摄的照片上，对莫高窟的艺术有所了解。此时，虽然他知道斯坦因、伯希和与橘瑞超都已经到过敦煌，一切能弄走的，肯定都弄走了，但他决定还是要试试自己的运气。一九二三年十二月初，他到达敦煌。这时藏经洞已经空了，但充满了莫高窟的壁画使他惊喜欲狂。华尔纳不是语言学家，他是艺术史家，壁画比文书更使他着迷,于是他决心对壁画下手,便用钱收买王道士。王道士至少还知道藏经洞里的文献是些古董,但对于壁画他就完全不懂了。他在为佛教徒整修洞窟时,常常用白色的粉浆将非常珍贵的古代壁画盖上,然后再找些画工红红绿绿画一遍新的。他真够得上文化保护学者所谓的"建设性破坏"的鼻祖了。所以在他眼里,这些破墙上的画远不如藏经洞的那些古旧的卷子值钱。他看不上这些老壁画,华尔纳看上的正是壁画。好运气又跑到这些探险家一边。因此,华尔纳只出了七十两银子,他就答应出让了很大一部分壁画。

华尔纳是有备而来的。他窃取壁画,不是用斯坦因、勒柯克那种刀割的办法,他带来一种事先配制好的专用胶水——先用它把纱布贴在画上,然后把画割取下来,将来再将纱布揭下,据说这样做可以不伤害壁画表面。他就用这种"神奇的胶水",从第三百二十、三百二十一、三百二十三、三百二十九、三百三十五、三百七十二等洞窟取下壁画二十六方,共计三万两千零六平方厘米,包括著名的《东晋扬州金像图》。本来,他还能多干一些。但天气太冷,胶水冻结,只好暂告一段落,过后再来。但临走时,他顺手牵羊,从第三百二十八窟抱走几尊菩萨像,都是盛唐时期的雕塑杰作。其中一尊,做胡跪姿势,有极高的艺术水准,堪称中国雕塑史上的经典。于是,在莫高窟里,被割去的壁画的墙壁上,便留下了一块块黑色的空洞的方块;被搬走塑像的佛坛上,只剩下了一片空荡荡的空间。当然,等到这些东西运进福格博物馆,小小的博物馆就名闻天下了。

一九二五年春天,吃过甜头的华尔纳又来到敦煌,因为他曾经雄心勃勃地发誓要把"这里的一切剥光",让这里"二十年后不值一看"。这次他带着一支大规模的探险队,提着胶水桶,进入莫高窟,计划要干八个月。一个有着西魏大统四年(538年)题记、画工极精的洞窟,是他这次获取的主要对象。他的野心和胃口都大得惊人。但他没想到当地的人对他上次的行为已经非常愤怒。这次他一到,就有许多人对他示威。如果再不走就要出麻烦,于是他这次只能无功而返。

那么在大漠风沙中的荒芜又破败的莫高窟呢?它就像当年藏经洞等来了罗振玉那些学者一样,在等候它的保护神。

但是它实在太远了、太荒凉了，谁会去呢？

十五、大漠美髯公

进入四十年代，画家们开始远赴敦煌。

最早到敦煌莫高窟的画家，有王子云、吴作人、关山月、黎雄才等。在这段时间里，千里迢迢来到敦煌的学者与艺术家，都见过一位蓄着长髯、身穿土里土气驼毛长袍的中年人。他就是张大千。

人们都会惊异不解，这位一代宗师，艺术上正如日中天，为什么要离开他那辉煌的地位和优裕的生活，跑到这荒天野地中来？仅仅是为了看一看在中原很少见到的唐人手迹，亲眼目睹那"曹衣出水、吴带当风"的原本模样？

自藏经洞发现以来，最先接触到敦煌的是史学家，然后是画家。史学家的目标是遗书，画家的目标是壁画。但是，要见到遗书真迹就得漂洋过海奔赴异国；要看到壁画真迹就必须奔波数千里，来到这渺无人迹的戈壁滩上。

敦煌的一切事，从来都充满着艰辛。

它就像那些故意建在大山深处或崇岭之巅的寺观——以此考验信徒们的虔诚！

可是，一来到莫高窟，那感觉就真的如入仙境。对于画家来说，只要把壁画深入地看进去，所获得的就不止是绘画本身了。历史在遗书上使用文字来述说，在壁画上使用色彩和形象来表达。这壁画的历史，在时间上是上下一千年，在地理上是纵横数万里。中古社会的世间风景，中西交流的相互恩惠，佛陀世界的无穷想象，都在这壁画中了。所以自从画家来到敦煌，就使得中国敦煌学的风景，变得更加开阔。

张大千是最早来到敦煌的画家之一。他于一九四一年五月率夫人杨宛君和次子张心智到达莫高窟。原打算在这里观摩三个月。但抵达这里的那天清晨，他提着马灯钻进洞窟，就在里边看了整整一天。等到他再从洞窟钻出来，已经改了主意。他说："了不得，太了不得了！比我想象的不知伟大多少倍！恐怕留半年还不够！"

同来的人以为这是艺术家一时冲动，谁料他真的一待七个月！

他先把所有洞窟看了一遍，便立即对各个时代的壁画风格作出判断：

两魏疏冷，林野气多；隋风拙厚，窍奥渐启；驯至有唐一代，则磅礴万物，洋洋乎集大成也；五代宋初，蹑步晚唐，迹渐芜近，亦世事多故，人才之有穷也；西夏诸作，虽刻画极钝，颇不屑踏陈迹，然以较魏唐，则势在强弩矣！

这一简练的论述，在今天看来，依然准确且精辟。须知此前，敦煌壁画混杂在山野流沙之间，从无人整理和考证过。谁又能迅速做出如此确切的断言和宏观的述说？

此时，张大千没有急于临摹壁画，而是从那些零落和残损的木梯和栈道爬上爬下，将上下五层洞窟全编上号码。如今在莫高窟的一些洞口，还常常可以看到两种旧日标记过的号码。一种是阿拉伯数码，前头有个"P"字，总

张大千在临摹壁画。

计一百八十余号，那是当年伯希和所做的编号；还有一种汉字大写竖题的数码，总计三百零九号，这是张大千所做的编号。他的字体是一望而知的。如果把伯希和与张大千的编号比较一下，伯希和的编号较有限，也较仓促。原因是他不懂绘画，而且当时他心里的重点还是在遗书上。张大千就不一样了。他是一个真正通透美术史的大画家。而且他基本上把被流沙埋没之外的洞窟全部都做了调查，写了记录，还画了平面图，然后再编上号码，做得周详与严格，和考古学家完全一样。

他为什么这么做呢？是为了便于临摹，还是为了更全面和准确地把握？

七个月后，他到兰州，将不多的一些临摹作品送到成都，举办一个小小的"西行纪游画展"，却引起了不小的负面的轰动。舆论上激烈地批评他，说他沾上民间的俗风匠气，开始步入魔道。

张大千哑然一笑，不去回答，手捋长髯，怡然自得。转年春天，他居然携带全家再度进入莫高窟。此行还邀来他的好友、画家和书画鉴定家谢稚柳，看来他要从历史文化的角度，真正地深入这座"沙漠上最伟大的美术馆"了。

十六、万里归来髯带霜

第二次进入莫高窟的张大千，全力展开临摹工作。

那时莫高窟的环境，今天是难以想象的。自王道士一九三一年去世后，景况更不如前。饥饿的野狼，流窜的土匪，骤然而至的沙暴，构成了十分凶险的环境。而且这里距离敦煌县城尚远，孤立无援，只能吃到粗糙的食物和来自窟前宕泉的咸涩的水。一位朋友借给张大千一支骆驼队，帮助他从一条很远的干涸的河床旁，运来烧饭用的枯木。这支慢吞吞的骆驼队来回一趟，需要八天，加上拾柴的一天，每趟需用九天时间。而每次运来的木头，刚好供九天之用，所以这支劳苦不堪的骆驼队一直是在路途上不停地走。

张大千也像一只骆驼，在莫高窟里上上下下不停地走。

最艰苦的事要算临摹本身了。

他天天很早就要钻进洞窟，因为只有在清晨时，阳光可以照进一些，中午过后便暗了下来，有的洞窟漆黑如夜，什么也看不见，必须点上烛火来画。而这里只有玉门油矿生产的土蜡烛，质量很差，火光昏暗又摇曳不定，临摹时很困难。再有就是临摹窟顶上的壁画了。他要爬到很高的架子上，仰着头来"高空作业"；倘若临摹接近地面的壁画，则要侧躺下来画。他说："有的地方离地面仅仅一尺多，当年画工必须长时间地侧卧或匍匐在地才能完成，他们所付出的艰辛，是令人难以想象的！"这使他真正体味到当年民间画师们作画的滋味，从而对那些没有留下姓名的民间画师的功夫仰慕之极！

为了追摹那些巨幅壁画的体量与气势，他从青海塔尔寺请来藏族画师昂吉等人，为他缝制十二丈的大画布。

他就像古代画工那样，一手秉烛，一手执笔，把唐人那些绵长而畅如流水的线条，搬到画布上来。同时，中华文化源头的活力，也就不断地涌入他的笔管。

临摹也是一种技法研究和历史研究。故而，他对敦煌的挚爱便自觉地进入珍惜和保护这些艺术珍品的层面。

张大千对壁画十分爱惜，有时拷贝画时，恐怕纸擦伤壁画的画面，便悬纸而描。临摹壁画的梯子绝不靠在墙壁上，而是将两个梯子并立一起，没有人帮他扶梯子，这就十分危险。在他给洞窟编号时，先请人用白粉在洞口处刷个方块，再由他写窟号。他要求很严格，一是白粉方块的大小必须一致，二是绝对不能损伤壁画。显然，他已经有了很强的保护意识了。这样，他对敦煌的思考就远远超出艺术的范畴，而是对整个文化的关切。

一九四一年十月，国民政府的监察院院长于右任曾来西北视察。他听说了张大千住在莫高窟，便来参观。于右任的文化造诣颇高，工于诗词，写一手好字。他到了莫高窟一看，深为这里的艺术而震动，也为它如此的破败荒芜而叹息不已。当晚，于右任临时住在下寺——也就是当年王道士居住的地方。张大千抓住机会，和于右任谈了两个夜晚，所谈的全是关于敦煌的保护问题。张大千比任何人都深知这里的一切。几百个画窟，没人看管，风沙侵袭，岩石开裂，流水泻入，还有远道来拜佛的信男信女，住宿洞中，信手在壁画上涂抹漫题。莫高窟最晚的洞窟是元代，至少有七百余年。很多壁画都已酥碱，起甲，霉变，剥落，已经沦至毁灭的边缘！他要求政府设立专门机构，保护和研究这座中华文化与艺术最伟大的宝库，挽救莫高窟于危难之中。

张大千的焦迫之情强烈地感染了于右任。于右任返回重庆后，立即写了一份建议书给国民政府。建议书所表达的激情，今天仍能感受到——

右任前次视察西北，因往敦煌县参观莫高窟之千佛洞。志称有千佛洞，除倾圮沙埋者处，尚有五百余。包括南北朝、唐、宋、元各时代之绘画泥塑，胥为佛经故事。其设计之谨严，线条之柔美，花边之富丽，绝非寻常匠画，大半出自名手。而各时代供养人之衣冠饰物用具，亦可考见当时风俗习尚。洞外残余走廊，犹是宋时建筑。惜在过去未加注存，经斯坦因、伯希和诱取洞中藏经及写本书籍，又用药布拓去佛画，将及千数。复经白俄摧残，王道士涂改，实为可惜。似此东方民族之文艺渊海，若再不积极设法保护，世称敦煌文物，恐遂湮销，非特为考古学家所叹息，实为民族最大之损失，因此提议设立敦煌艺术学院，寓保管于研究之中，费用不多，成功将大。拟请交教育部负责筹划办理。是否可行，理合具文，提请公决。

这件事要办成是很难的。敦煌这么远，交通不便，当时又处在抗日战事最艰苦的阶段。国民政府早已搬到后方的重庆。但中国是个文化大国。历来珍视文化，再困难也不能将莫高窟置之不顾。许多著名文化人便争相出面，多方呼吁。历史学家向达受中央研究所之约，率考古组赴西北和敦煌考察，亲眼看到散落大漠中祖国瑰宝的悲惨处境。归来后，奋笔疾书，写成万言长文《论千佛洞的管理研究及其他连带的几个问题》，发表在重庆的《大公报》上，反响强烈。贺昌群马上写了《敦煌千佛洞应归国有赞议》一文，也发表在《大公报》上，及时响应。跟着各方学者都著文同声呼吁，舆论极大。经多方努力，一九四三年六月，国民政府决定成立"国立敦煌艺术研究所"，由教育部出面邀请自法国留学归来的画家常书鸿负责筹办。

转年，张大千临摹敦煌壁画的展览，相继在重庆和成都展出，轰动一时，这一次已全是叫好之声了。张大千在敦煌前后三年，临摹作品近三百幅。小至尺余，大至数丈。平均每三天一幅，作画数量惊人，其激情澎湃，可以想见。这是首次将精美绝伦的敦煌壁画，整体地展现国人面前。这也正体现"敦煌的临摹"独有的意义，即对敦煌文化的传播和弘扬。此时，诗人沈尹默想到了画家三年来经受的种种非难，感慨不已，挥笔写下了四句诗来：

> 三年面壁信堂堂，
> 万里归来鬓带霜。
> 薏苡明珠谁管得，
> 且安笔砚写敦煌。

对于莫高窟的保护，张大千应是历史上的第一功臣。

十七、"无期徒刑"

一九三五年秋天，巴黎到处是美丽的菊花，常书鸿穿过卢森堡公园，打算去卢浮宫看画。他于一九二七年到法国来学习艺术，此时已是小有名气的客寓巴黎的中国画家。他画油画，不少作品在巴黎和里昂的沙龙画展上获奖。巴黎是艺术家的天堂，艺术气氛浓郁，信息流通。他非常庆幸自己在这个西方艺术的中心生活着，甚至非常自豪地以蒙巴那斯的画家自居！

在途经塞纳河边旧书摊时，他偶然见到一大部盒装的画集，叫作《敦煌图录》，一套六册。这正是当年伯希和的探险队拍摄、由伯希和编著的。他好奇地打开这部陌生的画集，敦煌壁画第一次闯进他的眼睛。敦煌壁画使任何与它初见的人都受到强烈的震撼，尤其像他这样一位年轻而敏感的艺术家。他看到画集中那些来自中国的一千多年的古画，竟然如此遒劲有力，气魄雄伟，那是西方绘画——从古代的拜占庭绘画到当时的野兽派艺术都无可比拟的，他真的震惊之极了。卖旧书的人告诉他，还有不少中国古画的原作就在不远的吉美博物馆里。等他看到那些真迹，便彻底被征服了。一幅七世纪的《父母恩重经》，比起意大利文艺复兴的前驱乔托的作品早了七百年，但艺术上更加辉煌和隽永。他过去一直拜倒于西方艺术，把希腊和罗马艺术看得至高无上，现在只有惭愧和忏悔！于是他决心离开巴黎，回归到自己民族的艺术中去！

一九三六年他回到中国。不久就赶上抗日战争爆发，局势十分混乱，他身陷后方，从事艺术教育，但很快就在画坛上成了名。

数年后，也就是一九四二年，于右任忽然请他去敦煌。谈话间于右任对他讲起自己亲眼见过的莫高窟的情景。当讲到那里的伟大，那里的惨状，犹然激动得不能自已。随后于右任讲了关于保护莫高窟的一些具体的意见，讲得很细，什么清理流沙、修整栈道、保护林木和研究工作等全讲了。特别是当他说到"不管国家如何穷也得设法保护"时，常书鸿感动万分。常书鸿不知道于右任在莫高窟与张大千那两个晚上的彻夜长谈。但此刻，于右任已经把一个艺术家的文化良心，充分地传递到另一个艺术家的心中了。

这时，住在重庆的徐悲鸿和梁思成也全都鼓励常书鸿去。可是谁也不知道，六年前他就是因为看到了敦煌的艺术才决心回来的呵！

一九四二年八月，国立"敦煌艺术研究所"筹备委员会成立。陕甘宁青新五省监察使高一涵任主任，常书鸿任副主任，张大千等五人任委员。常书鸿到兰州进行具体筹办。经过半年筹备，大体就绪，他于一九四三年二月乘卡车经河西走廊到安西，再换骆驼去往敦煌。

来时，他心里不但鼓胀着激情，甚至还有很多浪漫的想象。可是当他骑着骆驼，步入茫茫沙海时，渐渐感受到了未来生活的分量。在路上他遇到这样一段事——

他的骆驼队长途跋涉，大家都已经劳顿不堪，尤其是口中干渴得厉害，简直难以忍耐。他们忽听说前面有个地方叫甜水井，因为那里有口水井。想到前面的井，前面的甜水，他们立刻变得兴冲冲，加劲往那里赶。待到了那里已是夜晚，大家全都跳下骆驼，奔向水井，谁知趴在井边一喝，却又苦又臭，根本无法下咽。第二天清晨才发现，原来井口四周积满了骆驼粪。这是牲口长年里连喝带屙的结果。一位骆驼客对他们说：多难喝也得喝，从安西到敦煌只有这一口井！

心里的浪漫顿时没有了。戈壁大漠的生活原来如此严酷！

可是当他一到莫高窟，钻进洞满目辉煌地一看，再站到三危山上，纵览这天下奇观一片悲惨又尴尬的破败景象，他又坚定了自己来时的信念，抱定宗旨，在此一生。

那时，张大千还在这里，正要返回重庆去。张大千对他说：

"我先走了，而你却要在这里无穷无尽地待下去，这可是一个长期——无期徒刑呀！"

这话既是玩笑，又十分认真。张大千在这里生活了三年，他知道如果一生都待在这里是什么滋味。

不久，张大千离开这里。分手时他悄悄给了常书鸿一个小小的纸卷，神秘地说，等他走后再打开。常书鸿回来打开这纸卷一看，原来是张大千亲笔画的一张地图，图中标着一条路线，上边说沿着这条路线走，可以在莫高窟一带找到草蘑菇。

这小纸卷显示了莫高窟生活难以想象的艰辛，也表现了艺术家之间的真挚。日后这张地图，还真的给常书鸿的生活带来了不少次帮助和撩人的喜悦呢。

十八、大漠上的孤坟

常书鸿一到莫高窟，立即开展了筹备工作。他组织人力，用"拉沙排"清除积存数百年的流沙，一些被埋没了数百年的画窟便重见天日了；他踩着"蜈蚣梯"上上下下勘察洞窟，基本摸清庞大繁复的莫高窟各方面的情形与现状。最大的工程是围着莫高窟打一道两米高的墙，大约两千多米。有了这道墙，就把狼群、窃贼和肆虐的沙暴全都拦截在外边了，也把莫高窟牢牢地拥抱在自己的怀中。

莫高窟荒芜了七八百年，第一次有了安全感。

一九四三年元月，国立敦煌艺术研究所正式成立，常书鸿任所长。在整体的规划下，工作全面而有序地展开。

一批青年画家从重庆来到敦煌。史岩、董希文、张民权、乌密风、潘洁兹等。他们都是优秀和志向远大的年轻人。没有献身精神是无法坚守在这里

引路菩萨图（盛唐），英国不列颠博物馆藏。

的。且不说气候的酷烈，生活的艰辛——通常的饭食是水煮面片和盐拌韭菜，再加上两支红柳枝的筷子；最难抵抗的是寂寥与孤独。佛国无语，大漠无声；自言自语的话刚说出口，往往就被一阵风刮走了。

常书鸿相信自己不会倒下，但他万万没有料到，妻子从他身后逃掉了。

等他知道了，妻子只留下一封信，还有空荡荡的屋子。

常书鸿扯过马，纵骑去追。他发誓一定要把她追回来。他不能没有她，尤其在这寂寞无涯的天地里。没有了她，就没有了活生生的生活！他追了一夜，从敦煌到安西，才知道她早已经离开安西去往玉门油矿的方向了。他再追下去，已经没有力量，最后昏倒在戈壁滩上。多亏一位在戈壁滩寻找油矿的老科学家发现了他，救了他，然后用一辆破马车把他拉回到莫高窟。

只剩下破碎不堪的他和千疮百孔的莫高窟了！

没有伴侣是孤独的，失去伴侣则更孤独。

然而，常书鸿没有被这不幸压垮，神奇的事情是，给他以力量的还是这无声的壁画。那天，他站在第二百五十四窟面对着那幅北魏的佛本生故事《萨埵那太子舍身饲虎图》时，他感到：

它那粗犷的画风与深刻的寓意，又一次强烈地冲击着我。我想萨埵那太子可以舍身饲虎，我为什么不能舍弃一切侍奉艺术、侍奉这座伟大的民族艺术宝库呢？在这兵荒马乱的年代里，它是多么脆弱，多么需要保护，需要终生为它效力的人呵！我如果为了个人的磨难就放弃责任而退却的话，这个劫后余生的艺术宝库可能随时再遭劫难！

他现在才算真正体验到张大千所说的那个"无期徒刑"的滋味——无期徒刑的分量，还有无期徒刑的神圣。

然而，这打击还不算完。一九四五年七月，国民政府由于战争期间资金有限，必须精简机构，决定撤销国立敦煌艺术研究所。

他和研究所的年轻人撇开那个撤销令，苦苦坚持着。可是抗战胜利了，新的问题又出来了。抗战八年，骨肉分离。如今战争结束，人们都想回到敌占区与家人团聚，类似散伙的局面到来了，这怎么办？

可是，奇怪的是这接连不断的打击，对此时的常书鸿来说，却像一个个命运的挑战，反而使他更加坚定。他奔赴重庆，走火入魔般上下求援，四处呼吁。一些著名的学者和艺术家徐悲鸿、陈寅恪、傅斯年、梁思成、向达等都站出来全力支持他，造成了强大的声势。

一九四六年五月，敦煌艺术研究所终于被重新恢复了。

一批又一批年轻的画家来到敦煌。这中间许多人如今已成为成就卓然的敦煌学者：段文杰、霍熙亮、范文藻、李承仙、史苇湘、孙儒涧、欧阳琳、黄文馥，等等。

有了人马，更大规模的保护与研究计划就得以展开。洞窟的勘察编号、标记登录，编选画集、修复壁画、临摹复制等各项工作，很快全都得到喜人的夺目的成果。

一九四八年八月二十八日敦煌艺术研究所在南京举办《敦煌艺展》，展出文物和临摹作品五百件。这实际上是敦煌的保护者们五年工作的动人心扉的汇报展。场面辉煌，观者如堵。蒋介石冒雨去参观。

一九五〇年四月七日，故宫午门楼上举办《敦煌文物展览》，周恩来去参观，也是多情的细雨。

此时在国人眼里，敦煌的展览就是中华文化的展示了。

这不正是一代具有强烈文化良心的知识分子为之努力和奋斗的成果吗？

如今在莫高窟对面的中寺的一处古老而简陋的院落，便是常书鸿的故居。屋内粗糙的家具、土炕、布围墙、土块砌成的书架和一部老式的手摇电话机，就是他漫长一生物质生活的全部。它无言地表述着一个为精神事业而活着的人的物质观。

一次，日本创价学会的名誉会长池田大作，向这位将一生都献给敦煌的常书鸿提出一个问题：

"如果你来生再到人世，你将选择什么？"

常书鸿答道：

"我不是佛教徒，不相信转生，但如果真的再一次来到这世界，我还是'常书鸿'。"

常书鸿于一九九四年六月二十三日辞世。他的骨灰埋葬在他中寺那个故居的小院里。但人们在莫高窟对面的大漠上为他竖立一块墓碑。碑石是黑色的，在黄沙万里的背景上，沉静而醒目，好像永远伫立在那里，守候与保卫着敦煌。这黑色的墓碑又像是敦煌史的一块界碑，它严格地分清耻辱的过去与自尊的现在，黑暗的往昔与明媚的未来。人们崇敬以常书鸿为代表的敦煌的保护者们，尊称他和他们为"敦煌的保护神"。

十九、无际无涯敦煌学

对敦煌的保护与研究，在二十世纪的下半个世纪，便得到巨大发展。

一九五一年，敦煌艺术研究所更名为"敦煌文物研究所"。它标志着对敦煌莫高窟的认识，已走出单纯的美术范畴，而把它当作一座中华文化的宝库来对待了。这期间对敦煌莫高窟的研究，一方面与丝路沿线的各个石窟（敦煌以东的麦积山石窟、炳灵寺石窟、马鞍山石窟和敦煌以西的克孜尔石窟、土木库拉石窟、伯孜克里克石窟等）的研究联系起来，这便从纯美术扩展到人类间的文化交流；一方面则是与敦煌遗书的研究结合一起，从而使思维视界更加恢宏与深广。

自五十年代始，一批又一批大学毕业的高材生奔往敦煌。他们不再像四十年代那样一色的画家，而是历史、考古、宗教、建筑、文化等各专业的人才。敦煌研究便朝着多学科纵深又迅速地发展开来。

敦煌研究——由于它本身的历史文化的内容所决定，它包含浩博，架构宏大，学科庞杂，综合性又极强。在敦煌研究初始之时，陈寅恪凭着他的学识与敏锐，说出了那个"敦煌学"的概念。经过半个世纪中外学人的努力，敦煌学非但早已形成，并得到蓬勃的发展；敦煌学这个词汇已然出现在英语中，这表明它已成为一门国际性的"显学"。

在西方，对敦煌学研究处于领先位置的是法国。早在伯希和时代，那些搬到法国国立图书馆的珍奇的敦煌写本，就成了伯希和拥有的第一手的研究资本。他擅长的汉、藏、回鹘、粟特语言，以及梵文，正好在敦煌遗书中得到发挥，并使他成就显赫。他的研究偏重对这些文献的考证、梳理、著录和编目。从他的弟子戴密微开始，便转入视野广泛又具专题性的研究。法国的敦煌学者人才雄厚，代不乏人，水平很高，著作也多。在英国，对敦煌遗书的研究稍迟了一些，这主要由于斯坦因的中文不行，早期的遗书整理工作，主要是借助了法国学者沙畹和马伯乐。六十年代，英国人追赶上来，其中魏礼和威切特的研究，达到国际敦煌学的前沿水准。俄国人在一九五七年建立起一个专门的敦煌研究组，对敦煌学的研究列出了计划。俄国学者孟列夫和丘古耶夫斯基的研究著作，在国际学术界颇具影响。

在西方，开展敦煌学研究的国家还有美国、丹麦、挪威、瑞典、加拿大、匈牙利、澳大利亚等国；在东方，则有日本、印度、韩国、新加坡等国。

日本人深知，在自己的孩提时代，世界给予他们的文明输送线就是丝绸之路，所以他们一直对丝路感激莫名，对敦煌情有独钟；他们的敦煌学也就分外兴盛。早在伯希和在六国饭店将一些敦煌写本展示给罗振玉等人时，日本人中庆太郎就及时拜见伯希和，并撰文在《朝日新闻》上介绍这一重大的文化事件。日本的敦煌学几乎是与中国同时起步的。

日本的学术界也和中国一样，派学者到英法的博物馆抄录与研究那里的敦煌遗书。一百年来，日本人对敦煌学的研究有很强的持续力。尤其八十年代，新一代日本学子成立了"青年敦煌学者协会"，生机勃勃，成绩显著，出版极丰。敦煌学在日本方兴未艾。

敦煌学在我国经几代学者的努力，已被拓展成十几个领域，包括语言、美术、文学、史地、宗教、民俗、民族、建筑、舞蹈、科技研究等。每个领域还包括许多小领域，比如敦煌美术，就包括壁画、彩塑、窟式、图案等。单是壁画又分各个时期，各类题材、各种手法等专题研究，愈小愈细，愈细愈深。而各个领域和学科之间又有交叉性研究课题，比如民族与美术、民族与宗教、宗教与乐舞、中西交流与乐舞，等等。这就交织成一个巨大的学术网络，形成辽阔的敦煌学。而在这个浩如天空的学术天地中，我们已有众多的一如繁星般的学者，不断闪出他们成果的光芒。

中国的敦煌学与西方不同的是，西方学者偏重于对藏经洞文献的研究，而对石窟艺术研究甚微。其中很大的原因是西方人对中国绘画的陌生。在这方面，日本人由于在文化上源自中国，日本的绘画和雕塑与中国一脉相承，故而他们在石窟艺术的研究上颇有成就。

自张大千、常书鸿、段文杰等几代的努力，敦煌石窟艺术的总体情况基本摸清。敦煌石窟——包括莫高窟、安西榆林窟、东千佛洞、西千佛洞和肃北五个庙，已编号为五百七十二个洞窟，内有彩塑三千余身，壁画五万多平方米，如果按两米之高排列起来，可以延绵二十五公里长。有些洞窟，在一代代重修时，往往将上一代的壁画覆盖，已知的洞窟的壁画竟覆盖着三四层。外边的是宋代，里边的是唐代，再里边的是南北朝的。如果全剥离出来，谁知会有多少壁画，有多少惊世的画面！

敦煌壁画上至魏晋、下至元代，其间历时一千余年。画中的内容，既是佛陀世界所有传说、轶事、经义的图像，又是世间生活无所不包的再现。既有一切神佛变幻不已的绣像，也有各朝各代各个阶层人物形形色色的写照。人物形象千千万万，事物形象万万千千。许多在史书上弄不懂的事情，许多物源的线索，许多缺乏实证的生活细节，在这里都可以直观地看到和发现到。至于各个时代绘画风格的更迭与技术的嬗变，更是缤纷幻化，灿烂夺目。面对莫高窟，我们都会感叹道——说不尽的敦煌！

如今中国的敦煌学界已有一批学者，开始对敦煌石窟艺术进行断代研究和专题研究。每年都出版许多精美的图书，展示研究领域中的新收获。

中国的敦煌学者知道，将石窟艺术与敦煌遗书放在一起，综合研究，不仅可以互补，还可以开拓更广阔的学术空间。

同时，对敦煌的保护工作的研究，也是中国敦煌学者的独有的课题。敦煌石窟的保护，包括防治沙害和水害、岩体加固、清除霉菌、治理酥碱、保温保湿、壁画修复等多项专门性工作。自四十年代以来，敦煌研究院逐步建立起相应的部门，现已具有各类专家，负责各项保护工作的科研与实施。采用现代高科技来进行保护，是今后的必然趋势。敦煌研究院正与一些国家合作，已经获得了广泛的世界性的支持。

一九八三年中国敦煌吐鲁番学会成立，一九八五年敦煌文物研究所更名为敦煌研究院，我国敦煌学进入了一个新的历史阶段。为了拓展与深入敦煌学研究，自一九八三年以来，我国差不多每两年举办一次国际学术研讨会，为中外敦煌学者的交流创造空间。

敦煌学的研究，也是使世界了解中华文明并为西方人感兴趣的一条途径。然而，敦煌学不仅是中国的，也是世界的。敦煌作为人类文明交流史上的一个至关重要的、遗存浩瀚的文化遗址，对它的研究有益于人类的未来。

历史是属于过去的，但有益的历史我们必须重新拥有。

二十、敦煌完璧待何时

自藏经洞发现至今，整整过了一百年。

在本书中，我们已经把这百年的历史重新回顾了一遍。它如此伟大的发现，如此辽阔的宝藏，如此坎坷多难的经历与命运，在中外文化史上都是绝无仅有的。

在这百年的历史中，一些极其奇特的人物成了它的主角。既有斯坦因、伯希和、橘瑞超、华尔纳，也有蒋孝琬、王道士、叶昌炽、汪宗瀚和何彦升。这些人物共同创造了这一文化史上一连串跌宕不已的大悲剧。每个人物的后边都是一片值得深思的背景。殖民主义的掠夺性考古，文明失落后的无知，权力层对文化的漠视，催化愚昧的贫穷，丧失文化良心的文化汉奸，都是造成悲剧的真正根由。只要这些根由存在，文化悲剧就在所难免。

幸好历史还算公平，同时又推出了罗振玉、向达、张大千、常书鸿等这些称得上"文化脊梁"的人物。他们以今天的人难以想象的艰辛的文化行动，将敦煌从魔鬼与死神那里夺回到人间。

然而，每当面对敦煌，我们却依旧愁眉不展。这因为，百年来那一段文化瓜分的历史至今未有完满的终结。敦煌遗书在上个世纪四分五裂，到了本世纪却依然如故。搬走的壁画、绢画和雕塑，至今一件也没有返还回来。每当我们谈起敦煌，我们内心的感觉仍是支离破碎。历史的伤口没有愈合，还在疼痛，还在淌血。藏经洞出土的文献约为五万余件，留在我国的仅为一万五千件，在海外为三万五千件——

伦敦印度事务部图书馆两千件；

英国大英图书馆东方写本部一万三千七百件；

法国巴黎国立图书馆六千件；

俄罗斯科学院东方学研究所圣彼得堡分所一万二千件；

日本大谷大学三十八件；

龙谷大学七件；

其他分散在美国、芬兰、瑞典、奥地利、土耳其、韩国等地。

藏经洞绘画作品一千余件主要在印度、英国和法国。

敦煌壁画二十六平方米，在美国哈佛大学福格博物馆。

敦煌雕塑四尊，分别在美国与日本。

人类在千年以前的文化交流中，共同创造了丝绸之路上的敦煌；在百年以前又一起瓜分了敦煌，人类到底是进步还是后退了？

二十世纪的后半叶，西方的学术界为他们非法取得敦煌文物辩解，或说斯坦因是藏经洞文献甚至是莫高窟的发现者，或说是他们用钱买到手的一种"公平交易"，或说他们出于保护的目的，为了怕这些珍贵文物免于灾祸。真是愈说愈荒唐。这话不是等于说："你的宝贝放在你家不安全，不如放在我家更好。"那么如果我们说："现在我的家很安全了，你们应该把东西送回来了。"那又该怎么办？

在整个二十世纪，西方人在殖民地国家拿取文物，似乎都是一件很正常的、天经地义的事。这些人即使在心理上偶尔出现的一种不道德的自我感觉，也被当时的所向披靡的西方中心主义平衡了。由于这种殖民主义，还有战争，内乱，走私，以及一些殖民地没有自己的文物保护法，再加上那里的人民缺乏文化的自觉，一些重要的文明遗址遭到破坏，文物流失严重。于是历史就把一个很糟糕的局面留给了二十一世纪，看看如今地球村上的人，能不能超越先辈的谬误，还文明以文明，使过往的伤痕累累的历史得到安宁？

文物归还，除去文物主权的这一层意义之外，还有一层，就是文物——特别是重要文明遗址的文物，有其不可移动的性质，它们天经地义属于自己的本土。它是那一方水土的精髓，是历史生命活生生的存在，是它个性经历的不可或缺的见证。文物只有在它发生过的本土上，才是活的，才更具认识价值。这就是说，人类的一切文明创造，都有它自身的完整性，都有它不可移动与不被肢解的权利。这权利是神圣不可侵犯的。它是文明的尊严，也是人类的一种尊严。

谁先认识到这一点上，谁先步入文明。

刻下，一些欧洲国家不是已经开始交换二战中相互劫去的文物吗？这应被视为告别野蛮、自我完善、走向文明的高尚行为。因为，当今的人们已经深知，文明遗址中的文物不是一种变相的财富。谁把它当作财富来据为己有，谁就亵渎了文明本身。站在这个文明的高度上说，谁拒绝文物归还原主，谁就拒绝了文明。

用掠去的文物来装点自己，不表示自己拥有文明，只证明自己的野蛮。

对于敦煌遗书来说，它本身更是一个不能割裂与分解的文化整体。如今，它绝大部分流散世界四大洲十几个国家，相隔一个世纪，有的至今尚未有科学和系统的整理，有的甚至情况不清，下落不明。敦煌学本身的发展受到了极大的障碍。我们至今被一个历史愚弄着。这个文明的悲剧，实际上仍在被漠视着，隔置着，延长着。

然而，我们的心却仍像当年的罗振玉、张大千、常书鸿一样焦迫！

从今天的世纪高度看，这桩没有了结的敦煌公案，不仅是敦煌——也是人类文明犹然沉重的一段未了的伤心史。因此，今天我们不是仅仅为了捍卫文物的主权，而是为了捍卫文明的尊严，来呼吁和追讨敦煌文物。那就不管别人是不是觉悟，我们都要不懈地呼吁下去，催其奋醒，重返文明。直到敦煌文物归还故土，世界各大文明遗址流散的文物全都物归原主，我们才能踏实地说：地球人类真的文明和进步了。因为人类的进步和前提，就是不再重复过去的谬误。

二〇〇〇年六月

人类的敦煌

片头

在旷古空灵的音响中，依次出现如下画面——

古埃及的金字塔、狮身人面像、卢克索神庙、希腊阿波罗神殿、雅典卫城、罗马的科洛西姆斗兽场，随后是新巴比伦伊什塔尔城、美索不达米亚的吉库拉塔、波斯波利斯宫殿、印度桑奇大塔、中国的长城、兵马俑、故宫……

伴随画面和音响的述说：

在人类绚丽多姿、异彩纷呈的历史创造中，有四种文化范围最广、自成体系、光芒四射，它们是希腊文化、伊斯兰文化、印度文化和中国文化。而这四种文化曾经在一个地方迷人地交汇过，并被最灿烂地表现出来，这个地方就是中国的文化圣地——敦煌。

画面推出敦煌莫高窟的壮美景象。奏出鼓乐齐鸣的主题曲。

在一阵阵风沙掩过和一幅幅精美壁画的重现中，出现片头字幕。字幕衬底的黄沙，被风吹成不同的波浪状的图案。

第一集　一个西方探险家的笔记

一支蘸水钢笔用英文在硬皮本上快速写着。时而停下来，似在思考，然后蘸过墨水继续写。

顺序现出如下字幕：

《中国沙漠上的废墟》又译作《沙埋契丹废墟记》，作者﹝英﹞斯坦因。

第一集 一个西方探险家的笔记

一九〇七年初春，

寒风夹带着细沙在敦煌城镇空旷的街头吹荡——

敦煌以刺骨的寒风欢迎我们……

（以下凡此种楷体字，皆为英文字幕。这是斯坦因笔记的内容。）

一个矮小结实的外国人和一位纤瘦的中国文人，在迷雾般的风沙中行走。外国人用手背揉着被沙土迷了的眼，那中国人则给烈风吹得背过身去。他们急切地向路人打听一位名叫王圆箓的道士。谁也不知道他们绝密的意图，更没人想到这意图给本世纪的考古和敦煌带来了一场灾难性的不幸。

在那十年里，荒凉绝望的中亚沙漠和戈壁滩上，开始出现西方人的身影。这中间有考古史上知名的瑞典人斯文·海定、德国人艾伯特·范莱考克等。

然而，这里的人对于那些眼睛发亮、行为怪异的异国人并不敏感。道边放骆驼人的目光僵滞麻木。他们对与自己无关的事漠不关心。

文明的失落造成历史的断绝。

不是历史忘记了他们，而是他们忘记了历史。

他们不可能知道这满目黄沙下湮没着一座座昔日里繁华的古代城池，即令知道也不会把它们和切身的温饱之需联系起来。就这样，先一步跨过现代文明社会门槛的西方人，便把这些被东方人自己早已遗忘的古代文明视为珍宝。大规模的考古发掘的热潮，从希腊、埃及、美索不达米亚、波斯、印度，并沿着丝绸古道穿过塔克拉玛干沙漠，深入到中国的文明腹地，直抵敦煌。

（关于庞贝、特洛伊、吐坦卡蒙、尼尼微等地的发掘照片和图像资料。斯坦因在和阗、叶城、昆仑山、米兰等地勘察地理与发掘古物的图片。）

英籍匈牙利人斯坦因是最早一批来到敦煌的西方地理学家和考古学家。当他把地理学的角度和历史学的修养结合在一起，就意识到——

接近亚洲东西方向那条最繁盛的古代大道，是联系拉萨、印度和蒙古、南西伯利亚那南北大道的交叉点。

中断的历史一定把无穷的宝藏忘记在这里了。

这个非凡的猜想，使他东进的步伐有点发狂了。

斯坦因启程于楼兰遗址，穿过冰冻的罗布泊，从荒凉的阳关进入了寂寥的敦煌。跟随者是一位雇佣的中文秘书和翻译蒋孝琬，他被斯坦因称作"忠实的伴侣"与"挚友"。

(同时出现蒋孝琬的历史照片，姓名字幕。)

斯坦因原本的目标是考察汉代长城遗址。可是刚到达敦煌就从一个爱传播小道消息的穆斯林商人口中，得知一个惊天动地的消息：在不远处的莫高窟的一间密室里，偶然发现到一大堆秘藏的古代手稿！

王圆箓（一八四九－一九三一），原作元录，俗称王道士，湖北麻城人，敦煌藏经洞的发现者。

关于这密室被发现的过程也染着传奇般的魅力——一个看守着莫高窟的道士王圆箓找来一位姓杨的先生在洞窟里抄写经书。杨先生常用芨芨草点烟，用过就插在身后的墙缝里，一次竟然意外地掉了进去，这才发现墙内是一间密室。墙外的壁画是不是一种伪装？于是墙被扒开，罕世珍宝重见天日了。

这一天是一九〇〇年五月二十六日，正是各国联军在天津租界与义和团激战。整个中国目光都在渤海湾，不会有任何人向这渺无人迹的荒漠与阴冷黝黑的洞窟望上一眼。

王道士曾经从中取出几卷文书送到敦煌知县汪宗瀚那里，请他鉴别，被著名金石学家叶昌炽看到了，震惊不已，立即建议甘肃省府，把莫高窟密室的文物运到兰州保管。由于缺乏运输经费，一九〇四年三月，甘肃省藩台向敦煌知县汪宗瀚发出命令，清点文物，就地封存。

汪宗瀚并不懂得这稀世之宝的价值，未做清点，便草草用砖块木板封上了。

然而，自查封以来，这木板对于王道士就形同虚设。

（王道士钻入密室窃取文书经卷的画面。）

斯坦因赶到莫高窟，不巧王道士化缘去了。

当他第一眼看到大漠上这数百个洞窟灿烂奇异的壁画，顿时被惊呆了。

任何一个人初次接触莫高窟壁画，都会受到这样强烈的震动。艺术史家米尔德里德·凯布尔止不住心中的激动，赞美它是"沙漠中一个伟大的美术馆"！

这里的壁画——中国审美之强烈，印度河流域艺术精神之优雅，西域文明之绚烂雄健，兼而有之，比斯坦因先前在新疆看到的任何石窟艺术都更加壮丽与神奇了。

然而，对斯坦因更有吸引力的还是远远那间在三层楼阁下的藏宝的密室。从王道士居住的下寺的院中抬起头来，透过稀疏的树隙还能看见那紧锁的门。

（从下寺望第十六号窟。）

幸运的斯坦因从一个小和尚手里看到一件密室藏品。这是一件长达十五码的古代手稿长卷，极为精美，又保存得相当完好。这更坚定了斯坦因非要把他那顽强的脑袋伸进密室彻底看个清楚的决心。

他必须耐心等待王道士归来。在这段时间里，他正好可以进行原计划中的工作：沿着荒废了的汉长城的烽燧线，去翻检历史遗落在戈壁大漠上的一个个垃圾堆。

考古学把垃圾堆称作灰层或文化层。斯坦因是发掘灰层的行家。他几乎从每一个灰层里都找到了远在纪元初的珍贵文物。

但是这比起一个月后见到的莫高窟密室那批宝藏，却是天壤之别了。

王道士给斯坦因第一个印象是——

一个很古怪的人，十分胆小，偶尔带有狡诈的表示又绝非胆大……总之，他是一个很难对付的人。

这时斯坦因已经听说，甘肃省府衙门将这批古物就地封存，由这个王道士管理。对于他这个外国人，要想走进那间密室恐怕绝非易事了。

事情真的有些不大美妙。在斯坦因借口去附近一个寺窟拍照时——

我忍不住看一眼通向密室的那个洞门。我上次来的时候，密室狭窄的入口是用粗糙的木门锁着的，而现在令我沮丧的是已经完全用砖砌上了。

但是他很沉得住气，一切事情都由善于随机应变的蒋孝琬出面，去同王道士周旋，设法看到这批秘不示人的宝物。但是打起交道来确实很艰难……

斯坦因冷静地观察到，这位行伍出身的道士，居然节衣缩食，用个人节省以及行脚僧式苦苦化缘得来的钱，去清理堵塞石窟的流沙，开掘通道，还为善男信女们修复这些倾圮已久的求神拜佛的场所。尽管油红漆绿、涂金抹银，鄙俗不堪，他本人却充满一种宗教的异乎寻常的热诚与真诚的使命感。

蒋孝琬认为这个半文盲的道士是个无知之徒，只能用钱收买。斯坦因的感受却不同。他判定王道士是个——

一身兼有宗教的热情、愚昧的天真以及对自己的目标能够采用各种聪明手段并坚定不移的道人。

仅仅依靠钱是无济于事的。

当斯坦因得知王道士信奉不畏险阻、取来真经的唐僧玄奘时，他忽然像获得到灵感那样，立即找到打开障碍的缺口。他向王道士表白——

我是怎样从印度追随着他（玄奘）的足迹，跋涉万里，越过渺无人迹的高山与荒漠，访问了许多必须付出千辛万苦才能到达的玄奘朝拜过的寺院……

我本能地感觉到一种可依赖的关系在我们之间建立起来。

斯坦因的计谋发生效力。当晚，斯坦因扎营在寺外树林里小帐篷的门帘突然掀开，蒋孝琬钻了进来。他满脸的喜悦便是一种胜利的喜讯，暖炉里炭火的光把他的脸颊照得明亮生辉，他弯腰从宽松的黑袍子里拿出一卷古老的中文经帙。这是王道士从密室里拿出来交给他的。

这些卷子古雅的形制和历经沧桑的气息十分迷人。

和那个石室一样幽闭禁守着的王道士，变得松动了。斯坦因感到他和那密室的距离已经大大缩短。

更加奇异莫解的事情出现了。蒋孝琬发现，王道士交给他的这个古老的卷子，竟是当年玄奘本人从印度带回来的佛经，而且是玄奘翻译的！

这种巧合只能被解释为一种天意。尽管这天意对于中国人来说是一种灾难。

斯坦因觉得他真的得到了神助。

王道士更是感到这是玄奘的在天之灵的一种暗示，只能顺从而不能违抗。

很快，密室入口堵塞的砖块被拆除了。

对于斯坦因来说，这洞口通向天国。

斯坦因的脚终于踏入被封禁的藏宝的洞室。

当我看到渐渐显露出来的小洞时，眼睛都瞪大了。卷子一层层堆积起来……在王道士昏暗而微小的烛光里，它高足有十英尺，整个手稿近五百立方英尺！

大约十五年后，英国考古学家霍华德·卡特借着摇曳不定的灯光，注视着尼罗河畔国王古埃及法老图坦卡蒙那间幽深的墓室时，也是同样一种惊天动地的庄严景象，同样一种令人震悚的氛围，和同样一种目瞪口呆的神情。

王道士把一捆捆石室文献搬到另一间空屋里，斯坦因埋头研读，蒋孝琬做翻译和解释。

这些厚厚的经卷和文书，每十件被装在一个布袋子里。

它们被斯坦因打开时微微抖动，那是由于斯坦因难以遏制的激动。中古时代书写的手稿，历时遥远的历史文献、西亚和中亚各民族文字的文书、精美绝伦的绘画、雕刻和绣织品……一幅画在光滑细腻的丝绢上的佛像，几乎与人一般大小。考古学家们这样的奇遇，整个世纪也不会超过三次。

深夜里我听到细微的脚步声，那是蒋孝琬在侦察是否有人在我的帐篷周围活动。一会儿，他扛一大包回来了，里边装满我白天挑选出来的东西。

几年前他系统补充过的中国历史知识起了作用。他居然弄清楚这些卷子的年代是五世纪至十世纪！他惊呆了。每一页都是千年以上的文献！每一页都记载着令人耳目一新的历史！而这是浩瀚的如山的一堆呵！世界上哪里还能找到如此浩瀚和久远的文献？

就分量以及保存之完好而言，我以前所有的发现，无一能同此相比。

铀元素的发现者伦纳德·伍利爵士的评价则更富激情，他说："这是一个考古学家前所未有的大发现。"

在精明的考古学家、智谋的中文秘书和难于对付的道士之间，经过外交式的反复磋商，王道士获得一笔并不宽裕的用来修复寺窟的捐助，只有四十块马蹄银，相当于二百两白银；他付给这位自许的玄奘的信徒却是无以估价的绝世珍宝，总共十二箱，包括七箱手稿文献，还有五箱中古时代绘画和刺绣精品，大约五百余幅之巨。

斯坦因亲自并精心地打包。

一九〇七年六月十三日，斯坦因的运输队启程。

然而，四个月后的深夜，这支运输队的人员又潜回到莫高窟——

我没有犹豫，而是再鼓起劲儿来进行莫高窟秘藏物的工作。我们上一次的秘密没人知道，所以通过一个可信人与王道士联系之后立即得到了应允。

为了避免人们的怀疑，我只得离开现场，委托我永远热心的秘书去完成……

一个寂静之夜，我的人又出现在寺院附近。二百三十捆手稿，是好心的道士被劝诱放弃的……

这一次没有斯坦因在场，是两个中国人合作完成的。

山谷寂静得有些紧张。宕泉的流水声遮掩了车轮和马蹄声响。

约十六个月后，当这所有装满手稿的箱子和包扎好的绘画放在伦敦博物馆时，我才真正宽慰地舒一口气。

一双有毛的大手从打开的箱子里，小心地取出一幅华美精绝的绢本绘画。

斯坦因走出莫高窟的密室之后，那已不再是密室。渐渐人们称它为藏经洞，而把藏经洞内的经卷文书，称作"敦煌遗书"。

第二个来到藏经洞的是法国人伯希和。他于一九〇六年八月才到达西域（中国新疆），那时不少古迹早已留下西方探险家们的足迹。然而，他在这里所获得的惊人成功，连本国考古界也十分嫉妒。

他是个有超人禀赋的语言学家，精通十三种语言；又是著名汉学家沙畹的门生，能说出一口流利的华语。逞强好胜的性格与冒险精神，都是他考古这一行天生的资本。这位年仅二十七岁的年轻人，还有着和斯坦因同样的好运气。他在新疆吐土休克废墟里，偶然用马鞭杆掘一下地，居然掘出一个真正希腊风格的小佛像。

（伯希和《吐木休克》中的图版。）

凭着这样的本领和运气，当他听到敦煌发现藏经洞的消息，立即率领负责测绘的路易·瓦兰博士、摄影师查尔斯·努埃特一行三人远征队伍赶到敦煌，很快找到王道士，直截了当提出用一笔钱购买藏经洞的藏品。他熟练而漂亮的中国话把王道士迷住了。此外，由于那个矮小的斯坦因严守秘密，使王道士出卖经卷的事毫无败露，王道士对这些外国人有了信任感与好感。伯希和连一点麻烦也没碰到。

伯希和猫腰钻进了藏经洞。一瞬间的感受使他终生难忘。

他一个人借助灯光，翻阅了全部藏品，哪怕是一张残破的纸片。他以每天阅读一千卷的速度，整整用了三个星期，有条不紊地翻看了所有的写本与绘画。凭着他娴熟的中文、深厚的历史文化修养和敏锐的考古天赋，他从文献上的纪年和藏经洞石碑的年款上，发现这些宝藏的年代不会晚于北宋咸平五年（一〇〇二年），这正是西夏称雄大西北的时代。他认为这是莫高窟的和尚们为了躲避西夏一次可怕的袭击，匆匆把这些文献藏在洞中，外边画上伪饰。这种推测使藏经洞文献更加神秘和珍奇了。他从中挑选了六千卷，所挑选的全是精品。那个捷足先登、不通中文、借助于秘书的斯坦因是无法与之相比的。

伯希和的助手瓦兰博士回忆当时的情况时说：

"他的外套里塞满了他喜欢的手稿，容光焕发，喜气洋洋。"

摄影师查尔斯·努埃特面对数百个石窟的壁画惊喜得发狂。他不停地拍照。

在连续的按下照相机快门的"咔哒"声中，每一幅被实拍的彩色壁画，都变成历史的黑白照片。

查尔斯·努埃特来到藏经洞口，对着工作中的伯希和举起相机"咔哒"一声，留下了《伯希和在藏经洞中》那帧著名的照片。还有藏经洞的壮观与历史的凄凉。

伯希和将他弄到的文献与画卷，装满十大箱运走了，留给王道士的不过是五百两白银。

王道士就用这些收入来修建寺窟。为了免于善男信女爬梯登窟之苦，他在石窟之间开凿了内廊式通道，许多美丽而珍奇的壁画因此被破坏了。他被文物界作为一个愚昧无知的"破坏性保护"的历史典型。

失去了的是灾难，换来的也是灾难。

王道士当时还以为自己功德圆满呢。

历史过去了。谁能说清这错误的过去，谁能挽回这过去的错误？

一九一四年，斯坦因再次来到莫高窟。他的中文秘书换了一位严肃而缺乏活力的姓李的师爷。他们在下寺找到了王道士。王道士表现得友好却又抱歉不已——

他的抱歉是由于害怕。他已经不能像一九〇七年那样让我参观全部宝藏了。伯希和走后的一年，北京下令交出剩余的东西。王道士和其他寺院没有得到一分钱的补偿，全在层层上交时被抢走了。

然而老练的斯坦因终于设法从王道士的嘴里得知另一个秘密——

当上交北京的命令下达时，王道士偷偷私藏一小部分作为纪念。这样，我从中又获得四大箱文书。当然我还是需要一阵讨价还价，尽管很不幸——没有蒋孝琬的帮助——最终我还是成功了……

斯坦因告别王道士，从丝绸之路北道的吐鲁番一路西行，伴随着不间断的发掘古物，不停歇地给他的骆驼增加负重。

斯坦因在剥落壁画。克孜尔千佛洞。

斯坦因把精美的壁画装入木箱。吐鲁番吐峪沟。

斯坦因从干尸上割取美丽的丝绸。阿斯塔那墓坟场。

穿过荒无人烟的沙漠，穿过空无一物的山谷，穿过死去的历史的寂寞，穿过肆虐的沙暴。一九一五年当斯坦因取道喀什走出中国时，四十五头重载骆驼满载着一百四十一箱中国古物，排成长长的一队，远看就像沙漠上的一列火车。其中一头骆驼，背上那四个古怪的大木箱装的就是敦煌文献。镜头推近木箱。

斯坦因由于这次发现性行动，而在考古界名扬四海。

斯坦因被英国皇家地理学会授予"发现者金质勋章"，得到了牛津和剑桥大学的荣誉学位。

英国官方还授予斯坦因"印度帝国骑士"称号。

他穿着礼服，佩勋章和徽饰；

进入觐见厅后，走到女王对面鞠躬，随后右膝着地下跪；

女王以权杖触斯坦因的左胸，以示封爵；

斯坦因左臂平举，女王把手放在他腕上，接受他的吻手礼

……

一切全都那么令人兴奋，我在皇家前厅里等待接见时，受到尊贵的接待，

入目尽是华丽的服装……

（一九一〇年七月十日斯坦因给艾伦的信。）

《斯坦因：考古与探险》一书的作者珍妮特·米斯基说：

"他绝没想到，在敦煌千佛洞发现的宝藏，竟会把他带到皇家觐见厅，参加如此庄严崇高的仪式。"

在珍妮特·米斯基的话中，出现斯坦因被邀请在欧洲各国演讲的画面。布达佩斯、维也纳、慕尼黑，等等。

画面回到沙漠上的骆驼队。

驼背上那四个古怪的大木箱。

中国从此失去这些宝藏；

世界从此对敦煌刮目相看。

镜头在古怪的大木箱上定格——

（本集终）

第二集　乐僔的灵光

一只手垂下来，从绝无人迹大漠的沙砾里，抠出一件小小的、湛绿色的古物。一枚汉五铢钱币。一种令人惊异莫解的感觉。

（字幕：阳关，古董滩）

在这里几乎随手可以捡到古陶片、古钱币、纺轮、箭镞、石器、车马饰，甚至更稀罕的遥远年代的遗物。尤其大风过后，这些古物会暴露出来。还有一处处清晰可见的千年以上的房基屋础……

先不要问这里曾是何地。走出这中古时代的西部边塞敦煌，到处可以看到倾圮的荒城，被黄沙红柳埋没的村落，以及几乎消没于地面的汉长城……

（锁阳城、石包城、大方盘城、古塞城、六工城、肖家故城、寿昌故城、汉长城等。）

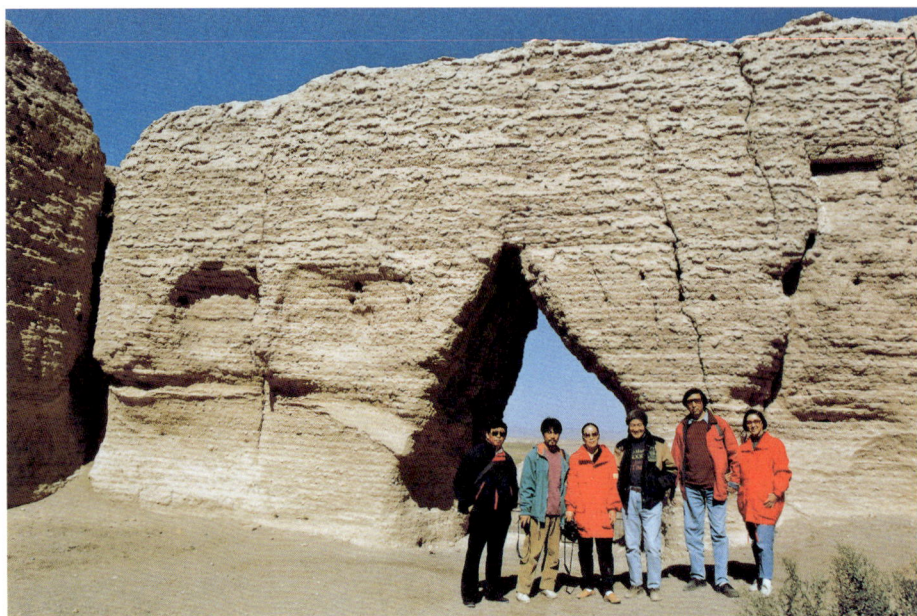

考察组一行在玉门关北门前。

两千年前的烽燧墩，残破败落，却依旧一个个兀自耸立在大漠上。黑黑的历史阴影躺在它们的身旁。

那些用于燃放烽火的苣和积薪，历经十余个朝代，犹然完好地遗存。

然而，它们在防御谁呢？谁来侵犯？敌人又在哪里？

大漠无人，下无鼠兔，上无飞鸟，更无声音。渥洼地大片大片的水，美丽而寂寞。

这里一定有过兵家必争的险要，王权必夺的繁华。

（烽燧墩旁遗弃的大量箭镞。）

没有人回答你，你陷入了又空又大的迷惑里。

一条长长的路出现了。它从天边而来，到天边而去。在这人迹罕至的戈壁滩上，哪来的这条路。无疑是久已废弃不用的古道。它又是来自哪里，通向哪里呢？

当地的人都会告诉你。它来自中原的长安与洛阳，从这里通过阳关和玉门关，分作南北两道，直入古称西域的新疆，沿着人烟绝迹的塔克拉玛干大沙漠南北边缘平行向西，越过葱岭，穿过中亚诸国、西亚的安息和两河流域，直抵地中海南岸的埃及和北岸的希腊与罗马。

（展示地图上的丝绸之路。）

当今的人也不可思议的事，古代的人却做到了。

它就是人类历史上最长的、最繁华的、贯通东西方的大道——丝绸之路。

音乐起，画面迭现：

驼铃、胡商、各国面孔的使者、风沙中用头巾罩面的僧侣；驼背上的石榴、葡萄、瓷器、琵琶、丝绸与佛像……在这条大道上川流不息。

（字幕：第二集 乐傅的灵光）

德国地理学家李希霍芬称这条路为"丝绸之路"，是因为丝绸是西方人接触到的第一件神奇并使他们迷醉的东方物品。

公元前四十八年的罗马，恺撒大帝在一次为他战胜庞培而祝捷的盛宴上，突然脱去外套，露出华美轻柔的丝绸长袍，使得所有人惊呆了。于是这种前所未见、光彩夺目的纺织品，一下子为贵族男女争相穿用，并蔚然成风。但这种由遥远国度中进口来的衣料价钱昂贵，使得罗马帝国流失大量资金。尽管元老院多次通过禁穿丝绸的法令，也无济于事。

令人心醉和发狂的挡不住的奢侈！

所以，古希腊人和古罗马人都称中国为"赛里丝"，意思是产丝之地。《旧约全书》中的《以赛亚书》干脆称中国为"丝人"。对于把丝绸视作天堂服装的希腊罗马人来说，称中国人为丝人，简直就是直呼为神。

可是他们谁也没见过远在天边的中国和中国人。

丝绸从中国到罗马不是直接运到的。中间数万里，征程漫漫，山水相隔，各地语言风俗互不相通，货物是通过途经国家的转手贸易，一站一站地向前慢吞吞地转送。价钱也就渐渐提高，到了罗马，便真的贵如黄金了！

驮运货物的骆驼，改换成驮运货物的白象，再换用马匹，又换上船只……

（莫高窟中相关的壁画。）

另一方面，充当中间商人的塞人、帕尔特人，为了不失去利益巨大的丝绸转手贸易，也在极力设法阻挠中国与罗马直接接触。

为此在很长时间里，罗马人认为中国的丝绸是长在树上的；在中国人的书里，罗马人身材高大，五官端正，长得和自己很相像，所以称罗马为"大秦"；中国人甚至以为罗马人也善于种植桑树和养蚕。事实上直到七世纪，中国人制造丝绸的秘密才传到意大利南端的西西里。

西方人太想知道丝绸是如何制造的了。所以一直流传着一个故事，说一位嫁到于阗的公主，偷偷把蚕放在自己的帽子里，躲过严格的检查，养蚕造丝的秘密才被西方获知。

两个相互触摸不到的国家，只有用美丽的想象与彩色的神话去连接对方了。

（于阗出土的彩绘木版画《养蚕西渐传说图》。）

光彩照人的丝绸和漫长艰辛的丝绸之路，则像神奇的带子，把它们牢牢地系在一起。

在公元前后，西方和东方，各有一次机会，可以相互邂逅。

对于西方，是公元前四世纪。马其顿帝国亚历山大东征时，曾经一直打到阿富汗阿姆河上游叶赫什河旁的霍闸，部将尼亚科斯和奥尼希克里特得到了一个极富有诱惑力的信息，那便是再往东挺进，就要抵达产丝的"赛里丝"了。偏偏此时，亚历山大重病，这支东征的希腊军队只好掉头回去，错过了一次一睹中国真面目的良机。

对于东方，是公元九七年。正值汉代强盛期的中国，已经很清楚那个地处辽远的西方国度"大秦"，是最大的丝绸消费国。负责扼守西域的都护班超，派遣他的属员甘英出使"大秦"，力图直接打通东西方的丝绸贸易。甘英千辛万苦到达波斯湾，想乘船渡海向西行进。但帕尔特人知道了他的意图。这些一直在做丝绸贸易的帕尔特人，便阻挠他渡海，对他说："大海无边，渡海一次顺风要三个月，顶风要两年……"这些可怕的话把缺乏航海常识的甘英吓住了。

迟疑地站立在波斯湾滩头的甘英，哪里知道他距离罗马只有一步之遥了。如果他向前再跨一步，东西方一旦沟通，世界也许早就会变成另一番样子。

东西方擦肩而过。丝绸之路却顽强地存在下来。前后竟是一千五百年！

古代中国，东方与南方濒临大海，烟波浩渺，人们航船乏术，唯有望洋兴叹。北面为冰天雪地，人鸟绝迹，更难往来。西面虽是漠漠荒沙，去之遥远，然而总有零零星星的人或来或去，从这些几乎被晒枯了的人的口中，透露出隔过大沙漠那更远的西边的消息。那是一片诱发奇想的朦胧的世界，一片空旷的神秘，一片未知的文明。

在那个时代里，中国人对西方有着特别的兴趣。西天是神往之地、极乐世界和安魂的净土。

中国人一直想与西边打交道。

西边就是外部世界和另一种文明。

中国人从什么时候，与葱岭以西那广阔的世界发生联系的？

丝绸的历史比希腊和罗马的历史早得多。五千年以前，中国已经生产丝绸了。

（四千年前的甲骨文中的蚕、丝、桑、帛等文字；五千年前江苏吴江钱山漾出土的新石器时代文物中的绢片、丝带和丝线等。）

在希腊罗马之前，与东方文明交往的西方民族是埃及。埃及文明的许多细节，都与中国惊人地相似乃至相同。这些过于遥远的历史早已失去记忆，究竟谁影响的谁，已经无从考证了。

（木乃伊头上的丝绸。人身兽面的形象。卍字。空筬。墓葬方式等。）

人类最初的谜与最终的谜一样，都是永无答案的。

然而，从中国历史来看，在中西交流中，中国人一开始就是主动的。

不单是主动的输送，更是主动的索取。

月黑风高的夜晚，一个矮短精瘦的窃贼钻进黑黝黝的墓室里，点燃竹片照明，他将珍宝塞入袋中，却把大量写满字迹的竹简丢弃在地。

（字幕：公元二八一年，河南汲县战国魏襄王墓）

这是中国历史上最早的盗墓案。

这个名叫不准的小贼，万万没有想到被他丢弃的足足装满十大车的竹简，其珍贵远非他盗走的那些宝物可比。竹简上记载着历史上第一位西行的国王——周穆王。

（画面：古籍《穆天子传》。字幕：周穆王，西周第五代国王。在位于公元前一〇〇一年—前九四七年。）

装竹简的车轮变为周穆王驾乘的马车轮。

周穆王率七萃之士，驾八骏车，带着大量精美物品与丝绸，浩浩荡荡行进在高远浩瀚的西北高原上。

他自王都宗周出发，溯黄河而上，西进柴达木盆地，北登帕米尔高原，一路上受到当地住民与酋长的欢迎，得到闻名于天下的和田美玉，然后继续西行，过赤乌地（塔什库尔干）、玄池（伊赛克湖或阿姆河），终于来到西王母之邦。周穆王手执玄圭白璧，向西王母馈赠华丽丝绸，西王母则在瑶池设宴款待。两人饮酒酬酢，对酒当歌，互为唱答，表示敬慕之情。这大概是最早和最浪漫的中西文化交流了。

关于西王母之邦的传说，历来扑朔迷离，有人竟说她远在西亚的两河流域。

（山东嘉祥、滕县，四川郫县、成都、新都等画像砖中的西王母的形象。）

西王母是中国人向往的西方形象。

充满神话色彩的《穆天子传》，表达着中国人对西方美好和主动交流的愿望。

这愿望到了张骞出使西域的汉代，便被实现了。

丝绸之路在对西方的遐想里，不知不觉存在了一千多年。但是真正体现出中西交流的意义来，却始于公元前一三八年张骞出使西域。

公元前二世纪，强悍骁勇、善于骑射的匈奴人，在单于统帅下，击垮了生活在敦煌和祁连山一带的大月氏人。据说得胜的匈奴将士们，用大月氏王的头盖骨做饮酒的器具，叫人不寒而栗。他们称霸大西北，切断汉王朝与西方世界的联系，并凭仗着金戈铁马，时时侵暴中原。

（汉长城与大漠中直线升起的狼烟。）

雄才大略的汉武帝为了安定边区和打开通往外部世界的道路，公开招募有志者出使西域，联合远在西域、与匈奴有世仇的大月氏，夹击匈奴。

一员非正式的小官吏应招担此重任。他叫张骞，其人心高志远，渴望成就大事业。他明知出使西域必须要穿过匈奴的控制区，这就等于九死一生，但急于立功的张骞却毫不在乎了。

公元前一三八年，张骞带领一个百人使团，其中有善射的胡人甘文做贴身随从，开始一次凶险莫测的西行。历史上称这次在文字记载的历史上前所未有的西行，叫作"凿空之行"。

然而，张骞真的遇到不幸。虽然他的使团在通过匈奴控制的河西走廊时，非常小心翼翼，但还是被发现而遭到俘获。

他的使团绝大多数人都下落不明。只知道他在长达十余年囚禁中，娶了胡女为妻，生了孩子，却不曾忘却身上的使命。一次寻机逃出来，依然西行去寻找大月氏。一路横穿西域，翻越葱岭（今帕米尔高原），经过大宛（今乌兹别克境内），终于在大夏国（今阿姆河一带）找到了大月氏人。然而他长期被囚，不知大月氏通过战争已经使大夏臣服。而且这一带土沃草丰，气候宜人，大月氏人再也无心东返，去与昔日的仇敌一拼死活。张骞在归国途中，又被机警的匈奴人捉住。等到他再次逃出，带着妻儿与随从甘文回到长安，已经是失却了十三年漫长的生命岁月。

著名的张骞出使西域，是前后两次。两次使命内容相同，都为了打击匈奴；不同的是，第二次是要与伊犁河流域的乌孙人结成联盟。

（字幕：张骞第二次出使西域时间为公元前一一九年至公元前一一五年）

张骞到达乌孙国，却赶上乌孙人发生内讧，这一次目的仍然没有达到。他却利用这个机会，与西域和中亚诸国广结友好，并建立了官方互通使节的关系。张骞为人精力旺盛，宽容大度，信任他人，故此所到之处，都受到喜爱与欢迎。他是中国历史上对外邦交最富才华与魅力的外交家之一。

（莫高窟第三百二十三窟壁画《张骞出使西域》。）

两次出使虽然没有达到最初目的，却获得最好的结果。没有人比张骞更善于利用这两次机会。

汉王朝与西域的通好，不仅孤立了匈奴，而且建立了汉王朝与域外广泛的经济文化的联系。张骞的西行，还获得了西域与中亚的社会、经济、风物、地理与交通的大量信息，为汉王朝对外交流贡献巨大，也对汉武帝开发大西北起到重大作用。

公元前一一一年，汉武帝设置河西四郡。

（敦煌、酒泉、张掖和武威。）

汉武帝还在河西走廊的咽喉要地敦煌，通往西域的南北两道的道口上，分设了阳关和玉门关。

（阳关和玉门关的景象。）

中国通往西方世界的蓝图被规划出来了。

河西走廊和敦煌在中西交流中的重要性被分外鲜明地强调出来了。

河西四郡——尤其是敦煌，顿时成为中古时代最耀眼的"国际都会"。

大量的中国物品由此涌出。

（丝绸、铁器、玉器、漆器、青铜器等。）

大量的中亚、西亚乃至欧洲物品由此涌入。

（蔬果、香料、织物、宝石、颜料、玻璃、动物、乐器、音乐、舞蹈、杂技、美术等。）

往来的商旅与使团中，夹杂着佛教徒，无形之中又把公元前五世纪诞生于印度的佛教传播进来。

佛教大约自公元一世纪初传入中国。它一方面是经过西域的一些小国，一步一步传进来；另一方面则是由佛教徒们一下子带进内地和京都。

战乱与自危往往是佛教迅速衍传的大背景。现实的苦难愈多，心灵的渴望就愈强。佛教便成了魏晋以来多乱的中原和大西北的人们亟须的心灵抚慰了。

佛国在西边。这就增加了西方的魅力。

佛在天上，所以在中国佛教中把西方多称作"西天"。

西天还是乐土。死了也要用"接引"的方式引渡到西方去。

西天似乎还可以提供对大千世界与生命本体之谜的真谛。

但是，最初翻译给中国人看的佛典却是似是而非的。最早的译者，既不是印度人，也不是中国人，而是丝绸之路上中介地区的大月氏人、安息人、康居人和于阗人。他们对汉语与梵语都是一知半解。哪怕是那两位专事翻译佛典的大师——来自安息的安世高和大月氏的支娄迦谶，所采用的翻译方式，也是由一个人口述，一个人笔录，毫不精确，致使佛典的含义大大打了折扣。

中原高僧朱士行在洛阳为僧侣讲述大乘典籍《道行般若经》时，发现这个由天竺沙门竺佛朔口译的版本错误百出，佛经深刻的内涵完全没有翻译出来。于是他下决心要正本清源，到西域去求真经，哪怕毁身丧命，也要取来原本。

公元二六〇年，朱士行率领众徒，由雍州启程，穿过漫长的河西走廊，经敦煌进入沙漠，靠着一双脚摸索着那条艰辛、陌生又荒凉的丝绸南道，最终到达佛教传入中国的第一站——古城于阗。

朱士行在于阗苦学佉卢文和于阗文，以便准确把握和深入研究此地广为流传的这两种文字的佛典译本，同时大量收集佛教典籍，并不断让他的弟子送回洛阳。

可靠的佛教真传便直抵中原。

在佛教东传的历史中，中国人由被动地接受"送"，到主动地去"取"，这便进入了交流的深层。朱士行的西行显示了中国人对外来文化的积极态度。

他是中原第一位西行求学的学者。

然而，他一去就是三十余年，从未归返。年至八十高龄，最后死在遥远的于阗。他所付出的一切令后世推崇和敬仰不已。

紧随他的脚步，西行更远，行为更震撼人心的是西晋的高僧法显。

佛教的兴盛与社会的动荡成正比。灾难性的"八王之乱"与"五胡乱中原"是晋代佛教大兴的直接根由。西晋时代，单是洛阳的佛教庙宇就有四十三座，东晋时更是加倍发展。但是，佛教缺乏严格的规范与戒律，却成了发展中的隐患。佛经包括"经、律、论"三部分，名僧鸠摩罗什和道安也都感到律藏部分佛经的匮乏，是当时佛教面临的一大困扰和无奈。

高僧法显决心像当年的朱士行，亲自西行奔往佛国，去迎取律经。他要比朱士行走得更远。

他要到达佛国天竺（印度）。

公元三九九年，他开始了这次舍生忘死、惊心动魄的征程。此时他已六十五岁了。

四位同学慧景、慧应、慧达和道整与他同行。他们自长安出发，翻山越水，北至乾归国和耨檀国，横穿河西走廊时，又有几位打算西行的中原僧人智严、宝云、僧景等人加入进来，结伴同行。

一出敦煌西南的阳关，便进入使人谈而色变的大沙漠莫贺延碛，俗称白龙堆。

大漠旷古以来一直在暴晒中，沙砾滚烫，汗水滴下去，立刻就没了。

没有生命，偶尔见到一株枯死的胡杨，至少已经死了一千年。

生命只有狂风。狂风是沙漠无形的君主。它一到来，天昏地暗，飞沙走石。一个沙包在大风中转瞬便换了位置。这些幽灵般移动的沙丘，会使人迷路致死。

茫茫沙海里，可以做路标的，唯有死人惨白的枯骨。这些枯骨在夜间闪着磷光，无声地诉说着可怕的过去和依然可怕的现在。

法显一行在这里行走十七天，居然走了出来，抵达了罗布泊西南的鄯善国。然后沿着丝绸之路的北道经伊吾国与高昌国，本打算向西一直出西域，前往佛国。但是由于当地居民教义相歧，不供应水和食物，六十五岁高龄的法显便做出一个令人不敢置信的决定——横穿塔克拉玛干大沙漠！

塔克拉玛干大沙漠是中国最大的沙漠。

（字幕：东西长一千公里，南北宽四百公里，面积三十二点四万平方公里）

上无飞鸟，下无草木，终年无雨，阳光像散布的大火，任何事物都被照得失去颜色。沙砾覆盖六百米至八百米。没有生命可以生长出来，只有生命在这里死去。没有声音，没有时间。一个令人绝望的地方。西方的探险家称之为"死亡之海"。

可是，过了一个月零五天之后，法显一行竟奇迹般地走出来了。他们到达了于阗。

他究竟是怎样经历这次匪夷所思的旅行的，无人能知。即便在他所著的《佛国纪》中，也没有更具体的记载。但他是横穿塔克拉玛干大沙漠的第一人。

今天，这"死亡之海"给人的恐惧，仍然和法显的时代一样。没有人的地方就没有历史。

于阗是朱士行西行的终点，却是法显奔往西天的起点。他灿烂的向往和清明的目标都在西方那无上神圣的佛国。

在充满西域色彩的奇峰峻岭、重峦深谷相互重叠的画面里，展现法显和他的同行者们的身影。辽阔浩瀚的大自然与微小而顽强的身躯形成强烈对比。

历尽千辛万苦，他们终于走出帕米尔高原，来到天竺的乌仗那国。

（释迦牟尼的佛迹圣地。）

在天竺境内，他们不停顿地跋山涉水，历尽艰辛，四处礼谒圣迹；还致力学习梵语，精研佛典。

经历了长途跋涉和过度的辛劳，这些身在异国他乡的僧人们发生了种种不幸与变故。慧景病在那竭国；慧应死在佛钵寺；而慧达与宝云、僧景又东归中土。

最凄凉的应该是慧景。公元四〇三年，他们在翻越赛费德科山脉时，山高风寒，透衣彻骨，再加上空气稀薄，喘息艰难，久病初愈的慧景终难坚持，死在了山上，只能被草草掩埋在陌生的荒山野岭中。

三危山下的月牙泉。

　　法显等人掩面而泣。异国空山，寥无回响，万木肃穆，似作哀悼。为了追求真经，散形异域，真是无限的悲壮！

　　后来道整也东返归国，只剩下法显孤身一人巡礼四方。一次他在狮子国（今斯里兰卡）的无畏山上拜谒佛像时，忽见一个商人拿出一把白绢扇子供养。这白绢扇子一望便知是中原之物，顿时热泪满面。心想同来僧人，有的中途归返，有的死在异国，自己孑然一身，如今求取真经的使命已经完成，夙愿亦偿，应该回国了。

　　公元四一一年，他携带着从印度各地搜集的佛经原本，乘船归返，其间历尽风险，在海上辗转漂泊七十多天，终于在山东牢山靠岸，此时他已是皓发霜眉、一位七十八岁的老者！

　　他终于把律藏佛经和佛国文化之精要，亲自带回中土。

　　取经就是主动去吸取外部文化的精华。

　　由此，丝绸之路又成了一条向西天取经的路，一条自觉的文化交流的路。

　　就在这大背景上，地处丝绸之路咽喉的敦煌，不仅是外来贸易物品涌入中国的关口，也是中外文化交流的最前沿。

　　汉以来，中国对于外来文明主动迎取的精神，决定了敦煌宽容博大、积极自信的态度。这是国际城市应有的胸襟与气质。

魏晋以来，敦煌本地文化兴荣，人才辈出。文人学者，不乏名家。

佛教史上早期的高僧竺法护和弟子竺法乘就是世居敦煌，立寺延学。敦煌还是我国最早的译经的中心之一。此后，中原扰攘不堪，内地大批的名士流寓于此，更加促进文化与佛教的昌盛，这就为下一步更加辉煌的弘扬做好铺垫。

在敦煌石窟诞生之前，这里早已是佛教文化的沃土。

茫茫大漠平如纸，谁执彩笔作画图？

公元三六六年，一位叫乐僔的行脚僧人，手拄锡杖，来到敦煌南面的鸣沙山。他被此地神奇的山水吸引住了。

(鸣沙山鸣响的沙，月牙泉千古不竭的水。)

忽然他见到眼前的三危山顶放射金光，宛如千佛降世。他相信这奇观是一种神示：这片灵山秀水必将是佛教的圣地。他便在对面的鸣沙山沿河的陡壁上开凿了第一个洞窟。

紧随着他开凿第二个洞窟的是僧人法良。

(李克让《重修莫高窟佛龛碑》，张议潮功德窟《莫高窟记》，徐松《西域水道记》。)

莫高窟由此而诞生。这真是一片有灵气的山水，最早的洞窟一出现，立即就进入了蓬勃的开凿时代。

在世人概念中的敦煌石窟，往往只是指莫高窟。实际上还有榆林窟、东千佛洞、西千佛洞和五个庙。它们散布在敦煌周边一些河岸的峭壁与峡谷中，就像春天的花树一样，到处开放了。

(上述峡谷中的春色。)

石窟开凿出来，舞台被创造出来。来自中原和来自域外的两条文化大河便在这里汇合激涌。接下去就看大西北各族的画家和雕塑家们，演出怎样美妙绝伦的历史来了。

在刚刚诞生的神奇的莫高窟奇异的景象中定格。

（本集终）

第三集　羽人和天人共舞

在广袤坦荡的绿洲上，一大群形态奇美的野马纵蹄狂奔。野马的胸脯宽大，四腿极长，飘飞的鬃毛波浪般闪着光亮。各种各样的形象和局部的特写。一匹白马口衔一朵鲜红的花疾驰，显然它给无意中衔在唇间的红花弄惊了。

一个外国人举枪"嘣"一声打翻一匹马。惊散的马群和腾起的烟雾。

（字幕：一八八八年，新疆罗布泊，俄国人普尔热瓦尔斯基）

马的标本在俄国展出时，被命名为"普尔热瓦尔斯基马"。

这匹漂亮奇异的骏马强烈地撩起英国人利特尔夫妇的兴趣。他们在赤日下灼热的茫茫大漠里，没有找到这种风驰电掣、来去无踪的野马，却给一个维吾尔老人带进一处久已废弃的佛教石窟"一千间屋"去参观。他们哪里知道这里曾是古龟兹国的佛教圣地。

（字幕：拜城克孜尔尕哈千佛洞）

别有洞天的灿烂迷人的壁画。华美的色彩和神奇的形象。龟兹贵族供养人，印度式的菩萨，八王分舍利故事画，散花飞天，舞蹈飞天，弹琵琶飞天……在维吾尔人手举火把摇动的火光里，利特尔夫妇看到一个闻所未闻的世界。

推出片名：

（第三集　羽人与天人共舞）

然而，更令他们惊异的是：在中国人荒凉的边地上，怎么会有如此鲜明的西方文化形象？

（鹰蛇族徽，忍冬卷草纹，与基督形象酷似的黑衣涅槃佛等。）

没人能答。这段历史在当时还是一段浩阔无声的空白。

唯有空白才更加神秘并富于诱惑。

接踵而来的西方探险家们，在塔克拉玛干沙漠的周边那些湮没千年的历史废墟里，挖掘出一个又一个使他们惊讶不已的西方特色的佛教艺术品。佛教东渐途经西域时的整个文化面貌，便被逐渐明朗化了。

当斯坦因从新疆若羌磨朗遗址挖掘出这个著名的壁画形象"有翼天使"后，一种从西方中心主义立场出发的"东方文化西来说"便成立了。

这一理论，把西亚赫梯文化"带飞翼的公牛"、希腊萨摩色雷斯的"胜利女神"、希腊化印度佛教的乾闼婆与紧那罗，和中国新疆若羌出土的"有翼天使"贯穿起来，并解释为一脉相承。

然而，精通自己历史的中国学者们，则强调这种带翅膀的神仙本来就在中国土生土长。

（《山海经》中的句芒和禺疆形象。）

早在印度佛教没有传入中国之前，中原大地上已经到处可以看到这种奇异的形象了。

（汉代画像石和画像砖的羽人形象，武班祠羽人，洛阳石棺羽人，四川彭县日神和月神羽人，山东沂水韩家曲羽人等。）

世界上古老的民族，大都有过这种在天上飞翔遨游的神仙。

远古的先人们对自己的生存环境充满担忧与畏惧，吉凶莫测，祸福难卜，一切只能听命于天。至于生活中那些果实丰腴，清泉甘露，冬暖夏凉，或者洪水肆虐，地冻三尺，禾木枯焦，全都根由于高深莫测的天上。那么主宰大地万物的神灵，一定在浩大辽远、幽冥夐然的天宇间飘然存在。他们要不腾云驾雾，要不扇动翅膀。人类最初的生存方式和生存想象，总是极其相似的。对于这种带翅膀的神——

西方人称之为：天使。

天使是传达上帝旨意的美好的使者。

（意大利，弗拉·安琪里谷《受胎告知》。）

印度佛教称之为：天人。

天人是佛教中一切能飞的神灵。

（印度，阿旃陀石窟《飞天》。）

中国人却称之为：羽人。

羽人是道教中引导人升天而长生不死的神。

（中国，北魏景明三年，麦积山一百一十五窟《羽人》。）

那么，这有翼天使，到底是从爱琴海边飞来的天使，是从印度河流域飞来的天人，还是本来就在华夏天空上自由自在徜徉的羽人？

认识历史只能先回到历史。

一千年前包括西域在内的中亚地区与今日全然不同。

它是各民族乃至东西方利益争夺和经贸往来的充满活力的区域。历史上赫赫有名的民族，在这里几乎都有过称雄的辉煌。

公元前五三年，罗马军东征时，四万名擅长"方块阵"的罗马士兵，在叙利亚帕提亚意外遭到安息士兵的重创，统帅克拉苏战死。克拉苏的长子普布利乌斯率领数千人突围东逃，然而一逃过后便从此神秘地失踪了。这桩罗马史的"千古之谜"，在不久前被人们找到一些破解的线索。据说这支罗马军队向东奔逃，穿过中亚，竟然一直到达陌生的河西走廊的永昌境内。他们为什么不向西逃返回罗马，而向东跋涉了几万里？是因为迷了路，还是另有一种出奇军事打算？这就无从知晓了。一些考古学者已经找到了他们在永昌定居下来的足迹。时隔两千年，至今还能找到那种高鼻深目、棕发白肤的罗马人悠远的血缘吗？

（武威永昌的罗马古城遗址和永昌人的面孔。）

它至少说明了当时的欧亚大陆是怎样的开通与缤纷！

在这种大背景下，文化构成了相互交流、往返影响、斑斓无穷的景象。

天人就这样在印度诞生了。

佛教初期，人们不敢用有限的形体来表现佛陀的无限高大。只有想象中的形象才是无穷的。所以，他们用菩提树、塔、舍利和佛足印来象征佛的存在。

（印度桑奇大塔上关于菩提树、塔、舍利和佛足印的浮雕。）

这种观念延续了数个世纪。希腊人改变了印度佛教这个传统。

这些希腊人是公元前四世纪亚历山大率领马其顿军队东征时留下的希腊后裔。他们居住在今天阿富汗北部的兴都什山一带，国名大夏。公元前二世纪他们侵入印度河西岸的犍陀罗，从而使犍陀罗成为佛教艺术的发源地。这些希腊人为了淡化与信奉佛教的原住民的矛盾，便用自己专长的雕塑技艺，为佛教树立偶像。他们用熟悉的太阳神阿波罗的仪容，给释迦牟尼造像；把天歌神乾闼婆和天乐神紧那罗，刻画得像一对带翅膀的希腊天使。

（印度阿旃陀石窟。）

然而，这一胆大妄为的改造，居然被印度的佛教徒接受了，因为他们终于有形有色地看到了心中的天国。佛教艺术也就缘此而生。

这缘由一半归功于希腊人的雕塑天才，一半根源于公元前孔雀王朝的国王阿育王和贵霜王朝的国王迦腻色迦大力推广佛教；直观可视的佛，比起抽象难懂的佛经更为大众喜闻乐见。尤其是当时盛行起来的大乘佛教普度众生的主张，与这种通俗易懂的传播形式，取得了一致。因而人们把大乘佛教称作"像教"。

这样，当神佛们乘风驭云，越过顶着白雪的高高的葱岭的阻隔，向着辽阔的中华大地进发时，美丽迷人的佛教形象也越过佛经文字不通的障碍，便捷地为中国人的精神世界所拥抱。

最早出现在西域的佛教形象，带着明显的希腊化的印度特征。佛陀顶上的圆光，身披衣褶厚重的袍子，自然卷曲的卷发，以及高高的鼻子和深陷的眼窝，这些都来自希腊。菩萨的丰乳、细腰和又圆又大的臀部又分明是印度模样。对于西域的人们，这些来自异域的天人，全都是耳目一新，充满了魅力。

（犍陀罗雕塑的希腊化佛陀与龟兹石窟壁画中的印度式菩萨。）

可是，只要当地的人动手去模仿，去制作，就必然会将自己的审美理想和本土文化参与进去。而外来的文化，只有像这样被当地的文化所参与，才能留下足迹。

（北道石窟的各种当地供养人形象。伯孜克里克千佛洞的"沙利家族人像""回鹘王像""龟兹供养人像"以及"供养礼佛图""田园牧牛图""彩绘地坪图案"等。）

佛教艺术的中国化，实际是在它一进入中国就开始了。

佛教进入西域后，沿着一南一北两条丝绸之路向东传播，历史上叫作"佛教东传"。

（展示北道，高昌、焉耆、龟兹、疏勒；南道，米兰、若羌、尼雅、和田等地雄奇的风光。）

北道以石窟寺为主，壁画在黑暗的洞窟里；南道基本上都是建筑在绿洲上的明屋式的寺院，壁画在明亮的寺庙里。历史学家们认为，北道人们生活在游牧状态中，与中原联系多，故保持较强的汉风；南道的人们在一块块绿洲上从事农业，过着定居生活，与遥远的中原接触较少，反而更多受域外的影响。

（南北两道不同风格的壁画。）

但是，区别的方式不能说明一切。

从客观上看，无论是北道还是南道——整个西域——中外文化一直是相融相映，交叉并存。

北道上克孜尔千佛洞的"苦行者大迦叶"和"跪着的和尚"，不俨然一个个基督的面孔吗？

南道上若羌出土的那幅"有翼天使"，所采用画法的不正是中国传统的铁丝描吗？

西域西端喀叶最先接触域外的三仙洞，岂不是十足的中原风格？

但是在与三仙洞同一经度的和田，一座东汉墓出土的缂毛织品的人头马，竟是古希腊的人头马腿怪涅索斯！

库木吐喇千佛洞窟顶的"供养菩萨像"，地地道道是一幅最具典型色彩的运用中国工笔画法绘制的域外佛国图！

中外文化交相辉映，同放光彩，显示了当时处在中国对外交流最前沿的西域所独有的开放精神；同时也造就了西域文化那种令人神往的独异又强烈的风格。那一种旷远的神奇，一种莫名的神秘，然而又有一种隐隐的熟稔和我们息息相通。西域风格是一种多种文化合成的风格。因此东西方许多民族都会对它感到熟悉，同时也会感到陌生。可是，由于历史对它们的记载过于吝啬，时间的真空又太久太久，壁画上那些怪异的形象，那些消失已久的古国奇特的精神符号，恐怕永远无法破译了。

尽管如此，一千年过去，今天我们面对这些壁画时，仍然会感到当时对于外来事物的好奇与惊喜，炽热与主动，鲜活与激情，以及创造性的融合，仍会使我们深受感动！

倘若当时伫立在河西玉门关的城头，举首仰天，一定能看到佛国的天人们，启程于西天，鼓乐齐鸣，衣带飘举，扬手散花，香气四溢，越过昆仑山和大沙漠，在通透万里的碧天中，浩浩荡荡列队而来；而来自东边的中原一方的本土诸神：伏羲女娲，雷公电母，仙女童子，方士羽人，也是脚踏彩云，骑鹤驾凤，翻过千山万水，款款而至，相逢在这西北大漠的上空。

这些本土诸神，对外来天人，不拒不斥，博大宽宏，相迎相邀，携手一同飞入敦煌的莫高窟。

一座洞窟的大门打开，现出清新华美、神佛共舞的洞天。

（字幕：敦煌莫高窟，第二百八十五号）

紧接着重叠出现下列壁画的图景：

（第二百四十九窟顶画。第二百九十六窟莲花飞天藻井。第三百零五窟窟顶南披西王母。第二百六十八窟莲花平棋图案。第二百七十五窟交脚菩萨像……）

从十六国晚期的北凉到南北朝时期，是敦煌莫高窟的童年期。

（字幕：公元四二一年至公元五八一年）

莫高窟的童年生机勃勃，五彩缤纷。

有着深厚中原文化影响和底蕴的敦煌，在和外来文化碰撞时，呈现灿烂多姿和变幻无穷的景观。

从表面看，莫高窟最早的一些洞窟带着鲜明的外来印记。一种舶来的意味，一种西域气息，一种遥远的印度乡音。

（第二百五十四窟婆薮仙、萨埵本生，第二百五十七窟九色鹿本生，第二百六十三窟供养菩萨，第四百三十五窟菩萨像，第四百二十八窟人字披图案等。）

最具代表性的是二百五十四窟这尊白衣佛，衣服和衣褶是标准的犍陀罗式样。粗壮的勾线，伴随着立体化的明暗晕染，构成坚实的形体。而更具典型的"天竺（印度）画法"，则是用白粉强调出来鼻梁与眼珠，远看像一个白色的小字，俗称"小字脸"。

这个时期的佛陀，十有八九是这样端坐说法。

（第二百七十二窟、二百五十一窟、二百六十四窟等说法佛。）

佛陀的神气往往木讷，菩萨飞动时显得笨重不堪，弄不清是他们对初来乍到的异地感到生疏，还是此地的人们对这些异国的天人缺乏亲切感？

陌生中存着神秘；距离中保持尊敬；苍茫高古，深邃沉静，这是北朝壁画至此犹存的魔力。

然而，北朝的洞窟并非印度与西域佛教艺术的复制。

当你定睛瞧去，一种清新的、温馨的、生气盈盈的气息从中泄露出来。

北朝洞窟中最流行的洞窟形式为中心塔柱式。在洞窟中心的方形柱的四面凿龛雕像，可供僧人和信徒们绕塔观像和供养礼拜。这本是源于印度支提窟，并形成于西域克孜尔的一种洞式。但是你现在抬起头看，瞧！前室的人字披，模仿木构房屋凿出了橡木斗拱，这种中原屋顶的形式，显然给莫高窟的民间艺术家们悄悄地融合进来了。

在这前壁道的上方，还凿出透光的方形明窗。生活气息，人间气息，透入了佛的世界。

再瞧，这几个弥勒佛的阙形龛又是多么生动的中原样式！

（第二百七十五窟北壁中层和上层、二百五十四窟南壁上部。）

顺着这种思路，你还会发现本土文化愈来愈多的介入的内容，由庭院屋顶到楼阁城池。

（第二百七十五窟南壁中层、第二百五十七窟南壁中层和西壁中层等。）

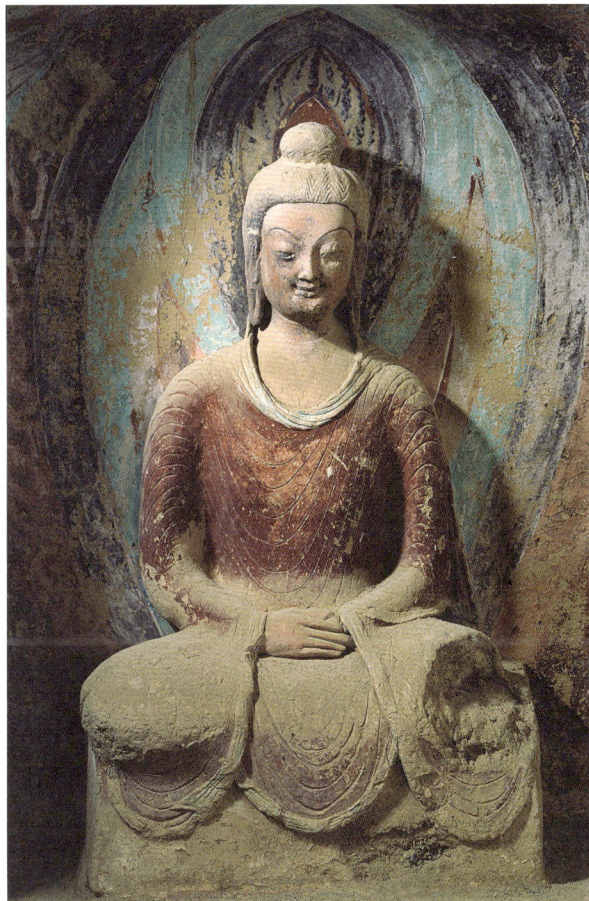

莫高窟第二百五十九窟北壁禅定佛（北魏）。

特别值得注意的是这些刚刚到来的佛陀菩萨，暗暗地换上了中原丝质的薄衣。轻纱透体，软滑贴身，衣纹直接表达形态，连表现手法也是中原盛行的"曹衣出水"的技法。尤其是第二百五十九窟一尊禅定佛，结跏趺坐，身舒衣爽，中原式的阴刻衣纹畅如流水。佛的神情，平静虚淡，悠闲辽远，眼角与嘴角微微含笑，传达出一种慈爱与超然。这种佛的神情在印度与西域何曾见到过？

这个微笑，纯粹是最迷人的人间微笑了。

（第二百五十九窟北壁东起第一龛。）

一种东方才有的内向、隽永的含蓄美和深远的境界，一种"以形写神"的审美精神，隐隐地在佛国诞生了。

然而，更关键、更迷人、更深刻的文化融合，是中国本土的道教融到了佛教的天地中来。

一走进西魏时代的洞窟，好像出了什么事。

一切都变了。色彩，风格，精神，还是天空上翱翔的神。

（画面呈现：二百四十九窟窟顶的天穹。）

你认出了佛国的阿修罗，捧摩尼珠的力士，种种菩萨与飞天，一定更熟悉中国本土的天上诸神，九天元女西王母，扶桑大帝东王公，乌获飞廉，雷公电母，伏羲女娲，青龙，白虎，朱雀，玄武，三皇，乘鸾仙女，羽人和持节的方士……

（随着一个个神佛形象的出现，打出神名的字幕。形象取自第二百四十九和二百八十五窟的窟顶。）

这些中国本土的神仙，早在魏晋十六国时代，就被画工们画在此地的墓室中了。

（敦煌、酒泉、嘉峪关等地魏晋十六国墓室壁画中的有关形象。）

令人惊讶的是，莫高窟第二百四十九窟几乎就是按照酒泉丁家闸的墓制仿造的。同样的覆斗顶，同样的神仙，同样漫天空游的景象。但不同的是，这里是由佛道共同演出一台天国的庄严与辉煌。

雷公旋臂擂响身边的大鼓，电母以铁砧砸石发出电光，飞廉与计蒙呼风唤雨。强光与巨响中，阿修罗顶天立地，手举日月。此为第二百四十九窟顶画披。

（迭现画面：第二百四十九窟顶东披、北披、南披；第二百八十五窟窟顶东披、西披、南披和北披，最后是窟顶藻井平棋中的莲花，一点点上升。）

平棋是用平面绘画方式仿造阿富汗巴米扬石窟层层架构的窟顶，看上去有如渐渐升空之感。

你说，这留短发的裸体美女又是从哪儿飞来的？

（莫高窟第二百八十五窟裸体飞天。）

展出第二百八十五窟阔大宏伟的佛天。在这同一洞窟中，西壁的壁画为西域风格，东、南、北壁的壁画为中原风格。中原的神与域外的佛同在一个天穹中，相呼相应，同歌同舞，分外迷人。

一阵烟雾渐渐遮掩了窟顶。

精神的融合，才是文化的最终的融合。

把一种外来文化消化到自己的文化肌体中，成为自己的一部分，这是中华文化博大恢宏和强劲深厚之所在。

佛教在这里，开始要换一种文化血型了。

时间的烟雾逐渐廓清，大批百姓被押送渡过黄河。

（字幕：公元四三九年，北魏灭北凉）

北魏入主中原之前，是彪悍的游牧民族，他们带着通过战争掳掠人口的习惯。北魏灭凉后，魏主拓跋焘从凉州强迫三万吏民和沙门到国都平城（今山西大同附近）。此中不少人是雕凿凉州一带石窟的工匠。大队人马涉河而过。背负锤子与凿子的匠人和粗糙的手。这些人迁到中原，自然把河西风格带到了中原石窟——大同云冈石窟中来。

（在叮叮当当雕凿云冈绝壁上石窟的声音中，呈现云冈石窟南北朝时期的代表作。）

可是，中原是中华文化的强劲的胃。任何文化一进入中原腹地，都不可抗拒地加速了中国化的进程。

在中原，北魏孝文帝迁都洛阳改制后（公元四九四年），博采南方文化，于是呈现出面目一新的景象。渐渐地，那种南朝士大夫崇尚饮酒、赋诗、清谈、学仙，宽衣大袖，以瘦为美，蔚成了一代时尚。它就像一阵春风那样，感染了处在勃发时期的佛教艺术。中原各地石窟很快出现了所谓"秀骨清像"的新艺术风格。新潮的南方的清灵洒脱，比起先前北方的沉雄凝重，占据了上风。公元五二五年，东阳王元荣到敦煌出任瓜州刺史，带去了中原风尚，致使西魏时期（公元五三五年－五四二年），莫高窟出现了一批新面孔的佛陀——他们都是身材修长，面形清瘦，细眼薄唇，瘦体宽衣，大冠高履，清虚明朗，通脱潇洒。菩萨们的服装换上褒衣博带；原先赤足惯了，此时穿上了笏头履。故事画中的帝王、官吏，骑士常人，也都是中原衣冠。同时，愈来愈多的现实生活场景，被搬到壁画上来。至于那些飞天，更是衣薄带长，迎风飞舞，飘飘欲仙，使人们一下子想到顾恺之的《洛神赋图》。中原的衣冠文明，南朝的名士风流，竟成了莫高窟的时尚。当人们供奉这些新面孔的佛陀时，不知不觉地感到，他们与天竺的距离一点点远了，而与中原的距离一点点近了。

（西魏塑像：第四百三十二窟菩萨、二百八十二窟禅僧；西魏壁画：第二百八十五窟北壁佛陀和菩萨、二百四十九窟窟顶南披乘鸾仙人、二百八十八窟供养人等。）

但莫高窟的风格并没有就此驻足。只要丝绸之路商旅不绝，中外开通，一切世风的嬗变都在莫高窟里显现出来，并带来一个又一个艺术风格的改朝换代。

不久，北周武帝为了通好西域，结姻北狄，聘娶突厥公主阿史那为皇后。随之西域的音乐、舞蹈和美术，如潮滚滚，再一次通过河西涌入中原。于是一种"面短而艳"的佛陀，在河西与中原各窟同时问世。这种短脸短腿、鲜眉丽面的佛陀，又一次显露出西域风格的美妙。半裸的菩萨毫不在乎儒家和道家的观念，重新在洞窟中神气活现地露面。

同时，北周这种新型的佛陀，再次展示了西域画风的奇妙。头戴波斯冠的飞天，被凹凸法渲染得饱满滚圆，丰厚立体。至于那种"小字脸"的画法，刚刚被"秀骨清像"的中原风格所取代，此刻又重新归返佛陀的身上。但这一切都与北魏的西域风格大不相同了。

（北周窟：第二百九十七窟、二百九十窟、四百二十八窟等。）

北周画窟并存着两种风格：一是中原式，一是西域式。

中原式的佛陀清瘦，身着衣履，画面的装饰感强，格调潇洒清朗。

西域式的佛陀丰满，半裸身体，画面的立体感强，气氛庄重沉静。

当然西域又分作北魏的西域式和北周的新西域式。

两种风格并存，是交流的美好结果，也是交流的奇妙形态。

当外来文化进入一个民族，并被这个民族所消化，它不是一个直线过程，也不会一次完成。它必然要经过反反复复的往还。

这"往还"离不开丝绸之路，中外交流的大背景，还有交流的力量与广度。

一九九六年山东青州考古的重大发现——龙兴寺石造像中，有一尊佛像的袈裟上，竟然画着波斯商人牵着骆驼。青州发掘的北齐墓主画像石上，也有相同的内容，甚至出现与当时的汉人洽谈生意的罗马商人的形象。东西方交流一直伸延到山东大地，可见丝路在当时中国的深入与贯通。

（青州市博物馆藏北齐《骆运图》《贸易洽谈图》。龙兴寺石造像。）

文化在这条大道上更是通行无阻。

文化的相互碰撞与影响势所必然。

人类文化的进程，从来就是各个文化之间相互冲突、借用、营养而不断再造自己的过程。只有这样反复的往还才会呈现多彩多姿、纷呈不已、持续繁荣的一道道风景。敦煌艺术正是一直积极地接受外来文明，才使自己的生命史不断呈现奇迹。

从西域和中原，我们看到了人类文化往还不已和开阔宽广的脚步。

一种羽人与天人共舞的历史大融合已经形成。

一个佛教及其艺术中国化的大趋势已经确定不移。

莫高窟等待着隋唐的时代更加绚丽多姿的高潮的到来。

(朦胧抽象和华丽流动的隋唐壁画。)

（本集终）

第四集　女性的菩萨

头顶白雪的祁连山下，繁华盛茂的场面，中古时代的集市，各色奇装异服，各样诱惑人的物品。那些往来穿梭的人们，衣带华美，裹锦披绸，佩玉戴金；金玉相碰，清脆有声。伴同这画面的是河西鼓乐，兼有西域风情。

这是中国历史上最早的一次大规模国际交易会，堪称"万国博览会"。它不是在东南沿海——当时东南沿海还是荒芜和寂寞的不毛之地；这是开阔而畅达的河西走廊上的张掖。

(金张掖与银武威的风光，张掖在河西地图上的位置。)

一辆龙车的巨轮缓缓滚动。华盖上的丝毯、流苏与飘带在风中飞动。随从者有百工与僧道。庞大的队伍在烟土中展现出繁密而隆重的景象。

公元六〇九年，隋炀帝发自长安，渡黄河，过星岭，越浩门川；当年六月，直抵甘州，亲自参加这次国际交易会。这在古代中国几乎是不能想象的事。

西域诸胡，迎候道旁；张掖仕女，盛装纵观，丝竹管弦，又歌又舞，在笔直的河西大道上，这夹道欢迎的队伍绵亘了数十里。

独异的细节点化出迷人的、富于历史魅力的画面。

为了这次交易会，隋炀帝做了周密布置。他先派遣吏部侍郎裴矩到河西招引胡商，联系西域诸国，并邀请高昌王麴伯雅、伊吾土屯设等各国君长赴会，届时与隋炀帝会见。隋炀帝还明令凉州人在交易会期间，必须车马鲜丽，衣饰一新，以迎宾客。交易会获得了空前的成功！西域二十七国派来代表，声势浩大，焚香奏乐，朝觐炀帝。统一了中国的隋王朝真是强大无比！

隋炀帝与高昌王麴伯雅在陈设豪华的观风行殿（一种可以拆装的活动宫殿）内放情畅饮。乐队演奏九部乐。

正是由于这次见面获得的好感，使得三年之后，隋炀帝把自己的女儿华容公主嫁给这位西域权贵。将公主远嫁给异邦君主，是那个时代与邻邦建立友好的最高明的外交手段。

（隋唐壁画中西域诸国的人物形象。莫高窟第四百一十七窟。金光明经变画似与炀帝西巡有关。）

由此看来，隋炀帝与当年的周穆王西行决然不同。他不是发自梦想的浪漫之行，而是一次务实的经济行为。

隋文帝杨坚和隋炀帝杨广都是雄才大略的人物。他们都遵循汉武帝以来的富国之道——把打通丝路，经营西域，加强中外交流，促进中原繁荣，作为他们坚定的国策。

他们成功了。于是空前强盛的中原的劲风向西吹去，沿着河西走廊一直吹入西域。自然也吹进了莫高窟。

莫高窟里悄悄发生变化。

然而这一次不是表面的和形式的，而是深层的、精神的、本质的。

后世的宗教史家和艺术史家，把这改变，视为一个伟大的历史创造，一个文化的质变，一个新时代的起飞。

一个个隋代典型的洞窟，一幅幅兴于隋的经变画，一张张女性化了的菩萨的面孔……镜头停在莫高窟第四百一十六窟两幅龛内侧胁侍菩萨那张娴雅文静的脸上。推出字幕——

（第四集　女性的菩萨）

结束了三百年分裂局面而统一天下的隋王朝是个神奇的时代。它对佛教的迷信与虔敬令后世匪夷所思。

敦煌藏经洞出土的《千手千眼观世音菩萨图》。

这大概与隋文帝个人神秘的身世有关。

隋文帝出生在一座尼庵里，由一位名叫智仙的尼姑抚养成人。他小名叫罗延，就是取意于金刚。他生下来所见的全是毕生敬奉的偶像，他的精神世界是在佛教的天地里构筑而成的，所以他事佛尤诚，最是笃信谶符。他做了皇帝后，更深信不疑"我的功业完全由于佛的保佑"，因而大写佛经，广造寺塔，还用行政手段推动这些佛事，甚至运送经像，还要军队保护。于是隋代佛教大兴。

推广宗教的最大的力量是政治，一个隋文帝，胜于一万个高僧来讲经传教。

然而，他痴迷于佛教之外，又是一个很明白的人。他对知己朋友、一代高僧灵藏律师说："我是俗人中的天子，你是出家人中的天子，你劝人行善，我劝人戒恶性，说法虽然有别，意义却相同。"这几句话，把佛教思想与国家政治结合起来，无意或有意地又把佛教工具化了。

(唐·阎立本《历代帝王图》中的隋文帝杨坚画像。)

这样，首都长安既是国家中心，也是佛教基地。隋文帝将全国名僧召集到长安译经和讲学。通过辩论与判教，打破佛教内部的南北对峙，融合各派精义，并由佛教的智颉创立了天台宗，使各教各派归于一尊。

(西安隋代寺庙大兴善寺、青龙寺等，天台山风光，天台山的天台宗寺国清寺、高明寺、善兴寺、青觉寺、智者大师塔院等。)

隋王朝的统一天下和佛教的南北归一，互为配合，相得益彰。佛法与皇权已经密不可分。

隋文帝美滋滋地被人称作"大行菩萨国王"，隋炀帝被人称做"主持菩萨"，连隋炀帝的母亲受戒后也称为"妙善菩萨"。大臣们全都有种种菩萨号。宫廷里天天设坛讲经。雾烟缭绕，宛如寺庙，佛乐高鸣，永夜不绝。帝王后妃出巡在外，常有僧尼跟从，随时可开道场。文帝与律师灵藏还同榻同舆，议论国务。隋王朝成了地上的佛国。

在隋王朝短短的三十八年间，修建寺塔五千所，塑造佛像数万身，重修无计；专职的僧尼达五十余万。单是隋炀帝个人所写的《法华经》就有一千部！

这强大的劲势，必然造成了隋代莫高窟的蔚然一新。三十余年，隋代重修和开建的洞窟多达九十四个，几乎是乐僔开凿莫高窟二百多年来总数的一倍！

然而，隋代洞窟的真正价值，并不表现在数量陡然增加和工程浩大方面。要看到它深层的意义，必须钻进洞窟去看——

自然，你发现到了，那原有的清寂幽暗的气氛不见了，代之而来是开阔温和，勃勃生机；塑像忽然变高变大，气势备增；佛陀也不再是孤单单坐在那里，有的洞窟竟然拥挤着一群新面孔的塑像；墙壁上还出现了许多陌生、新颖、绘声绘色的画面，五彩缤纷地撩动人的眼帘；至于那些菩萨的面孔，你从中看出了什么？

在人类史上，有时社会离不开宗教背景，有时宗教离不开社会背景。隋代佛教的社会背景与此前的南北朝时期不同。南北朝多灾多难，生灵涂炭，人们内心愁苦难安。早期传入的小乘佛教中那种克制贪婪与欲望，以摆脱痛苦，达到解脱，便十分契合人们的精神与心理。

（莫高窟北魏洞窟中的塑像与壁画，第二百五十九窟禅定佛，二百四十八窟苦修像等。）

但是隋代就不同了。隋文帝杨坚统一中国，结束了南北朝的动荡离乱，将长江流域与黄河流域纽结一起，形成空前丰饶富强的国家社会。盛世之时，人们的要求愈来愈多。对佛的要求，便是由帮助他们解脱痛苦，更多地转变为保佑他们现实的要求得到满足。原先的解脱自我的小乘佛教便让位于普度众生的大乘佛教。而中国人向来注重现实要求。他们重于眼前的实际的"现世报"，轻于虚无缥缈的"来世的果报"，来世太遥远，太空茫，太没有把握，那种此生受苦愈多，来世必有善报的无从兑现的允诺，远远比不上立竿见影和有求必应。这便是大乘佛教在隋代中国开始盛行的社会背景与文化背景。

如果说佛教的推广是由于政治，那么大乘佛教的流行则由于现实。

于是，莫高窟中佛的手势便以施无畏印和与愿印为多。

（种种作与愿印与施无畏印之佛像。）

当现实的光芒一射入洞窟中的理想世界,连洞窟的形制也发生时代性的改变。

洞窟好像一下子变得宽阔豁朗了。你真的感到,进入另一个新时代。

隋代的洞窟集中在莫高窟正中一带的中上层,日光的脚步长足迈进去,前室尤为明亮。

老式的供于绕行礼拜的中心塔柱开始消退。有的将中心柱改为中心佛坛,上面安置塑像,这样就没有中心柱来阻碍视线,窟顶画面也成为完整的整体,有如锦绣满天 (莫高窟第三百零五室)。有的甚至连中心佛坛也去掉,洞窟空间更加开阔,也就更适于大范围的讲经布道,于是满窟的画面都连成一片而愈加灿烂和壮观 (莫高窟第四百八十窟)。

随意的改造显示一种自信,也表明那种原有的外来文化的约束力失效了。

外来宗教的教义也在接受中国人新的阐释。

隋代洞窟最常见的是倒斗顶窟。有的正面开龛,有的三面开龛,有的作马蹄形佛床,有的依壁造像,布局上花样翻新,表现出一种随心所欲的创造活力的到来。

在这方面最具代表性的是把老式的四四方方的中心塔柱,改成一个圆锥形的七级倒塔,上边层层叠叠,双龙盘绕,象征着佛教传说神奇瑰丽的须弥山。此时的佛教不是高高在上,不食人间烟火,可望而不可及,它也梳妆打扮,吸引世人的注目和兴致了。在关照现实的同时,总是不知不觉地把自身融入了现实。

(莫高窟第三百零三窟倒塔式中心柱。)

洞中泥塑的佛像,也不再像先前那样孤单独坐,讲经说法,接受瞻拜。在南北朝时期常常站在龛外的胁侍菩萨,此刻走进了佛使龛,站在佛的两旁。有的洞窟里,佛的两旁还站着大弟子迦叶,小弟子阿难,以及两位 (观音菩萨和大势至菩萨) 或四位菩萨,合起来已有五身或七身之多。隋代最大的洞窟 (莫高窟四百二十七窟),佛陀与菩萨之外,还有天王力士与地鬼,塑像多达二十八身,声势赫赫地显示了佛国的浩瀚与雄厚。

佛国愈是博大,法力愈是无边,人们的欲求愈有可靠的保证。

镇妖伏魔的天王力士,巨大雄伟,前所未有,是隋代的创造。

（护世四天王：东方持国天王、南方增长天王、西方广目天王、北方多闻天王。两力士。）

他们的出现不仅增添了洞窟的生动性，强化了佛国的威严，还体现了世人的愿望。

小百姓的世俗向往，无非是富裕与平安。对神佛的要求，则是祈福与避邪。坐在龛内的佛陀的与愿印便是施予福分；那么站在窟中的足踏恶鬼的天王力士，则是为世人消灾免祸。

佛国一旦把人们的现实愿望纳入其中，佛教艺术便有了活力。

这活力也开始在四壁和窟顶跃动不已。

认真去看便会发现，以往壁画中来自印度的佛本生故事画和佛传故事画开始减少。那些发生在遥远异国的乘象入胎、夜半逾城、须达挐太子和萨埵太子的故事，那些饲虎贸鸽、舍生忘死而最后成佛的壮烈内容，对于富有起来的隋人已经减少了感召力。一种关照大众，面向大众，为了大众而用图画来解释佛经的焕然一新的经变画出现在莫高窟。它最先见于窟顶，随后在墙壁的次要位置上占一席之地，转眼之间便拥有了墙壁正面的黄金地位。

（最早的隋代经变画。）

随同普度众生的大乘佛教的兴起，佛经需要加速广泛又流畅地普及。经变画应运而勃兴。

相对于文字来说，图画形象，好看、易懂，是最好的大众文化形式。

我们已经无法知道经变画是谁第一个画出来的。但经变画纯粹是中国人的创造。它的出现加快了大乘佛教的推广。从形式的功能上讲，经变画是佛教中国化的主要方式之一。从佛教推广的意义上讲，佛教中国化也是佛教世俗化。

它从隋人手中一面世，便展示蓬勃生机。它没有固定模式，无从借鉴，故而创作自由，任凭想象。画工们很自然地把自己生活中熟稔的细节和形象，饶有兴趣地画在经变画中，以吸引善男信女来看。画面的感染力和说服力就同时加强起来。

艺术随着它对于自我表现力要求的加强而走向成熟。这也在隋代洞窟中看得十分明显。

（莫高窟第三百零一窟牛车，第三百零二窟屋宇，第三百零三窟车马，第四百一十七窟庭院，第六十二窟山林等。）

初创的隋代经变画，主要有《维摩变》《弥勒上生变》《药师变》《法华经变》《阿弥陀变》《涅槃变》等，共三十九幅。但仅仅《维摩变》就有十多幅之多。它在隋代佛教中为什么有如此重要的位置？

维摩诘的故事源于印度。他是一位在家修行的居士，精通佛法，在众菩萨之上。然而他有病，佛派十大弟子登门问疾，他竟然避而不见。舍利弗是弟子中的一流智者，也被维摩诘家的宅神天女以智辩困住。最后，只能由"智慧最胜"的文殊菩萨前去，随后就由维摩诘和文殊展开一场溢彩流光的思想碰撞与才智激辩。隋代经变画把这一场面表现得浪漫神奇，闪烁着智慧光辉——或是维摩诘滔滔不绝地发难，文殊菩萨应对如流；或是文殊菩萨侃侃而谈，维摩诘从容辩答。这故事是说，佛教徒无论出家或在家，并无高下之分。

在隋文帝"盛弘一乘（大乘）"的号召下，这故事的意义就来得头等重要。它成了推广大乘极富魅力的依据。

（隋代《维摩变》，见于莫高窟第二百六十二、二百七十六、二百七十七、三百一十四、三百八十、四百一十七、四百一十九、四百二十、四百二十三、四百七十三窟。）

有趣的是，维摩诘在印度原版故事中只是孑然一身的居士，但在汉译经文中却变成门阀时代一位有妻妾儿女、财富无量、并颇具修养的士人，连模样也全然变成地道的中国居士形象。这就满足了那些花钱请画工们来绘制壁画的富有的供养人的愿望：既追求未来的天堂生活，又不放弃身边的荣华与享乐。

《维摩变》的热门，表明佛教已经与中国的文化精神和时代心理完全融为一体。只有这种深层的精神融合，才能说佛教的中国化。

这个中国化，实际上是中国文化对佛教的一种同化。

如果说，印度佛教的传入，解放了在儒家思想下中国人的想象；那么佛教的中国化，则是中国文化赋予外来宗教陌生躯壳一个生机无限的生命。

文化交流不是形式的互补，而是生命的碰撞。这一碰撞，一个生命转化为另一个生命，或者再造出一个新生命来。

在隋代画窟中，悄悄而深刻的变化，还发生在菩萨的身上。

菩萨是佛教中菩提萨埵的简称。他是释迦成佛之前修行的觉名。他的职能是自觉，觉他，教化和普济众生。原本他的意义与法力没有超出佛，因而在早期洞窟中他只是佛的陪衬。在大乘佛教兴起后，他那普济众生的职能变得至关重要，因而备受尊敬。神佛都是人造的，反过来为人解决问题。因此，随同人们无所不有的祈望而无所不在；他随同人们现实要求的无穷无尽而法力无边。由于适应人们的种种要求，菩萨的种类也愈来愈多。到了唐代，观世音成了菩萨中的主角，人间便成了"户户观世音"。

然而，第一个单独存在的观世音菩萨，诞生在莫高窟隋代的洞窟中。

尽管它有些孤单、怯生、不大自然，甚至还有一种失群的感觉，但菩萨作为一个单独的主体出现，也标志着中国佛教的起步。

外来佛教在中华文化沃土上，生根、发芽、开花和结果，已然是中华的文化果实。

由于菩萨原本是释迦，形象便以悉达多王子为依据，应属男性。最早经西域传入的菩萨形象，一律是英俊轩昂，头束高冠，下着长裙，上身半裸，装饰着高贵的璎珞腕钏。因为菩萨最终要成佛的，所以早期菩萨与佛陀相似，比如眉心都有白毫。

（北魏和西魏窟里的菩萨。）

可是到了隋代，人们按照自己的向往与意愿来再造佛时，就给这位菩萨换了面孔。一个更能体现济困扶危、悲天悯人、关怀众生的形象出现了。这面孔渐渐变得柔和安详，端丽沉静，仁爱善良，似含微笑。身体线条变得苗条、优美和飘然，同时衣裙也愈加华美漂亮，分明一副女人相了。

在中国人民心目中，女性善良、温柔、体贴、慈祥、宽许，富于爱心，这便是菩萨女性化的缘故。但这只是表面的缘故。深层的缘故还是佛教世俗化、现实化、时代化。

隋代女性化菩萨塑像：第二百四十四、四百二十七、四百一十二、四百一十六、四百二十、四百一十七（坐像）等；隋代女性化菩萨画像：第二百九十五（西壁北侧）、四百二十七（中心柱北向龛西侧）、四百二十（西壁龛内北侧和西壁南侧）、三百九十四（西壁北侧）、三百九十（北壁中央）等。

佛教中是不讲究性别的。所以画工们在菩萨的唇上和下巴添了三笔蝌蚪式的小胡子，用这个典型的男性符号来中和菩萨身上明显的女性特征。这样做，无非是想骗过主管佛事的人，得到认可。但实际上，这画上小胡子的女性的菩萨与人间生活已经分外密切了。

中国人不是改变自己而去适应外部环境，而是改造外部环境来适应自己。这是五千年中华民族生生不息、持续不断的深在根由，也是对外来文化的同化力之所在。

女性的菩萨就是中国化的菩萨。

就这样，中国化的菩萨——从形象到内涵被创造出来。

它是佛教中国化完成的象征。

（唇上画蝌蚪胡的菩萨像。塑像：第二百四十四、四百二十五、四百二十窟等。）

隋文帝在位时，曾召集全国画坛名家，荟萃长安，绘制寺庙壁画。应诏的有大名鼎鼎的展子虔和董伯仁，分别来自河北与江南。还有名噪一时的郑法士、田僧亮、阎毗、杨契丹、杨子华以及西域于阗国的尉迟跋支那、跋魔、印度名家迦佛陀、昙魔拙义等。隋文帝的意图很明白，他请中外四方高手各扬其长，画出前所未有的最杰出的佛教艺术品。

这实际上是一次切磋技艺、激化交流的国际性大笔会。其意义不亚于后来隋炀帝的凉州国际交易会。

杨契丹与田僧亮、郑法士同在光明寺内为一座小塔作壁画时，各画一壁，各尽其长。杨契丹用竹席遮掩，不让人看。郑法士偷偷从席缝往里瞧，不禁为杨契丹画艺之高超惊叹不已。他要求看杨契丹的画稿。杨契丹便引郑法士到朝堂，指着宫阙殿堂和车马人物说："这就是我的画稿！"这更使郑法士叹服。

隋代是中国绘画的勃兴期。社会昌盛，缤纷生活充满魅力，吸引画家去描绘。绘画的写实之风得到倡兴，写实技法及其表现力突飞猛进。同时，绘画理论也高度发展，确立了形神兼备的主张。隋文帝在这次长安"国际大笔会"上，要求画家们为佛造像要"雕刻灵相，图写真容"，也正是源于这一理论。灵即神，真即形。这便为佛教艺术的中国化注入了理论精髓。

长安是中原文化强有力的发射场。

莫高窟接受了进来。

壁画中人物已经合乎真人身体与头的比例——六点五比一。

人物趋向活生生的真人了。莫测高深的秀骨清像消失了。有血有肉、神气活现的人物一个个站了出来。

（莫高窟二百八十一窟供养人、二百七十八窟弟子、二百七十六窟文殊、六十二窟供养人、三百九十窟婆薮仙等。）

这些人物可以视作早期中国佛教艺术形象的代表。

人物的逼真来自个性的真实表现。迦叶的老练与坚忍（塑像：第四百一十九窟。壁画：第二百七十八窟），阿难的聪明与恭顺（第四百二十七窟），佛陀的恬静悠远（第二百八十三窟、第四百一十二窟），菩萨的静如处子（第四百一十六窟），天王的威武豪壮（第四百二十七窟。天王力士的肌肉、手、脚的特写），地鬼的狰狞痛苦（第四百二十七窟）；特别是对维摩诘的刻画，典雅高逸、机智敏锐、洒脱从容，在数笔间一并呈现出来，从中可见隋代绘画与雕塑的写实技艺已臻很高境界。在绘画史上，隋代遗存可谓寥寥。其中可信的真迹，大概只有展子虔那幅标志着中国山水画成熟的《游春图》，人物画则荡然尽失。然而，隋代人物画的风貌、高超水准以及各种技法，却在这里丰富又完整地保存下来。真是中国艺术史之幸事！

（疏体和密体。各种人物面部晕染方法。）

这一时期，虽然还可以找到外来文化的新影响，特别是波斯文化。但终究中华文化的主体在隋代洞窟里已经形成。佛教成为中国的了。外来文化在源源不断进入洞窟过程中，随时被融化掉。

（第三百九十二窟藻井、四百零二窟连环理斗虎纹、第四百零七窟三兔追逐以及鸟身马首等。）

在羽人与天人共舞的时代，东王公与西王母乘龙驾凤，车上华盖耸峙，车后旌旗翻飞，车旁海兽腾跃；持节仙人驭使青龙朱雀，引导在前。传统的神仙飞翔在佛天之上。

（莫高窟西魏二百四十九窟。）

在隋代却全然不同了。满天是飘舞的飞天和翱翔的比丘。只留下一个羽人立在车前，来代替乘龙持节的仙人作为引导。而坐在车上的一男一女已改为佛教中的帝释天和帝释天妃。

（莫高窟第三百零五窟。）

这既不是外来的佛国，也不是中国的神仙硬闯进来的佛界，而是中外文化融为一体而新诞生出来的中国人的佛天。

中国对外来文化的吸收力，就是对外来文化的伟大的改造力。

大业年间，日本在中国出现统一王朝而空前富足的刺激下，多次派遣使臣、学员和僧人到中国学习进步文化。大业四年（公元六〇八年）日本圣德太子任命大和豪族家的世家子弟小野妹子为使臣，难波吉士雄成为翻译，带领玄理、僧人旻、请安、慧安等八人，作为学员和学问僧，乘船渡海，来到长安。这也是中日交往的最初时代的事。当时，隋炀帝命负有外交职能的鸿胪寺四方馆出面接待他们，并派悟真寺高僧净业入馆，教习他们佛教与文化。直到转年九月他们才学成回国。当时日本尚没有自己的文字，这一行人对于日本佛教乃至整个社会的文明进步都做出了非同寻常的贡献。从此，来中国学习佛教与取经的日本人络绎不绝。

（日本古都奈良与京都风光。）

中国已成了日本人眼中的西天，也成了日本人眼中的佛国。

隋代莫高窟已显出如是气象。

繁盛浩大，明亮温和，气概非凡。

（隋代洞窟外景，第四百二十窟《法华经变》、第四百一十九窟《弥勒上经变》、第三百零二窟《福田经变》和第四百二十七窟明亮的前室内景，巨大的天王力士，女性的菩萨，单独的菩萨，第六十二窟持拂仙女。）

隋代洞窟壁画变成柔软的彩绘大幕，忽然从中分开。

隋代是唐的序幕，大幕拉开是大唐。

壁画大幕缓缓拉开。

现出莫高窟第一百三十窟南大像巨大的佛头。

（本集终）

第五集　阳关大道

荒漠的月光下，一双手捧着皮囊，从烽燧边的野塘取水。一只粗壮的手猛然将这取水的人擒住。皮囊缓缓坠地。烽燧内，灯光，僧人的背影，光线摇曳中戍边的将士。

贞观元年（六二七年），高僧玄奘开始其奔赴西天的取经之行。初唐时代的西北边陲，叛乱迭出，异族频扰，烽烟不绝（莫高窟第四十五窟胡商遇盗图）。地处丝绸咽喉的敦煌更是几易其主。朝廷明令百姓不准出蕃，所以玄奘一入河西，便不断遭遇阻拦。他只能日伏夜行，偷渡玉门关。但在他取水时，被守卒捉住了。然而玄奘以他的志向远大，坚毅赤诚，不畏生死，感动了烽燧校尉王祥，非但没有将其治罪，反倒赠送食物和水，指点他西去之路。

玄奘便只身纵入连鬼魂也会畏惧的死亡之海，开始他那漫长又艰辛的取经大业。

莫高窟第二百二十窟南壁西方净土变（初唐）。

（可怖的莫贺延碛。高昌。葱岭。巴基斯坦与印度。《大唐西域记》。西安大雁塔内的《玄奘取经图》。兴教寺玄奘舍利塔。）

在这壁画上出现的那个为玄奘保驾护行的猴子形象，说明远在《西游记》成书之前，就已经被人们口头创作出来。它表达人们对这位高僧的关切与敬仰，同时也体现西行路上的坎坷多难。

（榆林窟第三窟普贤变上的《唐僧取经图》，《西游记》古本插图，丝路荒凉的景观。）

玄奘在外十八年。贞观十九年（六四五年），他取得真经归来，此时的大西北已改天换地，全然另一番面貌了。

玄奘当年出行，出玉门关，走丝路的北道；此时归返，取丝路之南道，进阳关。唐太宗李世民令敦煌吏民去到阳关相迎。人们夹峙在城关两旁，对万里归来的玄奘一齐鞠躬行礼。

所谓阳关大道，其实本无道路，孤单单一堵城关，内外大漠浩荡无涯，车马寥寥，随意而行。然而此时玄奘看到的却是，中外商旅，往来不绝；各色珍奇，掠目而过；美艳胡姬，浪漫乐师，清雅画人，夹杂其间。长长的骆驼队看似无始无终。一种盛世之感被亮丽而清新地表现出来了。在乐师们随手弹唱的西域乐曲中，推出字幕——

（第五集　阳关大道）

唐代开国的两位皇帝李渊父子——史称李唐王朝，很善于从前朝的成败功过中吸取"前车之鉴"。尤其是这位光耀古今的唐太宗李世民，一边采取全面改革措施，均田勤农，轻徭薄赋，广开言路，倡举廉政；一边像隋文帝和隋炀帝那样，把通往西方的丝绸之路看作富国之道。经过二十年不间断的武力征讨，平定了河西一带种种反叛，荡尽了西域诸国的种种干扰。到了玄奘归来的时期，交河道行军大总管侯君集刚刚征服高昌，设立安西都护府，丝绸之路的血脉已然运行舒畅。

贞观二十一年（六四七年），唐太宗把具有行政效力的都护府扩展到安西的于阗、龟兹、疏勒和碎叶四镇，并沿着丝路设立大批低一级的都督府，构成了庞大的权力网络。大唐的势力进入辽阔的中亚地区。这样，东起长安，穿过河西到西域，再到中亚，便连成一个融会贯通的经济环境。丝绸之路如同实现了它千古梦想那样，成为一条贯穿欧亚的地球上最长的"阳关大道"。大唐进入它黄金般的盛世。

（莫高窟的第二百二十窟"帝王图"，唐代在西域和中亚设置都护府地图，李渊和李世民父子画像，西安出土"牵骆驼俑"。）

整个世界通过这条大路，开始享用到才智非凡的中国人所拥有的造纸术、养蚕术、金银器制造术、炼钢术、打井技术以及农耕经验。当中国洁白柔细的纸出现在地中海沿岸时，那里就不再使用粗糙原始的纸莎草纸了。

（埃及纸莎草纸。）

就在中国人的发明创造和文化财富传播到世界各地的同时，域外文化，近及中西亚，远至欧、非洲，有如江河倒贯，直入中华。

（陕西聄邠县的丝路古道。）

在中国历史上，从来不曾像唐朝这样，融入如此巨大的外来文化。

（陕西博物馆藏牛首玛瑙杯、希腊铅币、罗马金币、波斯银币、波斯式舞马衔杯壶等。）

对于唐代中国人的生活，发生全方面影响的是胡。

（永泰公主墓出土的"胡人俑头"。）

胡，有别于华夏正统文化。它实际是一种外来的生活文化。从西域各少数民族，中西亚诸国，乃至欧洲和非洲，一切来自西方的人与文化，全在胡的概念范畴之内。在丝绸之路全线开通之际，这种一拥而入的奇风异俗、奇装异服、奇食异味、奇乐异舞，顿时使大唐的朝野上下为之着迷了。

盛世追求享乐，而最具新奇感和诱惑力的莫过于异国的事物与文化了。

这种被唐人称作"胡"的文化，便像风一样吹遍整个社会生活。人们形象地称之曰"胡风"。

（陕西博物馆藏彩绘胡装俑、卷发俑、白瓷抱瓶俑、外国人陶俑、南京博物馆藏陶胡俑。）

在长安城内，到处可以吃到胡饭与胡饼。饼是从西域传入的，大概如今中国人无人知道了。胡麻油的引进，带来了珍馐佳馔的花样翻新。中国人本来都是烹调的艺术师，在胡食刺激下，酒席饭宴更是繁花似锦。尚书韦巨源向唐中宗进献一顿奢华至极的"烧尾宴"。从菜单上开列的五十八种菜品小吃来看，一半以上掺入了胡味。至于又辣又香的胡椒，尤其使唐人兴奋，胃口大开。唐代宗时，宰相元载贪赃受贿，抄家时竟查出胡椒九百石，这足以显示唐人对外来事物的由衷喜爱。

莫高窟外景。

中国本是酒之国。然而区别于传统米酒的外来酒——高昌酿法的葡萄酒和波斯酿造的甜酒，使得唐人醒也美哉，醉也美哉，无论醉醒全是别样的滋味。唐太宗平定高昌时，宫中所饮庆功之酒，都是太宗李世民亲自监制的，看来酒也是外来的受宠。

（唐代酒具和酒坛。）

美国人谢弗写了一本厚如砖块的书，叫作《唐代的外来文明》。书中把他所知道的涌入大唐的"舶来品"分类开列出来。从大象、狮子、土拨鼠、频迦鸟、孔雀、海豹皮，到菩提树、乌木、葡萄、石榴、苏合香、波斯树脂、毛毯、雌黄、孔雀石、玻璃、琥珀、灯树、盔甲、旅游书和地理书，日历和地图，足足有数百样。

（海兽葡萄镜，壁画上的频迦鸟、灯树、毯子等。）

其实这位美国人又所知甚微，他所述及，不过九牛一毛。单是来自西域的娱乐方式，比如马球、棋类、双陆、杂技、魔术等，便不胜枚举，又都是大唐盛行的游戏。唐太宗、玄宗、熹宗，全是打马球的高手。而武则天和狄仁杰更善于在棋弈表现非凡的智谋。至于来自"西凉伎"的舞狮，已经纯粹成了今天中国民间的"国粹"了！

（吐鲁番阿斯塔那墓室"下棋仕女壁画"。）

大唐真是个尚胡的时代。大唐的开放，使自己的社会生活的每一个细节都像鲜花那样夺目地大放异彩。

在炫目的胡风中，最令唐人激动不已的是胡服、胡妆、胡乐和胡舞。

衣饰华美讲究和标新立异是盛世之征象。在唐人服装中，以新奇而神气的胡服尤其受到宠爱。最流行的男子胡服，是一种窄袖长身袍和各色幞头、素皮靴子组成的新式样。窄袖来自于西域和中亚，靴子则是北方牧民们的常服，这种新服式比起传统长袍大袖，无疑精神和利索多了。

（西安出土"彩绘胡人骑马俑"，莫高窟第三百九十窟供养人，第四十五窟普门品和故事画中的人物，第二百一十七窟观音普门品人物以及第一百五十九窟、八十五窟、十二窟等故事画中人物等。）

女子的服饰装束，向例比男子考究。

富足而尚美，女性装扮更是异彩纷呈。

（新疆维吾尔自治区博物馆《屏风画残片》《舞乐屏风》，故宫博物院《挥扇仕女图》等。）

唐代女子大多是长裙遮足。发式与化妆就成首要的了。女子的发式有如男子的幞头，只是花样更加繁多。在奉为时尚的回鹘髻、百合髻、高髻、半韵髻、抛家髻、云堆髻、乌蛮髻、素缩乌云髻等几十多种发髻中，最喜闻乐见的便是由西域传来的堆髻。

（莫高窟第三百七十五、三百三十四、二百一十七、一百三十、四十五、一百五十九、三百三十、三百三十四、十二等窟妇女各式发式。）

发式仅仅是一种陪衬,女人美容的中心乃是能使容颜生辉的化妆术。无论开颜画眉、制蝉鬓、涂胭脂、抹铅粉,还是点唇脂、晕额黄、贴花钿、画花子,都有数不尽的妙法巧术。施用的材料,无奇不有,单是流行的口红,就有十多种。许多化妆技术和用品都是乘驭胡风而来的。这便使唐代女子更倾目于穿过阳关那条神奇的路。

(莫高窟壁画中各种化了妆的女子的面部细节。西安出土的"彩绘女子俑"和"三彩女坐俑"等。)

至于女子最时髦的服装,也像男子那样,是一种"窄衫小袖"。胡人穿窄衣,为了驰骑与行动的方便。但在唐人看来,这种款式却新颖爽利,健美俏皮,有种奇异的美(莫高窟第二百一十二窟供养人);还有一种"圆领短袖"的女服,也是外来的流行服装(莫高窟第三百二十九窟供养人)。唐代女子喜欢上身穿各种外来的窄衫,下身穿各样材料与花饰的长裙;领口开得很低,衫内不穿内衣,露着雪白丰腴的酥胸,外披透明的纱巾,似遮未遮,颇含性感。唐代女子的开放意识,由此可见一斑。还有些女子,以穿丈夫靴表达昂扬之气概,那就非要一股勇气不可了。

(永泰公主墓壁画《宫女图》、章怀太子墓《观鸟捕蝉图》、周日方《簪花仕女图》、张萱《捣练图》、山西省高平县李凤墓壁画等。)

唐代初期,还时兴过一种帷帽冪䍠,冪䍠是黑纱挡身遮面。帷帽又称面帽,是从帽檐垂落纱巾,很像中世纪欧洲女人的面纱。帷帽是西北吐谷浑人用来遮挡风沙的,唐初被引进,演变成这种优雅的流行帽。富人家的女子或宫中女子外出时,还用它来遮掩面孔。但到了盛唐,女人们急于抛头露面,展示自己的花容月貌,便把它抛置一旁,连宫女们出行也弃而不用了。

(莫高窟第二百一十七窟妇女,长者,第三百二十一窟骑马女子。上海博物馆藏陶骑马女俑。辽宁省博物馆藏《虢国夫人游春图》。)

大唐女子,崇尚健硕。她们身穿袒胸露臂的窄衫,在酒肆里豪饮放歌,用地道的西域乐器演奏龟兹乐或西凉乐，和胡姬们跳着疾如狂风的胡旋舞，骑着英俊的胡马招摇过市，甚至去和贵族少年们到马场一试身手。

（莫高窟壁画胡旋舞，章怀太子墓壁画《马球图》等。）

这些受着胡风强烈影响的女子们，也和她们所效仿的胡女一样，能歌善舞，精骑善射，崇尚武学。李渊的女儿平阳公主曾组织一支"娘子军"，标榜巾帼，助父杀敌；武则天十四岁在宫中做才人时，就要用铁鞭去驯服一匹由西域进贡来的名唤"狮子聪"的性情暴烈的悍马。

（西安出土的胡姬俑。）

在古代封建社会，女子威武，往往是国家强盛的标志；女子放达，常常是社会开明的征象。

有人一直弄不明白，大唐哪来的胆量，敢在大街上玩那种从罗马帝国传来的往赤裸身体泼水的"泼寒胡戏"？其实这期间半裸的飞天已经在莫高窟里满天飞舞了。

（莫高窟第五十七窟散花飞天，第三百二十一窟双飞天，第三百二十窟华盖飞天，第一百五十八窟吹笛飞天，榆林窟第十五窟伎乐飞天等。）

到底是这狂放剽悍的胡风，助长了大唐盛世的气概；还是国富民强的时代，正需要这种外来的雄强奋昂、健康自由的异域文化？

从中使我们深深感动的，却是大唐对待外来文化的胸怀与魄力。

即使在今天，我们也很难想象唐代对外开放的程度。我们无法看到当年丝路上万国来朝进贡的盛大景象。但从莫高窟内这幅《说法图》——中国人形象的佛陀在讲经，各国王子在听经——就能感受到大唐的至尊与宽宏。一时，诸国王公贵族来朝做官者甚众。正月初一，向唐太宗贺岁的五品之上的胡人官员，竟达一百人。不说古代，在当今这个号称开放的世界上谁人能有此气魄与胸襟？

（莫高窟第二百二十窟《药师净土变》。）

唐代中国究竟有多少胡人？

贞观五年（六三一年），唐太宗攻破突厥后，曾安置突厥贵族一万家在长安定居。把敌俘安排在身边，这本身就需要非凡的胆识。如果按每户五至八人计算，单是长安的突厥人就有七八万之巨。而寓居长安的，还有中亚昭武九姓诸国人，东邻日本人、高丽人、契丹人，西域各族各国人，既有王公贵族，又有商人僧侣。西亚的波斯是沟通中西文化最活跃的国家。波斯王卑路斯被大食驱逐后，携子到长安定居。长安的西市有专门供应波斯食品的商店，可见长安的波斯人数量之多。

（唐阎立本《步辇图》《职贡图》，章怀太子墓《礼宾图》，莫高窟壁画中的各国各族人的形象，西安土门村出土之汉—巴利文碑等。）

丝路开通后，大唐的高度文明与殷足物质，吸引由世界各地前来的商人、工匠、艺人和留学生日益增多。这些人无不以崇慕敬仰之情向往中华，以能一到中国的名都长安、洛阳和扬州为荣。甚至还想死后"转生中国"。不说内地，单是敦煌一带落户的粟特商人就住满一个乡。而在大都市达官贵族家做仆人的"昆仑奴"，都是来自更遥远的非洲。据贞元三年（七八七年）的一次调查，在长安居住拥有田产的外国人，总共四千户。由此推测长安城共有十多万外国人。按照当时长安居民人口总数一百多万计算，至少十个人口中有一个胡人，这是多么惊人的一个比例数字！

（西安出土黑人陶俑。）

这样巨大数量的外国人居住国都，甚至入朝为官，唐王朝非但无忧无虑，从不感到威胁，反倒处之泰然。唐人到底是怎样一种心态？

（《长安城复原图》。）

莫高窟这幅《维摩变》十分耐人寻味。在当时人们的印象里，模样像中国人的维摩诘被当作中原帝王；外来的菩萨文殊一直被当作西域的象征。有趣的是这幅画下方——在文殊一边听经的人，给故意画成中原君臣；在维摩诘一边听经的人却是金发碧眼的各国王子。这种交叉起来的表现可谓别具匠心。把本来带有对立意味的场面，画成一个和谐融洽的整体。

（莫高窟第一百零三窟东壁南北侧"维摩经变"。）

唐太宗李世民关于破除"贵中华、轻夷狄"的主张，特别是对各族各国"爱之如一"那个著名的口号，是大唐面对世界的一面恢宏大度的精神旗帜，一个敞开的胸怀。

就在这"爱之如一"的口号下，大唐对外来的一切几乎无所不包，从物质内容到文化习俗，从精神方式到宗教信仰，全部拿来，毫不介怀。不用的便置之一旁，有用的便据为己有。我们至今还能找到当时听凭景教、祆教、摩尼教、伊斯兰教传播的遗迹。而在宗教信仰上的宽许，才是胸襟博大的最大表现。带着不同习俗和信仰，同住长安，和睦相处，这是人类中古史的奇迹，也是大唐极盛的深在缘故。

（大秦景教流传中国碑。藏经洞经典。清真寺。）

不同的精神文化相接，才能各放异彩。在唐代诗坛上，李白的长歌短句中总是洋溢着道家的精神；杜甫和白居易的韵脚则一直严谨遵循着儒家的规范；而王维崇佛，自号摩诘，笔下自然时出禅意。为此，唐代诗圣们的风格相互之间更是去之千里，反过来又交映出大唐文学天空的一片璀璨光华。

唐高祖李渊和唐太宗李世民，本来不信奉佛教。他们把道教列为首位，儒家次之，佛教排在末位。但他们从来不排斥或贬损佛教，反而"情深护持"。已然中国化的佛教则凭借自身的精神魅力，像春草一般在广大民间生气勃勃蔓延着。敦煌莫高窟在初唐时代，仍开凿出四十七个新窟。佛教艺术在初唐万物蓬勃的大背景上，也展露出面貌一新的时代景象。

（莫高窟初唐洞窟外观。）

武则天具有划时代意义。

（武则天像。）

她与隋文帝有两处相像。一是都在尼姑庵里生活过，二是都崇信又都利用佛教。但不同的是，武则天是在唐太宗去世后，也就是她二十六岁时，才入感业寺为尼。她不像隋文帝生在尼庵里，对佛教有一种与生俱来的虔信，因而她在利用佛教时更清醒和更聪明。

　　她在唐高宗故去第二年（六八九年），准备废黜唐中宗李显而自立为皇帝时，便动用了在民间深具影响的佛教为工具。授命洛阳白马寺和尚薛怀义和沙明等人伪造一部《大云经》，声称武则天就是未来佛弥勒佛转世，天经地义应为人间主宰。同年九月，武则天登基后，即刻下诏将《大云经》公布天下，并在各州建大云寺，佛教便从末位升为首位，并在政治的强刺激下急速发展，全国各地兴起雕塑弥勒佛的热潮。

　　（永靖炳灵寺一百七十一龛大佛，高二十八米；武威天梯山十三窟大佛，高二十六米；甘谷大佛山大佛，高二十三点三米。山西五台山佛光寺。陕西扶风法门寺塔基地宫遗址。藏经洞文书《大云经疏》等。）

　　薛怀义可谓一位最善逢迎帝王的和尚。延载一年（六九五年），他在洛阳功德堂建一尊高九百尺的大佛，仅脚趾上就可坐许多人。可能这尺寸的说法有些夸张，而且巨佛已佚，无以为据。但从四川乐山的嘉定大佛看，仍可以领略盛唐大佛无比庄严宏大的气魄。

　　（四川乐山大佛，脚上可站多人。）

　　这样，在敦煌三危山叮叮当当的开凿声中，莫高窟历史的黄金时代已经到来。

　　与薛怀义在洛阳功德堂所造大佛的同时，禅师灵隐与居士阴祖造了举世闻名的北大佛（莫高窟第九十六窟），显然也是及时配合中原朝政之作。这也反映出此时敦煌与中原联系的紧密与通畅。

　　开元年间，僧人处谚等又造另一尊南大佛（莫高窟第一百三十窟）。这两尊善迦坐弥勒像分别高三十三米和二十六米。虽然历时千载，多次重修，仍不失其庄重沉稳、丰满健伟、元气充沛的盛唐精神，堪称东方泥塑最大的佛教精品！它究竟用了多少泥土，已经无法计算！据说当年仅造佛工匠一天吃盐就要两担，可见用工之巨！若非盛唐，不可为之。

如果说唐以前，外来文化从丝路是一点点进入，一点点消化，那么到了唐代，则是一股脑地涌入，大口大口吞咽，转瞬便幻化成一个博大雄浑的唐文化来。

文化交流的双方，不会一个消灭一个，只会相互吸收、充实和加强。那么，自信便是第一位的。交流基于自信，开放更要自信。一切魄力、胆识、勇气、襟怀以及阳刚之气，全源于自信。

(西安出土的无比精美的"菩萨残像""昭陵六骏""三彩天王像""武士残像"等。)

大唐之所以在那个时代的世界上唱主角，一方面它有主角的实力，一方面它有主角所必需的自信心。

这样，它才能一边由玄奘到天竺去"拿"，一边由鉴真到日本去"送"，拿和送，都是文化交流。在这交流中，既用西方文化营养了自己，又用中华文化营养了日本。这便造成了当时世界的繁荣。一个多么优美迷人的历史文化的大动作呵！

(长安，京都与奈良的古城和古街的风景，唐招提寺和鉴真和尚干漆像。)

旷朗的唐陵。乾陵前守陵的胡人王子使臣的六十一宾王石雕像。象征着胡人将领的神奇十足的顺陵走狮、乾陵翼马、桥陵鸵鸟。苍古沉黯的桥陵华表。

华表既是装饰，也有纳谏之意。

这华表上方是具有波斯文化印痕的太阳，底座的莲花带着印度文化的影响，多棱的柱体明显富于两河流域的色彩，上面还雕刻着罗马式样的忍冬纹与卷草花纹。然而它是一件大唐风格的古物。它不是多种外来文化的拼凑，而是浑然一个再创造的有灵魂的艺术整体！

一千多年前的中国人就告诉我们，在面对着外部世界的文化时，不要惧怕，不要担忧与过敏，不要犹豫不决。永远地把自信作为自己的重心，把魄力与胆识贯满全身，张开双臂去拥抱世界吧！

大唐施惠给世界，也受惠于天下。

（莫高窟第二百二十窟和四十五窟全景。）

历史给这一真理最美丽而坚实的证据，还是在敦煌。

（本集终）

第六集　天国与人间

白云缥缈，山水虚幻，琼楼玉宇似隐似现，银样月光映照一霓裳仙子，款款起舞。在优美而略带忧伤的西凉乐的旋律里，羽人霓裳，旋转悠扬，纱巾帛带，飞雪流烟，人影似梦，轻盈飘忽。然而，瞬息间如有阵风吹来，云飞人去，天地空寥，曲转惆怅……这仙子演出的一幕，莫非是唐玄宗和杨贵妃日后爱情悲剧的一个先兆？

相传这大唐第一乐舞《霓裳羽衣舞》的舞曲是凉州节度使杨敬述献给唐玄宗的。

唐玄宗李隆基画一手好画，打一手漂亮的羯鼓，又深谙音律，在中国历史上是屈指可数的风流天子。

灵性的手指轻轻拨动琴弦。

这《霓裳羽衣舞》的曲谱经过他的润色。

美妙的舞步做着种种试探。

聪慧善舞的杨贵妃来设计舞蹈动作，还亲自表演——

每每音乐起处，仙子应弦而动，婉约超逸，舒展大方，飘飘如仙，令人心醉。

这乐舞几乎成了盛唐的国舞！

大诗人白居易对这乐舞的赞美之情，在他的诗句中跳荡：

"我昔元和侍宪皇，曾陪内宴宴昭阳。

千舞万舞不可数，就中最爱霓裳舞！"

它叫人如此痴迷的缘故，大概因为在这乐舞特有的境界里，人间之爱与天国之美融为一体，切切难分。凡人神仙，既可相慕，亦可相恋，这正是极盛时代用艺术所实现的人间梦想。推出字幕——

（第六集 天国与人间）

一幅金碧辉煌、繁华盛大的壁画展现在镜头前。这幅作于公元 642 年（贞观十六年）的《阿弥陀经变》，是莫高窟中规模最大、最具代表性的经变画杰作，也是唐人对幸福极致的想象。

（莫高窟第二百二十窟《阿弥陀经变》。）

画上碧波荡漾，莲花盛开，化生童子自花心生出。按照《阿弥陀经》的说法，人要摆脱生老病死之苦，经过修行，就能从这芬芳娇美的莲花心中生出，进入被称作"净土"的极乐世界。

这美丽的佛说，使我们对极乐的净土充满向往。

净土是佛居的地方，阿弥陀佛居住的地方是净土中的净土。叫作"阿弥陀佛净土"也行，叫作"西方极乐世界"也行。

看吧，阿弥陀佛正结迦趺坐在中央的莲台上，双手做出正在说法的手势；观音和势至两位尊贵的菩萨胁侍左右。背后是经幢凌云，梵宫耸峙，花树成荫，祥云四起。神佛诸众、水榭回廊、讲坛精舍、珍禽异鸟，拥绕出一派繁花似锦的景象。所有地面都铺着金、银、琉璃、琥珀、玻璃、珍珠、玛瑙七种宝物；整个天空一碧万顷。众天神驾彩云而至，漫天洒下鲜花以示供养。各种乐器，高悬空中，无人弹奏，凭空自鸣。宝池前雕栏围绕的歌台上，乐伎们且歌且舞，尽情娱乐。乐队起劲地吹奏着妙曲，一对舞伎挥动长巾跳得正欢。于是一片歌舞升平景象，尽善尽美，毕现无遗。

在这极乐世界，又不仅仅是优美与快乐，而是人们所能想象到的一切美好的事物，这里全部齐备——众生都具有非凡的智慧与绝好的容貌；没有四时交替，温度永远宜人；所穿鲜衣华饰，所吃美味佳肴，一概能应念而生；最关键的是"无病无灾，无有烦恼，无有刀兵，无有奴婢，无有欺屈，无有王官，无有饥馑，更无别役"。

与其说这是人们的天国梦想，不如说是现实梦想了。

于是，净土信仰成了中国佛教的主要内容。

人们更喜欢把想象中的理想国，变成看得见的理想国。

于是，莫高窟的经变画中，以阐发和弘扬净土信仰的《阿弥陀经变》和《无量寿经变》为最多。无量寿佛是阿弥陀佛的译名。单是盛唐的壁画，仅《阿弥陀经变》就有一百多幅！可见人们对佛国净土多么神往！

看似面对着佛国，其实是面对自己灿烂的理想。

艺术家们总是用生活中最迷人、最美丽、最诱惑的事物，来编织自己的理想图画。

于是，种种由西方传入的事物，那些新奇的形象、夺目的片断、精彩的细节乃至图案的花纹，不仅进入唐人生活，也跑到这佛国中来。

孔雀和鹦鹉都是从西边飞来的。

装饰在房舍和地面上的玻璃、珊瑚、砗磲这些稀罕材料，也是先从西方进贡给大唐朝廷，然后再出现在这极乐的天地中来。

在莫高窟早期壁画中，伎乐天们只是在墙壁上方不起眼的地方横作一排，吹吹打打。现在已组成一支规模不小的乐队了。

(莫高窟第二百五十一窟南壁上部、第四百三十五窟北壁上部等北魏天宫伎乐。)

大唐是音乐的朝代。朝野上下都是乐迷。朝廷日日举办音乐会或歌舞会。帝后王侯，皆善乐舞。特别是伴随胡风入唐，诸国的奇曲异调，令人耳目一新。唐人对外来文化，只要喜欢，便伸手拿来，大包大揽。这就即刻把隋代的九部乐，重新修改，增入了高昌乐，成为十部乐。大唐的十部乐为：燕乐、清乐、西凉乐、天竺乐、高丽乐、龟兹乐、疏勒乐、高昌乐、康国乐和安国乐。其中七部来自西域。这些别样滋味的异域情调，尤使开放的唐人喜形于色。由于喜爱过甚，这些外来的也一概当作自己的了。

(莫高窟第二百二十窟西方净土变，其他有关乐队的画面见于第三百二十、三百二十一、一百四十八、二百零一、一百一十二、一百五十九等窟，唐李寿墓石椁侍女图，龙门石窟万佛洞南壁下方伎乐天。)

那时代，音乐是靠着一场一场实地演奏来传播的。随胡乐而来，便是西域乐器的传入。大唐十部乐都以琵琶为主，琵琶就是来于胡。此外还有竖箜篌、横笛、筚篥、五弦、排箫、都昙鼓、羯鼓、毛员鼓、铜钹、贝等。其实，有些西域的乐曲与乐器，早些时候即已传入中原。曾经嫁给周武帝的突厥公主阿史那就是一位琵琶高手。但对中原形成巨大影响的时代还是在开放的大唐。此时，一些龟兹、康国、疏勒、于阗等地的著名乐人都活跃在长安，这些能吹奏出奇音妙曲的乐器很快便被聪颖好学的唐人所掌握了。

在这些把胡乐带给中华的乐人中，第一功臣是遍布长安的胡姬。

（西安出土彩绘胡装俑。）

这些深目高鼻或金发碧眼的异国异族女人，来自于辽阔的西域、中西亚和罗马帝国。她们多半在酒肆商邸中做歌手、舞女和侍者，个个能歌善舞，娇娆艳丽，美貌动人，给大唐生活增添几分浪漫。

李白的诗："五陵年少金市东，银鞍白马度春风。落花踏尽游何处？笑入胡姬酒肆中。"便是当时京都开放景象神气活现的写照了。

飞旋转动的裙子。昂扬跳跃的舞步。狂肆扭摆的双胯。胡乐胡调，清劲悠扬；阵阵花雨，落英缤纷。

更属于胡姬们专利的是胡舞。

大唐流行的软舞、拂林舞、柘枝舞、健舞、胡腾舞和胡旋舞都是外来舞。软舞来自西域，柔软如烟，杨贵妃的《霓裳羽衣舞》就吸收了软舞的神妙。石国都城的名舞柘枝舞是柔中带刚，而且很有刺激性，开始跳时，绣衣重重，但伴随着鼓点跳得愈来愈激烈时，便一件件脱去外衣，跳到最后竟成了半裸体，这是不是古代的一种脱衣舞？但谁也无法考证出它的由来。拂林舞相传是罗马拜占庭的舞蹈，然而一样是空有其名，久已失传了。

最令唐人陶醉的是，大食国的胡腾舞、海萨尔马堤的健舞、公孙大娘所跳的西域剑器浑脱舞和康国人拿手的胡旋舞。

这些来自西域和中西亚的舞蹈都属于阳刚性质的健舞。

身手矫健，高昂旷达，极其投合大唐盛世之精神。

大书法家张旭和怀素就是从剑器浑脱舞中获得启示，以潇洒刚劲的草书，一展大唐风采。

从舞台上旋转的舞裙转到佛国伎乐天的身上。

胡旋舞有时单人，有时成对，各站一块小圆毯上。跳起来便飞速旋转，转得几乎无法停下来，愈转愈快，衣飞带举，令人目眩。但舞者绝不能转出小圆毯子去。

白居易诗："胡旋女，胡旋女，心应弦，手应鼓。弦鼓一声双袖举，回雪飘摇转蓬舞。左旋右旋不知疲，千匝万周无已时。人间物类无可比，奔车轮缓旋风迟。"

胡姬们的飞旋激发过多少唐代才子的诗情！然而，在这流电飞星般的疾旋里，除去迸发着的那种狂放的艺术情感之外，还有什么？

大唐的气势，时代沛然的元气，蓬勃不已的精力，自豪，骄傲，自信，难抑的激动，以及唯盛世才具备的一种巨大的社会活力——创造力。

大唐的创造从无禁忌。狂旋的胡姬与奇妙的胡乐竟成了佛国盛会最精彩的节目。

这节目，不仅在《阿弥陀经变》和《无量寿经变》中，其他如《药师经变》(莫高窟第一百一十二窟)，《报恩经变》(莫高窟第一百一十二、一百四十八、一百五十四窟)，《金刚经变》(莫高窟第一百一十二窟)，《金光明经变》(莫高窟第一百五十八窟) 等，也全由这乐舞把佛天的境界渲染得至善至美。

奇怪，从来都是佛国胜于人间，怎么反而用人间的乐舞去美化佛国了？

在隋代，中国化的经变画崭露头角时，并没有乐舞助兴的场面(莫高窟第三百九十三窟"西方净土变")，显然那时胡姬和胡旋舞很少在中国人的生活中出现。到了初唐，这种乐队伴奏下的胡旋舞便在壁画中的佛国登台了。开始时，还嫌生疏，吹奏者显得迟钝，舞者旋转也觉轻缓(莫高窟第二百二十窟北壁"药师经变"。第二百二十窟"舞乐图"。第二百一十七窟"观无量寿经变"之舞者)。

胡旋舞的转速好像与大唐的国势同步。

不久，乐队的吹奏变得和谐整齐，看上去明显在一个节拍上，充溢着生气；舞者们的转速也加快了，飘带与发辫随同飞旋，体内也好似蓄足了力量（莫高窟第一百五十九窟"观无量寿经变"），几乎每个手指和脚趾都带着神采（莫高窟第二十五窟南壁"舞乐"）……她们简直真的要像龙卷风一样飞旋起来了（莫高窟第一百四十八窟"观无量寿经变"）。

你是否能从中领略到最善胡旋的杨贵妃的风姿与速度，据说唐玄宗兴奋得把羯鼓都击破了。

反弹琵琶是敦煌舞伎最优美的舞姿。

（莫高窟第一百一十二窟"观无量寿经变"。）

它神奇又自然，劲健又舒展，迅疾又和谐。反弹琵琶，实际上是又奏乐又跳舞，把高超的弹奏技艺与绝妙的舞蹈本领，优雅迷人地集中在这个舞伎身上。

我们很难知道，当初是否真有这一个善乐善舞、才华非凡的胡姬，作为模特；还是画工们瑰奇的想象和杰出的创造呢？

不管怎样，反弹琵琶都是大唐文化的一个永恒的符号。

敦煌画工们的创造力令人钦佩不已。他们把身边的胡姬变成佛国中的伎乐天神。佛国从而注入了现实的生命与光彩，信徒们找到了佛国与自己的联系，从而感到一种不曾有过的亲切。

在唐代洞窟中明显发生变化的天神中，还有那些乘驭祥云、悠然自得的飞天们。

这些飞天在印度佛教中属于"天龙八部"中的两部，叫作"乾闼婆"和"紧那罗"。紧那罗是一位天乐神，也是能歌善舞的天神；乾闼婆是一位天歌神，由于浑身散发香气，又叫作香音神。传说他们是一对形影不离的夫妻，永远在佛国的天空中自由飞翔，并载歌载舞，随手弹奏，娱乐于佛。这情景真是奇异又美妙。所以壁画中到处有他们的身影。

他们最早由印度飞进莫高窟时，被画得笨拙僵硬，飞行时要依靠用力挥动双臂（莫高窟第二百七十二窟北壁上层。第二百七十五窟北壁和北壁中层。第二百五十四窟北壁），而且多半待在窟顶平棋的岔角或说法图的上角（莫高窟第二百六十八窟平棋。第二百五十七窟窟顶。第二百五十一窟说法图、第二百六十窟北壁前部说法图中）。此后渐渐飞出来在窟顶的天空中与中国的羽人天神漫天飞动（莫高窟第二百八十五窟窟顶北披）。直到隋代，才出现大批飞天结队飞行、绕窟一周的壮观场面（莫高窟第三百零三、第三百九十窟）。隋代的飞天不仅用随风飘动的长带来表达飞天的轻盈，还用流动的云彩衬托飞天的动势。

大唐净土信仰的极乐世界，给飞天展开广阔空间。或飞升，或疾落，或环绕，或陡转，或飘浮，或自在地徜徉。有时成群而来，有时鱼贯而去。有时成双飞舞，相呼相应；有时单身翱翔，随心所欲。亦歌亦舞，信手散花。唐人在隋代飞天的基础上，着力于飘带与流云的无穷变化。有时，一条悠长的彩云表现了长长一段飞行的过程，真是美妙之极！这一切，都使得天空更加辽阔，神奇，祥瑞，纯净，自由，给西方净土加深了极乐的意味。

（第三百二十九窟乐队飞天，第三百二十九窟莲花藻井飞天，第一百四十八窟六臂飞天，第四十四窟龛内飞天，第三百二十窟华盖飞天，第一百五十八窟西壁飞天，第八十五窟乐队飞天，第一百六十一窟乐队飞天，榆林窟第十五窟伎乐飞天、献花飞天和击鼓飞天等。）

极乐，既然是活人对死后的愿望，那就离不开活人的现实欲求。当画工们把生活中的山水风光、舞榭歌台、胡乐胡姬、流行乐器，改头换面，和佛天诸神混合一起，理想与现实，生与死，彼世与此世，天国与人间就变得密不可分了。

在这里，现实被理想化，理想也被现实化。

人们便把现实中难以满足的那一部分愿望，画在这里，慰藉自己，补偿自己，平息自己，达到宗教使心灵获得宁静的意义。

树隙中耸然的莫高窟。涓涓流淌的宕泉。飞鸟。三危山以及鸣沙山和月牙泉富于神秘色彩和空远意味的外观。

唐代以前，宕泉水势疾猛，洞窟多在中上层。到了唐代，中上层崖壁已然布满洞窟，没有空间，这时富于灵性的宕泉好似会意，水量忽然变小。人们开始在下层开凿。

唐代的洞窟，无须细讲，一望即知。传统的中心柱式很少见到，侧墙壁上那些专供沙门苦修的禅洞不见了。完整而宽展的墙壁上，正好可以画巨幅图画，以适应唐人心境博大之所需。一种结构繁复、规模宏大、形象精密的经变画，得以尽情施展。众多泥塑的神佛也有了宽绰的安身之处。故而，一入唐窟，压倒的气势，华美的境界，还有一种前所未有的人情味，便迎面扑来。

如果说隋代的塑像与壁画注重人物的特征刻画，唐代则着意于人物的内心表现。

堪称国宝的莫高窟四十五窟一铺七身的塑像，最具代表性。包括一佛、二弟子、二菩萨和二天王。

正中的释迦牟尼是中国式佛像的经典作品。北魏时期那种冷峻莫解的神情全然不见，现在则是中国人所愿意看到的模样——一种怜惜众生的慈祥，一种法力无边的庄严，一种博爱与宽大为怀的气概。他端坐在八宝座上，袈裟随身垂落，于庄重肃穆中略带松弛自然。庄重肃穆是佛的尊严，松弛自然便是唐代佛教显露出的欲与人间相通之意。

释迦二弟子的塑像比起隋代那两身（莫高窟第四百一十九、四百二十七窟），不强调外貌特征，不夸张表情，而是收敛目光，不形于色，致力于内在情绪与个性的挖掘。从大弟子迦叶微耸的眉头，略含苦涩的嘴角，深沉的目光，峻嶒的胸骨，来体现这位僧人的非凡经历所铸成的复杂性格，而同时他的一种赤诚深挚之情，仍使人分明感到。

小弟子阿难的塑像是敦煌莫高窟的顶尖之作。对这位处世甚浅的僧人，塑工不着眼于他的单纯，而在其低眉信首之间，透现他天性的平和与顺良。特别是双手相握，身体侧倚，惟妙惟肖地表现出一位近侍佛陀的小僧人的亲昵可爱。

这种由倚侧的身姿表达出的亲昵感，也同样在一左一右两尊胁侍的菩萨身上。菩萨的垂目、低首、斜颈、倚胯、扭腰——尤其是腰间裙带间松垂的腹部，都生动和逼真之极地塑造出菩萨特有的柔和慈爱的美。

站在菩萨两旁的一对天王，比起隋代的天王力士（莫高窟第四百二十七窟前室），更具威猛气概，也更像中国的武士。

武德二年（六一九年），大唐立国第二年，站脚未隐。山西叛臣刘武周和宋金刚勾结突厥人攻打太原。唐高祖不好动用太子，便派遣次子、年仅二十二岁的秦王李世民率兵打击叛军。这等于给了李世民一个展露才能的机会。李世民率军从龙门渡黄河，与叛军苦战半年，常常是三天吃一顿饭，夜夜和衣而卧，终于以少胜多击溃叛军。全军凯旋至蒲州永济镇时，将士们用旧时军歌，填上新词，高歌唱道：

受律辞元首，相将讨叛臣。

咸歌破阵乐，共赏太平人。

唱歌时，擂动大鼓，伴以龟兹调，声震山野。

李世民做了唐太宗，便把这歌曲改编和排演成为大唐乐舞的惊世之作《秦王破阵乐》。

这乐舞以一百二十人表演舞蹈，一百人合唱，一百人伴奏，表演战场上往来突刺、阵法变幻的激烈情景，洋溢着豪迈威武之气。

当年在长安每次演出，千万观众一齐按照乐曲的节奏，击打剑鞘，同时山呼万岁，一时惊天动地，慷慨激越，气贯山河。

这乐舞的场面被画在莫高窟的壁画上，这乐舞的精神则熔铸在大唐独有的天王力士的形象中。

（莫高窟第四十五窟之外，包括第四十六、三百一十九、二百八十四、一百九十四、一百五十九窟天王力士塑像。第十二窟画像。龙门石窟奉先寺天王力士像。西安市中堡村出土唐三彩天王俑。）

这一铺七身塑像，依照佛教的审美观，对称排列。释迦居中，以显主尊之崇高，然后是迦叶阿难，老少相应；菩萨天王，刚柔相济。中国的文化与艺术，追求完整的境界。老少刚柔，各尽一极，相合相成，达到完美。如此精练、高超又完美的一组雕塑群，当为中国佛教艺术的绝世之作。

这七身佛又不是佛。

大唐的佛，已经变成世间的人。

佛自天竺传入，经过十六国、北魏、西魏、北周、隋等几代中国化——也就是中国文化的同化，及至大唐，终于成为纯粹的中国的佛教和中国的佛像，并在唐代开花结果，发扬光大。

（莫高窟由十六国至唐各代佛的形象。）

这到底是天国还是世间的人物？你看，这憨直爽快的壮士（莫高窟第一百九十四窟天王塑像），心事重重的老者（莫高窟第二百窟迦叶塑像），敦厚缄默的女子（莫高窟第一百九十七窟菩萨塑像），英俊轩昂的武将（莫高窟第三百二十二窟天王塑像），粗鲁执拗的汉子（莫高窟第四百四十四窟壁画弟子），以及这一张张面孔（各窟各种酷似世人的形象）……有的恍惚认得，有的似曾相识。在这些形象中间你是不是会产生他们身在人间的错觉？

唐代笔下的维摩诘全然成了一位中国居士或王侯了。人坐在当时流行的带屏风、壶门状高足的床榻上，面前木几上摆设的美食美器，无一不是日常的用品。富有的供养人自然很容易进入这《维摩经》的经义中去了。

至于菩萨，已全然变成女性。除去观音、文殊、普贤这几位大名鼎鼎的菩萨，偶尔还要抹一笔石绿色蝌蚪小胡，应付一下。其余菩萨，有的是婀娜多姿、温婉雅静的少女（莫高窟第五十七窟中央说法图中胁侍菩萨），有的是风姿绰约的成年女人（莫高窟第二百二十窟"阿弥陀经变"、第一百四十八窟南壁龛顶西披、第四百六十八窟"文殊变"等）。

唐代妇女以胖为美，菩萨也明显胖起来。

对于飞天，不再管原先佛经所说的一男一女，一律改作美丽动人的天女。

连观音也画成华衣盛装的贵妇人。

（莫高窟第四十五窟南壁"观音经变"。）

上元三年（六一三年），武则天声称用所捐的脂粉钱来建造的洛阳龙门石窟奉先寺大卢舍那佛，已彻底成为一个典雅秀美的女子了。

中国大乘佛教广泛流传之后，佛国中以阿弥陀佛和观音菩萨最受尊崇。不仅表现这二位神佛的经变画剧增，观音的法力也无限度地扩大（莫高窟的十一面观音，千手观音。日本京都三十三间堂）。观音解脱生存世界暂时的烦恼与困苦，阿弥陀佛给死后的亡灵以永恒的欢乐与幸福。于是，人们把阿弥陀佛居住的净土画成极乐世界；把观音画成以慈悲为怀的女人相，也使佛教更具人情味。

人情味，是中国式的人文特征，也是中国佛教的特征。关切和被关心，对于群居的中国人来说是生存的心灵必需。他们是按这种需要改造佛国，再使佛国满足自己。佛教的境界一下子就变了。

这样，人们进入佛教已非难事。不必再不停歇地绕行中心柱而礼拜，也不必面壁坐禅和终生参悟。高僧昙鸾和他的弟子善导主张，无论何人，只要专心和反复诵念佛号，一切苦难便得以解脱；临终时，这样专心和反复诵念佛号，就能离开尘世而往生净土。对于唐人，不需要舍弃现实享乐而去苦修，如此简便地摆脱烦恼，往生极乐，真是求之不得的了。

(莫高窟第四十五窟南壁"观音经变"中有题句"假使兴害意，推落大火坑，念彼观音力，火坑变成池。云雷鼓掣电，降雹澍大雨，念彼观音力，应时得消散"。)

唐代的壁画创造了一个固定格式，即在经变画两边，配上对称的屏风画。题材多是"未生怨"和"十六观"等劝善戒恶、普及佛法的图画，指点凡人怎样进入极乐天地。画面的细节，无论人物与景物都取材现实，看上去自然可亲。

壁画是通往天国的美丽的梯子。原先只有壁画外边是现实，现在壁画里边也有现实。

现实的积极参与，是大唐佛国的新境界。

创造这新境界的功臣，是唐代的画工和大画家们。

唐代的画坛群星闪耀，大师辈出，远比前朝隋代辉煌得多。隋如清晨，朝霞染天，唐似卯时，赤日东升。唐代画家刚由画工中间独立出来，往往还带着昔时画工的手法。不仅画绢本卷轴，也画寺庙素壁。壁画的画工们都使用粉本画稿，画稿就是画样，彼此相互借用。这时丝路流畅，中原与河西信息贯通，中原的画稿粉本便直接流传到莫高窟中，中原画风也成了莫高窟的时风。

(藏经洞出土的白画。)

白画就是画工的画稿和粉本。

大画家周昉曾受命于唐德宗，在章明寺作壁画。草稿完成时，就有上万人参观，可见名气之大。周昉擅长画唐代崇尚的短眉小口、艳丽丰肥的贵族妇女，写实本领高超。他所画的那种披在女人肩臂上半透明的薄纱，细腻轻飘，令人叫绝。画坛上把他的样式叫"周家样"。敦煌莫高窟藏经洞出土的绢本《引路菩萨图》上，有一位被菩萨导引走向极乐净土的富家女子，就是标准的"周家样"。

（藏经洞出土绢画《引路菩萨图》、周昉《簪花仕女图》。）

吴道子和李思训都是大唐一代宗师。唐玄宗命他俩在大同殿上描绘四川嘉陵江三百里风景。李思训精雕细刻，画了几个月；吴道子逸兴飞扬，只画一天便掷笔而成。

吴道子属于大写意，下笔飞快，线条疾畅，人物全似被迅风吹过，衣袂斜飞，所谓"吴带当风"。画坛把他这种鲜明而爽劲的风格称为"吴家样"。李思训又称大李将军，长于工笔重彩，尤善铺染用孔雀石研制成的石绿色，画面金碧辉煌，装饰意味强烈，自成一格。其子李昭道继承家法，人称"小李将军"。

（李昭道《明皇幸蜀图》。）

这两位大画家对莫高窟壁画的影响明显又巨大。

在线条运用上，明显来自"吴家样"的启示。特别是那种爽快利落的长线，极具吴道子之精神。这幅"白描人物"（莫高窟第九窟中心柱），两人临风而立，袍带一齐飞举，作画时用笔的迅捷仍使人感到；画工用笔技艺的娴熟老到又令人赞叹不已。画史上所谓的"吴带当风"，只有在莫高窟可以见到了。完成了中国化的唐代壁画的标志，是确立以线为主的艺术特征。这显然受到了吴道子的直接影响。

在色彩运用上，处处都有李思训大青绿风格的影子。青绿色是一种矿物性颜料，无论均匀铺染，还是由深到浅的过渡，都很困难。李思训晕染青绿既能繁华典丽，又能隐含缥缈。敦煌画工掌握了这一技术，便使得大唐壁画呈现出金碧相映、富丽堂皇的时代风格。

有唐一代，中国绘画步入成熟。画理上各树一帜，技术上各有所长，题材上各有情钟。韩幹曹霸的马，韩滉的牛，王维的山水，各尽其妙，各占一方。无论写真技巧，还是创作水准，已臻历史高峰。大唐的开放带来精神的自由，在艺术上则刺激了个性的张扬，形式独创，以及形象内在生命情感的勃发，无意中给佛教带来了新奇感和吸引力。佛教便抓住这艺术的新风格而不放了。这很像十七世纪欧洲风靡一时的华美热烈的巴洛克艺术，被黯淡一时的宗教拿过去做了兴奋剂。所不同的是，巴洛克艺术帮助了穷途没落的天主教，而大唐艺术却点燃了中国大乘佛教的辉煌。

（韩幹《照夜白》、韩滉《五牛图》、王维《雪溪图》，莫高窟大型经变画，巴洛克风格的教堂、穹顶画、祭坛，贝贝尼的雕塑，普本斯《掠夺吕西普斯的女儿》。）

然而，佛教独有的精神内涵，特别是对理想天国的描述，也给了画家们尽情发挥的天地。

艺术，最终都是把理想形象化。

莫高窟第二百七十五窟北壁尸毗王本生（北凉）。

理想主义永远是人类艺术最迷人的主题。

唐代佛教给画家这个迷人的主题是净土。

聪明的画工们在描绘这块净土时，一半任凭想象驰骋，一半依据生活现实。

富有的大唐本来就把现实向理想推进了一步；画工们又把天国拉近了一步，天国与人间，彼世与此世似乎只有一步之遥。

把理想现实化是大唐石窟的最大特色，这特色便是：人情味、俗世感和生命的意味。

登上这曲折上升的木梯，进入层层雕梁画栋的重阁，再一直步入这云烟缭绕、溢彩流光的画洞，是不是真的以为进入了永生而极乐的天国了？

（复原的唐代洞窟外景。）

（本集终）

第七集　共同的理想国

在庄严悲怆的佛乐中，巨大的释迦牟尼雕像右胁而卧，泗然大寂。这是所有佛教窟寺里最富于情感色彩的场面。

（莫高窟第一百五十八窟涅槃像。随同以下文字表述，展示相关细节。）

一代哲人释迦牟尼八十年，以他觉悟到的人生真谛教化众生。当他感到大限将临，便在天竺拘尸那城跋提那河畔的婆罗双树之间，向弟子们讲说了整整一天一夜的《大般涅槃经》，然后卧倒圆寂。涅槃像俗称"卧佛"或"睡佛"。

佛的涅槃，是佛国最重大的事件。

佛教中对他涅槃的传说可谓神乎其神，据说此时，海水扬波，大地震动，山崖崩落，树木摧折，势如天崩地灭。

天国的神佛菩萨，梵释天人全都赶来致哀。这是天龙八部（天、龙、药叉、乾闼婆、紧那罗、阿修罗、迦楼罗、摩睺罗迦）；这是四大天王（东方持国天王提头赖吒、南方增长天王毗琉璃、西方广目天王毗留博义、北方多闻天王毗沙门）；还有十大弟子。小弟子由于陡然失去尊师，不知所措而陷入茫然；

大弟子迦叶在痛楚欲绝的众弟子中最是激动得不能自已。尽管诸位菩萨修行甚高，已然"不觉有情"，面孔还是抑郁沉默，失去了光彩。

与这悲天恸地的场面相对比，唯有枕手而卧的释迦牟尼安详若睡，阖目似暝，嘴角含笑，鼻翼尤觉翕动。他巨大的身躯显示了一片辽阔的宁静，清寂悠远，超然出世，展示出佛教"寂灭为乐"的精神境界。

佛的涅槃在佛教中是一种象征。

佛教的寺庙，常常把这种现身说法的涅槃像放置主殿。以强烈的感染代替艰深的说教。

（四川大足石窟宝顶，永靖炳灵寺第一百三十二窟，新疆克孜尔石窟第一百六十一窟，张掖大佛寺等处的涅槃像。）

然而，就在这盛大的举哀的画面中，有一群人物非常惹眼——他们有的戴着华贵毡帽，有的头束白巾，有的散披红发，有的扎着许多弯曲的黑辫儿，有的穿着窄袖团花胡衣，有的袒胸赤臂。这中间比较容易看出的是头戴冕旒、长袍大袖的汉族帝王。

跟着他们就被你一个个辨认出来了：吐蕃的，突厥的，回鹘的，中亚康居的，南亚缅甸、阿富汗和巴基斯坦的……各国的王子们。他们在以往的《维摩诘经变》中，不是一直与汉族帝王相峙而立吗？此时怎么会跑到一起来，同哀同悲，捶胸顿足，号啕大哭，还有的割耳挖心，痛不欲生？是有人故意把他们安排到一起的，还是他们偶然相聚在这里？是为了表达一种宗教情感还是一种共同的人间理想？抑或有什么具体和更深层的暗示？

在敦煌以外所有涅槃的场面中，都不曾见到这奇特的景象！

镜头在"各国王子举哀图"的画面上定格。推出字幕——

（第七集　共同的理想国）

如果再去看一看这时代的《维摩诘经变》的"各国王子听法图"，就会分明感到大西北一个重要时代已经到来。安史之乱之后，尽管中原依旧是大唐江山，河西走廊和敦煌莫高窟已经进入了吐蕃称雄的时代。

（莫高窟第一百五十九窟东壁南侧《维摩诘经变》"各国王子听法图"。）

原先站在各国王子中间的吐蕃赞普，此刻在侍从们的前呼后拥中，当仁不让像领袖一样站到行列的前头来，明显地在和对面的汉族帝王分庭抗礼了。

（从以往站在各国王子中间的吐蕃赞普，叠化出此时站在领先地位的吐蕃赞普。吐蕃赞普和汉族帝王像。）

辽阔的大西北，从来就是多民族共同生存的天下。

从秦代算到清代，不过八个朝代，就有两个王朝——蒙古族建立的元朝和满族建立的清朝——是北方民族政权。这两个朝代在中国历史上占据了四百五十七年。但这还只是少数民族入主汉地建立的政权。如果再算上少数民族在北方建立的割据性的地方政权，少数民族在中国历史上发挥的作用，还要扩展到漫长的六个世纪以上。

日光强烈照射下的祁连山和天山，融雪成河，晶莹地渗入大漠与沙碛，形成一个个鲜亮耀眼、充满生气的绿洲。

（清·徐松《西域水道记》及插图。）

早在先秦，就有戎、羌、氐、大夏等民族在这里生息传衍。这些民族和他们拥有的马群和羊群混在一起，追逐着鲜美的青草与甘冽的溪水，获得生命的延续与鲜活。于是，他们像云影一般在这空旷的草原和大漠上游动，不间断地迁徙。他们的生存活动往往把西北疆域与中亚大地连成一气。在这种大规模的辗转迁移过程中，不仅把中华文明传播出去，还把域外文明携带进来。而他们自己的文化，就是一种开放型和混合型的。

他们之间，一边友好交往，一边为了夺取生存条件而发生激战。相互依存又相互对抗。相互需要又相互争夺。早期人类的活动更接近大自然的弱肉强食。历史就这样虎虎有生气地一页一页翻下来了。

（激战中人械相撞，焚烧的帐篷，如蝗的箭，被掳掠而狂奔的牧马群。）

处在丝绸之路的咽喉的敦煌，必然成了中古史上最扎眼、最诱惑、最炙手可热的地方。

边远的敦煌，不仅被历代中央政权视为心腹之地，也是北方民族之间必争的生存要隘。在汉武帝开拓河西之后的两千年中，至少有三分之一时间，敦煌由少数民族当家做主。唐代那两句名诗"劝君更尽一杯酒，西出阳关无故人"足以表明敦煌是汉人活动的极限。但对于西北各少数民族来说，整个河西，连同西域，乃至中亚，都是他们驰骋的天下。公元前后，塞人、氐人、匈奴人、乌孙人和月氏人，都曾在这个历史舞台上充当过咄咄逼人的角色。然而盛极而衰，他们一个个离开了敦煌，远走中亚，甚至更远的西亚，把他们的人种形象消融在那儿固有的音容笑貌里。

随之而来的历史角色，就是北朝的鲜卑和隋代的突厥。然而任何历史角色都不可能常新。在历史时空的斗转星移中，鲜卑和突厥的时代又成了过往的黄金岁月。跟着是大唐在敦煌一手遮天，还把权力的铁腕一直伸进中亚各地。

但是天宝十四年（七五五年）的安史之乱，迫使唐王朝把河西的精锐部队调入中原。一个崛起而气盛的民族吐蕃千载难逢的时机来了。他们乘虚而入，经过十一年战争，占据了河西。此后尽管大唐在中原依旧歌舞升平，敦煌却听命于吐蕃长达六十七年。

吐蕃是藏族的前身。

一个风习独异的民族做了敦煌和莫高窟的主人，到底是吉是凶？

事实是，敦煌非但没有受到扼制，反而更加兴盛。同样信奉佛教的吐蕃人开窟建寺的热情有过于前朝。他们在敦煌城内一连兴建十七座寺庙；在莫高窟开凿与续建的洞窟高达九十二个，反倒超过了洋洋自得的初唐与盛唐两个时期。

吐蕃当政时期，沙州人口不到三万，职业的僧尼却有一千。而且寺院开始拥有土地、产业和寺户，僧人们无拘无束，不受官府管辖。高僧的画像大模大样地出现在洞窟的墙壁上（莫高窟第一百五十八窟）。从敦煌艺术史的角度看，佛教保持相对独立，艺术便多些自主。

吐蕃时期的洞窟依然遵循着盛唐风格。趋向寺庙那种殿堂模样的窟式（莫高窟第二百三十一窟内景）、净土内容为主的经变画（莫高窟第一百一十二窟南侧。榆林窟第二十五窟南壁的净土变壁画)、菩萨的女性化（莫高窟第一百五十九窟文殊变和普贤变、第一百五十八窟天请问经变中的菩萨形象），以及造型和绘画的风格，都恰恰是对盛唐风格进一步的完善、确定和成熟化。

这表现了大唐文化的强大劲势与魅力。在精神和文化上，从来都是成熟的要影响不成熟的。

大唐文化在吐蕃时期仍占据绝对上风。

然而，细心观察便会发现，由于大乘佛教对大众具有主动适应的性质，使得吐蕃所信奉的藏传佛教的内容渗入到洞窟中。

一种在佛床后凿通一条走道的窟式忽然出现了。这种类似传统的中心塔柱的窟式，在佛教刚刚传入时十分流行，随后渐渐消失。此时，为了适应吐蕃人习惯于绕行礼佛，便在原有的洞窟中改造出这种新型的窟式。

如果再留意去看，还能从中看到一些前所未有的密宗神像。比如不空羂索观音，如意轮观音，日月神，十一面观音，千手眼观音，千手文殊菩萨。

（莫高窟第一百二十九、一百七十六等窟如意轮观音，第一百二十九、二百、三百八十四、三百六十一等窟不空羂索观音，第二百三十七、三百六十一等窟日月神，第三百七十窟十一面观音，第一百七十六、二百三十一、二百三十八、三百六十一等窟千手眼观音，第二百三十八、二百八十五、三百六十一等窟千手文殊。）

瑞像图是吐蕃时代的新产物。

这身双头的佛瑞像，是分外惹眼的一幅。

玄奘的《大唐西域记》上，对它有一段记载：

是说两位穷人都想请画工在寺庙中为自己画一身彩色的小佛像，以表示敬意。但他们每个人的钱，都不够画一身佛像的价钱。画工不能拒绝他们，便画了一身像。这两个穷人说："一个佛像怎么能表达两个人的心愿呢？"画工说："我没有贪占你们分文，你们的钱全用在这身佛像上了。如果我没有说谎，马上就会有吉祥的事情出现。"话刚说完，奇迹就出现了，变成一身双头而奇妙的佛像。于是两个穷人更坚定了对佛教的信念。

这原本是一个印度的故事。对于倡兴大乘佛教的敦煌石窟来说，就分外受到欢迎，新颖的双头瑞像就出现在洞窟的墙壁上了。

在漫长的莫高窟历史发展中，本土的中国文化不断与外来文化的混合与融合，改造与再造，已经形成一种独特的一种不可动摇的文化主体。这就像一个强劲的肌体，任何外来事物进入其中，无须慢慢消解，马上就被选择与吸收，成为自己活生生的一部分。

新出现的瑞像，连绘画风格也被敦煌化了，成了地地道道的敦煌瑞像。

（莫高窟第二百三十七窟西龛东披天竺白银瑞像等。）

在这强大背景下，不被改造的只有这些吐蕃的供养人。

（莫高窟第三百五十九、二百二十五、二百二十等窟。）

这表明吐蕃人对莫高窟的建造和发展有功。

这些虔诚的活生生的人物的留影，还说明吐蕃人也把自己的人间理想安顿到这想象的天国中来。

从吐蕃时期开始，敦煌进入汉族与北方民族交替掌权的时代。

大中二年（八四八年），敦煌世族张议潮乘着吐蕃达摩赞普去世，无子继位，国内大乱，便兴兵起事，一举将敦煌的吐蕃政权粉碎。张议潮受到大唐王朝的赞许与嘉奖，被封为归义军节度使。于是在唐代晚期的半个多世纪里，敦煌又回到中原政权的手中。

（莫高窟第一百五十六窟东、南、北三壁《张议潮统军收复河西图》。）

张议潮之所以登高一呼，就能聚众千万，其背景由于敦煌是个以世族权力为中心的社会。

天高皇帝远，有钱有势的豪门世族便成了这里的主宰。为了构筑自己的势力，这些大族之间，姻娅连绵，累世不断，把家族官场化，把官场家族化。敦煌作为佛教东传和西天取经的精神码头，僧侣也是一方面势力，于是世族进入了佛教，僧人也进入豪门。世族们包揽了这里——由人间到天国的一切，这真是个罕见的历史现象！这一来，家财万贯的世族就成了敦煌佛教的经济后盾。一些延绵了十来个世纪的豪族大姓，如索、阴、张、曹、汜、翟、阎、阚、令狐等世族，都出资在莫高窟开窟。由于出钱建庙是积累世间的功德，是善行义举，世族间竞相开窟，有的一族数窟，有的甚至一家一窟，子孙相继，世世相传。正是这些世族之间谁都不会去破坏别人的洞窟，便使得敦煌艺术绵延千年，得以保存。

（莫高窟的曹氏、索氏、张氏、汜氏、阴氏等世族洞窟及题记。）

同样由于敦煌有这样悠久的世族和实力雄厚的寺院，藏经洞才会存藏如此浩瀚的文献。这几乎是整个敦煌的资料馆。在中原地区是绝难想象的。

（莫高窟第十七窟藏经洞。）

张议潮的成功，使豪族世家们得到鼓舞，有的还由于沾亲带故而获得高官和权力。用来炫耀家族功绩和威风的《张议潮出行图》《张议潮夫人出行图》，本与佛教毫无关系，此间竟像佛教史迹图那样皇皇然画在墙壁上。

这样，世族们就一拥而上，都要在洞窟里亮相。他们没有功绩可以自夸，更多则是化做供养人的形象。早期的供养人只是站在最次要的位置，徒具人形，很不起眼，题记也只是由衷的发愿文而已（莫高窟第二百四十九窟北壁下部、二百八十五窟、二百八十八窟西魏供养人。第四百二十八窟北周供养人）。中唐以后，世族供养人的身材加大，穿装华贵，堪与菩萨媲美。榜题往往是长长一等功德记（莫高窟第九十四窟甬道北壁里层西向第一身题记：叔前河西一十一州节度管内观察处置等使金紫光禄大夫检校吏部尚书兼御史大夫河西万户侯赐紫金鱼袋右神武将军南阳郡开国公食邑二千户实封二百户司徒讳议潮。此类题记极多）。有的一家三代，长长一排，俨然一个巨大的氏族集团。这不像供养人，倒像是绣像的列家序谱。已经弄不明白：到底是他们全要进入佛国，还是全都进入了佛国。

在敦煌洞窟中，比张议潮更显赫的是曹氏一家。

这个敦煌望族曹议金，在唐王朝覆灭后最混乱的时代，从张氏后裔那里获得河西的控制权。时间是五代后梁乾化二年（九一四年）。曹氏政权经五代到北宋，总共一百二十二年，风光了一个多世纪。

曹议金比张议潮更善于精明地处理河西事务。特别是大唐灭亡，群雄并起，天下大乱，如何在这西北要道上站住脚，可谓天大难题。曹议金却应付裕如，首先他对于中原政权，采用依顺态度，一直使用中原年号，来争取中原王朝的承认。这就清除了来自中原王权的疑虑与威胁。

（外景，复原历史画面。）

他对于西北的两股强大势力的方式是，密切往来，拉拢安抚，结为友好。从藏经洞出土的曹家与酒户的账单，就能看到当时从河西到西域使者往来何等的频繁！

（归义军支出酒账，敦煌研究所藏，0001，P.2629。）

联姻，是西北各民族之间相互联盟和制约的最佳方式。曹议金一边娶甘州回鹘公主为妻，一边把长女远远嫁给于阗国王李圣天。这样就把一东一西两个民族稳住，同时与周围的浑、羌、龙家、蕃等族修好。这一招，正好达到他的目的——让沉寂多年的丝绸之路活跃起来！

"六蕃之结好如流，四塞之通欢似雨！"

这两句话表明曹氏政权的成功。一个成功的政权，首先是创造安定的环境。

（莫高窟第六十一窟回鹘公主像，第九十八窟东壁南侧二身于阗国至孝皇帝天皇后曹氏像，第九十八窟于阗国王李圣天像，以上三种像多见于莫高窟和榆林窟中。）

大兴佛教是隋代以来稳定政权的必由之路。

曹议金比任何一位敦煌权贵都热衷于开凿莫高窟。曹氏政权分为两个时代：五代曹氏政权前期和北宋曹氏政权后期，两个时期建新修旧的洞窟分别是一百七十五个和一百一十二个，达到了历史的高峰。为了大规模营造洞窟，曹氏仿照中原设立官办画院。当时敦煌盛行的专门承接画塑业务的民间画行，都有级别和分工。画院里也分等级，比如画师与塑师，画工与塑工，以及院生和厮役等。此外画院还有官职，画师称作"都画使"，组织上更加正规。这样一个集体就能运作大规模的开凿建造的工程了。

（潘絜兹《莫高窟的创造者》。）

宋乾德四年（九六六年）初夏，归义军节度使曹元忠和夫人翟氏（莫高窟第五十五窟曹元忠像。第三百九十八窟等凉国夫人翟氏像）来到莫高窟避暑，发现北大像（莫高窟第九十六窟）年久损坏，指令僧统辩正大师负责维修。从五月二十一日动工，直至六月二日完工，每天使用三百零九个僧俗劳力，包括画工、塑工、石匠、木匠、泥匠、炊事等，单是日日供应的饭食就堆积如山。凉国夫人翟氏还亲手送食，供备工人，表示对佛陀的一片诚敬。

在曹氏政权时期的莫高窟，动不动就大兴木土。据说当时，许多洞窟的洞口上都加造了木构窟檐，中间还增添更多的栈道相连；在长达一公里的露天崖面上全都画上彩画，极其灿烂。在这荒无人烟的大漠上，矗立如此一座画满图画的山，真是难以思议呵！

（莫高窟历史画面复原。）

从残存至今、无比珍贵的彩绘窟檐和露天壁画，依然可以想象当时的壮观。
（莫高窟第四百二十七窟外景。其他三处宋代木构窟檐。）

曹氏时期开凿的洞窟都很大，墙面也大，画面就多。最大的一座洞窟单是独立的故事画就有三十多种。作画时，集体创作，每人各画一处。敦煌的壁画，往往四壁的风格各不相同。画师们各抱一壁，各炫其技，各逞其能。

既有铁线简笔，凝重深厚（莫高窟第三十四窟射手），也有重彩精制，华丽非凡（莫高窟第九十八窟维摩诘经变）；既有迷人的水墨神韵（莫高窟第一百零七窟歌舞伎供养人），也有生动的没骨神采（莫高窟第五十五窟观音经变）；既有沥粉堆金的高超技能（莫高窟第九十八窟供养人），也有运笔如风的顶尖动力。看上去，这些洞窟很像大型的美术博览会了。

此时代表世族大姓们的供养人，向着更高更大更华美发展，而且逐渐占据甬道两厢，有的长长一排，浩浩荡荡，有的比佛陀菩萨们还要更显眼突出。佛的洞窟有如他们的家庙。他们不仅要占有人间，还要占有佛天。（莫高窟第六十一窟和第九十八窟曹氏供养人像）曹议金与他的回鹘妻子的《出行图》，摹仿《张议潮夫妇出行图》，气势更加宏大。一路上，扬鞭催马，载歌载舞，奴婢成群，喧噪非常，他到底想没想到此时站在一旁的神佛们作何感想？

（莫高窟第一百窟《出行图》。）

佛国净土的美妙境界减少了，代之是人间权贵的世俗气息。

善男信女们带着理想走进这些洞窟，是不是会感到又回到了现实？那么，理想应该放在哪里呢？

现实是很难放进去理想的。他们还是固执地把理想放在这里。但他们不会把理想交给那些显要权贵们的，而是寄托给在彩色的云朵上徜徉的神佛与天女们。

自晚唐以来，经变画内容突出的改变是《劳度叉斗圣经变》的出现和《降魔变》的陡增，这种驱邪降魔的画面与天王力士们威不可挡的形象一起，在动乱的五代频繁涌现，表明人们的现实境遇和更迫切的生存愿望。

如果理想总是虚无缥缈的，理想也会失去生命力。

理想也是有实实在在的生命的，那是因为它和现实牢牢系在一起。

（莫高窟第六、五十三、七十二、九十八、一百九十六、八十五、一百零八、一百四十六等窟《劳度叉斗圣经变》。第十二、九窟等天王力士像。）

敦煌的历史从来不与中原的历史同步。

三百年的大宋王朝，对于中原来说，不过刚刚过了几十年光景。又一个北方民族强盛起来，就是党项族。他们以一种气吞山河的气概，在北方空旷的草原上扫荡着敌对的种族。沙州回鹘人一直是他们争夺河西控制权的强劲的对手，而且刚刚吞并了处于颓势的曹氏末代政权，但也抵挡不住势头正健的党项人。

（历史画面复原，榆林窟第三十九窟回鹘人像，第三百零八窟行脚僧像。）

一〇三六年党项人摧垮沙州回鹘，一〇三八年建立大夏国，疆域横跨宁夏、甘肃、陕西、青海、蒙古等地。敦煌正处在西夏国的核心地带，因而被党项人主宰了将近两个世纪。

党项族是草原游牧民族。他们没有文字，不知五谷，用草木计算岁月。但是他们聪明豁朗，有创造性，善于从别的民族手里拿来文明的成果。在他们开国之日，马上就从坐骑上跳下来，向汉族学习农耕技术，兴修水利，发展制铁工业。一种被称作"冷锻法"的冶铁新技术就是西夏人的发明。他们还像日本文字片假名那样，把汉字作为基础，创造出一种美丽又奇异的西夏文字来。

（《西夏碑》，拜寺沟方塔出土西夏文佛经，宏佛塔天宫藏西夏文大号字雕版。）

可是，由于中国的历史一直把中原视为正宗，歧视边远各族，西夏亡国后，他们的文化便像风沙一样迷漫消散。

历史的记载十分寥落，留下的遗迹更是寥落。

（甘肃安西榆林窟土坯塔。内蒙古额济纳旗黑水城遗址残塔。宁夏石嘴山涝灞沟口石刻覆钵塔等。）

十二个西夏帝王竟没有一个留下画像。历史好似空白。

不单西夏文字很难识别，文字后边的文化更是一个又空又大的谜。

（广济寺塔奇异的手印方砖，宏佛塔天宫藏佛头和宏佛塔天宫藏泥塑残块。）

西夏文化成了一种失落的文明。

（拜寺口西塔及各层佛像，青铜峡一百零八塔全景。）

然而，在西夏兴旺的时代，它又是何等强健、雄俊、聪颖、生机勃勃！

这个终年在草原上驰骋的民族，一旦立国当家，立即明白治国大略——一手握住刀剑，一手弘扬佛法，布置理想的天国。他们懂得佛国是北方民族共同的精神家园，为此武威护国寺孝感通塔上才有这样一段碑文：

"至于释教，尤所崇奉。近至畿甸，远及荒要，山林溪谷、村落坊聚佛宇遗址，只椽片瓦，但仿佛有存者，无不必葺。"

西夏时代，佛教在空前的倡兴下已成了西夏国教。

（贺兰县宏佛塔，拜寺口双塔，拜寺沟方塔出土舍利子包以及佛经、佛画和发愿文。）

河西一带所有石窟再次进入兴建的高峰期。

（武威天梯山石窟，张掖马蹄寺石窟，酒泉文殊山石窟，玉门昌马石窟，安西榆林窟，敦煌莫高窟的西夏壁画或雕塑。）

莫高窟的西夏洞窟达七十七个。由于三危山的崖面几乎被先朝前代的洞窟占满，西夏时代以重修为多。有些则是在原有的壁画上涂上泥重新再画。这也表现了西夏政权势力的强大。

（莫高窟西夏洞窟外景，第二百六十三、二百四十六窟西夏改造过的洞窟内景。）

西夏文化是汉族、藏族、女真族和契丹族文化的混合体。它虽然有某些很突出的特征，但本身没有构成系统，面对汉藏两族强大的文化便处于弱势。再加上敦煌的文化主体和艺术样式已经确立。在西夏的敦煌石窟中，仍是原有风格的延续与深化。无论从窟形、壁画内容还是绘画技法，一律延用旧风。敦煌的文化艺术传统反而得到进一步的巩固。

（西夏莫高窟和榆林窟内景，贺兰县宏佛塔藏绢本佛画《玄武大帝图》《护法力士图》。一百零八塔出土中原风格的彩绘天官像。）

西夏时代的莫高窟里，明显的一种新的文化因素却是来自藏族。

自吐蕃时代以来，藏族文化对敦煌的影响不断加强。藏传佛教也是多民族的敦煌的精神需求。西夏君主李元昊精通藏文，便从西藏迎来葛举派密教。焕然一新的藏密图像在敦煌石窟中一个个亮相了。这些或是清劲俊美、妖媚动人的菩萨，或是"以恶制恶"、怪异狰狞的愤怒明王的形象，都给敦煌艺术带来新的激情。

（拜寺口西塔天宫藏绢本《乐金刚图》，木雕《乐金刚像》，宏佛塔藏绢本《喜金刚像》，东千佛洞第二窟观音菩萨像、供养伎乐图、站立菩萨像等。）

敦煌文化的性格是，始终对外来文化保持一种好奇与兴奋。用外来的文化激素，不断创造自己，使自己永远充满诱惑。这也是一切生命的本质和存在方式。

不论来自哪一方——中原也好，西藏也好，欧亚也好，北方哪个民族也好，只要一个崭新的因子投入，必然激发出一片鲜活的风景。

在西夏时代，来自中原的艺术活力，仍然源源不断注入敦煌石窟。尤其是榆林窟。可能在西夏时代由中原传来一些一流的粉本，或者干脆是来了几位中原画师，带来了中原的技法与中原的水准。宋代是中原绘画的全盛期。如今在这里看到的线描技术与造型能力在宋代画坛也堪称上品。

（榆林二十九窟、东千佛洞二窟、莫高窟第九十七窟等。）

尤其榆林三窟在风格上接近道教寺观壁画的两铺——《文殊变》和《普贤变》。天界诸神，无论结构还是用笔，都是老到精熟，美妙绝伦。衣纹线条，与武宗元如出一辙。从背景的山海树石中，可以明显看到许道宁、燕文贵、郭熙、马远等人的影子。这样的水墨画法，在敦煌石窟中可谓史无前例。画幅巨大，形象精致，下笔明快剀利，毫不犹疑。纵横捭阖，随心所欲。庄重不阿，疏朗浩大。以壮美的山河代替浩渺的云天，显然神佛已经下临人间，这也是宋代以来，佛教进一步世俗化的典型表现。

（宋·马远《水图》，郭熙《溪山行旅图》和《早春图》，燕文贵《溪山楼观图》，许道宁《渔父图》，武宗元《朝元仙杖图》等。）

佛教的内容，即使再艰深玄奥，从来都不会脱开俗世的。只不过有时放

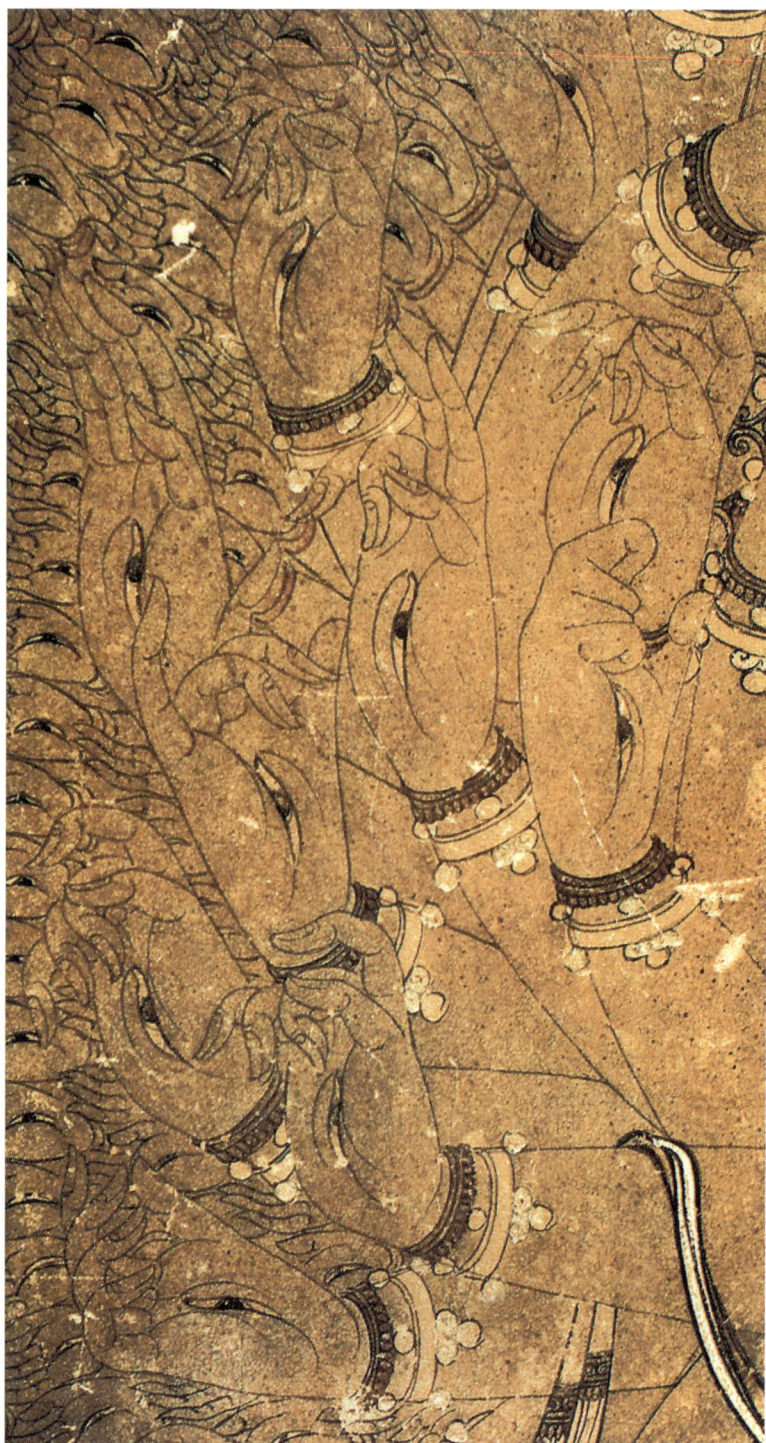

莫高窟第三窟北壁千手千眼观音经变（元代·局部）。

在天上，把它理想化；有时拉到眼前，渴望变成现实。

西夏给敦煌带来自己的文化的贡献，是它独具魅力的民族精神与美的风彩。供养人形象（莫高窟第一百四十八窟。榆林窟第三窟、第二十九窟供养人群等，第二十九窟高僧与随从武官为重点）、西夏文字的题记（莫高窟第六十五窟西龛帐门外南壁。榆林窟第二十九窟坐西向东、西壁南道门侧下部等）、龙凤纹藻井图案（东千佛洞第二窟），到那些长圆大脸、高鼻细眼、身材颀长的人物造型（莫高窟第三百六十三窟和第三百零一窟药师像、第三百零九窟菩萨。第九十七窟阿罗汉侍从像。第二百零六窟供养菩萨像。西千佛洞第十二窟弟子与菩萨像）。都显现出西夏独一无二的迷人的特征。至于西夏时期盛行的用石绿颜色铺地的"绿壁画"（莫高窟第四百窟北壁药师经变与窟顶。第四百三十二窟），以及构筑疏朗的画面，都表示唐代的精神已经褪尽。一个新的时代精神已经将洞窟明显改变。

但是，有一种永远不变的，就是人们的虔诚与理想。

一二二七年，党项人的政权被蒙古人的政权取代。成吉思汗骁勇剽悍的铁骑纵入沙州。但进入敦煌洞窟的却是蒙古人的理想。

（成吉思汗像，成吉思汗陵，莫高窟第六十一窟甬道蒙文题记。）

同样迷信佛教的忽必烈，于一二四六年邀请西藏名僧八思巴出任国师。源自印度、经由西藏传来的密宗文化，比吐蕃和西夏时代都来得强有力，好似一股大浪般涌入洞窟。敦煌蒙上一层浓重的神秘感。空远、陌生、艰涩，天国与人间的距离感又出现了。北魏时期那种氛围，在敦煌石窟的终结期——元代，重新再现一次。纵观整个元代不过二十多个洞窟里，气息迷离，色调怪异，窟顶往往被庄重肃穆的曼陀罗所占据，连菩萨们神奇的形象也仿佛回到了佛教东传的初始时代。

（莫高窟第四百六十五窟欢喜金刚，持莲供养菩萨、踏碓师、织布师、舞蹈图等。）

尤其使人眸子一亮的是蒙古的供养人像。

（莫高窟第三百三十二窟。榆林窟第三、四、六窟等。）

无论哪一个时代，哪一个民族的供养人，尽管身材面容不同，服装衣饰不同，风俗习惯不同，当他们一进入洞窟，一概是毕恭毕敬，一概祈祷发愿，一概彻底的虔诚。这是人们对佛国——实际是人类对自己理想的神圣的态度。在洞窟之外，人们的理想只是无形地珍存在心灵之中；进了洞窟内，这理想就化为缤纷灿烂的色彩与美妙神奇的形象，填满这一个个洞窟里。

　　天国和佛国，其实都是各民族共同的理想国。

　　（从各时代各民族供养人像到各时代各民族的壁画。）

　　这理想国便是敦煌石窟。它从来就是北方民族与汉族、中华文化与外来文化共同创造的。而完成它的，却是北方民族。

　　因此，敦煌样式只能在敦煌看到。在中国别的任何地方，都看不见与其相近乃至相同的样式。敦煌样式，天下无双。

　　它属于中华民族，但就整体而言，绝不是中原式的。

　　相对于中原，它是敦煌式的。这就是敦煌样式。

　　你是不是从中感到北方民族的雄奇的气息与独有的精神？

　　它饱满华美，境界宏大，富于强烈的装饰性和浪漫的想象。它对外来事物的好奇，使敦煌到处留下惊奇鲜活的光芒。无数民族和无数文化的参与，才使它无穷的丰富和无穷的富有。它开阔的境象，使人想到西北旷远的天地；它华丽的窟顶，使人想到游牧民族的帐篷；它充满动感的形象，使人想到那些游牧民族在马背上飞驰的生活；它无所不在的旋律感和节奏感，使人想到从河西到西域、再到中亚和西亚那无处不有的风情各异的音乐。

　　（各种精彩画塑镜头的闪回。）

　　许多文化都可以从这里找到它们的因子，但它却不是各种文化的混合。这独异而优美的生命只属于敦煌自己。世界上只有在敦煌，才能产生敦煌艺术这种伟大而迷人的样式。

　　唯其这样，敦煌才无愧于——人类的敦煌。

　　元代的敦煌留下一块古碑。它刻于元至正八年（一三四八）。是一块"六字真言碑"，碑上刻着"唵、嘛、呢、叭、咪、吽"六个字。它的奇异之处是分别用六种文字刻上的。

这六种文字为：汉文、西夏文、梵文、藏文、回鹘文、八思巴文，都是当时通用的文字。

这碑既然出自敦煌，它就是敦煌的象征。

石头沉默无语，一切又全在碑面。

这属于过去，却存于永远。

在夕阳迷离而绚烂的光芒中，莫高窟宛如天国降世一般。

（本集终）

第八集　无名的大师们

风情迷人的波斯市场上，一位中国男子在卖画。其中一幅绢本国画，画着一只轻灵可爱的鸟儿栖息在青草上。鸟儿蓬松，柔软，毛茸茸，眼睛明亮敏锐，身姿精巧灵动，活生生的，仿佛一惊动它，就要振翅飞跑。人们都啧啧赞赏这位中国画师的才华。

但是其中一个阿拉伯人却指责这幅画有违常识。鸟儿落在草茎上，草茎就会被压弯，绝不可能依然这样挺立着。这画师听了，提笔再画一幅——青草依然挺直，鸟儿却已飞向天空。他既吸取了这位阿拉伯人的批评，又赋予画面更新的意境。那位阿拉伯人只能赞美他的聪明与才气了。

这位聪慧的画师是谁呢？

没人知道，即使在当时，也没人能告诉你。

在丝绸之路上，到处可以看到这些民间画工的身影，看到他们惊世骇俗、才气非凡的作品，却很少有人知道他们的姓名。画工们的姓名从来就是渺小而卑微的。

镜头掠过光秃秃的莫高窟一排排的洞窟，由南向北，缓缓落在最北边一个狭小的窟门上。

窟号：三号窟

片名字幕渐显——

（第八集　无名的大师们）

孤零零的小洞门常年紧紧闭锁，从不对游人开放，是不是由于窟内狭窄，容不下几多看客？很少有人知道这缘故是：窟内的壁画至美无上，堪为莫高窟第一流的珍品。

沉静高古的形象，精湛绝伦的线条，素雅庄重的设色。关键的关键是线条。

洞中这千手观音，虽不过两平方米见方，其艺术分量足与大足宝顶那八十八平方米雕刻的千手观音相媲美！

线描的千手与雕刻的千手。各种局部的画面相映生辉。

这是谁人的手笔？

镜头在西壁帐门北侧观音像左下方居然发现一处墨笔题记：

甘州史小玉笔。

这是个了不起的发现！古代壁画不同于文人的画作，很少署题姓名的。

这史小玉又是谁？

翻遍了整个一部《中国绘画史》和一部《中国历代画家人名辞典》也找不到这个名字。然而在画史中，上至周昉、张萱，下至吴伟、仇英，谁有这样坚韧遒劲又畅如流水一般的线条？特别南北两壁那两身观音的千手，万笔之中，无一败笔；尤其正中那四十只大手，姿态各异，极尽表情，多么优美又神奇的手！而谁又能在一幅画上老练而自如地展示出铁线描、折芦描、兰叶描、行云流水描、高古游丝描等多种笔法——

铁线描，用来表现丰满而有弹性的肌体；折芦描，用来表现转折有致的衣褶；兰叶描，用来表现锦缎多变的形态；行云流水描，用来表现丝绸的光滑细软；高古游丝描，用来表现头发的飞举飘扬。

多种线条，多种质感，多种意趣，一幅画上表现出多么丰富绚烂的美感！

这种显然来自中原影响的画风，是否暗示着这个史小玉与中原画坛有着密切的渊源？

可是一个奇特的细节又被发现出来——这个窟的壁画并不是画在通常那种粉壁上。它的墙面竟是一种泥沙！

不单整个莫高窟仅此一例，就是在当今中国任何一处庙宇寺观，也找不到这样的壁画。然而，正是画在这种泥沙墙壁上，笔力才能如此苍劲，墨色才能深深浸入壁内，有一种湿壁画的感觉。

这独一无二的画法，是否来自于域外？

这史小玉又是谁？

他是哪个族的画师？汉族？回鹘族？党项族？蒙古族？抑或像尉迟乙僧那样是一位西域画师？敦煌的画师哪一个族的都有。

他给我们带来一片美丽的奇想，一个艳丽五彩的估计，一个充满诱惑的谜。从哪里能了解到史小玉？

在四百四十四号窟里，手电筒微弱的光打在昏暗的壁画上，先后照亮了两处题记，这里又发现到他的名字。西壁龛内北后柱上墨书：

至正十七年正月六日来此记耳，史小玉到此。

西壁龛内北前柱上墨笔题记：

至正十七年正月十四日甘州桥楼上史小玉烧香到此。

看来这是史小玉在莫高窟三号窟作画期间，闲逛到此，他被南壁中央盛唐时代留下的那幅沉雄富丽的《说法图》迷住了吧！连续两次留下了姓名。多亏这题记，叫后人知道他是——河西重镇甘州人，家居桥楼上。

然而，当镜头在这个中古时代的丝路要地寻寻觅觅，却落得了一片茫然。一直找到《甘州志》上，也不见史小玉任何踪痕。

这地处敦煌到兰州、蒙古草原到青藏高原这两条大道交叉的十字路口上的"金张掖"，早已失却了昔日繁华。如今那桥楼何处？何谓桥楼？无处问津……怕早已湮没在这片变得陌生而沉默下来的土地上了。

只有思之太切，才生出这样的幻觉：在某一处古代桥头，忽然遇到了这位背负笔囊的河西才俊，这个中国唯一在泥沙墙壁上作画的古代画家。就在这个中国式的桥楼上吗?

幻觉转瞬即逝。

没人能告诉你。

大佛寺涅槃的巨佛，那种恬静、宽许、慰藉、超然，永存于他那微陷的神秘的嘴角里，还有那些优美的壁画与雕刻，以及镇远楼唐钟上风格浑朴的浮雕，西来寺观音殿和长寿寺木塔的精筑巧构……这一切的建造者、画工、塑匠又是谁? 谁又能知道他们的名字?

而敦煌几百个洞窟、上千年历史、几千幅画面、一部巨大的敦煌艺术史，总共留下了多少画工塑匠的姓名? 像史小玉这样留下题记的，不过只有平咄子、汜定全、温如秀、雷祥吉等十来个人而已。那个时代，画工们的姓名是不能题写在壁画上。这只是画工们作画时用手中的笔随手写上去的。你可以把这视为画工们一种对自我成就感的原始表现。然而，这些名字却如同符号一样空洞; 除此之外，再没有任何关于他们生活、艺术以至个人生涯的记载。

太空洞了，太虚无了，以致有人怀疑史小玉这个名字是游人信手乱题上去的。

(有关画工们题记的窟号，莫高窟第三百零三窟平咄子，第四百四十四窟汜定全，第一百八十五窟宋承嗣，第二百九十窟郑洛生，还有第一百九十六、四百零一、三十三、三十四等窟。)

在藏经洞出土的遗书中，只有一段对五代时期敦煌画师董保德的生动记述。说他师承中原巨匠张僧繇和曹仲达的画法，状物写人，都惟妙惟肖，栩栩如生。看来是一位红极一时的高手。莫高窟时肯定有他的作品。可是，他与史小玉恰恰相反，他没有留下自己的题名，这就使我们无从得知哪一幅绝世之作出自他的手笔了。

到底是宏幅巨制的《五台山图》? 是六十一窟北壁上那些繁花似锦的经变画? 还是九十八窟里那精妙绝伦的肖像画于阗国王供养像?

即令这些杰作都出自董保德之手，那么除此之外千千万万幅的壁画精品的作者又是谁?

如果把由无名工匠创造的敦煌艺术史与大师林立的中原美术史相比较，

前者非但毫不逊色，反而有其不可企及、巍峨惊人的高峰。

从中国美术用线条造型这一点来看，敦煌画工远在唐代以前，用笔与用线就已臻极高水准。西魏时期画在窟顶上白描的牛、猪、猛虎和天鹅，都是带着生命感觉一挥而就的。用笔的洗练与生动，潇洒与优美，不亚于近现代任何一位绘画大师。

（莫高窟第二百四十九窟白描猪、牛、猛虎；第二百八十五窟白描天鹅。）

我们从同时期各地的墓室壁画中，都可以看到这种用线条描写的神气活脱的形象。这表明"以形写神"的艺术观最早是从画工们那里确立的。

（西晋·甘肃嘉峪关第三、四、六号墓，东晋·辽宁朝阳袁台子墓，北齐·山西太原娄叡墓《牛与神兽》等。）

以线条直接表现生命的神采是敦煌画工一向的追求。

千变万化的线，都为了提炼出精神的和美的轮廓。

这既苍劲又流畅的朱线，刻画出火天神的瘦健和老辣；这朴拙又单纯的白描线，带来了一双持莲童子的天真；这纯熟的圆线，不是恰恰表现出唐代女子的丰满典雅？而在这似飞若飘的笔触的舞动中，悠悠然呈现出观音的纯净和闲雅……

（莫高窟第一百四十八窟火天神，第七十九窟窟顶供养童子，第三百二十九窟东壁南侧说法图女供养人，第三百零八窟白衣观音等。）

这表现圆圆的佛光，只用了一笔。多么匀整与自信，其技艺之精湛，真是匪夷所思！

（莫高窟第三百二十窟。）

更高超的用笔，应当是这第四十五窟西壁龛内南侧著名的"菩萨头像"——

眉毛左右各用一笔，线条飘洒俊逸，中间浅而两端深，正好表现菩萨额头的饱满与立体。

上眼睑左右各画一笔，眼珠各点一笔，只画上眼睑，不画下眼睑，眼珠一半略藏在上眼睑内，这就简练而精确地体现了菩萨低眉垂目、安详慈悲之态。

鼻孔仅点一笔。小小一点，前浓后淡，虚实之间，生动地强调出鼻孔凹进去的感觉。

嘴唇用一笔，只勾出嘴缝，嘴的含蓄美便被表露无遗；特别是在嘴角处折返的一笔，使嘴唇似张欲翕之感尽在其中。

如此美妙清纯的神情，一共只用了寥寥八笔。

罗马梵蒂冈城西斯庭教堂的天顶，米开朗基罗所画的名作"上帝创造人"，在经过整修后，于一九九四年再现世人眼前时，人们发现亚当生动的脸部总共只用了极简练而精当的几笔，这一发现曾使世界震惊。那么现在该好好看一看，这个由敦煌的无名画工不过几笔就画活了的菩萨了。

一切杰出的艺术都是这样：最简练的方式和最丰富的内容，构成最为出神入化的境界。

（莫高窟第二百四十九窟天官杂伎。第二百五十四窟药叉。第二百九十窟胡人驯马。）

看吧！这里的一笔便点染出牛身的深浅与立体；这里几乎只是几个色块就使三个笃诚恬静的佛弟子站在眼前；而这里似乎就神妙了，不过用粗笔信手涂出的身影，就极生动地表现出嬉闹的孩童们的稚趣——这不仅显示画工用笔的纯熟，还说明远在中原大家梁楷开创大写意画风之前的二三百年，敦煌的画工们已经使用这种随心所欲的笔法了。

（莫高窟第二百八十窟三弟子，第二百三十八窟牛，第二十三窟群童和牛，宋·梁楷《泼墨仙人图》。）

画工用手中的笔写神，塑工则用自己的手传神。

敦煌的壁画与泥塑相生相成、相映生辉。

在佛教艺术刚刚传入南北朝的时期，敦煌画工们创造的第一批塑像，居然就是具有中国文化精神的绝世之作。

这种文化精神光彩夺目地体现在这尊佛像上。安详、坦然、自在、超逸，你从他的眼缝、面颊、嘴角乃至身姿上能清晰地读到。然而，他又是东方人特有的含而不露。一种不言而喻的艺术效果，加强了观者的内心体验。

（莫高窟第二百五十九窟北壁东起第一龛佛像。）

薄薄的轻纱随身垂落。塑工们究竟用什么方法，使你既感到袈裟的薄软，同时又感到他衣内体魄的健硕？

同样绝妙的手法，还用在另两身塑像。一是表现禅僧袖手于衣下（莫高窟第二百八十五窟禅僧），一是将苦修者袈裟里边凸起的锁骨和凹陷的肋骨也刻画出来（莫高窟第二百四十八窟佛苦修像）。

逼真的细节增强人物的真实感，绝妙的细节增强艺术的感染力。

这思惟菩萨的姿态也十分绝妙。他左膝架着右腿，右腿架着左臂，左臂微微撑着前倾的身体，把几个支撑点重叠一起，不仅姿态优美，重心也更加稳定，整个身体便被安排得巧妙、合理、自然和谐调。菩萨的心境也就潜入这一任自由和富于灵性的顿悟中了。

（莫高窟第二百五十七窟中心柱南向龛上层思惟菩萨。）

在社会活力空前充沛的大唐，对生命真实的表现欲，促使写实主义艺术造极登峰。在中外艺术史上都有过这样一个时期——把形象的逼真，结构的准确，质感的如实，作为不遗余力的追求，由此诞生出光耀古今的艺术珍品。

（希腊和罗马雕塑名作。）

这几尊菩萨真真切切地将唐代妇女有血有肉、生气盈盈地保存到今天。且不说她特有的风韵、尊贵的气质和斯文的风度，就是连那优雅地翘起的指尖也散发着生命动人的气息。

你说，这些敦煌塑工是不是用泥土制造活人的女娲？

（莫高窟第一百九十四窟菩萨。）

真实准确地刻画出肌肉的结构与质感，衣服的纹路与质地，也是古代艺术家崇高的艺术目标。

从这尊佛像可以看出敦煌塑工雕塑衣褶的高超。长长而光滑的天衣随身而落，转动折返之间，躯体的形态自然呈现，没有一点牵强，没有一点硬造。事物的本质是自然，艺术的标准也是自然。特别是这长衣从莲台垂落下来时，在每一个莲瓣上都随形而起伏，这就将莲台优美的形态显现出来。

（莫高窟第三百二十八窟佛。）

同样优美自然的衣褶还表现在另几尊佛、游戏坐的菩萨、迦叶和阿难身上。

（莫高窟第三百二十窟佛，第三百八十六窟佛，第八十三窟游戏坐菩萨，第三百一十九窟游戏坐菩萨，第二百零五窟迦叶的背部和阿难的袍身。）

至于肌肉的真实，更体现塑工的技艺。

难道只用这些普通的黄泥和白粉，就能塑造出如此白皙柔嫩、软玉温香般的肌肉，谁能道出其中的奥秘？

胸部的曲线（莫高窟第二百零五窟菩萨）、背部的曲线（千像塔库藏供养菩萨）、肩部的曲线（莫高窟第三百二十八窟胡跪菩萨）和唇部的曲线（莫高窟第四十五窟佛头），都有准确之极和精妙之极的肉体曲线，塑造出十分美妙的生命感觉。

胡跪的姿态为敦煌独有，它是虔诚的化身。

"S"形侧倚而立的姿势，是敦煌站立的菩萨所独有的样式。艺术帮了佛教的忙。单说这种侧倚而立的迷人姿态，就使得信徒们倾倒了。

（莫高窟第一百九十四窟菩萨，第四十五窟菩萨，第一百五十九窟菩萨。）

这种"S"姿态在唐以前并不明显，菩萨们差不多全都肃然直立。直到大唐，菩萨才一个个换成这种站立的姿态。有人说"S"形站姿来自印度。即使这是受印度影响而来的，也一样经过画工们的天才创造。所谓创造，就是对生命美的一种瞬间的发现、捕捉与再造。

画工们的伟大，是把生命的感觉注入佛的躯体。

为此，你从高二十六米的南大像，感受到的不仅是庞大无比的身躯，更是他博大沛然的生命力。

塑工们有意把这巨佛安排在一个狭长的空间里，面积不足十平方米，然后将佛头塑成七米之大。这样，站在底层仰面而视，可以清晰地看到佛的面部；站在顶层，又能看到一个无与伦比的巨大宏伟的佛头。你丝毫不会感到它不合比例。反而，那脸颊丰厚，五官凝重，却使你从这百倍夸张的生命体中受到强大的震撼。

（莫高窟第一百三十窟南大像。）

同样能使你体验到这种佛国威严的是天王和力士的塑像。他们作为护法与降魔的神，天王与力士的区别是，前者穿甲戴盔，后者袒胸露臂。

这尊力士像是同一题材的扛鼎之作。塑工抓住力士发威的一瞬，强调他全身遒劲的肌肉，暴胀的血管，绷紧的筋脉。一时发张须颤，衣袂飞举，气势磅礴，威不可挡。你细看，无论身体各部分的比例，还是肌肉和骨骼的结构，都完全符合生理关系。你哪里还能从中找到他的制作原料——泥土的感觉？它分明是一个声色俱厉的生命！

（莫高窟第一百七十窟力士。）

你去摸一摸他手腕上鼓起的血脉，那一准像打鼓一样有力地跳动！

在敦煌艺术中，天王力士是阳刚之气与雄健美的象征。

如果把希腊的《掷铁饼者》搬来比较一下，你说哪个更使你怦然心动？

为什么《掷铁饼者》天下皆知，而敦煌力士却远在荒漠一隅，默默无闻？

泥塑的生命都是无声的，它们用来说话的是千姿万态的手。

佛陀的手势有严格的规范。

印，就是佛陀的手的姿势。说法印。施无畏印。禅定印。与愿印。降魔印。莲花合掌印。

菩萨的手势没有严格规范。

除观音有规定的手势之外，一般菩萨的手势各姿各态，千变万化。各种手势是各种心态，各种表示，各种各样的美。

从壁画中找出各种意味和美的手——

娴雅的、文静的、舒缓的、轻盈的、松弛的、自在的、施与的、安定的、抚慰的、活跃的、灵验的、祈望的、豁达的、无欲的、纯净的、默许的、善待的、接受的、奉献的、期待的、迎取的、甜美的、含蓄的、羞涩的、尊贵的、温馨的、宽恕的、如意的、思维的……

各种各样的手迭现的速度愈来愈快，在音乐中化为旋动中变幻无穷的舞蹈者的手。

神佛们的手势是天国五彩缤纷的语言。

单是敦煌的手，就构成一个世界。

如此繁华的手势，一半来自人间生活，一半来自画工们的想象。

神佛们本来没有模样，全靠画工凭空的臆想。佛国的一切都是人用想象创造出来的世界。想象的事物更要靠想象的形象来呈现。

平庸的想象在常人的意料之中，非凡的想象在人们的意想之外。

壁画中佛国的魅力，其实是画工非凡想象的魅力。

千形万状的形象，便从画工们的脑袋中形成，然后通过他们的生花妙笔，活灵活现地跑到墙壁上去。

那些闻所未闻的怪异的形象，那些神奇莫测的行为举止，那些异想天开的本领，那些光怪陆离的幻梦般的景象，全是这画工们身在枯索寂寥的茫茫大漠里，一任情怀和天真烂漫的痴想。

在这里，只有相同的题材与格式，没有相同的情感与形象。没有人计算过壁画中究竟有多少人物形象，也没有人从中找到过神气完全相同的两张脸。任何有生命的事物都是具有个性的，彼此间不会相同。看吧——

各种各样神佛形象。

（释迦牟尼佛、三世佛、七世佛、弥勒佛、阿弥陀佛、观音、大势至、文殊、普贤、地藏、天龙八部、帝释天妃、罗汉、比丘、天女、羽人、雷公、飞廉、伏羲、女娲等。）

各种各样的佛传故事画。

（乘象入胎、树下诞生、仙人占相、太子读书、太子比武、掷珠定亲、太子迎亲、出城游观、夜半逾城、树下苦修等。）

各种各样的佛本生故事画。

（月光王施头、快目王施眼、萨埵太子舍身饲虎、尸毗王割肉贸鸽、九色鹿本生、须摩堤本生、善友太子入海、五百强盗成佛、微妙比丘尼等。）

各种各样的经变画。

（西方净土变、法华经变、文殊变、不空羂索观音变、天请问经变、观无量寿佛经变、报父母恩重经变、金光明经变、贤愚经变、药师经变、维摩诘经变、毗沙门天王赴哪吒会、梵网经变、楞伽经变、瑞像图、炽盛光佛经变地藏与十王厅、九横死、十二大愿、劳度叉斗圣经变、佛顶尊胜陀罗经变、金刚经变等。）

各种各样的瑞像。

各种各样的飞天。

各种各样的窟顶和窟顶中心的藻井。

藻井如同西方教顶的窟顶。它是天空最深远的地方。

于是，画工叫飞天在那里游弋徜徉，叫兔子在那里相互追逐，叫金龙在那里狂舞飞旋，还叫奇花异卉在那里灿然开放。

（莫高窟第三百九十七、三百九十三、三百九十四、三百九十二、三百八十、三百二十二、三百九十六、三百九十八、二百零九、三百七十二、一百二十三、九、十四、七十九、六十一、二百三十四、三百二十六等藻井。）

藻井四周的窟顶天空，最庄重华贵的一种要算"千佛"图像了。宛如无数彩色画片镶嵌上去的同等大小的佛像，工工整整铺满洞天，显示佛本无穷的意义。画工们有意用几种不同底色的画面，按照一定规律相互错开，以使天空灵动活跃起来。

（莫高窟第九十四窟窟顶，第三百九十窟窟顶，第四百零七窟西壁，第四百二十七窟窟顶及墙壁，第三百一十一窟窟顶。）

表现千佛题材的另一种方式是"影塑"。

这就是先用模子翻制一些浮雕式的泥片佛像，着色敷彩后，贴在墙壁或佛龛周围。

（莫高窟第二百五十一、四百三十七、二百八十八、二百四十八等窟。）

在洞窟中，泥塑是立体的，壁画是平面的，这种浮雕式的影塑就成了一种过渡。由于影塑在立体的雕塑和平面的壁画中间谐调与中和，整个洞窟各种艺术形式便浑然成为一体了。

敦煌画工的艺术感觉和创造力令人惊异。

从中国绘画史的角度看，敦煌画工的许多创造，实际上领先于中原。

比如，采用连环画、通屏和对屏形式，就是敦煌最先做出的创造。

（莫高窟第二百五十七窟西壁中层连环画，第九十八窟北壁联屏画，第一百四十八窟东壁南侧立轴连环画。）

再比如，敦煌画工远在唐代，便在画面上大量使用墨书榜题，写上供养人题记。然而对于中原画坛来说，这种在画面上题写文字的方式，直至宋代才初露端倪。

（莫高窟第二百八十五窟北壁上层，第八十五窟南壁，第二十三窟北壁西侧，第四十五窟南壁西侧和南壁东侧等，宋代苏轼与文同的绘画作品。）

中国画的透视方法，被公认是一种散点透视法。但在敦煌的一些大型经变画中却常常使用起焦点透视法来。这在画面内的建筑上表现得尤为明显。

（莫高窟第一百五十九窟南壁，第一百四十八窟东壁南侧，第一百四十八窟东壁北侧，第一百七十二窟北壁等。）

在唐代，中原绘画处于勃兴期，朴拙有余，成熟不足，构图能力尚且有限。可是敦煌画工却能经营出如此盛大场面的巨型画作。结构错综复杂，人群相互遮翳，景物与人物混同一起。然而，层次明晰，疏密有致，张弛合度，繁而不乱，重重叠叠，浩浩荡荡，更显天国华贵无上之盛况。

（莫高窟第一百六十一窟窟顶，第二百一十七窟窟顶，第一百三十八窟东壁北侧，第九窟窟顶，第一百七十九窟东壁北侧等。）

我们真是对这些画工塑匠的才华钦佩之极！

虽然明知得不到回答，心中还是不住发问：到底这作者姓甚名谁？

翻开画史，上边只有吴道子和李思训的名字。可是吴道子、李思训等名家大师所画的壁画都是在室内明亮的墙壁上，而这里所有的画却是在漆黑沉闷的洞窟里完成的。

幽闭漆黑的洞窟中，他们一手举着小油灯，一手执笔，就在这被灯光照得忽明忽暗、淡淡发亮的墙壁上，画出那些令世人惊愕不已、匪夷所思的壁画来。

埃及人用金属片的反光，把沙漠酷烈的日光反射到深深的地下的墓室里，来为作画照明；中国人依靠的则是他们日常生活的油灯。

（埃及卢克索国王谷的墓室壁画。）

在这依稀晦暗的光线里，他们是怎样结构如此繁复谨严、华美浓烈的藻井？怎样布置出如此宏伟浩大的场面？

至于那些楼台殿阁上的横线，可以使用一种带槽口的界尺来画，但这些长长的垂直而下的衣纹呢？

在壁上作画与在桌上作画绝然不同。在桌上作画，悬腕悬肘是主动的，为了便于挥洒，腕部与肘部都可以三百六十度地旋转；但在壁上作画，悬腕悬肘是被动的，因为腕部无处依附，也无法随心所欲地转动；肩部还需要很强的持久力，以使手臂悬空作画时保持平稳。尤其画那种垂直下来的长线，手腕无法弯曲到九十度上，一条线如何画到底，而且如此潇洒流畅？

那墙根和佛坛底座上的图画呢？难道他们趴在地上来画？趴在地上又怎么画？

你是否知道，他们使用的工具，竟然只是这些简易的陶碟、木杆毛笔、油灯、粗糙的颜料？

（兰州和敦煌博物馆所藏三足砚，丸墨，"白马作"笔。敦煌石窟文物保护研究陈列中所藏油灯，陶碗，笔纸。）

莫高窟最北边是这些画工们居住的洞窟。这些洞窟十分狭小低矮，矮得只能藏身罢了。

外边是绝无人迹的戈壁滩。

只有风沙经常闯进洞窟里来串门。

在洞中，孤独难耐，饥寒交迫，如身陷绝境。往往一个洞窟的壁画，需要几代画工才能完成。画工死在洞里便是常有的事。

最早一批来到敦煌的学者与艺术家，曾经在一个洞窟里发掘到一个画工的尸体，遗体早已干枯，身上盖一张画稿。大概由于积劳成疾而死在洞中，其他画工把他草草埋葬，没有棺木，没有装裹，连破烂的布单和草席也没有，竟然只在他身上盖了一张画稿！画工们的艰辛贫困可想而知！

如果他们仅仅是为了温饱才到这里作画，他们的笔下又怎么会如此热情饱满、浪漫多情、灿烂光华？

在古代世界，身居都市中心和文化中心的艺术家，都是声名赫赫，光辉照人；而地处边远的艺术家则不被人知，无声无息，如同隐姓埋名，最后被历史所遗忘。然而历史是有心的。它毕竟把这些伟大的艺术品保存到了今天。那些被遗忘的艺术家其实就站在每一幅佚名的杰作后边。谁能把这些才华横溢的民间的大师们请到艺术史的台前来？

幸亏克孜尔石窟壁画上有一位画工的形象，使我们能够领略到他们迷人的风采。

（克孜尔石窟第二百零七窟。）

一千年间，所有的画工都是在油灯照亮的一小块墙壁上作画的。他们之中没人见过满窟通明时的景象。那就叫这一切大放光彩吧！

这些被强光照亮的壁画中，有历代精品，精品的细节，还有史小玉的绝世之作——震动人心的千手观音。

在画面上用语言表述——

人类艺术史不断证实一个事实，伟大的艺术家们都是，只身守着孤寂，留给后世辉煌。

人生不曾厚待他们，历史只有记住他们。

苍凉枯索的大漠风光。莫高窟大雪纷飞中的远景。云。孤鹰。

请他们接受一个并不空洞而灿烂夺目的名字——无名的大师们吧！

任何一幅杰出的作品，都是艺术家真正的最形象的名字。所以，这些伟大的画工们才带走姓名，留下了作品。

真正懂得艺术和艺术史的还是他们！

镜头如在大漠上茫然而飘忽地飞行。突然大漠裂开，现出一条湍疾的宕泉。岸边山崖排满洞窟。

（字幕：敦煌莫高窟）

镜头又一次在大漠上空飞行。大漠骤然裂开，出现高峡深谷，两岸崖壁上高高矮矮许多洞窟。

（字幕：安西榆林窟）

镜头再一次在大漠上空飞行，大漠忽然裂开，一条碧绿深谷溪流呈现出来，峡谷两边也都是洞窟。

（字幕：敦煌西千佛洞）

这景色十分奇丽，然而开凿者使它更加雄伟壮观。

请记住吧——

为我们创造了敦煌石窟的这千千万万无名却一样永恒的大师们！

在千手观音图各个细部不断迭现的画面中。

（本集终）

第九集　时光倒流一千年

几本厚厚的黑白印刷的《敦煌石窟图录》，逐页翻动，随后停在了第六十一号窟《五台山图》上。镜头向图册推动的过程中，画面由黑白色转为彩色。

（《敦煌石窟图录》六卷本［法］伯希和编印。）

上世纪三十年代初，我国的建筑学家梁思成教授一见到这无比丰富的图画，立即被迷住了。

这是世界上罕见的最古老和巨大的形象地图。

（字幕：宽十三点四五米，高三点四二米，面积四十五平方米。）

这地图的准确性简直不可思议。沿着画面上的路线，无论从山西太原，还是始自河北镇州（正定），翻过高山深壑，跨过急涧荒滩，途经城关险要，观瞻古刹名寺，最终都会抵达当时中原的佛教圣地五台山。

（壁画上的各地图像与当今此地的景象重叠出现。地点次序为：山西太原，白扬店，石崖关，忻州定襄县，河东道山门西南路，五台县，五台山；河北镇州，柳泉店，龙泉店，永昌之县，石觜关镇，青阳之岭，河北道山门东南路，五台山。）

当时，梁思成教授在这壁画形形色色的庙宇寺塔中，发现一座优雅的寺院——大佛光寺。寺院古朴而奇特的形态令他神往。还有一座玲珑剔透的亭阁式宝塔更是见所未见。转年夏天，他到五台山考察时，出乎意料的是居然找到了这座寺庙和宝塔，而且还发现佛光寺和南禅寺的大殿，都是珍稀罕世的千年遗存。由于这一发现，佛光寺被国际建筑界称作"亚洲佛光"。

（梁思成和夫人林徽因骑驴上五台山。佛光寺石柱上的纪年：唐大中十年。）

《五台山图》的价值真是无法估计！

在那遥远大漠洞窟里的壁画，怎么会这样的真实、确切和可信？

如果今天按照这图画的标示，从河北正定城或山西太原走到五台山，中途也一样不会迷失！

它令梁思成教授惊异不已。然而，梁思成的这种感受仅仅局限在他的建筑专业上。

在《五台山图》所描绘的方圆五百里的土地上，除去寺院、庐庵、兰若、凉亭、宝塔、城池、宅院、民居近二百处各种建筑之外，还有穿梭其间的各种各样的人物。包括僧人、信徒、官人、随从、兵弁、农夫、马夫、挑夫、店主、商贾、游客，以及各色百姓共计四百二十八人！

我们无法像梁思成教授寻觅佛光寺那样，找到这些久已消失的古人。我们也无须那样去做。

有了这幅画就足够了！站在这幅画前边，你会强烈地感受到，时光真的能倒流，历史也可以归返。一千年前的众生形象与社会风光，全都有声有色、饶有情致地迎头来到你的面前。

画面一亮，定格。推出字幕——

（第九集 时光倒流一千年）

不要以为敦煌石窟里，全是佛国景象、臆造天地与理想世界的图画。由于一切形象与色彩全都是通过画工的手，就一定会流溢出人间的气息来。

特别是当那些抽象又空洞的佛国故事，需要以活生生的形象语言表达时，画工们必然要去调动自己有血有肉的生活印象和生活内容，现实便十分自然地走上了壁画。于是，从今天来看，那些过往不复、无处觅求的生活画面，却在这里被千姿百态、栩栩如生地保留下来了。

农耕的景象在敦煌石窟中出现得最多。

农耕最直接地关系到人们的生活状况。由于佛教的《弥勒经变》对未来的极乐世界有"一种七收"——即播种一次收获七次的说法，农耕的画面自然成了用来表现这种宗教理想的最有表现力的细节。

在敦煌石窟中，这一画面有八十幅之多。

从耕地、播种、扬粪土、耱地、锄草、收割、捆草，到扬场、掠场、簸粮、装袋、拉运和归仓。

（莫高窟第二百九十六、一百四十八、二百零五、六十一、五十五、一百八十六、一百九十六、九、十二、九十八、四十一窟和榆林窟第二十五、三十八、四十等窟。）

最精彩的画面是这样——

右边在犁耕和播种，左边在收割；上边则是收获场面，男子撩动六齿杈扬场，女子挥舞大扫帚掠场。三个不同时节的农家劳作组成一个生机勃勃的全景图画。说来是"一种七收"的佛教理想，看上去却分明是河西生活真切的写照了。

（榆林窟第二十五窟《耕获图》。）

尤其是这幅《雨中耕作图》（莫高窟第二十三窟），空中乌云滚动，地上大雨滂沱，耕夫挥鞭驾辕，从容自得。对于缺少雨水的河西，这幅画表现出一种真切动人的生活情感。

生活情感比起生活内容，是更深切的生活。

然而，从农业技术发展史的角度看，这幅图画还有另一层意义。

画面农夫使用的犁是曲辕犁，它比旧式的直辕犁灵活，轻便，架小，调节犁地深浅的能力强，而且只需一头牛便可挽拉，节省了畜力。这画面的珍贵性在于，它形象地证实我国至迟八世纪就发明和掌握这一农具了。

具有同样非凡的农业技术发展史意义的是这个三脚耧的形象（莫高窟第四百五十四窟）。它也是出现在《弥勒经变》"一种七收"的情节中。

这种三脚耧是一种播种机。一边犁地，一边将种子通过空心的漏斗撒下，同时能完成开沟、下种、覆斗三道工序，而且一次可以播种三行，行距均匀相等。这实际上是现代播种机的始祖。

远在三国时期，关心农业的皇甫隆任敦煌太守时，就教给当地农民使用这种智能化的农具。时间在公元三世纪。而直到十八世纪三脚耧才传入欧洲。这幅画对于了解古代中国这一高超农业技术便是极为宝贵的资料了。

应有尽有的农耕工具，给我们描绘了令人自豪的农业文明。

（从壁画中摄取以下农具形象：铁铧、耙耱、碌碡、连枷、锄头、铁锨、权、飏蓝、簸箕、木斗、升子、扁担，等等。同样的出土文物与现实生活中依然使用的农具。)

用木锨把粮食抛到空中，借风力吹去杂物，这是有力气的男人们的事。(莫高窟第一百八十六、二百四十等窟。)

高高站在三脚凳上，用飏蓝簸出谷粒来，这是勤恳的女人们的事。(莫高窟第一百四十八、一百五十六、二百三十二、二百四十等窟。)

使用连枷脱粒归仓的农人们，是不是还在不停地哼着歌儿，唱出心中的喜悦吧？(莫高窟第一百四十一、一百八十六、一百五十六等窟。)

收获之后，舂米和磨面是接续下来的喜气洋洋生活图画。在这两样劳作中，也包含着农业技术的内涵。

我国最早舂米是双臂举杵舂米(四川鼓县太平乡出土画像砖)。后来，聪明的农民想个好办法，动用杠杆原理，造出一个机械性装置，借用身体力量，踏碓舂米，这样既省力又出效率(莫高窟第六十一窟)。你看，舂米的人站立操作，双手扶架，足踏杠板，多么平稳自如。到了西夏时代，这工具又有了改进，作为支柱的木杠被进一步改成自由活动的木轴，操作时木轴随同踏板灵活运动，非常舒适，这样舂出的米自然又多又好。

另一种把粒状粮食变为粉状食物的工具是石磨。我国石磨的使用比欧洲早一千四百年。《五台山图》(莫高窟第六十一窟)上有两人推磨的情节。这幅壁画粉本来自中原，大致可以认定这是当时中原推磨的风貌。而此时，石磨在敦煌已经被普遍使用。它们自然也会被反映到对现实生活异常敏感的壁画上来。果然，你看，推磨的画面出现了！而且来得十分珍贵。这两位婢女使用的竟是曲柄的转动手推磨！如果没有这个画面，我们对中古时代手推磨的认识绝对不会这样一目了然！

(莫高窟第三百二十一窟《宝雨经变》。)

在唐代以前，壁画的内容大多是外来的佛教经典与传说。画工们不了解异国生活，只能用中国人的生活形象来表现，这就不免生硬与牵强。然而，在唐代却发生了伟大的转变。现实生活不但一下子涌到墙壁上，而且与佛国世界融为一体。这原因，如果从佛教本身来说，是由于大乘佛教的推广，是佛教的世俗化与人情化所必需；如果从现实生活来说，则是根由于大唐生活的魅力和科技发展的蓬勃。

生活到处散发着光彩，而这光彩首先是转化到画家的笔上。

经变画的出现，使得佛教与现实这两方面的要求都得到满足与施展。这种纯粹中国式的佛教故事画，需要大量的现实内容来吸引善男信女。这一来，一方面是佛国的全像图景，一方面成了生活的百科全书。

所有在生活存在过的，至今仍然在这里存在。

首先是河西特有的一切。

莽原与丘陵（莫高窟第六十二、二百零九等窟）。奇异的景色（莫高窟第三百二十窟日出等）。险峻的栈道（莫高窟第九十八窟）。野兽出没的山林（莫高窟第二百八十五、三百零三等窟）。威猛的虎（莫高窟第二百八十五窟）。饥饿的狼（莫高窟第二百九十六窟）。轻灵的鹿（莫高窟第一百五十九、三百零二等窟）。机警的猴子（莫高窟第二百八十五窟）。飞翔的野鹅（莫高窟第二百八十五等窟）。豪壮的野牛（莫高窟第二百八十五等窟）。人在这样的大自然环境里，狩猎便是最具顽强精神的生存方式。

（莫高窟第二百四十五、二百八十五、二百九十六、二百九十九、九十八、二百四十九等窟。）

这种弱肉强食的原始场面，常常闪现在早期的敦煌壁画中。但是隋唐以后便渐渐消失了。代之而来的是愈来愈浓郁的人间烟火。就这样，敦煌的地域生活发生了悄悄而深刻的变化。

与这里的人关系最密切的是牛、马和骆驼。

牛的职能是耕地和拉车；马既是载重工具，又是最得力的坐骑；骆驼的差事单一又艰辛，它终生都在承受着长途运输的苦旅。于是，这些牛、马、骆驼，由始至终，络绎不绝在莫高窟的墙壁上走了一千年。

它们是人的生存伴侣，所以它们的形象分外丰富有趣。

行走的马（莫高窟第一百零三、六十一、一百五十六、一百四十六等窟），行走的牛（莫高窟第六十一、二百三十八等窟），钉掌的马（莫高窟第三百零二等窟），吃草的牛（莫高窟第二百三十八等窟），受驯的马（莫高窟第二百九十、四百六十五等窟），歇憩的马（莫高窟第四百三十一、九十八等窟），歇憩的牛（莫高窟第一百四十六等窟），运货的马（莫高窟第一百九十二、四十五、三百零三等窟），运货的牛（莫高窟第九十八窟），运货的骆驼（莫高窟第一百九十二、三百零二等窟），受惊的马（莫高窟第六十一等窟），发脾气的牛（莫高窟第六十一等窟），慢走的马（莫高窟第九十八等窟），轻快奔走的马（莫高窟第六十一等窟），飞驰如风的马（莫高窟第六十一、二百八十五、四百二十八等窟）等等。

在那个时代，人把最辛苦的事全推给了牲畜们。它们的艰辛可想而知。尤其在干燥难耐的西北，饮水成了它们的一种享受，看上去也是一种迷人的图画（莫高窟第二百九十六窟饮水的骆驼。第四百二十窟饮水的马）。那些苦命的骆驼身大体笨，重负如山，逢到道路陡峭，迟疑欲止之时，就要被轰赶着竭力攀登（莫高窟第六十一等窟），有时不免失足跌落下来。画工们带着同情的笔，连它们患病灌药的可怜样子也记录下来了（莫高窟第四百二十等窟）。

牛的形象闲适憨直，生动可爱。这表明牛与人亲切的关系。它除去拉犁耕地，还是最得力的短程交通工具；牛肉是美味的食品，牛奶是强身的饮料，牛皮是制靴既耐用又美观的材料。

所以，壁画上的公牛、母牛、小牛，以及吃奶的牛犊的形象，一应俱全。据说敦煌石窟里有几百头各种各样的牛。

这幅《挤奶图》（莫高窟第一百五十九窟）画着一个女人给母牛挤奶，小牛犊看见也要吃，尽管它给人硬扯着，仍然用力去挣。一个富于幽默感的情节，把整个中古时代生气盈盈的农家生活全呼唤来了。

（莫高窟第九、五十一窟。榆林窟第二十三窟挤奶图。）

马似乎最受宠爱。坐骑与骑者是一个难以分开的完整的形象，它带着骑者的风度与气质。将士的战马身形矫健，剽悍威风（莫高窟第三百二十一、二十一等窟）；达官贵人的坐骑雍容华贵，神采奕奕（莫高窟第一百五十六、二百五十七、四百二十八等窟）；连随从的马队与驾车的骊马也是威风八面。此外还有驿马、铠马、猎骑和驮经的白马，无一不是骏逸雄美，气宇轩昂。

马，从来就是北方游牧民族的生命之本。或者说，在茫茫大漠与草原上，游牧民族的生存的一切，乃至生命，都紧紧系在马背上。在河西这块古来的征战之地，无论汉帝唐王，还是匈奴、乌孙、突厥、鲜卑，莫不以战骑的强弱，征兆着权力的兴衰。由此看来，被精细的画工们画在马身上的每一个细节，都不是可有可无，甚至还会攸关着一个民族的命运。

首先是挽具这个细节。

挽具是套在马身上、用来牵拉马的器具。马的挽具比牛的挽具难以解决。牛的肩背上有隆起的肌肉，可以抵住挽具，马却没有。光溜溜的马背上拴不住任何东西。古代欧洲一直使用一种颈前肚带挽具。但这种挽具很糟糕，它的拉力依赖马背，容易使马的气管闭塞，从而不能畅快地奔驰。中国人发明的肩式挽具，拉力来自马的臀部，还有一种胸式挽具，拉力来自马的胸部，它们都比古代欧洲的挽具高明得多。如果当时欧洲人和中国人赛马，保准会给远远甩在后边。

在中国，胸式挽具早在公元前就成为骑士们得心应手的驾驭工具；肩式挽具至迟到公元五世纪就广泛流行了。莫高窟为此提供了确凿的证据。

你注意这"鹿本生故事"中的马（莫高窟第二百五十七、二百九十等窟），不是已经套上这肩式挽具了吗？在唐代，马的肩部还安上一个环形的垫子，仿佛牛的肩隆，这样就更加合理和实用（莫高窟第一百五十六等窟）。你是否知道，这种智慧的挽具过了差不多十个世纪才在欧洲出现！

为此，英国科技史学家李约瑟有一段精彩的话：

"大约公元六世纪，这些石窟壁画上就有肩式挽具，也有胸带挽具。这清楚地告诉我们，有效的挽具在四〇〇至一〇〇〇年之间传到欧洲。那些认为每件物品都来自欧洲，'伟大的白种人'是地球上最优秀的民族而天生就聪明的人应当学一点历史，以便承认欧洲引以为骄傲的许多东西原本并不是在欧洲产生的。"

（挽具和被驾驭的马。）

再有一个关于马的细节，是马镫。

在公元前亚历山大率军东征，横扫中亚大地时，他的将士们的双腿是在马腹的两边空荡荡地悬垂着，没有任何支撑。他们靠着大腿的力量，用力夹住猛烈颠簸的马以保持自身的稳定。这种艰辛可以料想。然而最早想到在马腹的两边各垂一条绳索，拴上一个金属马镫来支撑双腿的也是中国人（长沙出土西晋永宁二年陶俑）。所以，在早期敦煌壁画中马的身上，我们就看到这可爱的马镫了。如果细心留意，还能发现马镫逐渐变厚，形状变得更加合理——这种不断改进和发展的过程。

（莫高窟第三百二十九、一百三十、二百一十七、四百三十一、一百五十九、一百等窟。）

不要小看了这个小小的马镫。林恩·怀特说："只有极少数的发明像马镫这样简单，对历史却产生如此催化剂的作用。"

中国的马镫，肯定是由那些西迁的民族先传到西亚的土耳其，然后再传到古罗马帝国。

李约瑟把马镫对欧洲历史的神奇作用，以一句话揭示出来："就像火药在最后阶段帮助摧毁了欧洲封建制度一样，中国的马镫在最初阶段帮助了欧洲封建制度的建立。"

欧洲人是踩着中国人的马镫进入了骑士时代的。

（复原欧洲中世纪的骑士景象。）

这些欧洲骑士用来保护坐骑的马具装铠，也来自中国。中国的马铠最早应用于三国时期曹操与袁绍的一场战争。当时，还只是用皮革和金属制成的遮挡马的胸脯与头部的护具。到了南北朝时期，中国的先人就把它改造成实用与科学的防御性战具了。

你看，它整个套在马的身上，只露出必须露出的部位；下身露出四条腿，便于奔跑；头部开了孔，露出眼睛、耳朵和用来喘气的鼻孔与嘴巴。全身都是活动的金属甲片，不妨碍马的任何行动。头顶安着插座，插上一束鲜亮的缨毛。看上去，威武雄壮，不可抵挡，逢到冲锋陷阵时，简直就是一辆无坚不摧的古代战车。

（莫高窟第二百八十五、二百九十六等窟。）

这种铠马大都用来表现《大方便佛报恩经·慈品》和《大般涅槃经》的"五百强盗成佛"的故事。官军连人带马，浑身甲胄；强盗则短衣短刀，徒步相搏。这无意却叫我们看到了当时河西走廊上重装骑兵与轻装步兵的激战场面。然而，画工们哪会知道，这些画面是今天唯一可以看到古代铠马的形象资料！

战争是古代河西的生存内容之一。兵器则是这内容的关键性细节。莫高窟壁画中的兵器至少有几十种。

刀、枪、戟、剑、矛、金刚杵、锡杖、斧钺、盾牌等（莫高窟第二百八十五、二百八十四、二百一十七、二百六十三、三百三十二、四百二十等窟，榆林窟第三窟）。箭弩，既是狩猎的利器，又是平原作战最有力的远射兵器。壁画中对箭的细部以及骑射场面，都描写得细微丰富。

（莫高窟第一百三十、二百四十、二百九十、三百四十六、四百二十八等窟，敦煌地区出土的弓箭，发射的转架，出土箭镞时的情景。）

这兵士在纵骑中，俯身挽弓，射向箭靶，一个十分典型的古代军旅生活的真实写照。尤其对将士们高超射术的刻画，洋溢着边塞生活中一种特有的尚武精神和英雄气息。

兵器的制造，直接来源于冶铁技术。

这幅"锻铁图"画着一师一徒正在叮叮当当地起劲捶打着烧红的铁块。常年舞锤的师傅肌强肉壮。他身后一人操纵着一台双扇木风箱。请注意这木风箱！立式，梯形，显然为了竖立稳定。这人手握横杆一推一拉，两扇木制活板有节奏地一开一合，把风源源不断鼓入炉火。我国使用这种木风扇鼓风机来进行冶铁，比欧洲早了至少五个世纪。但对古代冶铁如此准确的描绘，首先是在敦煌石窟之中。

（榆林窟第三窟，莫高窟第四百六十五窟。）

在我国，最常见的使用机械原理来进行生产的工具是纺车与织机。

古代农家生活是由耕和织两大样构成。

(清乾隆《耕织图》，织机织布和纺车纺线的演示。)

耕为了吃；织为了穿。纺车与织机进入壁画便最自然不过。有趣的是，它被画在这仅仅三厘米的小圆圈里。如果不是我们摄像机镜头的特意寻找，你绝对不会发现。

(莫高窟第六、九十八、四百六十五等窟。)

河西与中原不同，这里的畜牧业发达，捻毛线的画面在其他地方的壁画是很难见到的。

(莫高窟第四百六十五窟。)

这些毛线染过漂亮鲜艳的五颜六色，就给织成美丽迷人的毛毯与花毡。从秦汉开始，西北的毛织品已是独具风光。

从这角度看，敦煌石窟又是西北毛毯的博览会。从净土世界中舞伎脚下的小圆毯、天国乐队坐席的花毡，到女供养人们脚踏的大小的地毯，图案各异，花团锦簇，极尽华美。特别是隋唐以来，不单西北各族的供养人脚下必有一块图案精美的毛毯，汉族的供养人也争相效法，蔚然成风。整个敦煌石窟的毛毯花毡多至两千块之上，西北风情，跃然壁上！

(从壁画中摘取多种毡毯。)

图案是西北各民族喜爱的装饰，人们更喜欢把它们展示在自己的服装上。

《都督夫人太原王氏礼佛图》(莫高窟第一百三十窟)中的十二位美女，一律是繁花似锦的靓丽衣装。站在宝辇下的第一位王夫人艳丽多彩，通身绣花；紧随其后的第二位女子十一娘碧裙朱衫，艳美之极；第三位女子十三娘崇尚典雅，绣工精巧，花样新颖而别致。余下女子，五彩缤纷，真好比一大簇鲜花。

图案的新奇与考究显示豪门的富有。

（莫高窟第一百五十六窟敕赐锦，第一百三十八窟女供养人花兽织锦，第十二窟染缬图案，第九窟染缬披帛图案，第四百零二、四百零七、四百二十五窟连珠对马纹、忍冬花鸟纹，以及晚唐各大窟女供养人衣裙纹样。）

这些阔绰的供养人往往叫画工把最瑰丽的、最流行的图案，画在他们尊崇的佛陀身上。所以，在佛的袈裟与菩萨的天衣上，常常可以见识到当时盛行的"时世妆"。

（莫高窟第四百二十七窟菩萨提花织物天衣，第二百四十四窟释迦牟尼绿地团花锦袈裟，第四百二十窟菩萨衣裙的联珠飞马狩猎纹锦，第四百二十七窟菩萨天衣联珠忍冬莲花锦和织金锦，第四百二十七窟菱形狮凤锦，第一百五十九窟彩塑阿难、迦叶与菩萨的衣裙，第二百零五窟迦叶山水田相衣，还有石榴纹、宝相纹、方胜纹、练雀纹、雁纹、鸳鸯纹、狻猊纹、翔凤纹、团花纹等。）

在壁画中，不仅仅能了解到豪门望族的意趣与审美，还能一览他们活脱脱生活景象——

出游时威风与气派。连牛马车轿也是豪华无比。

（莫高窟第一百五十六窟出行图，第一百九十六窟出行图，第一百四十八窟驷马车，第一百窟马队和牛车，第一百九十六窟坐车，第一百八十六、二百零二、二百零五、三百二十二、一百五十六窟彩轿等。）

婚礼时铺张与繁缛。当然，用一双大雁来表达对情感矢志不渝的民俗也是不可缺少。

（莫高窟第四百四十五、一百四十八、三百六十、八十五、十二等窟，榆林窟第二十五、三十八等窟。）

日常生活的画面。比如化妆、剃度、弹琴、闲话、游春、穿衣、试衣、照镜，等。时光早已流逝，情景历历在目。

（莫高窟第一百五十六、一百八十九、八十五、九、五十五等窟。）

清晨时分，女婢们托着漆奁和衣服为主人梳洗而紧张忙碌的气氛，也使你强烈感受到了。

（莫高窟第一百零七窟。）

只要有供养人，就有女婢男仆侍立一旁。从主婢之间极大的身高差距，你还能感受到奴婢们那个卑微幽闭的世界的气息。

（莫高窟第三百二十一、十二、四百零九、三百三十二等窟。）

贵族的庭院，清雅安适，绿荫宜人。

（莫高窟第九、三百六十一、二十三、四十五等窟。）

最具典型意味的大户宅院是这种样子。

（莫高窟第八十五、九十八、一百五十九等窟。）

青脊粉墙内，层层院落相隔，条条回廊相通；大大小小的房舍与高高矮矮的花树，构成一个安宁又深邃的环境。这里可以小坐闲话，那里可以设坛讲经。房舍一侧，是草房马厩。土夯的围墙纯属河西的特色。马厩相当于今日的车库。草丰马壮是生活殷足的象征。尽管这是在描述《法华经变》的一个故事，河西大户的生活实况却叫我们一目了然。

敦煌石窟展现的建筑非常丰富。从宫廷建筑和佛教建筑，到式样繁多的民居；从城池要塞，到小小的茅屋草舍；从庭院园林，到市曹郊野的道路桥梁。敦煌壁画又称得上古建筑的图像大观。

宫廷建筑大多出现在大型经变画《净土变》《观无量寿经变》《弥勒变》中，充任佛国的梵宫。从这些繁复无比、结构宏大的宫殿建筑群，可以领略到如今无处可见的唐宋时代那些皇家建筑的气势与富丽。

（莫高窟第一百五十九、一百七十二、四百三十一、二百一十七、一百、二百三十一等窟。）

佛教建筑是壁画中的主角，都是写实得来的，从中能直接看到当时寺院特有的样式与精神。

（莫高窟第六十一、一百四十八、二百四十八等窟。）

至于千姿万态的民居则是最朴素、最本质、最生动的生活形态了。

（莫高窟第四十五、六十一、九十八、一百七十一、一百七十二、二百九十、二百八十五、二百九十六、四百二十等窟。）

从中还可以获知到当时的建筑水准与高超技艺。画工们的工作本来与建筑有密切关系，所以不仅许多施工的场面被描绘下来，连工人干活的器具也被一样样刻画出来。

（莫高窟第三百零二、二百一十三、三百二十一、三百七十二、七十二、二百八十五、三百八十六、九十八、四百四十五等窟施工图和工具。）

画工们最熟悉和热爱的生活，还是自己的生活。只要佛经故事给他们一个机会和可能，他们必定会在这天国的缝隙中，叫生活的碧草鲜花夺目而芬芳地开放。

在佛本生故事"尸毗王割肉贸鸽"中，主要是表现尸毗王割下自己的肉喂鹰来拯救鸽子，并没有天平或秤这类东西。但故事中，有一个情节说，尸毗必须拿出与鸽子相等重量的肉来。聪明的画工便抓住这个情节，把日常使用的称肉的天平塞了进来。于是，叫我们看到了一千多年前称重的衡器。

（莫高窟第一百七十四、一百三十八、二百五十四、二百七十八等窟。）

在《福田经变》的"广施七法"中，七法之三是"常施医药救众病"。这就给了画工一个好机会，使他们能够施展才能，将生活中种种出诊行医的景象都活灵活现地画在墙壁上。

（莫高窟第二百九十六、三百零二、三百二十一、二百一十七等窟。）

在"千手眼观音变"中，要表现观音的法力无边，那么，民间画工就把各种民间绝技，新奇工具，科技发明，一股脑地搬到观音的手上。这幅"酿酒图"证实了一个了不起的事实：世界最早的制造高浓度烧酒的蒸馏器的图像，就在这个千手观音的其中一只手上。

（榆林窟第三窟。）

身在中西交通要道上的画工们，向例对于新奇的事物抱着浓厚的兴趣，并总是兴致勃勃把它们画在壁画中。由西亚和埃及传来亮晶晶透明的玻璃器具，在这里常常是佛国的法器。大约有八十五件玻璃器皿，光芒璀璨地分布在隋唐以来的洞窟中。从中亚传入的胡床，俗称马扎子，成了壁画上最时髦的家具（莫高窟第二百五十七窟胡床）。而自西域传入的葡萄，由于具有"果实累累"的象征意味，一直是石窟中最扎眼的图像之一——（莫高窟二百零九、二百一十一、三百二十二、四百四十四等窟）。和葡萄一样时髦和受宠的图案，还有极具异域情调的波斯萨珊风格的纹样。

这些波斯纹样包括联珠狩猎纹（莫高窟第四百二十窟），双马联珠纹（莫高窟第二百七十七窟），以及飞马纹、柿蒂纹、雁含威仪纹、禽盖互变纹等（莫高窟第四百二十五、四百零二、四百二十窟）。

使人不解的是，那驮水的大象真的来过河西？

（莫高窟第一百五十四窟。）

敦煌处在亚洲大陆腹地，视野之内从无海船，然而在"善友太子入海寻宝"等故事中却出现大小一百多只舟船的形象。有扬帆渡海的单桅大船（莫高窟第四十五窟），有虎头船（莫高窟第二百三十八窟），还有方头方尾船、方头尖尾船、双尖尾船、楼船等（莫高窟第二百零五、十二、十四、二百三十八、五十五、四百五十四等窟）。这形形色色的舟船中，有江船河船，也有海船。海船的形象肯定出自中原传来的粉本。然而，它依旧令我们感受到早期航海事业中先人们的气象与气魄。

至于那些式样非常怪异的船（莫高窟第二百零三窟的圆形船。榆林三窟的方头翘尾船），肯定有它非同寻常的来头。

在敦煌壁画中，还有无以计数的形象，无以名之。它显示了一千年生活的多彩、神秘、丰富、创造性和浩瀚无穷，同时也表现了画工们对生活的敏感，广泛的兴趣和捕捉力，以及充沛的艺术热情。

这些莫解的形象有待考证。当然，也有的被一个个考证出来。

那个多次在壁画出现的火池，不就被考证出是远在尼泊尔境内的一个石油池吗？将来会不会由此找到一块大油田？

（莫高窟第二百三十七、三十三、、二百三十一、九十八等窟。）

好了，当你把这些来自生活的事物与形象收集起来，就会惊讶地发现，佛国中原来包藏着一个博大辽阔的现实世界，一个全景社会，一个斑斓的众生相。

画面重叠各种各样的人物——

耕地的、收割的、播种的、扬场的、养鸡的、养鸭的、放牛的、牵牛的、骑牛的、骑马的、骑骆驼的、拉车的、盖房的、修佛的、推磨的、凿磨的、汲水的、网鱼的、行医的、制陶的、跳舞的、弹琴的、下棋的、行乞的、饮酒的、制靴的、制皮的、舂米的、酿酒的、驯虎的、狩猎的、操练的、作战的、射箭的、相扑的、伐木的、行船的、拉纤的、担挑的、织布的、宰牛的、杀驼的、挤奶的、剃头的、讲经的、拜佛的、行商的、耍艺的、送饭的、吃饭的、吃斋的、恋爱的、沐浴的、拉屎的、刷牙的……

（莫高窟第二百五十四、六十一、二百九十窟相扑。第三百零二窟洗浴。第二百九十六窟大便。第四百一十九窟汲水。第六十一窟煮奶。第八十五窟弹琴等。）

唐代以来时兴的《劳度叉斗经变》中，大都描绘外道最终皈依佛法时，进行洗浴、剃度、揩齿的情景（莫高窟第一百五十九、一百九十六等窟）。

揩齿就是刷牙。古人刷牙的方法正像画上这样：先用一手的食指和中指蘸些药物，抹在牙齿上，再用牙刷去刷。

早在公元前，我国先人就把杨枝打成扁片，蘸药漱齿。所谓药，主要是盐。最早的牙刷已经找不到了，从内蒙古赤峰县大营子村出土的两把牙刷来看，辽代已经有了植毛的骨柄牙刷。至于刷牙的方法，在这敦煌石窟里画得清清楚楚。

（莫高窟第一百九十六、一百五十九等窟。）

可是，欧洲的第一把牙刷却是直到一七八〇年才出现。一八四〇年在法国生产，然后才传入美国。这表明中国人的口腔卫生史比欧洲早了八百年。

比牙刷领先于欧洲更早的是这种独轮车，大约一千年。

（莫高窟第一百四十四窟。）

你说，在公元十世纪之前，世界上哪里还有婴儿车？

（莫高窟第一百五十六窟。）

历史生活的细节，大多包含着人类文明发展的意义。这过往的一千年生活的记录，其价值远远超过了被记录的生活本身。

你从这些琳琅满目的生活的场景与形象中还能认识到什么？

在充满生活情感的音乐旋律中，叠现以下各组画面：

建筑。城垣、街道、桥梁、广场、宫殿、水榭、歌台、回廊、飞阁、佛寺、宝塔、城关、坟茔、穹庐、兰若、民居、舞台、园林、监狱、酒肆、草房，等等。

植物。菩提、梧桐、竹、松、柳、葡萄、石榴、芭蕉、荷花、忍冬、合欢、棕榈、槐、杨、杉、苦楝、藤蔓、芦苇，等等。

家具。桌子、椅子、床、柜、屏风、长案、高几、矮几、镜台、盆架、巾架、衣架、箱子、方凳、条凳、榻，等等。

风俗风情。婚丧、踏春、学校、剃度、百戏、马技、相扑、歌舞、抢劫、大辟、狩猎、造屋、筑路、妓舍、玩偶、收租、饮酒、处刑、马球、比武、宴乐、举重、博弈、炊事，等等。

生活中最深刻的形象是人的表情。

佛的表情是理想化的符号，人的表情才体现出有声有色的心灵。

所有表情都是心灵的语言。

叠现出壁画中这些表情形象：虔诚的、平和的、庄重的、闲适的、愤怒的、惊恐的、紧张的、焦急的、快乐的、惊喜的、满足的、轻松的、坚忍的、镇定的、祈盼的、娇嗔的、淫邪的、嫉恨的、傲慢的、严厉的、依恋的、英武的、担虑的、狂妄的、善良的，等等。

当佛的经义把这些充满魅力的现实内容作为载体时，并没有料到，五光十色的生活会反过来，把佛国作为再现自己的舞台。从宗教的角度看，这里是佛天的无上神圣的展示；从历史的角度来看，这里却是千年生活永恒不灭的珍藏。

如今这世界上，在哪里还能找到这样庞大的、辽阔的迷人的图画？这样长达千年的彩色的图像历史？这样依然活着并永久活着的真实的生命？这样挽回的历史，挽回的生活和挽回的时光？

画面定格。

（本集终）

第十集　海浪与流沙的对话

一二七一年秋日，三个隆鼻凹目、穿着高领大氅的罗马人东张西望地走在河西大道上。一位仆从牵着背负行李和水袋的骆驼紧随其后。这三个人中，穿绿衣、金发的年轻人，便是后来被载入史册的著名旅行家马可·波罗。两位年长者是他的父亲和叔叔。

三位波罗启程于罗马，经过美索不达米亚，抵达巴格达时，本打算从波斯湾乘船去印度，但是由于听从了一位印度商人的建议，改变了主意，改走陆路。这便穿越伊朗高原，由阿富汗翻过葱岭，进入中国。沿着塔克拉玛干沙漠的南缘，也就是丝绸之路的南道，千辛万苦走到阳关，进入了河西走廊。

灿烂的文化中国，使这三位波罗如入梦中。尤其面对着张掖大佛寺那巨大而活生生的睡佛，马可·波罗惊叹之极。可是奇怪的是，在他那传世的游记《东方见闻录》中，却只字没有提到河西的文化太阳——敦煌莫高窟。敦煌是他们必经之地，名气远过于张掖大佛寺，他们又在河西停留了至少一年。是什么原因使他疏漏或错过了莫高窟？

倘若他来到莫高窟，一准会被这东方宝库所震撼。倘若他进入第四十五窟，看到那艘扬帆挺进的大帆船，在啧啧赞赏画工们绝世技艺的同时，一准会后悔当时没有经由海路来到中国。他们的确应当拒绝荒沙大漠中那条无比艰辛的丝路。

从宋代以来，中国人就把深思的目光，瞥向深远和蓝色的大海。这时已能造出载重一千五百吨的"神舟"，航海术居世界之首。尤其南宋时期，朝廷南迁，千古以来与外部世界沟通的沙漠丝路便被阻绝。对外的文明联系，更依赖于那无边无际、自由流动的大海。一个发明罗盘的国家从来就不是封闭的。尽管人们对这陌生的、凶险的、起伏不定的蓝色世界所知极少，但是他们意志的光芒始终在前面引导着自己。

雄心勃勃的元代皇帝忽必烈建立了世界上空前规模的大帝国。当铁蹄把他权力的版图扩张到东南亚、印度乃至地中海的同时，也将一派豪情推入辽阔的大海。元代的航海家亦黑速失、杨庭壁、列边·扫马、杨枢与孛罗，都把船驶到印度与波斯。在茫茫大海上，他们是否感到还有另一种东西，朦胧又强劲地吸引着他们呢？一种隐隐约约蓝色的文明之光？

一条死寂、坚忍而古老的黄色之路，一条动荡、流畅而崭新的蓝色之路。中国人面临这样的选择，历史和人类也同样面临这样的选择。

在海流呼啸着喷涌着冲上沙滩的刹那。定格。推出字幕——

（第十集　海浪与流沙的对话）

我们已经明白了，不管是什么具体缘故，马可·波罗没有来到莫高窟，甚至在游记中只字未提，都在表明一个历史的事实：敦煌莫高窟度过了它骄傲的黄金期。在历史的斗转星移中，它失落了！

荒沙就是沙漠的黄土。它将历史所遗弃的事物轻轻掩埋起来。

弥漫的风沙。黄沙掩盖的丝路上的古城。楼兰、尼雅、且末、若羌、高昌。倾圮的泥屋，晒成白色的胡杨干枯的树干，全都半埋在沙砾中。流沙还在莫高窟洞窟前一点点堆积起来。

从元代末期，莫高窟走向寥落。

历史先是封闭自己的过去，然后再把它渐渐遗忘。

那么，我们可别忘了。那封闭在十七号洞窟——藏经洞那些文献呢？它是否在被封闭的那一天，就感到自己命中注定要被永久地与世隔绝了？

你当然会问，究竟是谁把它封闭在藏经洞中的？为什么？

藏经洞是敦煌莫高窟最大的谜。也是中国文化最大的谜之一。

自从它被发现的一百年来，一直无人破解。正因为它奇特、难解、根由无绪，才在众说纷纭中变得更加神秘和诱惑。

对于藏经洞封闭的原因，最通常的说法是为了躲避西夏的侵袭。根据之一是，洞中文献年限最晚的一份是宋咸平五年（一〇〇二年），正处在西夏占领敦煌的前夜。根据之二是洞中的文献没有西夏文本，因此推定这是在西夏占领之前，为躲避西夏袭击，遭到损害，悄悄将这些宝贵文献封存在这个套在大洞窟里的小洞中。然后把洞口堵上，涂灰作画，掩人耳目。过后，逃避战乱的和尚没有回来，它便像古墓一样永远秘藏起来。

但这种说法并非无懈可击。如果将藏经洞文献的年代仔细查看一下就会发现，自一〇〇二年最后一份文献向上捯一百年间，差不多每年都有文献保留下来。可是截止到一〇〇二年就没有了。但西夏占领敦煌是一〇三六年的事，中间怎么会出现漫长的三十四年的空白？莫高窟的和尚们不会提前三十四年就感到西夏的威胁并做出如此过早的行动吧！

第二种说法认为，藏经洞的残卷较多，许多都是当时废弃不用的文书。还有那些大量的卷轴式经卷，在十世纪末折页式经卷广泛流行起来时，已经失去了实用价值。佛教一般不准毁灭经典，便封存在洞内。

但对这种说法的相反意见也很有道理，既然是古代作废不用的文书，为什么要封闭起来再画上伪装呢？

第三种说法认为，这是为了改造和重修大洞窟（第十六号洞窟）时，将这用处不大的小窟封闭起来的。根据是，一九五三年敦煌研究所工作人员在第五十三窟北壁发现一个被封闭的小窟（现在编为第四百六十九窟）。大小与藏经洞差不多。西壁上写了一段题记"广顺三年，岁次癸丑（九五三年）八月十五日府主太保就窟工造二千人斋，藏内记。"话说得很明白，这是归义军节度使在莫高窟举办一次盛大法事，法会所用物品，过后便收藏在这洞中。由此推论，藏经洞也被作为一个小藏室，平日堆放这些旧书残卷。后来在大洞窟改造重修时，顺便将这无用的小仓库堵上。外边的画只是依照常规画上几个供养菩萨，并非作为一种掩人耳目的伪装。

然而这种说法，猜测成分太多，不能取得一致的信服。

还有一种说法，认为藏经洞封闭与伊斯兰教东传有关。皈依伊斯兰教的哈拉汗王朝，大肆毁坏佛教的偶像，并对地处西域西端、信仰佛教的于阗国发动宗教战争。经过四十年战争，于阗国被占领并伊斯兰化。因而使得大西北所有佛教中心都感到强大威胁。一〇九三年，哈拉汗王朝向宋朝提出共同攻打西夏，得到宋朝的赞同。这一消息传到敦煌，肯定引起很大恐慌，于是采取了这一应急的保护措施。

这一说法缺乏具体依据，仍然仅仅是猜测。但是，它使我们想到，十世纪至十一世纪之交，敦煌遇到了它有史以来最大的麻烦。在外部，东边是崛起的西夏党项族，势头逼人；西边是与佛教为敌的哈拉汗王朝，随时可能纵骑而至。在内部，也正是在一〇〇二年，曹氏后裔曹宗寿迫使他的叔父、原归义军节度使曹延禄、瓜州防御史曹延瑞自杀。局势错综复杂，危机潜伏。在这种严酷的形势下，封闭藏经洞成了大势所迫。但更具体的情节与缘故，却依然没有寻到。

据说，在流散到国外的敦煌遗书中，曾发现两件年代更晚的资料。一件是北宋仁宗天圣九年（一〇三一年），另一件是清代康熙二十一年（一六八二年）。这一信息曾使人们惊讶不已！因为封闭藏经洞的时间，必须是在洞中有纪年的文献的年代之后。如果真有一卷更晚的文献，甚至哪怕一页清代的文书，整个封闭的理由又会成为一个全新的神话。可是，有人怀疑这两件写本，不一定是藏经洞的文献，也许是在敦煌其他地方所出土。于是，一切又回到扑朔迷离之中。

对于藏经洞封闭的原因，最终还要在洞中的文献里去寻找。

那么这被称作"世纪之宝"的敦煌遗书，究竟含着怎样的内容？

单是五万件古代文献就是无法估量的财富了。

单是存放了近一千年就是无以比拟的财富了。

时间创造文物。一千年过去，每一页书写的纸都成了罕世奇珍。何况厚厚实实五万卷，还有那么多绘画、雕塑、佛教文物，塞满了整整一个洞窟！

然而无比宝贵的还是它的内涵。

洞中的文献大部分是佛教经卷。弥足珍贵的是那些在"大藏经"中都没有收入的佚文佚经，却在这里出现了。它们使佛教经典的宝库得到充实。

（《大乘四法经》《因缘心论颂》《异译心经》等。）

许多经卷的题记和疏释，还为研究中国佛教历史和当时宗教与社会状况提供了崭新的材料。

（《净名经关中释抄》《金光明经题记》《十地义记》《维摩诘经释》《法华玄义》《瑜珈师地论随听手记》等。）

各种佛经目录，一经发现，即刻在我国古代目录学史上占有显眼的位置。大量的寺院文书，包括财产账目、僧尼名籍，法事记录，以及斋文、灯文、施物疏等，组成一幅文字的工笔画，精致地再现了敦煌佛教的繁盛景观。

（《天复二年都僧统光照帖诸僧尼寺纲香徒众等》《寺户妻女纺毛簿》《沙州诸寺丁口壮车牛役部》《甲辰年直岁惠安手下诸色入破历》等。）

最有价值的佛经如《大般若波罗蜜多经》《维摩诘所说经》《金般若波罗蜜多经》《妙法莲华经》《金光明最胜王经》《大乘无量寿经》等，由于抄写年代较早，对宋代以来的传世本都具有重要的校勘价值。尤其有的经典，在印度连原始的梵文本都已经散佚，它就更具有权威的意义了。

在敦煌遗书中，那些道教、摩尼教、景教、祆教的文献也有相同和非凡的分量。比如道教名作《老子化胡经》，在元代至正十八年（一三五八年）被指为辱没佛教而彻底销毁，早就不见了踪迹，但它在藏经洞却意外露面。

再如，人们对于摩尼教的历史及宗教内容一直所知甚少，但洞中一卷《摩尼光佛教法仪略》，将摩尼教的起源、形象、典籍、教团、制度、教义等细致地展开，一下子把大半空白的摩尼教有血有肉地填满。而另外一些关于景教的卷子，又把那个来自叙利亚、同样神秘的景教，美妙地开启了。

（西安《大秦景教流行中国碑》，景教文献《大秦景教三威蒙度赞》《尊经》《一神论》《志玄安乐经》《宣元至本经》《序听迷失所经》《大秦景教大圣通真归法赞》等。）

藏经洞里放满了能够打开历史密室的钥匙。

从文化交流的意义上说，藏经洞又是整个莫高窟的浓缩。一方面是外来佛教文化的传入，一方面则是中土文化的弘扬。

藏经洞中浩瀚的儒家典籍是这方面充实的证据。重要的儒家经典几乎都可以在这里找到。诸如《易经》《诗经》《尚书》《礼记》《春秋》《论语》《孝经》等，总数达百卷以上。由于大都是珍罕难得的六朝与唐代写本，在校勘、训诂、辑佚方面的价值极高。

洞中所藏的《尚书》"隶古定"本，是我国久已绝迹的最古老的版本。

很多材料，都是失落千年，今朝复得。

比如《论语》。传世本都是"三人行，必有我师焉"。藏经洞的古本《论语》却是"我三人行，必有我师焉"。这是非常重要的儒家典籍中，一个贻误了千年的错误。这样的例子举不胜举。

如果从勘误与补正的角度上看，藏经洞中大量的史籍与古地志，意义同样非凡。

（《史记集解》《汉书·刑法志》《王莽传》《萧何曹参张良传》《萧望之传》《三国志·步骘传》等。）

古代著作是以传抄或重刻的方式流传下来的，其间最容易生出错误。世代辗转，讹误愈增。校勘神圣的意义，便是恢复历史的原貌。历史和文明的尊严，以及对历史和文明的尊重也就都在其中了。

如果我们将藏经洞中的《大唐西域记》与传世本仔细校对，就会发现，像《论语》那样的错误不下一百处。

传世本《晋书》关于平北将军祖逖与石季龙的战争有两条记载。一条在《晋书·元帝纪》中，说"王师败绩"，就是说祖逖吃了败仗。另一条在《晋书·祖逖传》中，说"季龙大败"，是说祖逖打了胜仗。两条记载，胜败相反，自相矛盾，使得历来学者莫衷一是。而藏经洞中保存一部古写本《晋春秋》中，对这一史实有了十分肯定的记载："平北将军伐陈川……狄设伏射之，虎乃退。"于是糊涂了千年的悬疑澄清了。

澄清了史书，就是还历史以真实的面目。

（《晋书》中《元帝纪》与《祖逖传》的比较。《晋书》与《晋春秋》的比较。）

洞中收藏的古本史书，除去王粲的《晋纪》，还有李荃《阃外春秋》、虞世南《帝王略论》、孔衍《春秋后语》、宗略和宗显《天地开辟以来帝王纪》等，都是第一次见到的古本图书。世界上什么地方还能像藏经洞这样，一下子找到这么多佚传的古籍！

同时许多前所未见的古代地理资料的出土，尤为我们惊喜。其中敦煌本地的历史地理面貌，在传世的记载中如同凤毛麟角，使我们一片模糊与虚无。但是现在，它神奇地从藏经洞形象清晰地走了出来。

（敦煌的地貌。古地志《皇华四达记》《郡国志》，韦澳《州郡风俗志》，刘之推《九州要略》，李播《方志图》，梁载言《贞元十道志》，李泰《括地志》；敦煌地志《沙州都督府图经》《敦煌录》《沙州地志》《寿昌县地境》《西州图经》等。）

至于有关敦煌地方的其他各种文书，涉猎极广，内容博大，难以穷尽。史籍往往只给我们一个冷静的梗概和写意的轮廓，这些文书却是一个个饱满鼓胀、活灵活现的生命细胞。我们几乎从它上边可以触摸到当时社会的脉搏与生活的温度。这些文书都成了历史学家第一手的研究依据。

地方文书包括官方文书与私家文书。

官方文书丰富的法制内容。它们都是古代——主要是唐代——律（基本法律）、令（典章制度）、格（违禁限定）、式（章程规范）的具体化的实例。

（《名例律疏》《永徽东宫诸府职员令残卷》《天宝令式表残卷》《开元水部式残卷》《神龙散颁刑部格残卷》等。）

官府档案中各种簿籍，包括户籍、差科簿、授田簿、徭役簿、会计簿等，为我们全面描绘出唐代社会体制的真实形态。至于那些往来的公文，包括表、状、牒，极丰富地反映出当时的典章制度与政治制度的状况。一些重要的政治事件都是从来没有记载的。

这些官府文书还范例性地给我们展示了各种公文规范、办事手续和书写格式。

（簿籍：《大足元年沙州敦煌县效谷乡籍》《开元十年沙州敦煌县悬泉乡籍》《天宝六载敦煌郡敦煌县龙勒乡都乡里籍》《唐天宝十年差科簿》《沙州会计簿》《敦煌郡会计簿》《吐蕃统治时期沙州仓曹会计牒》《豆卢军和籴会计簿》《张议潮进表》《沙州进奏院上本使状》《曹延禄上表》《田令程表》《职官品阶食品表》《大晋皇帝致北朝皇帝遗书》《大行皇帝议状》等。）

很难说这是一种珍罕的历史文献，还是宝贵的历史文物。

私家文书包括各种契约和民间社团文书。

它们就像变相的风俗画那样，展开纷纭万状的中古朝代的社会场面与人际关系。

（莫高窟壁画中描写世俗生活的画面。）

每一份契约都是一幅那时代深刻的插图。

一份《乙未年赵僧子典儿契》和另一份《丙子年阿吴卖儿契》，像是两则故事；还有《唐奴婢买卖市卷录白案记》，则像一曲凄婉的悲歌，都把一千年的眼泪留到今天，使我们对当时社会底层的艰辛认识得入木三分。

（莫高窟壁画中的儿童形象。）

多种多样的社团文书，又带着敦煌地区优美的社会人文的光彩，照亮我们的眼睛。如果没有这些珍罕的文书保留下来，我们就无法把中华民族独有的亲情化的群体生活方式，了解得如此生动与深入。

（莫高窟壁画描写饮酒纵情、歌舞聚乐等世俗生活的画面。）

藏经洞大大展开了历史的宽度与深度，同时也加宽了我们的视野。

使我们对当时的精神与情感获得感知的，是藏经洞中保留下来的大量的珍贵的文学作品。其中最富价值的是历来传世极少的民间文学。

许多歌辞、俗赋、白话诗、话本，都是从未见过。这些古文，又像新作。中华文学更加光彩夺目。

首次发现的盛唐时期手抄本的《云谣集杂曲子》，比传世的早期词集《花间集》和《尊前集》都要古老。它可以使我们更加清晰地看到了词的源头。

王梵志的五言白话诗写本，共有五种，集诗达四百余首。可见这些接近生活语言而十分朴实真切的诗作流传之广。而这位成就非凡的诗人的作品是首次被发现的，它在我国古典诗歌中的价值可想而知。

藏经洞对中国文学史最大的贡献，是数量颇巨的变文的出土。

变文的出土，可谓一个考古学的奇观。

变文，出自寺院中的"俗讲"。是僧人宣讲佛法时，为了使那些玄奥枯燥的经义叫大众爱听，便将佛经中一些饶有趣味的情节抽出来，添花加叶，变为讨人喜欢的通俗化的"变文"。《维摩诘经讲经文》总共达三十卷，原来经文中的二三十字，一变就成了赏心悦目的三五千字，足见作者想象的才华。这正像大唐出现的经变画一样，使艰涩的难懂的经文变为灿烂动人的图画。变文也是大乘佛教兴盛和佛教中国化的一种创造性的体现。

（莫高窟第四百二十窟《法华经变》，第二百二十窟《西方净土变》，第一百五十八窟《金光明经变》，第一百一十二窟《报恩经变》，第三百二十九窟《阿弥陀经变》，第一百其七十二窟《观无量寿经变》等。）

变文是文字的经变画，经变画是彩色的可视的变文。它们是孪生的。只不过一个画满莫高窟的墙壁上，一个在众人的口中传来传去。

莫高窟第一百五十六窟壁画《张议潮统军出行图》，干脆就可以看作是"张议潮变文"的精美的彩色插图。

据说当时宣传变文时，场面极有魅力。宣讲者声音悠扬，四周围着被打动了的乡里百姓。这样，渐渐就有一些非佛经的变文出现了。

（《王昭君变文》《伍子胥变文》《孟姜女变文》《张议潮变文》《张淮深变文》《董永变文》《秋胡变文》《李陵变文》《汉将王陵变》等。）

在世俗化的趋势方面，变文与经变画完全一致；但在世俗化程度上，变文走得更远，而且愈来愈不受佛教束缚，渐渐演变成一种自由随意和锐气十足的文体。

宋真宗时，变文被视为伤风败俗，明令禁绝。这种在民间口头说唱的文学，一旦中止，便很难留下痕迹。尽管它被认作宋元话本乃至鼓词和弹词的前身，却无从见过它本来的面貌。谁也没有料到，这失落了千年的民间奇文，竟然大宗地出现在藏经洞中。

在唐代诗人的作品中，也有佚传作品，掺杂在堆积如山的经卷文书之中。目前已发现，竟有数百首诗歌未曾载入《全唐诗》！这对于扩充我国诗歌宝库简直功德无量！

（《全唐诗》全书。）

尤其是大诗人韦庄的《秦妇吟》。这首描绘动荡飘摇的晚唐社会真实的长诗，共二百二十八句，一千六百字，不愧是一部写实主义的唐诗巨作。倘若《全唐诗》缺了这部作品，将会是怎样的遗憾！

（莫高窟壁画中关于战争和妇女的画面与细节。）

然而，藏经洞中有价值的书籍，远远超过文学。还有大量的医药、天文、历书、星图、农业、科技、算术，乃至供于儿童的启蒙读物。还涉及针灸、兽医、矿业、化学、气象、兵器、冶炼、工具、食品、植物、动物、酿酒、制毯、制糖、造车、造纸、养蚕、星占、丝绸、印花、印刷、雕版、艺术、婚丧、民俗等领域，几乎无所不包。

你看——

我国第一部正式药典《新修本草》。

最古的针灸图谱《灸疗图》。

古代染发剂《染髭发方》。

近百件古医药文献中，具有临床意义的医方达一千一百多件。其中《辅行诀脏腑用药法要》中，用硝石和雄黄散剂放在舌下，来救治猝然的心病，这与现代治疗心脏病发作的硝酸甘油的用法与疗效完全相同。时间却提早千年以上。

最古老的针灸专著《吐蕃灸法残卷》。

陶弘景的《本草集注》是千年未见的古代医药学的经典之作。

世界上最古老的星图《全天星图》，已认证了一千三百五十九颗行星。

藏经洞外边的壁画展示着理想天国的图画，藏经洞内却放着科学的天文图像。文化的多元与多极，才显示人类文明的博大与丰富。

还有一首能够迅速认出天上所有星座的《玄像诗》。

最早能够预报月食的日历。

四十余件古日历，件件都比传世的《会天历》还古老。内含的天文史料更是深厚无穷。

还有一件在一千年前就将西亚波斯星期制引入我国历法的敦煌日历。在这日历中，一星期各日被分别称做"蜜"（星期日）、"莫"（星期一）、"云汉"（星期二）、"嘀"（星期三）、"温没斯"（星期四）、"那颉"（星期五）、"鸡缓"（星期六）。于是，敦煌作为当时大西北重要的开放城市，对外的适应性和主动性，以及灵活与豁朗，全被表现出来了。你从中是否还看到了当年河西走廊上各种肤色的人熙熙攘攘的影子？

《算表》《算书》和《立成算经》，都是我国最古老的数学著作。

《乘法九九表》表明中古时代的中国人对生活的高度把握能力。

各种地形的田亩计算法，金属密度计算法，土方计算法，计量与容量的换算方法，都显示着一个文明社会的高度发展。

《书仪》堪称一部社交大典。

儿童的识字课本和包罗万象的启蒙读物，全都是先前不曾见到的。然而，它们仅仅是敦煌遗书的一些闪烁的星星，而整个遗书却如繁星满天。

每一份材料，都使我们在历史的矿层上找到一眼纵向的深井；每一卷写本，都把过往千年的岁月神采奕奕地召唤到眼前。

这些材料都是书写在纸上的。

藏经洞对于发明造纸的中国，又是一个最大的古纸样品库。从这数万卷流传有序的写本上可以清楚看到，自两晋到六朝，大多使用麻纸；隋唐采用椿皮纸和桑皮纸，五代仍以麻纸居多。

晋代麻纸相距蔡伦造纸不过二三百年，但藏经洞的实物证实，此时的纸质洁白坚韧，造纸技术已经达到惊人的水准。

隋唐的纸色金黄可爱。缘故是采用了黄蘖染纸，来防止蛀蚀。这种纸叫潢纸。尤其是唐高宗倡用的高级写经纸——硬黄纸，是在潢纸上加蜡砑光，坚硬光亮，质地精整，写上经文也更加堂皇高贵。洞中文献还向我们展示了一种还魂纸——即用废旧纸作为原料造新纸的标本，看看吧！一个文明古国怎样用物质来创造文化。

你肯定还注意到了，这些写本漂亮迷人的字迹。对了！每一件写本都是一件奇罕宝贵的中古时代的书法作品，有的还是绝世珍品。单从书法看，它整个价值又翻了一倍！

藏经洞的写本，始自两晋，及至北宋，历经七个世纪。这正是中国文字由秦汉隶变之后，逐渐完成楷化的全过程。藏经洞文献把这历史转变的每一步，都留在它那精美绝伦的书法里了。文献中主要写本是写经。它作为一种宗教活动和民间风俗，是以抄写佛经这种虔诚的方式，表示皈依佛教，奉献佛门，更深层的目的则是祈望平安幸福，获得心灵的安宁。藏经洞的写经本约有三万余件。尽管这种被称作"经书体"的作者大多是民间名不见经传的抄本手和经生手，但他们在质朴的情感表达与执着的审美的追求中，给我们留下七百年文字与书法演变的最完整、最翔实、最优美的记录。而且全部都是书法原作！

（隶书阶段：前凉《法句经》、北朝《道行品法句经》、北魏《大般涅槃经》等；

隶楷阶段：北魏《大慈如来十月二十四日告疏》、北魏《大般涅槃经卷第七》、西魏《贤愚经卷第二》等；楷书阶段：隋《文选运命论》、唐《妙法莲花经卷第六》、唐《大般涅槃经迦叶菩萨品之二》等。）

　　如果再从文字学角度看，藏经洞文献又是多民族文字写本的大博览。有着各种文字书写的文献——汉文、古藏文、粟特文、于阗文、龟兹文、梵文、回鹘文、希伯来文，等等。使我们对当年东西方各民族交流之贯通与深刻感到震惊。

　　在这大宗的文献中，还有不少互译的内容。比如印度古典长篇史诗《罗摩衍那》，既有于阗文译本，又有藏文译本。再比如，一些双语词汇表（汉文与于阗文，梵文与于阗文，突厥文与于阗文），以及用突厥文拼写的汉语数词，让我们在各民族精神交往的深层里，受到了真切的感动。因为只有在这种精神中，我们才能感到人类赖以长存的那种崇高的互敬互爱的本质。

　　然而，敦煌遗书不完全是写本，还有一些非常古老的印刷版本。

　　在雕版印刷起源的时代里，这里留下了原始的样本！最初的印刷方式是捶拓本，也就是先在雕有文字和图画的木板上刷一道墨，再把纸铺上捶打。藏经洞出土的唐太宗所书《温泉铭》、唐初书法家欧阳询书《化度寺邕禅师舍利塔铭》、唐长庆四年柳公权书《金刚经》，便成了今天仅能见到的最古远的捶拓本了。然而，它却是当时世界上最先进的印刷技术与文化传播方式。

　　唐懿宗咸通五年（八六八年）的印本《金刚经》，卷首一幅释迦牟尼的说法图，线条之精美，刀法之纯熟，即使在今天也是杰作。它不仅是我国现存最古老的版画，比起德国最古老的版画《圣克利斯道夫》（一四二三年）还要早上五百年！它被誉为"世界印刷史和版画艺术之冠"。

　　你说，藏经洞的价值该怎么计算与衡量？

　　更何况，它还有失传千年的琴谱、乐谱、舞谱、棋经！那么多珍罕难得的绘画、绢画、纸画和佛教文物！

　　只要当时把任何一件日常的物品放进藏经洞里去，现在打开来一看，都成了千年古物！它珍贵的历史价值、文化价值、各学科和多学科的研究价值，全都诞生其中。这就是藏经洞的伟大与神奇之所在！

这大批丝织物上的绘画，从材料上看，首先就是极其难得的古代纺织品。华丽精美的绸、罗、绮、纱、绢、锦、绫、麻布等，都是我国当时纺织技术领先于世界的证明。特别是五枚纬缎和六枚经缎的发现，把中国缎的历史提早了三百年。

那么，画在这些绢麻等丝织品上的绘画就更加非凡。大量唐代绘画的出土，弥补了传世真迹的不足。这些高水平的绘画作品，一方面显示了唐代的卷轴画与壁画的一脉相承的艺术血缘，一方面表现出由装饰性走向写实的历史跨越。尤其是对供养人与世俗细节的描绘，准确生动，神采飞扬。大唐绘画的光芒在这里直接和耀眼地放射出来。

（《地藏十王图》《土星》《莲池上的鸟》《供养妇人像》《报恩经变图》《童子供养者像》《观世音菩萨像》《引路菩萨图》等。）

更令人关注的是一批纸画。大多采用白描手法，俗称"敦煌白画"。由于在莫高窟壁画上到处可以找到同样的笔法与形象，所以它被认为是画工们的手稿，工作粉本，信手拈来的试笔之作。其线条娴熟自如，遒劲有力，生动传神，表现出古代画工高超的技艺与深厚的功力。既善于画立面的壁画，又善于画平面的卷轴画，这是处在历史转换期的唐代绘画重要的时代特征。

这《狮子图》不是连吼声都可以听到吗？

这《高僧像》分明已进入静虚境界。

这《相扑图》的两位健硕的力士，如今完全可从继承了这一运动的日本人那里找到！

除去藏经洞，世界上哪里还能找到数量如此巨大的古代绘画？还能找到内容如此浩瀚的千年以上的历史文献？如果说打开古埃及图坦·卡蒙的墓，找到了一个逝去的法老的世界；那么封闭藏经洞，便是封闭了几个世纪的人文，无边无际的生活，以及千头万绪的人类文明的线索。

当时封闭藏经洞的人，哪里知道他对千年后人，竟有这般功德无量？

在漆黑如墨的洞里，被关闭的五万件文献，是不是一直把耳朵贴在堵在洞口的假壁上，将重见天日的希冀寄托给一种意外和悦耳的响动？

外边几乎和里边一样，了无声息。偶尔沙沙轻响，它们已经熟悉了，那是风沙在吹打。

这一边，风沙弥漫，年复一年。

那一边，大海汹涌，潮起潮落。

风沙过后，黄色里莫高窟一片荒凉。

海浪不歇，蓝色中透出远航的帆影。

十五世纪以来，世界上许多国家都倾心于海上，都猜想大海的另一边一定存在着彩色的文明，因此都开始了充满探险意味的远航的征程。

一四六〇年，在那个朝代最神往于把脚踏在陌生土地上的葡萄牙人，已经沿着非洲西海岸向南行进。他们似乎对未知的东方那边，有另一种文明存在的预感。一四八六年，一位叫迪亚兹的葡萄牙人到达了非洲的最南端，本想绕过非洲向东行驶，但他在猛烈的风暴中不能前进。他把这地方称作"风暴角"。但是葡萄牙国王约翰二世却换了一个好听的名字，叫作"好望角"。也许这名字象征吉祥。一四九七年探险家达·迦马终于把船头绕过好望角。当他发现前边是一片极其美丽、无穷无尽、伸向东方的海水时，一条东西方之间的航线史无前例地开通了。这次航行使迦马受益极丰，他从东方带回的货物，比他花掉的费用高出六十倍。这条通向东方的航线很快就成为一条欧洲人海上的热线了。

（复原的世界古代航海画面，好望角的景象。）

西方向往着东方。就像当年沙漠丝绸之路上向东行走的那些金发碧眼的人一样。当然，迦马最远只到达印度的西海岸马拉巴尔，远远还没有见到中国。意大利航海家哥伦布被马可·波罗的《东方见闻录》迷住了，他决心到书中那个神秘而灿烂的中国去。然而这个固执的意大利人坚信向西航行就一定能抵达印度和中国。他于一四九二年在西班牙王室的支持下出航，果然一直向西，结果他没有找到那个美丽的神话般的中国，却发现了美洲新大陆。

（哥伦布画像。哥伦布发现美洲新大陆的图像资料。）

真正善于航海的还是葡萄牙人。一五一九年，另一位葡萄牙航海家麦哲伦开始他的环球航行。在那个没有任何传讯工具的时代，只有在茫茫的大海上一站一站地向前摸索。转年，他从南美洲驶入太平洋。一五二一年抵达吕宋岛，不幸的是麦哲伦本人被当地居民杀掉。但他的水手们却接过他的志向与理想，用了不可思议的三十三个月的时间，于一五二二年经好望角再向西返回西班牙，完成了人类历史上第一次环球航行。地球被打通了。

（麦哲伦画像，有关历史图像，复原的古代航海画面。）

地球无法从陆地上打通，只能在海上打通。这便是海上丝绸之路最终替代沙漠丝绸之路的历史必然。

对于欧洲人这次"地理大发现"，中国人不是被动地等待别人来"发现"，而是更提早地开始海上的征程。

当西方人的船头朝向东方时，东方人的船头却直指西方。这便是人类的一种历史精神。

一四〇五年，太监郑和受命于明成祖朱棣，开始他著名的"七下西洋"的远海航行。

在七次航行中，每次都动用二百艘大小船只，分为宝船、马船、粮船、座船、战船。宝船就是贸易船，船上堆满中国文明创造中的金银绯紫。船上旌旗林立，随员甚众。七次下海共动用千户以上官员三百人。这种世界航海史上的空前规模的大行动，显然是一种国家行为，就像当初张骞出使西域那样。

（复原及史料中的郑和下西洋的图景）

郑和是海上的张骞，但他比张骞走得还远。

他的船队的航域，东起琉球和菲律宾，西北达阿拉伯海与红海，西南越过赤道进入东非水域，到达了麻林地。

（《郑和航海图》，非洲景象。）

实际上他的航域还要广泛得多。

他于一四三三年结束航海。那时，葡萄牙人还被非洲大陆阻挡在大西洋上。他比迦马出现在非洲东岸的时间还要早半个多世纪。倘若他们在海上相遇，一定会惊奇地欢呼起来，世界航海史又会是怎样一个美好的景观？

他所到之处，都把中国的文明散布到那里。曾经在沙漠丝绸之路上受欢迎的中国物产，比如锦绮、纱罗、纻丝、麝香、大黄、肉桂、铁鼎、铜鼎、瓷器等，同样在印度洋沿岸各地得到了热爱。同时，这些舱体庞大的航船还把海外的香料、珍宝、药品、颜料、五金、食品、动物、物料等捎回来。

骆驼换了船只，铃声换了号角，长途艰辛的跋涉换了冒险又浪漫的远航，空茫枯燥的黄色换了浩瀚流动的蓝色。在这蓝色的世界，又是随心所欲，省时省力，一个船舱远比一百只骆驼背部的载重量大得多。

那沙漠丝路实际是被这蓝色的海水淹没的。

这期间，中国的皇帝们早就把国都安顿到东南沿海一边。国家的重心偏向大海。

那个曾经威风八面，作为政治中心的长安早已失落了，成为边远的大西北的一个军事关隘。

丝路似乎掉转头来，重新返回荒凉的远古。听不到驼铃的路便成了死去的路。

伊斯兰教踏着当年佛教东渐的足迹，由西域深入河西。佛教不再是这里共同的理想的核心。

（由西域到河西的古代清真寺院。）

这期间，迅速壮大的维吾尔人完成了伊斯兰化，西域佛教艺术被他们视为异端而屡遭攻击与破坏。

敦煌渐渐褪色了。

社会褪去了繁华，大漠消失了绿洲。

人渐渐去了。没有人繁衍生息，自然无人来耕地造房，兴修水利。从蒙古族到维吾尔族，都习惯于马背生涯，拒绝农耕。农田废为牧场，可怕的沙漠化就更加横行无阻了。

雄踞在祁连山和马鬃山之间的嘉峪关，更多时间只是来抵挡沙暴。

在边防的设置上，敦煌一度属于沙州卫。明正统二十一年（一四五六年），沙州守卫一千二百人内迁甘州，沙州似乎连防卫的必要也没有了。

敦煌莫高窟第九十八窟甬道有一段题记，时间是成化十三年六月初三（一四七九年）。上面写道：

"指挥师英钦奉敕命统领官军三千员名到沙州安攘夷人，当今皇上固守后门，永臻国界常靖……"

在当时边防将士的心目中，敦煌早不再是对外交往的首当其冲的门户，而成了中国无关重要的"后门"。那"前门"无疑已经转移到东南沿海。这远在万里之外的"后门"便悄悄走出人们的记忆。

明使陈诚出使地处哈烈的帖木儿帝国时，他的路线是穿过河西走廊，途经安西，直向哈烈，根本没有取道敦煌。一千多年的丝路重镇被无情地证实了它的消亡。

嘉靖三年（一五二四年），吐鲁番曼苏尔汗两万骑兵攻打肃州，前锋一直插入甘州。明朝官兵拼死相抗，才把吐鲁番叶儿羌汗国打出嘉峪关。为了拒敌于城外，"哐当"一声，把巨大而沉重的城门关闭了！

西北对外的通道便被彻底切断。

敦煌和莫高窟也被孤零零关在城外，任凭凋落与毁坏。

莫高窟的栈道大多破损脱落，许多洞窟被沙砾掩埋，朦胧中宛如绝无人迹的荒山野岭。

本应该永世隔绝的藏经洞的文献，却由于一个偶然的缘故，被这个既糊涂又精明的道士发现了。

（再现第一集王道士发现藏经洞的画面。）

当封闭近千年的文献听到洞外凿打假墙的声音，并被第一束射进来的强光照亮时，它们是惊喜还是惶恐？由于对外界一无所知，恐怕只是在庆幸自己神奇的命运吧！

然而，灾难与它碰头相遇。素不相识的两张面孔——斯坦因和伯希和出现了。他们把考古史上最大的厄运之一，带给了莫高窟。

（再现第一集斯坦因和伯希和窃取藏经洞文献的画面。）

接下来是日本人的大谷探险队。这支由日本贵族后裔大谷光瑞组织的探险队，在新疆一带发掘七千件吐鲁番文书，以及大量木简与艺术品，并于一九一四年至一九一五年两次来到敦煌，从王道士手中获取五百卷珍贵的敦煌遗书。

俄国佛教艺术史家鄂登堡似乎更有办法，他的一支十五人组成的考察队，与日本人大谷探险队差不多同时来到敦煌。他通过王道士掠走很大一批汉文与回鹘文写本，总计一万余件，还有世所罕见的中古时代绘画作品与塑像。

一九二四年美国哈佛大学福格博物馆东方部主任兰登·华尔纳有点姗姗来迟。他没有弄到文书写本，目标转向莫高窟的壁画与雕塑。他用一种特殊的、可分离性质的胶水，先把纱布贴在壁画上，再将壁画剥取下来。他成功地剥下二十六块，共计三点二平方米的壁画（莫高窟第三百二十、三百二十一、三百二十八、三百二十九、三百三十一、三百三十五、三百七十二等窟），并将一尊精美绝伦的胡跪的供养菩萨像搬走（莫高窟三百二十八窟）。转年，他做了一个更大规模的窃取计划，兴致勃勃来到敦煌，由于受到当地人阻止而未能实现。

一个失落的文明，必然遭受掠夺和践踏。当然也包括文明的本身。

（被窃取、涂抹熏黑以及胡乱题记的壁画。）

我们常常会这样思考：敦煌遗书的发现到底是幸运，还是不幸？它秘藏千年，片纸无损，一旦发现，反而横遭厄运。可是反过来又想，如果这些文献一直未被发现，它也就永不示人。这千古珍奇，有同没有，最终是一个样子了。

这便是它命运的两难，也是一种历史的必然。

在这历史的必然中，我们是否看到一种黄的颜色渐渐淡远，一种蓝的颜色渐渐明亮？在这象征着人类进步的两种颜色的转换中，还有一个不变的东西，那就是交流与繁荣。

敦煌给了我们一个永远应该记住的、寓意着真理的答案：

一切衰落与不幸，都由于交流的中止。

一切历史的繁盛与机遇，都随同交流而到来。

一个蓝色的巨浪打在镜头上。

定格。

（本集终）

第十一集　大漠上的孤坟

钉满粗大铁钉的木轱辘，从宕泉中嘎嘎嗒嗒穿过。马蹄踏着水中坚硬的乱石，疾流发出汩汩水声。黄昏浓重的气氛笼罩着这里的一切。

引起这个行动的缘故是——

（随着叙述改变画面，北京的苏州胡同。世纪初的意味。）

一九〇九年初夏，伯希和已经把他从王道士手中弄到的敦煌遗书运至巴黎，然后带着很少一些破损的写本来到北京，放在苏州胡同一家裱画店里装裱。七月里，我国的金石和语言学家罗振玉在裱画店见到这些绝世珍罕的中古时代的文书，大吃一惊，但还不知道这批东西的出处。

不久，伯希和邀集罗振玉和另一些名学者王仁俊、蒋斧、董康等人到六国饭店，当众展示了《老子化胡经》、隶古定本《尚书》等这些千年奇珍。年少气盛、得意过分的伯希和，坦言说出这些宝物的由来，致使罗振玉等人如梦惊醒，受到极大震动。谁也不可能想到，那万里之外的蛮荒大漠会有如此巨大的考古发现，并且已经多半被这些穿越西域而来的西方探险家们弄走了。

罗振玉痛惜不已。可是当他听说莫高窟藏经洞内，至少还有六朝和唐宋写本数千件，便急不可待地报告给学部。

（急匆匆的步履迈过学部一尺高的门槛。）

学者的大义具有一种感人的力量。他终于说服了学部左丞乔树楠，并由他代写电文，命令陕甘都督毛实君即刻封存莫高窟藏经洞内剩余的古物，严禁外国人购买。学部还拨款库银六千两，交给敦煌县令陈藩尽量收集失散的经卷文物。转年，由新疆巡抚何彦升负责，把封存在藏经洞内的文献古物全部解送到北京。

（《学部官报》第一〇四期"行陕甘总督请饬查验齐千佛洞书籍并造像

石碑勿令外人购买也"。)

罗振玉是敦煌遗书碰到的第一位恩人,但这并不意味着它的厄运已经结束。

在黄昏迷离的光线里,车轮跃上滩坡。

大锤砸开草率地封堵在藏经洞外的木板土块。

袋装的敦煌遗书被搬了出来,带着厚厚尘土扔在大车上。连木箱也没有,只用草席捆扎遮盖。有力的大手把堆满车上的文献扎紧。

王道士瘦小的身影待在一旁,看上去不知所措。其实就在这些卷子被封存在藏经洞那段时间里,他早做过手脚,把许多珍贵的写本都盗取出来了。

这两个被他称作"转经桶"的大木桶,就是他巧妙藏匿写本的地方。后来,英国人斯坦因再一次从王道士手里买到了大量写本;俄国人鄂登堡的收获更是惊人,一批弄走古写本三千件以上——问题都出在这两个大桶上。从敦煌到兰州那些大大小小官员们从来不拿藏经洞当回事,王道士才敢如此胆大包天。

民国初年(一九一二——一九二〇年),甘肃和新疆一带,经常有人向外国人兜售这种古老珍奇的写本,其散失之严重可以想见!

直到民国八年(一九一九年),甘肃政府有了耳闻,又命令敦煌当局查找流失的敦煌遗书时,再次把藏经洞打开,里边居然还埋藏着九十四捆!

中国的文化就这样被无知荒唐地虐待着!

深夜,解运文献的大车在一座衙门前缓缓停住。

当这辆大车停在敦煌衙门的门口时,便开始了被偷窃的痛苦的历程。沿途一路,大小官府如同层层关卡。官员们和经手人雁过拔毛,不断把手伸进这"运宝"的车中。他们根本不懂这宝物指何而言,只知道它们价值连城而决不放过机会捞一把罢了。

文物,在纯正的文化人的眼里是精神财富;在无知而贪婪人的眼里只是一种变相的黄金。

然而,最厉害的一关,要算主管此事的新疆巡抚何彦升。

当大车到达北京打磨厂时,他竟让儿子何震彝把车子接进他家。由何震彝和他的岳丈李盛铎,以及刘廷琛、方尔谦等人一同把车上所有经卷写本翻了一遍，择其精好，悉数窃取出来。为了怕缺了件数，被人发现，竟将较长的卷子一撕为二来充数。

（北京图书馆所藏被撕开的敦煌经卷文书。）

李盛铎窃去的那些文书，后来以八万日元卖给了日本人。

（一九三五年十二月十五日至二十一日的《中央时事周报·学觚》栏所刊《德化李氏出售敦煌写本目录》。）

这便是敦煌文化悲剧中一个最黑暗、最丑恶的细节了！

就这样，这批敦煌遗书的劫数才算到头。在大车把这些劫后仅存运进京师图书馆时，总卷数为八千六百九十七号，仅仅是它出土时的五分之一！而且绝大部分都是佛经，那些具有无限深广的社会经济意义与极其丰富的世俗生活内容的文书，差不多都被伯希和与斯坦因运走了。

（北京图书馆收藏的敦煌遗书。）

一边是历经着巧取豪夺的种种劫难，一边则是一代知识界的先贤们，以救火般的速度与激情抢救着失散的文化。

就在罗振玉看到伯希和出示那些文献的当月，他便在《东方杂志》发表了《敦煌石室书目及其发见之原始》一文，记录了这次见到的敦煌遗书十二种和书目三十一种，首次向国人公布敦煌遗书无比重要的发现，以及痛失这些文书的真实状况。

凡具有责任感的人们，都会感到心中有口钟，为他所敲响。

（《东方杂志》第六卷十期。）

罗振玉等学者在得到伯希和允许后，把这为数不多的文献拍成照片。两三个月里，就把这些文书录文刊行出来。

（王仁俊《敦煌石室真迹录》，罗振玉和蒋斧《敦煌石室遗书》。）

伯希和返回法国后，又寄来一些照片，罗振玉好似唯恐再次失去这些文化瑰宝，马上刊印出版。

（罗振玉《鸣沙石室佚书》和《鸣沙石室古籍丛残》。）

他奋力挥着一双孤单单的书生的手，迫切要把那历史的过失和文化的空洞补上。

这第一批公认的敦煌遗书研究的开山与发轫之作，更巨大和更广泛的作用，是唤醒国人的文化意识，警醒当世，自珍文化。

这一来，立即得到那些素来具有强烈社会责任心的知识界的热切呼应，几乎当时较知名的知识分子全投入进来。很短的时间里，对敦煌遗书的收集、校勘、刊布、研究，全方位展开。每部新著面世，都是一时注目中心。各种学科的专题研究一下子并起与并立，这反映了我国知识界人才济济、实力雄厚和学术的敏感。

（罗福葆《沙州文录补》，刘复《敦煌掇琐》，罗振玉《雪堂校刊群书叙录》和《敦煌拾零》，王国维《敦煌发见唐朝之通俗诗及通俗小说》，刘师培《敦煌新出唐写本提要》，陈寅恪《敦煌本维摩诘经文殊师利问疾品演义跋》，郑振铎《敦煌的俗文学》，向达《论唐代佛曲》等。）

一方面，敦煌遗书的广阔内涵扩大了学者们的学术视野；另一方面，学者们所开拓的多领域、多学科、多角度的研究，使得敦煌遗书更显出博大深厚与绚丽光华。

请你要特别注意这两部书——

一部书是存古学会编辑刊行的《石室秘宝》，它破天荒地影印出四幅莫高窟壁画。

（莫高窟第二百二十一窟《唐代画壁弥陀法会图》，第二百六十三窟《唐代画千佛岩图》，第二百一十七窟盛唐《唐人画壁太子求佛舍利图》和第二百五十一窟《唐人藻井画佛堂内诸佛图》。从书中插图到实物景象的镜头。）

以前中国的知识界从未关注过敦煌。自敦煌遗书的悲剧发生，才使得人们心系于那个万里之外的文化圣地。然而当时还没有一个人去过敦煌，印象中一片虚无。这几幅照片却像揭开天国大幕的小小一角，使人窥见了敦煌无上的灿烂神奇。它无疑成了数年之后，许多学者和艺术家纷纷奔赴敦煌考察的一个直接的根由。

另一部书是刘复（半农）的《敦煌掇琐》。刘半农是一位天才的诗人。这部反映着文学家对世俗生活兴趣角度的敦煌遗书辑录，总计一百零四件，全部是他在法国留学时，在巴黎国家图书馆抄录下来的。这些写本就是伯希和当年在敦煌的猎物。仅仅这一百多件写本，就大角度地展开中古时代社会生活的众生图景了。

更重要的是，刘半农是第一位把流散到欧洲的敦煌遗书亲自抄录并送回来出版的人。在他以前，学者得到的流散海外的文献资料，仅仅依靠伯希和赠予的极有限的照片。这一来，把人们的目光移到海外。一种追寻流失、挽回财富的责任，就促使后来不少学者相继远涉重洋，到欧洲去寻找昨日失却了的中华宝藏。

（巴黎风光，巴黎法国国家图书馆。）

一九三四年以后，学者向达、王重民、于道泉、王庆菽等人背负使命奔赴巴黎与伦敦去查寻遗失的国宝。姜亮夫则是自费赴欧，倾尽个人家财。中国知识分子珍爱中华文化的精神以及赤诚的行动，至今仍然打动着我们！

这些学者整日埋头在博物馆和图书馆里，抄录收藏在那儿的敦煌遗书，并设法拍成微缩胶片。单是向达抄录的资料就达二百多万字。他们心中的愿望原是一个，就是要把斯坦因和伯希和从敦煌搬走的一字不少地送还给敦煌！

（王重民《巴黎敦煌残卷叙录》，姜亮夫《瀛涯敦煌访古劫余录》，向达《伦敦所藏敦煌卷子经眼目录》《记伦敦所藏的敦煌俗文学》等。牛津大学图书馆，大英博物馆东方部，巴黎图书馆外景与内景。）

那是怎样神圣虔诚的敦煌情结！

当他们千辛万苦把这些材料带回国，却正值日本人用战火狂烧中国的江山。他们无法潜心研究。姜亮夫大部分手稿竟在日本侵华战争中毁于战火。

灾难又碰倒一张不幸的敦煌文化的多米诺骨牌。

而那个被肆掠了文献宝藏而兀自立在荒漠上的莫高窟，依然不能免于灾祸。

不时有来自海外的窃贼钻入洞窟，朝着壁画与塑像下手；游人漫题与日俱增。牧羊人常把羊群赶进洞窟来躲避中午的毒日头。

二十年代初，一批在十月革命中被打败的白俄官兵窜入中国境内，大约五百五十人，给中国当局抓住。敦煌的官员竟然把莫高窟的洞窟当作最好的拘留地，认为这里四外大漠，关进去就只能老实待在里边；一旦逃出来，唯有饿死。于是，这批白俄官兵便在洞里胡作非为，把潦倒绝望、几近疯狂的心情全发泄在壁画和雕塑上，任意涂抹乱画，写上斯拉夫语的下流话，还把一个安放古代公主遗骸的密室打开，文物掠夺一空。在这批白俄被拘留的半年的日子里，在洞窟中支灶做饭，烟熏火燎，留下永远抹不去的污迹。

（莫高窟第一百九十六窟甬道，第一百八十六窟，第四百四十五窟等。）

这乌黑的历史阴影告诉我们什么？

这藏经洞的悲剧又告诉我们什么？

损害中华文化的难道仅仅是外人？

史学家陈寅恪在为大型的北京图书馆所藏敦煌遗书目录书《敦煌劫余录》作序，有一段痛心疾首的话：

敦煌者，吾国学术之伤心史也。其发见之佳品，不流于异国，即秘藏于私家。兹国有之八千轴，盖当时唾弃之剩余，精华已去，糟粕空存，则此残篇故纸，未必实有系于学术之轻重者。在今日之编斯录也，不过聊以寄其愤慨之思耳！

（陈垣、俞泽箴《敦煌劫余录》一九三一年中央研究所历史语言研究所版。）

这话真如霜天号角，呼叫着当世国人的文化良心；又如低谷悲鸣，唱尽一代学人痛楚尤深的文化情怀。

云烟，霜林，深谷，流泉。

然而，陈寅恪又说："自（敦煌遗书）发见以来，二十余年，东起日本，西迄法英，诸国学人，各就其治学范围，先后咸有所贡献。"

（法国、英国、日本等国早期敦煌学著作。包括伯希和《巴黎图书馆敦煌写本目录》，日本《燕尘》杂志和《朝日新闻》有关文章等。）

这位学贯中西的大学者从他辽阔深邃的思想视野中，提出一个崭新又是历史性的学术概念："敦煌学者，今日世界学术之新潮流也。"并望我国学者，"对内不负历劫仅存之国宝，对外襄进世界学术之将来"。

敦煌学科一确立，对于敦煌遗书的研究推波助澜，蓬勃兴起。

自上世纪四十年代，学者们开始奔往西北大漠，去考察敦煌遗书更深远的历史文化背景，同时把自己的文化责任送到那个久久被遗忘、被丢弃的伟大的莫高窟中。画家是莫高窟的行家。他们更是积极地参与进来，勘查洞窟，临摹壁画，考证年代与源流。通过文章与展览方式，向全社会传布了敦煌独有的神奇又迷人的艺术形象。

（最早一批到敦煌莫高窟的画家：关山月、黎雄才、吴作人、谢稚柳、董希文、潘絜兹等。）

凡是在一九四一年到一九四三年这段时间千里迢迢到达敦煌的艺术家，都在那里见过一位蓄着长髯、身穿土里土气驼毛长袍的中年人，并吃惊地认出他就是名满海内的一代宗师张大千。

在当时，任何人都无法明白，如此一位功成名就的绘画巨匠，怎么会突然离开他辉煌夺目的生活和在中国画坛太阳一般的地位，来到这举目苍茫、绝无人迹的天地中来？

在这里——

眼睛里只能看到一条笔直的地平线。

耳朵里只能听到自己呼吸时的声息。

难道只为了寻找中古时代的绘画真迹？

难道仅仅由于在中原很少能看到唐人绘画的手迹，而只有在莫高窟这里才能亲眼目睹"曹氏山水、吴带当风"的货真价实的原本模样？

（莫高窟壁画的"曹家样"和"吴家样"。）

他原打算在这里观摩三个月。在抵达莫高窟的那天清晨，便提着马灯一头扎进洞窟里，看过一天就改变了主意，他说："了不得！比我想象的不知伟大多少倍！恐怕留下半年还不够！"

随来的人可能会认为这是艺术家一时激动难耐的话，一种心情的夸张表达。谁知他一待果然七个月。

粗略浏览了莫高窟的张大千，便对各个时代的壁画风格作出如下论断："两魏疏冷，林野气多；隋风拙厚，窍奥渐启；驯致有唐一代，则磅礴万物，洋洋乎集大成也；五代宋初，蹑步晚唐，迹渐芜近，亦世事多故，人才之有穷也；西夏诸作，虽刻画极钝，颇不屑踏陈迹，然以较魏唐，则势在强弩矣！"

这一论断在今天看来，依然准确精辟。如此深刻的观察，必然伴随着他对莫高窟非同寻常的挚爱。

然而为什么在这七个月里，他却很少动手去摹习壁画，而是爬上爬下把五层的洞窟全编上号码？如今在莫高窟常常见到两种旧日的编号。一种是伯希和的编号，阿拉伯数码前面有个"P"字标记，总计一百七十一号；一种是张大千的编号，汉字数码大写竖题，总计三百零九号。张大千的字体风格是一望便知的。

（张大千编号的墨迹。）

谁能说他这样做，仅仅是为了后来大规模临摹壁画时便于识认？

七个月后，他人到兰州，把很少的一些临摹品托人送到成都，办个小小的"西行纪游画展"，却迎头遇到激烈的批评，说他沾染上民间画工的俗风匠气，走入魔道。

张大千哑然一笑，不屑一答，转年春天，携带全家深深扎入莫高窟。此行邀来好友谢稚柳。谢稚柳不单是画家，又是古画鉴定大家，张大千显然要用追本求源的态度来面对莫高窟浩大的艺术宝藏了。

（谢稚柳《敦煌艺术叙录》。）

粗糙的食物，玉门油矿生产的土蜡烛，咸涩的水，骤然而至的沙暴，野狼，流窜的土匪，构成了他艰辛危迫的生存环境。

单从这题壁上的话，就知道他当时真正的生活情态了。

（榆林窟第二十五窟张大千题壁：辛巳（一九四一年）十月二十日午后忽降大雪正临摹净土变也。）

一位朋友借给他一支骆驼队，帮助他从很远很远的一条干涸的河床旁，运来烧饭用的枯木。这支慢吞吞的骆驼队来回的路程需要八天，拾柴一天，每趟要用九天的工夫。而每趟运来的木头，刚好供九天之用。所以这支劳苦的骆驼队永远是在长长的路途上不停地走着。

（干涸的河床。枯木。跋涉在大漠中的骆驼队。）

这骆驼不就是画家本人的象征么？

他在阴暗的洞窟里，孜孜不倦工作两年有余。临摹作品达二百七十六件。小的数尺，大至数丈。平均两三天一幅。这是多么巨大的工作量！

因此，最深刻的体验在他的临摹复制之中。这种在洞窟里的复制工作，一如当年画工们作画一样。人站在洞窟里的架子上，一手秉烛，一手作画。他要先把墙上的形象拷贝在透明的蜡纸上，为了怕不小心弄脏壁画，蜡纸悬空垂立，运笔临空勾线，这就真切地体验到画工们的工作的艰辛与技艺的非凡。

张大千在洞窟中临摹壁画的种种姿势与勾线细节，他回忆：

今天，午前八九点钟，敦煌的太阳射进洞子，一到过午之后，太阳往南走，光线就暗了，不方便。因为洞门多半很小，里边高大，要光线只有点火；点着火画，墙又高又大，搭起架子，人站着还可以，最困难的就是天花板上的高处，和接近地面的低处，一高一低，画起来都很困难……试想他们（画工）在天花板上所画的画，手没有依靠之处，凌空而画，没有一笔懈怠。还有靠近地面的地方，离地只有二尺高……在地上侧躺着画，比仰天画还难。古人的功夫真不简单。……他们一生的精力都牺牲在艺术上。在敦煌洞里，就埋没了不少有功夫的画家，连姓名都没有留下来。

还有张大千亲自从青海塔尔寺请来协助工作的藏族画师昂吉等人。这些民间奇人能缝制十二丈的大画布，运用重彩的本领令他钦佩不已，他仿佛看到了一千年前那些生气蓬勃、技艺高超的民间画师。在繁华绮丽的大都市里，哪里能找到这种健康豁朗的绘画气息？

张大千感到他与中华文化最富活力的奔腾澎湃的源头衔接上了，他激情地认同了这与生俱来的精神血缘。

张大千对敦煌，远远不只是艺术情感，而是博大深远的文化情感。

国民政府监察院院长于右任视察西北，到达敦煌，听说张大千住在莫高窟，便来参观。他深为莫高窟艺术所震动，也为几近荒芜的莫高窟的景象叹息不已。于右任临时下榻莫高窟对面的下寺。张大千和他长长谈了两个晚上，要求政府设立专门机构，保护和研究这座中华文化与艺术最伟大的宝库，挽救莫高窟于濒临毁灭之中。

张大千的话，使于右任深感于心。他返回重庆后，立即写了建议书一件送达国民政府。

(建议书见于《文史杂志》第二卷第四期，一九四二年二月十五日出版。)

在建议书如下的书面内容上标出重点：

……右任前次视察西北，因往敦煌县参观莫高窟之千佛洞……志称千余洞，除倾地沙埋者外，尚有五百余。有壁画者计三百八十，其中壁画完整者二百，包括南北朝、唐、宋、元各时代之绘画泥塑，胥为佛经故事。其设计之谨严，线条之柔美，花边之富丽，绝非寻常匠画，大半出自名手……而各时代供养人之衣冠饰物用具，亦可考见当时风俗习尚。洞外残余走廊，犹是宋时建筑。惜过去未加注存，经斯坦因、伯希和诱取洞中藏经及写本书籍，又用药布拓去佛画，将及千数。复经白俄摧残，王道士涂改。实为可惜……此东方民族之文艺渊海，若再不积极设法保护，世称敦煌文物，恐遂湮销，非特为考古学家所叹息，实为民族最大之损失，用此提议设立敦煌艺术学院……寓保管于研究之中……是否可行，理合具文，提请公决。

其苦心焦虑之情，已经溢于言表了。

建议书终于见了成效。一九四三年六月，国民政府决定成立"国立敦煌艺术研究所"。由教育部出面，邀请自法国留学归来的卓有成就的画家常书鸿担任筹委会副主任，负责筹办。

这一切的缘起，便是在张大千这里了。

现在我们理解张大千了：他不单是一位挚爱传统艺术的杰出的画家，更有一份庄严的文化良心。

当常书鸿到达莫高窟的时候，在这里守候两年的张大千就要启程离去。

张大千临行时，把一卷东西交给常书鸿，神秘地告诉他，要等他走后再看。至于这卷东西究竟是什么以及其中的含义，全是后话了。

一九四四年，"张大千临摹敦煌壁画展"相继在成都和重庆展出，轰动一时。精美绝伦的临摹品把千里之外灿烂的敦煌展现在国人面前。一阵从未有过的清新华美之风吹入人们的心中。在人们钟爱的文化事物里，从此出现了一种由张大千的生花妙笔传送来的敦煌形象。

临摹和复制，由此也成了敦煌学中不可缺少的研究手段。

陈寅恪说：

自敦煌宝藏发现以来，吾国人研究此历劫仅存之国宝者，止局于文籍之考证，至艺术方面，则犹有待。大千先生临摹北朝唐五代之壁画，介绍于世人，使得窥此国宝之一斑，其成绩固已超出前人研究之范围，何况其天才独具，虽是临摹之本，兼有创造之功，实能于吾民族艺术上别创一新境界，其为敦煌学领域中不朽之盛事，更无论矣。

沈尹默先生想到了三年来，那些对张大千的种种不解与误责，感触良多，挥笔写道：

三年面壁信堂堂，万里归来鬓带霜。

薏苡明珠谁管得，且安笔砚写敦煌。

是啊，他把敦煌无穷的美散布于天下，同时把自己对敦煌深切的爱留在那地处天边的艺术宝库里了。但此刻他不再有那种即使人在敦煌也会常常生出的忧虑不安，因为一位像天王力士一样的敦煌的保卫者已经站在莫高窟前。

当年，敦煌艺术研究所正式成立。常书鸿任所长。

（字幕：一九四四年二月一日）

常书鸿来到敦煌走了一条太长太长的路，起点是在六年前地球的另一边巴黎。

这天，他从他心中的圣殿卢浮宫走出来，正为着刚刚看到的达·芬奇的《蒙娜丽莎》、安格尔的《土耳其浴室》、德拉克洛瓦的《西岛大屠杀》、莫奈的《睡莲》和米勒的《晚祷》这些名作激动不已。那时，巴黎是中国年轻一代画家向往的世界美术的中心。他在这个中心已经露出鲜亮的头角。在同行们艳羡的目光中，他的几幅优秀之作被一些博物馆收藏。

（常书鸿早期油画作品：《沙娜画像》，现藏蓬皮杜艺术中心；《裸妇》，现藏里昂博物馆等。卢浮宫珍藏的达·芬奇、德拉克洛瓦、安格尔、莫奈和米勒的作品。卢浮宫外景。）

他穿过秋天里分外美丽和灿烂的卢森堡公园，去到塞纳河畔逛旧书摊。

他将飘落在一部大画册封面上的一片金色的叶子拿开。书名露出来——《敦煌石窟图录》，伯希和编著。

下面是常书鸿自己的话：

我打开了盒装和书壳，看到里面是甘肃敦煌千佛洞壁画和塑像图片三百余幅。那是我陌生的东西。目录序言说明这些图片是一九〇七年伯希和从中国甘肃敦煌石室中拍摄来的，这是从四世纪到十四世纪前后一千年中的创作。这些壁画和雕塑的图片虽然没有颜色，但可以看到大幅大幅佛教画的构图。尤其是五世纪北魏早期的壁画，他们遒劲有力的笔触，气魄雄伟的构图，像西方拜占庭基督教绘画那样，人物刻画生动有力，其笔触的奔放甚至比现代野兽派的画还要粗野。但这是距今一千五百年的古画，这使我十分惊异，令人不能相信！

他入迷了。卖书的人对这个显然买不起画册的中国穷学生说："还有许多彩色的敦煌绢画就在前边不远的吉美博物馆，你不必买它了，还是亲自看看再说吧！"

下边还是常书鸿的自述——一种老者的声音和回忆往事时自言自语的语气：

我来到吉美博物馆，那里展览着大量伯希和从敦煌盗来的唐代大幅绢画。有一幅是七世纪敦煌佛教信徒捐献给敦煌寺院的《父母恩重经》。时代早于文艺复兴意大利佛罗伦萨画派先驱者乔托七百年。这一事实使我看到，拿远古的西洋文艺与我们敦煌石窟里艺术相比较，无论在时代上或艺术表现技法上，敦煌艺术更显出隽永先进的艺术水平，这对于当时的我真是不可思议的奇迹。因为我是一个倾倒于西洋文化的人，而且曾非常自豪地以蒙巴那斯的画家自居，言必称希腊罗马，现在面对祖国如此悠久灿烂的文化历史，自责数典忘祖，真是惭愧之极，不知如何忏悔才是！我决心离开巴黎，而等待着我的是蕴藏着千数百年前敦煌民族艺术的宝库。

火车驰过欧洲的原野。一九三六年。

然而，常书鸿回国后，他距离敦煌不是愈来愈近，而是愈来愈远。

北海公园。常书鸿与朋友们聚会，忽然炮声隆隆响起，惊起湖中水鸟。

（字幕：一九三七年卢沟桥事变）

南来北往的动荡生活。国立艺术专科学校任教。举办画展。逃难。随后来到抗战的大后方——作为"陪都"的重庆。中国最重要的文化人也都集聚在这里。

一天，忽然听说于右任想请他去敦煌筹建艺术研究所。他完全不知道一年前张大千在莫高窟与于右任那次彻夜长谈，更不知道于右任这个决定是把一个艺术家的良心，传递给另一个有良心的艺术家，因而他感到事情来得有些意外。可是六年前在巴黎那段往事，那份激情，仍旧毫不减色地在他心中。

他决定去！徐悲鸿和梁思成都是他的支持者。

在去敦煌前，我曾拜会过于右任先生。他说，他看到千佛洞，在整个世界上都是罕见的，所以不管国家如何穷都要设法保护。但是那里是沙漠，与城市隔绝，生活十分艰苦，如果没有事业心的人到那里去，肯定是干不久也干不好的。敦煌的保护和研究关系到民族的历史、宗教、文字、艺术等各方面复杂的学问，不是一手一足短时间内所能完成的。

　　于右任这一份沉甸甸的文化责任，与他的内心强烈共鸣。他只是没有把敦煌的艰苦看得很重。等他到了安西，骑着骆驼一路西去，一步步好像离开人世一般愈走愈荒凉和寂寞时，才渐渐体会到于右任那些话真正的分量。

　　从兰州到敦煌一千多公里的路程。到了安西，前边没有路，四外茫茫皆大漠。怪不得在兰州，人人提起戈壁滩，都是谈虎色变。此时再看同来的几位全像苦行僧一样！

　　过了瓜州口后，骆驼客告诉我们，下一站在甜水井打尖。这名字在我们心中激起一阵兴奋的涟漪，在枯燥的沙漠旅行，谁不产生对水的珍爱与向往呢！当夜在繁星之下我们来到甜水井，大家都盼望着痛饮一次甜水，好不容易从井里打上半桶，谁知喝到嘴里又苦又臭，刚才那种如饮玉液琼浆的憧憬一下子云消雾散了。第二天清晨才发现，原来井口周围堆满兽粪，这些水是牲口连吃带拉，长年累积的结果。一位骆驼客见我叹息失望的心情，便说："从安西到敦煌一百二十公里的戈壁滩上，还只有这一口井哩，别看不好喝，对我们牵骆驼的人来说，可真是一口救命的甘泉！"

　　看吧，这就是他此生的目的地了。甜与苦有它自己的标准。怎样的人才能拿起这个凡夫俗子见了会掉头而去的标准呢？
　　他想到了玄奘。
　　自古在这道上的行者，都是玄奘、张骞、朱士行、法显这样千辛万苦、百折不回的人。这并不是因为他们天生能够吃苦受难，而是他们心怀非凡的志向，还有一腔热血……于是，就这样，他来到了莫高窟。
　　当一轮红日从嶙峋的三危山高峰升起来的时候，我们完全被眼前壮观的景象陶醉了。不远处，透过白杨枝梢，无数开凿在峭壁上的石窟，像蜂房一样密密麻麻。灿烂的阳光，照耀在壁画和彩塑上，金碧辉煌，闪烁夺目，像一幅巨大的镶满珠宝玉石的锦绣展现在我们面前，令人惊心动魄，赞叹不已。一股涌自肺腑的对伟大民族艺术的敬仰爱戴的心情油然而生。我们跳下骆驼，向着向往已久的莫高窟跑去。

初次展现在常书鸿面前就令他神醉心迷的画面。第二百七十五窟十六国《毗楞竭梨伽本生故事》。第二百一十七窟《化城喻品》。第二百八十五窟西魏《狩猎图》和《行云流水》。还有五代的彩绘窟檐斗拱，隋代窟顶联珠飞马图案。盛唐飞天。一幅幅巨型的金碧辉煌的经变画……

那种跃动不已的生命气息，风驰电掣的动感，遒劲超逸的线条。异想天开的色彩，令他惊呆了！

在这伟大的民族艺术宝库前，我深深内疚的是，自己漂洋过海，旅欧时期，只认这希腊、罗马和文艺复兴时期的艺术是世界文艺发展的顶峰，而对祖国伟大灿烂的艺术却一无所知。

今天才如梦初醒，追悔莫及！

听听一个有良心和责任感的艺术家进入藏经洞后的内心独白吧——

当时，我默默地站在这个曾经震动世界而今空无所有的藏经洞中央的洪䇮造像坐坛前，百感交集，思绪万千。宝藏被劫掠已经过去三四十年了，而这样一个伟大的艺术宝库却仍然得不到最低程度的保护和珍视。就在我们初到这里时，窟前还放牧着牛羊，洞窟被当做去金沟淘金沙的人夜宿的地方。他们在那里做饭煮水，并随意毁坏树木。洞窟中流沙堆积，脱落的壁画夹杂在断垣残壁中随处皆是，无人管理，无人修缮，无人研究，无人宣传，继续遭受着大自然和人为毁损的厄运……忽然，砰然一声巨响把我从沉思中惊醒，原来是三层上面第四百四十四窟五代造的危檐下崩落一大块岩石，随之是一阵令人呛塞的尘土飞扬。我不胜感慨。负在我们肩上的工作任务将是多么艰巨沉重！

他以匪夷所思的强大斗志，与一切威胁莫高窟的事物宣战。

用"拉沙排"清除数百年积存的流沙，踩着"蜈蚣梯"上上下下勘察洞窟，还要把那些被泥沙埋没的底层洞窟清理出来。最大的工程是打一道两米高，两千米长的围墙，把羊群、窃贼和沙暴阻挡在外边。为了这道墙，他还要去四十里以外的敦煌县城筹措经费，被那些刁钻又贪婪的小官员愚弄，并满足县长大人索画的欲求。

新建起来的长长的围墙好像他有力的臂膀，把莫高窟拥抱在他的怀里了。莫高窟好像第一次有了温暖的家。他快乐极了。有了这快乐，哪里还管它酷日似火，寒夜如冰，还有那咸水煮的面片、拌盐的韭菜和红柳枝的筷子！

一批青年画家们从大后方来了！

史岩、董希文、张民权、乌密风、周绍森、潘洁兹等全都是优秀并志向远大的人才。常书鸿把妻子和女儿也接到这里。有了缭绕的炊烟，饭菜的香味，欢声笑语，以及女人和孩子的气息；每逢开会议事，打钟声从三危山的一边响到另一边，莫高窟变得生气盈盈。有了他们在这里安营扎寨，洞窟中天国的神仙们仿佛也恬然微笑了。

临摹研究工作全面开始。生活更加紧张而充实。

记得张大千一九四三年初离开莫高窟时，半开玩笑地对我说："我先走了，而你却要在这里无穷无尽地研究保管下去，这是一个长期的——无期徒刑呀！"

那时候，常书鸿孤单得很。在面对着长久荒芜、好似千疮百孔的莫高窟，这句话显得十分沉重。他感觉，无期徒刑四个字真像一块巨石，死死压在自己的肩上。尽管他是心甘情愿的。可是现在不同了，这"无期徒刑"是不是也不那么可怕了？

可是，命运造就一个人的法宝，从来不是幸运，而是残酷的挫折和不停顿的打击。

常书鸿遇到的第一个打击实在太意外了。

大西北的冬天是风大天冷，滴水成冰，经过寒冬的煎熬，开春以来，大家都开心地上洞子工作。但我发现妻子的工作热情下降了，临摹塑像的泥和好了，基座好多日子也搭不好。她说有病，坚持要马上去兰州医治，我工作繁忙没法抽身陪她去兰州。但她走后多日一直没有音信。那一天，我去洞中临摹壁画，董希文来洞子劝我宽心，并说师母可能不会来信了。这很突然，在我的追问下，他拿出一叠信，说老师您不生气我就给您看。我答应他，一看信，简直呆了。

他扯过马猛地跨上去纵骑狂奔，很快就在大漠中变成一个小小的黑点。

日夜兼程地追赶着。

我气得悲痛欲绝，连话也说不出来。只有一个念头，赶紧追，把她追回来……我拼命往前赶，估计她最多只能走到安西，宿夜后才能继续往前走，我只要在天亮前赶到，就能找到她……

第二天早上，赶到安西，但找遍车站和旅店，也没找到她的影子，只听人说，前几天有一辆汽车往玉门关方向走了，司机旁好像坐着个打扮漂亮的女人。失望和疲惫一下侵袭我的全身。我强打着精神，继续向玉门关方向追去，不知道追了多久，也不知在什么地方，我颤悠悠地从马上摔了下来，什么也不知道了。

后来才知道，我是被当时在戈壁滩上找油的一位地质学家和一位老工人救起的。在休养期间，当地一位农场的场长来看我时告诉我，不要再追了。她已经到了兰州，并立即登报声明与我脱离了夫妻关系。

戈壁滩上，一辆马车上躺着疲软无力、面色死灰的常书鸿，向着远远的三危山走去。

在选择事业还是家庭这一关键时刻，我又回到敦煌。

在苦不成寐的长夜里，回想回国之后几年来坎坷风雨，回想妻子跟我一起遭受的痛苦，在怨恨之后，心头又袭来一阵自责。是呵！我没重视她的思想变化，帮她解开思想上纠结的疙瘩。在贵阳，遭日寇飞机轰炸后，她精神上的创伤难以愈合。敦煌是一个佛教圣地，她作为一个信仰基督教的人，也许内心有一种深刻的不适应。过惯了长期的法国留学的生活，在这过于艰辛又没有尽头的生活中，很难挺过去的。我自己一心沉在工作里，没有时间照顾家庭和妻子，工作不顺心时也常常发生争吵……这一切，都是我所忽视的，我的失误！

现实不但给他以苦难，还给他另一个伙伴——孤独。

他孤零零站在三危山山顶上，空无一物的戈壁大漠中，流动不已的岩泉前……然后是莫高窟二百五十四窟漆黑的洞窟里。

忽然洞内大放光明。显现四壁和窟顶所有的灿烂夺目的壁画。

使他在痛苦煎熬中的灵魂获得升华的就是这幅《萨埵那太子舍身饲虎图》。

它那粗犷的画风与深刻的寓意，又一次强烈地冲击着我。我想萨埵那太子可以舍身饲虎，我为什么不能舍弃一切侍奉艺术、侍奉这座伟大的民族艺术宝库呢？在这兵荒马乱的年代里，它是多么脆弱，多么需要保护，需要终生为它效力的人啊！我如果为了个人的磨难就放弃责任而退却的话，这个劫后余生的艺术宝库可能随时再遭劫难！

他现在才算真实地体验到这无期徒刑的滋味，无期徒刑的分量，无期徒刑的神圣！

尽管他承受这一次打击，可是再一次的打击同样是意外和残酷的。

刚刚从痛苦的深渊中站起来的常书鸿，接到国民政府教育部的一道命令：撤销国立敦煌研究所，把敦煌石窟交给县政府。

（字幕：一九四五年七月）

理由是抗战胜利，百废俱兴，资金有限，必须精简机构。

这一突如其来的变故，给我一个严重的打击。我拿着命令，简直呆傻了，前妻出走的折磨刚刚平息，事业上又遭到来自政府的这一刀，我真忍无可忍了！

经费断绝，事业落空。日本投降后，很多人想回到过去的敌占区与家人团聚。于是，一个类似散伙的局面到来了。

走了，走了，他们一个个都走了。对我来说，无疑失去了同志，至交，工作中的好帮手，患难中相濡以沫的亲人，又有什么办法呢？

比起妻子的离去，他体验到更宽广的孤独。戈壁滩的最可怕的就是这无形的孤独。

天宽地阔，月亮显得很高，很远，很小；是不是戈壁滩实在寂寞，连月亮也无情地远远避开。月光是蓝色的，照在任何地方都清冷凄凉，叫人不寒而栗。

风天过去，窗缝总会积一些细细的流沙。

偶尔传来几声狼嗥。他却早已听惯了。

我披衣走出屋，向北端石窟望去，层楼洞天依稀可辨，那里蕴藏着多么珍贵的壁画和彩塑！

莫高窟第二百二十窟盛唐金碧辉煌的大型经变画。

莫高窟第二百八十五窟西魏那浪漫神奇的天国景象。

莫高窟第六十一窟五台山图那举世无双的形象地图。

这些都是常书鸿最钟爱的古代杰作。

当我一来到千佛洞，我就感到自己的生命似乎已经与它们融化了。我离不开它们！

真正的生活总是把弱者击得粉碎，把强者百炼成钢。

在它疯狂的打击下，非但没有把常书鸿与莫高窟分开，反而把他们破釜沉舟地连在一起。这真是生活的炼狱里出现的奇迹！

谁能说出其中的究竟！

在研究所被关闭的日子里，常书鸿奔赴重庆，与傅斯年、徐悲鸿等人为恢复研究所四处呼吁。学者和艺术家向达、陈寅恪、梁思成等用激扬的文字，造成强大声势。终于使敦煌艺术研究所得到恢复。

（字幕：一九四六年五月）

一批又一批年轻的画家来到敦煌。这中间许多人日后成为杰出的敦煌学者。如段文杰、郭世清、霍熙亮、凌春德、范文藻、李承仙、欧阳琳、孙儒涧、黄文馥、史苇湘等人。

他们更加生气勃勃。把皇庆寺的大殿作为工作间，将马厩改为宿舍，自已动手磨面粉。

敦煌艺术研究所的保护和研究工作有规划地展开。洞窟的勘察编号、标记登录工作；编选专题画集的工作；洞窟维修工作；临摹复制工作；很快都见到喜人的成果。

一九四八年八月二十八日，敦煌艺术研究所在南京举办大型《敦煌艺展》，展出作品五百幅。场面辉煌，声势浩大。蒋介石冒雨参观。于右任、陈立夫、孙科、傅斯年等都是热情观众。展出不久，敦煌图案和样式就在上海的轻工业产品上出现。这表明，敦煌样式已成了世所公认的中华文化的象征与符号。

更大规模的展览在新中国刚刚成立后的北京。故宫午门楼上的展览会场。布标上写着：《敦煌文物展览》。

（字幕：展品一千二百二十件。开幕时间：一九五〇年四月十日。）

开幕前三天，周恩来总理前往展览会场参观。也是多情的蒙蒙细雨。

周总理从车中走出来。警卫把一件淡蓝色雨衣披在他身上。

他看见我们没有拿伞，站在细雨中等候他，就马上把披在肩上的雨衣脱下交给警卫。我看见他，他马上紧紧握着我的手热情地说："我早知道你！记得

常书鸿的墓碑永远矗立在大漠中。

一九四五年，我在重庆七星岗也看过你们办的摹本展览会。现在规模大得多了！"

周总理着意地关注每一件展品——

一九四五年在中寺土地庙发现的北魏写经。唐代白描绢画菩萨。唐代壁画残片（实物）。彩塑模本。由北魏至元代各时代壁画摹本，等等。

伴随周恩来总理的声音：

我看这里和云冈、龙门石窟雕刻一样，其气势之雄伟、造型之生动，使我体味到中国艺术的"气韵生动"四个字。

当然，雕刻石头上展现的是刀斧之功，这里的壁画上却是笔墨之力，南齐谢赫的"画有六法"是当时评定中国画创作的标准，想不到在敦煌壁画中得到了印证。

你们多年来在沙漠艰苦地工作和生活，主要的任务就是保护敦煌文物，介绍敦煌文物。尤其是开凿在长达一公里悬壁上的四五百个布满千百年前古代艺术家创作的雕塑和壁画的石窟，其保护工作是繁重的。从今天我看到的几百幅壁画摹本，已经看出，你们做了非常宝贵的贡献！

在敦煌四百多个洞子中还有更了不起的东西，对于这些古代文化，我们必须像对待生命一样地把它们很好地保存下去。

像对待生命一样保护敦煌石窟。

对于常书鸿率领的一代人来说，可以说无愧地做到了。为了做到这一点，他们把一生都放在灼烧的沙子上，放在罕无人迹的大漠中，放在永不退却的神圣的文化信念里。

（叙述中出现如下画面，整修古代窟檐，全面抢修洞窟的工作，大规划临摹复制，对河西走廊与新疆石窟的相关性考察，出版的著作与画集等。）

幽静的中寺。浓荫匝地的古槐。阴暗而失修的房舍。简陋的室内陈设。粗糙的家具。布围墙。破书桌和老式的手摇电话机。

（字幕：常书鸿故居）

书桌的玻璃板下放着常书鸿生前的墨迹——

敦煌苦，孤灯夜读，

草蘑菇。

人间乐，西出阳关

故人多。

九十叟常书鸿题

一九九三年九月二十一日

关于这草蘑菇还有一段往事。

我常常想起一九四三年张大千即将与我分手时，送给我那个纸卷。我等他乘车走了，打开纸卷一看，原来是他亲笔绘的一幅弯弯曲曲在树林水渠边一个隐蔽处找到食用蘑菇的路线示意图。在敦煌莫高窟戈壁之中，没有什么蔬菜，天然的食用菌菇更难发现，如有谁发现都尽力保密。我循着大千先生的这卷地图，果真发现了蘑菇生长地，在日后生活中还真的解决了一些问题。

超出牵连着两位画家这珍罕的草蘑菇之外，便是：

敦煌千古事，苦乐两心知。

一次，日本创价学会名誉会长池田大作，向这位把一生都献给敦煌的常书鸿，提出一个追问心底真实的问题："如果你来生再到人世，你将选择什么职业？"

下面是常书鸿的回答：

我不是佛教徒，不相信转生，但如果真的再一次来到这世界，我还是"常书鸿"。

悠远而深情的音乐。

莫高窟第一百三十窟大佛。巨大的佛头沉默不语，隔过敞开的楼窗，他面对着对面一马平川的戈壁大漠。

那边极远的地方有个小小黑点，孤单又清晰。斜射的夕照把它照得深沉和明媚。那便是常书鸿的墓碑。他的骨灰就埋在那里。他真的永远属于敦煌了。

（字幕：一九九四年六月二十三日常书鸿先生逝世。）

但他的英灵却难以长眠，而是要永远警醒地守护着他身后的这个全人类的艺术宝库。

佛国的存在，本来是要给世人的一时的抚慰；然而常书鸿们的存在，却使浩瀚的佛国得以永远的安宁。

莫高窟洞窟中所有的神佛都知道，在天国之外，在这里，还有一个真正恩泽于他们的神——

那就是世人对常书鸿的称呼：

敦煌的保护神。

这保护神又不仅仅是对常书鸿个人的尊称，而是充满对所有把青春和一生都放在敦煌石窟中的人崇高的敬意。

在大漠的墓碑上定格。

（本集终）

第十二集 永远的敦煌

盟军的飞机狂轰滥炸德国首都柏林。在高射炮猛烈射击的轰鸣中，俯冲的飞机把成批黑色的炸弹投入烈火浓烟中的城市。

（字幕：一九四五年一月十五日）

炸弹穿过博物馆的房顶在室内炸开。巨大的气浪将沙袋掀翻，把夹在中间的大幅壁画炸得粉碎。

（字幕：西柏林印度艺术博物馆）

这些壁画是当年德国探险家范莱考克从我国新疆伯孜克里克石窟割取的壁画中最精彩的二十八幅，它们全部都毁于这次轰炸。

（伯孜克里克第三十二窟《印度高僧像》《供养礼佛图》《僧都统像》，

第二十五窟《回鹘王侯家族群像》，第九窟《诸侯像》等。)

美丽而珍奇的壁画碎片，被炸得四处纷飞。

它们先是被切割成一片片，搬到异国他乡；然后被炸得粉碎，烧成一片灰烬——这是中华文物最悲惨的命运之一。

但是，那些到中国来搬走这些古物的人，却另有一番言之凿凿的道理。

曾经到敦煌莫高窟割取壁画和搬走彩色塑像的美国人华尔纳就说过，他看到白俄士兵在洞窟里肆意破坏的景象时，不禁义愤填膺。接着他说：

"当我看到这种摧残文化与艺术的行为，就是剥光这里的一切，我也毫不动摇。谁能知道，中国军队会不会像俄国人那样什么时候也驻在这里。""恐怕二十年以后这个地方就不值一看了。""我的任务是，不惜粉身碎骨来拯救和保存这些即将毁灭的任何一件东西！"

多么"神圣"和"文明"的自我感觉！

世界上原来还有这样一种"保护人类文化"的观点与行为！

（莫高窟中被华尔纳割取壁画后墙上遗留的残迹，还有被搬去塑像后空荡荡的须弥座）

那么，敦煌的保护神们究竟是怎样保护人类的文明的呢？

推出本集片名——

（第十二集　永远的敦煌）

他们从不幸的历史接过来的是一个将要泯灭、破败不堪的莫高窟。

除去人为的破坏，在莫高窟一公里长的崖壁上，开凿的数百个洞窟状如蜂巢，这就解构了山体原有的内在力量的均衡。

一千多年来，无人看管，荒废太久，风吹日晒，地震沙浸，烟熏霉变，再加上当年使用的材料——颜料的变质与泥皮的自然老化，致使洞窟和壁画出现大大小小的裂隙，崖面岩石粉化剥落，塑像倾斜，壁画起甲与酥碱，渐渐失去昔日的绚丽与光辉。今天我们看到的这种金碧辉煌，已经是给历史打过折扣的了。

这些损坏，有的已经形成，需要加固和整修，千方百计地复原；有的则隐患潜伏，或者继续在悄悄发生变化，今天稍不留意便会成为明天不可挽回的损失，急需精细、严格和有效的防止措施。

半个多世纪以来，敦煌保护经历了三个时期。

第一个时期是四十年代，也就是"国立敦煌艺术研究所"的时代。这是敦煌保护最初的创业期。

在那艰难的条件下付出的茹苦含辛的努力，使得千载以来一直在损坏的斜坡上滑落着的莫高窟，被有力地制止住了。

(修建围墙，清除洞窟积沙，安装木门，拆除洞中土坑等。)

被抛弃在大漠已久的莫高窟，第一次感受到那种爱惜的手指的触摸。

第二个时期是五十年代到七十年代。这个时期研究所易名为"敦煌文物研究所"。名称的改变，说明对敦煌石窟的认识，已从单纯的艺术角度走出来，而把它作为中华民族一个宝贵的文化遗存，保护的责任也就更加突出。敦煌保护进入了全面的整修期。

国家几次拨出巨款，投资于敦煌的保护项目，说明它崇高的文化地位已被确认无疑。

六十年代初对南区五百七十米崖体和三百五十八个洞窟进行大规模加固，使得它彻底脱离了那种令人担心的危机四伏的险境。这次整修还用高低错落的桥廊与通道，将上上下下洞窟畅通地连成一体。

稳定的感觉一定也在洞内神佛的心中了。

(画面：用支墩来支顶悬岩，用重力挡墙拦挡裂岩，修复古代木构窟檐，加固外部剥落的岩壁，用铆钉固定和灌浆黏结的方法阻止壁画的松脱，扶正倾坏的彩塑等。)

这一时期的首要使命是抢救。它为下一步以预防为主的科学保护奠定了坚实的基础。

第三个时期是八十年代。

它再度更名为"敦煌研究院"。

（字幕：一九八四年）

这一名称不仅提高了规格，也扩大了规模。名称中对研究内容不再加任何限定，显示敦煌石窟及其遗书的蕴含之博大，已被举世认同。

为此，院下设立敦煌保护研究所、敦煌考古研究所、敦煌遗书研究所、敦煌美术研究所、敦煌音乐舞蹈研究所，还有资料中心、编辑部和摄影录像部。

（各所工作画面，有代表性人物的镜头。）

一个庞大的全方位的将保护与研究合为一体的学术机构，面对着这个人类文化的宝库。莫高窟进入了它在文明事业中大有作为时代。

段文杰任敦煌研究院院长。他是在一九四六年国立敦煌艺术研究所被撤销的最艰苦的岁月，奔往敦煌的。他和常书鸿等早期来到敦煌的学者一起，把一生的时光都无悔无怨地放在莫高窟里了。

（段文杰四十年代照片资料。）

敦煌研究院的建立推动了科学性的保护与研究。一九九三年，研究院与美国盖蒂保护所共同举办"丝绸之路古遗址国际学术研讨会"，十五个国家一百多位的文物保护专家参加会议。它表明敦煌莫高窟开始运用人类最先进的科学技术，来保护古老的文化遗产了。

科学性保护主要是注重对石窟病害机理的研究，壁画修复技术的研究，还有先进科技手段的应用研究，从宏观保护到微观保护建立起一个完整的系统。

如今所有危害石窟的或明或暗的因素，都已了如指掌，并有了相应的对策。

沙害是来自大自然的最大的危害。

莫高窟窟顶上是一片平坦的戈壁，分布着大大小小的沙丘，远处与鸣沙山紧紧相连。每逢西风骤起，沙子在窟顶戈壁上通行无阻吹过来，跟着就像瀑布一样从窟顶倾泻而下，堆积在窟前。每年大约有三千立方米的沙尘进入窟区！危害之大真是惊人。英国科学家李约瑟说过：

> 在我十二年前（一九四三年）去敦煌的时候，最低的石窟大部分埋在沙子里。

把底层的洞窟一个个挖出来，曾经是常书鸿、段文杰一代人重要的使命之一。

然而，沙尘的危害不仅破坏景观，污染环境，还会侵蚀崖壁，磨损珍贵的壁画！

目前建立起来的"以固为主，阻固结合"的防护体系，是治理沙害有效的措施。它综合地应用工程、化学、植物等多种方式。除去栽种耐旱植物来防止风沙侵蚀之外，便是通过联合国教科文组织世界遗产委员会，与美国盖蒂保护所合作，将一种三角形耐热耐寒、高密度、尼龙材料的防沙网，设置在窟顶沙山周围，阻挡沙尘飞入窟区；同时在窟顶浮沙中灌注硅酸纳和硅酸钾，使沙粒板结，不能再流动。

（演示操作过程，展示防沙效果。）

肆虐的风沙在这道尼龙网前变得驯服了。

这种经过反复试验而采用的高明的手段，使沙害得到明显有效的控制。

装在窟门上的滤沙网是又一道严密的防线。不再有风沙来摩擦壁画敏感又美丽的皮肤了。

裂缝是来自地质本身的病害。

这里的地质属于酒泉系的沙砾岩。它是由小鹅卵石、沙土和钙质物胶结而成。它不像河南龙门石窟和山西云冈石窟那样石质坚硬，易于雕刻，所以聪明的敦煌塑工们才采用壁画和泥塑方式来为佛造像。这种松软的沙砾岩，容易风化，浸湿后还会脱落。四一七年以来，这里有记载的地震就有数十次。大大小小、或明或暗的裂缝便是地质性病害的表现。尤其是榆林窟，所处地势低沉，崖壁常常被上涨的深谷溪流所淹浸，病害表现得尤为明显。

研究人员通过长期的科研，制定一套将治疗和预防相结合的保护方案。首先是把地下水有效地控制住，翦除病害的一个关键性根由。

采用锚素技术固定松裂的岩体。用月牙形喷锚牛腿托住危石。对于崖壁的裂缝与孔隙则施行灌浆封闭，使岩石重新成为坚固牢靠的整体。

（灌浆的过程和灌浆后的状况。）

壁画，它的薄薄的表面上布满了艺术家的感觉的神经。它是最容易受到伤害的。哪怕色彩微妙的改变，线条些许的走样，清晰度变得模糊起来——画面的情感与力度也会全然不同，魅力陡然地失去了。

古代壁画服从于宗教的应用，如果壁画损坏了，通常的整修方式是抹上草泥，刷上白粉，重绘画；如今壁画是珍贵的古代文化遗存，倘若受损，必须千方百计消除损伤的痕迹，整旧如旧，恢复原貌。

在历时一千多年的漫长岁月，洞中壁画经受着人为的刻画涂抹，烟熏火烤，大自然的风吹沙侵，日晒雨淋，再加上当时制作技术有限，材料原始，泥皮粉浆的附着力差，颜色容易老化变质，各种各样的病害就侵入到壁画中来。

这些染病的壁画，有的起泡，有的龟裂，有的泥皮疏松，摇摇欲坠；有的表面起甲或酥碱，直接负载着画面的粉层完全失去了力量，裂开翘起，几乎一触即落。

然而，在治疗这些病害之前，先要弄清它的病因。

意大利罗马西斯廷教堂米开朗基罗绘制的穹顶画，年久变色，是由于过往几个世纪里香烛的熏染，再加上一次次整修时刷上去的亚麻油变质所致。而米兰圣玛利亚教堂修道院餐厅达·芬奇的壁画名作《最后的晚餐》，表面剥落不堪，则是由于微生物的腐蚀。

（米开朗基罗《西斯廷教堂穹顶画》，达·芬奇《最后的晚餐》。）

微生物是一种霉菌，敦煌莫高窟中发生霉变的洞窟有十余个。

（莫高窟第五十三、五十四、一百零七、一百一十五、一百八十六、二百、二百三十八、一百四十、二百五十六、四百三十五、四百四十四、四百六十七、四百六十九等窟。）

　　大部分是底层洞窟。由于过去进入流水，或被沙埋，里边温暖潮湿，黑暗而不通风，霉菌便迅速地生长起来。

　　这种霉菌群生在壁画的细微的裂缝里，一旦遇到适宜的湿度与温度，便爆发式地生长，产生张力，使壁画起甲与酥碱。敦煌的研究人员已经弄清霉菌的种类，采用对症的灭菌剂和控制洞窟湿度是对霉变进行防治的最佳手段。

　　对于已经酥碱的壁画必须及时治理，否则便要剥落甚至丧失。

　　壁画的起甲与酥碱，是最难治疗、危害最大的染病。经过多年的试验，终于发明了一种"针头注入修复法"。

　　先用吹气球、羊毛笔等工具将起甲和酥碱处的尘土和积沙清除干净，进而用注射针筒注入一种用聚酸乙烯和聚乙烯醇配制的黏合剂，再用白绸按压壁画使其粘牢，最后用小木棍滚动轧平。

　　壁画表面还要敷上一层无色透明、不反光的保护液。

　　（演示治除病害时的各个程序。）

　　这种方法真有些神乎其神，可怕的起甲和酥碱的壁画得到完全的治愈。

　　壁画的寿命被延长了。佛的寿命也被延长了。你说在人与佛之间，谁延长了谁的寿命？

　　敦煌石窟的保护还在不断遇到新的挑战。

　　在它神奇的艺术魅力和巨大的文化诱惑吸引大量游客的同时，新的威胁也在同步地产生。保护措施必须建立在这些威胁的前头。

　　（安全管理系统，玻璃屏风，新洞窟门。）

　　游客带来的不仅是安全问题。

　　一九八四年一月七日美国《华尔街日报》的报道说："多少世纪以来，沙漠的干燥气候保护了石窟。现在每天参观石窟的旅游者络绎不绝，他们在石窟内的呼吸，使石窟的空气变得很潮湿，因而使壁画的色泽受到了损坏。"

一九八六年五月十五日法国路透社记者格雷厄姆·厄恩也发出一篇内容相同的报道，题目是：《游客使敦煌瑰宝又受威胁》。

世界关心着敦煌，因为它是全人类的敦煌。

敦煌地区年平均温度为十摄氏度。年平均降雨量为二十到三十五毫米，蒸发量为四千二百毫米，相当于降雨量的一百五十倍。

干燥的气候是敦煌壁画历经千载依然灿烂夺目的秘密。它也是藏经洞中那数万件纸本文书和绢本绘画，长存千年，却鲜艳如新和完好如初的直接缘故。

可是如今在旅游旺季里，莫高窟游客每天平均数百人，多至千人以上，每人一小时呼出四十克水蒸气，按每天六小时参观时间计算，一天游客要给洞窟带进去大量的水分，洞窟中空气湿度便会发生变化，那么壁画本身会发生哪些变化？

自一九八九年，敦煌研究院与一些国家合作，已经建立起全自动气象站和微机处理实验室，从空气的湿度、温度、地面湿度、光照、风速、风向、降雨量等多方面对石窟的大环境和大气候进行观测。同时在一些洞中安装电子湿度计、累计式日照仪、风速风向记录测量仪、温湿度半自动记录图谱数字化仪等，对洞窟内的小环境和小气候，包括洞窟内温度、湿度、壁画温度、二氧化碳，以及游人、车辆、飞机对石窟的震动影响进行严密监测。从中寻找各种变化的规律；侦察各种隐患的踪迹。研究应对方案与手段。

研究人员每一分钟所做的事，都是在把前人的创造留给后人。

不能叫这无比宝贵的文化财富在自己手中损失一分一毫。

这里的研究人员会用一种自信微笑告诉你：没有什么危害会大于自己的敬业精神。

和敦煌的保护连在一起的是研究。而敦煌有一种独特的对壁画的研究方式，即临摹。

五十年来，一批批奔赴敦煌的人中，大多数是画家，从张大千、常书鸿到段文杰等等。也许敦煌首先是一条沙漠上的大画廊，一个千年绘画史博物馆，一座世界上最浩大的美术宫，最直接被震撼的是画家。所以画家们爱说一句有点过激的话："没去过敦煌的人，不知道什么是绘画史。"

但是，敦煌的临摹，不仅仅为了学习美术。

临摹，也为了欣赏一种美，放大一种美，传播一种美。

自古以来，临摹还是一种常见的绘画形式。

这样，那种忠于原作的临摹，往往在真迹失传之后，为后世留下了原作的神采与真相。

(顾恺之《洛神赋图》摹本和《女史箴图》摹本，张萱《虢国夫人游春图》摹本，周文矩《宫中图卷》摹本，李公麟《莲社图》摹本等。)

然而敦煌壁画的临摹，首要目的是作为一种极其重要的、不可替代的研究手段。

所以，敦煌壁画临摹最高的艺术追求是忠实原作。

敦煌的临摹样式和方法分为三种：

一种是原样复制。完全照原样复制下来。忠实地表现壁画的现况。哪怕残破，也保留原样，分毫不差。

(段文杰《莫高窟第257窟乘龙赴会》，常书鸿《莫高窟第217窟化城喻品》，冯仲年《莫高窟第4窟北凉菩萨》，史苇湘《莫高窟第9窟女供养人》，李振甫《莫高窟第61窟五台山图》，李其琼《莫高窟第159窟吐蕃赞普礼佛图》等。)

你看，连剥落的痕迹与细微的裂隙都逼真地刻画出来了！

另一种是完整复制。即在原样复制的基础上，将残破短缺和过于模糊的地方添补上，使画面完整。添补的内容必须有依据，添补的画面必须和现在这种古旧的程度统一，所以又称做"旧色完整临摹"。

(段文杰《莫高窟第130窟都督夫人礼佛图》，关友惠《莫高窟第278窟夜半逾城》，欧阳琳《莫高窟第285窟诸天》，董希文《莫高窟第254窟萨埵那太子本生》等。)

你看，画面依然是墙壁上那种古色古香的样子，但比起残破不全的现状，却能看到一个完整的景象！

还有一种是复原如初。壁画年代久远，画面往往含混不清，含铅颜料变色严重，这就无法看到原先的面貌。复原的前提是要对壁画进行科学研究，物必有证，最终使画面可信地复原到最初的面目。

（段文杰《莫高窟第 321 窟飞天》等。）

你看，这就是初唐时代民间画工刚刚完成时的样子！我们虽然无法在洞窟里看到一千年前新鲜的画面，却能在当今画家临摹的作品中领略到大唐绘画华美绚烂的风姿！

这种临摹又是一种创作。

它需要对壁画内容有深入理解，对形象的历史细节有严格的考证，对人物的精神情感有确切的把握，还要对当时作画的手法与程序无所不知。

比如北魏时期的人物画法，大都是先用土红色起稿，信手勾勒，天真烂漫，一任情感。然后用粗笔复勾轮廓，浑厚刚劲又不失生动。最后再用白粉勾画出鼻隆和双眼，俗称小字脸。人物的神采一下子被"点"活了。

（段文杰《莫高窟第 254 窟伎乐》等。）

这种来自域外的绘画技法，被画家把握得准确，又运用得自如。

更重要的是研究。对原作研究得愈透彻，临摹作品就愈接近原作。

敦煌壁画的临摹又具有一种学术性。

（运用红外线观测来研究壁画。）

同时，临摹还需要高超的绘画技巧。

线描在技巧中是第一位的。

它是中国画的根本。中国画的线不仅表现轮廓，更是表现一个精神的形体与形态。线描最能体现画家的技艺与才气。

（敦煌白画。）

从这些线描形式的临摹作品，一方面使我们直接欣赏到古人非凡的笔法，体会到不同时代的审美风采；一方面也能看出当今画家非凡的画技和深厚的线描能力。

(欧阳琳、史苇湘等编《敦煌壁画线描集》：《莫高窟第285窟伎乐天》《莫高窟第420窟上驮》《莫高窟第331窟舞蹈》《莫高窟第57窟手姿》《莫高窟第220窟菩萨头、佛弟子、各族王子、帝王及侍臣、供养天女》《莫高窟第172窟儿童戏水》《榆林窟第25窟供养菩萨、天王、天龙八部》、李振甫《敦煌手姿》等等。)

精确又爽利，流畅又老到，清纯又优美，严谨又自如——他们把线描的表现力发挥到一种极致。

(镜头画面：各种勾线的过程。)

斑斑驳驳的剥落痕迹，微小蜿蜒的裂缝孔隙，沉黯幽深的变质颜色，以及模糊苍茫的古老画面，全被不差分毫地复制出来，使我们对画家的写实本领真是钦佩不已！

(段文杰《莫高窟第301窟围猎》、关友惠《莫高窟第329窟女供养人》、李振甫《莫高窟第272窟供养菩萨》、霍熙亮《榆林窟第29窟女供养人》等。)

中古时代壁画中那种特有的纯朴平和的生活气息与静穆悠闲的人物精神，也一概都传神地再现出来。

(段文杰《莫高窟第360窟毡卢生活》，刘玉权、段文杰《莫高窟第220窟阿弥陀经变》，欧阳琳《莫高窟第71窟思维菩萨》等。)

敦煌的临摹是独有的一门临摹学。

敦煌的艺术和文化通过这种几乎乱真的临摹得到真正的弘扬。

(国内外的敦煌艺术展览，图片和录像。)

从将来的角度看，它又记录下今日的现状。

今天的现实就是明天的历史。

这些忠于原作的艺术，既是对昨日历史迷人的传播，又是对今日现状完美的储存。

出于同一神圣目的，敦煌研究正在向全面推进。

石窟考古扎扎实实地取得进展。

从六十年代起，由原形态的北魏第二百四十八窟着手，便开始对一个个洞窟进行全面系统的调查。以实测、摄影和临摹等手段，全方位收集洞窟信息，做到了如指掌，继而进行内容考证，确定年代，排比分析，整体分期。完成了对石窟的断代划分，是考古研究方面的重大收获。

敦煌学者樊锦诗等人对于理清石窟的历史脉络，划清各个时代的审美界限，阐明风格嬗变中的承启关系，贡献极大。

石窟研究有了牢靠的基础。

（樊锦诗《莫高窟北朝洞窟的分期》《莫高窟隋代石窟的分期》《莫高窟北朝石窟造像的南朝影响》，刘玉权《敦煌莫高窟·安西榆林窟西夏洞窟的分期》《沙州回鹘洞窟的划分》，贺世哲《瓜沙曹氏与敦煌莫高窟》，以及敦煌研究院编著的《敦煌莫高窟内容总目》和《敦煌莫高窟供养人题记》等。）

考古研究另一斐然成就，是对石窟中西北各民族文字的翻译与考释。这一成果也是馈赠给少数民族语言学的一个珍贵礼物。

（敦煌石窟中用西夏文、回鹘文、吐蕃文、蒙古文等古文字书写的游人功德记、发愿文和供养人题记。）

敦煌学是一门内涵广博、学科庞杂、综合性又极强的学问。考古方面的成果，必然对其他领域的研究以有力推动。

近二十年来，敦煌学已成为我国方兴未艾的热门学科。人们从这包罗万象、精深博大的研究素材中，可以看到其中愈来愈广阔的学术空间，以及愈来愈多繁星一般闪烁着诱人光芒的新课题。

如今，敦煌学已经被拓展出十几个领域：

敦煌语言文字。敦煌美术。敦煌文学。敦煌史地。敦煌宗教。敦煌民俗。敦煌民族。敦煌建筑。敦煌乐舞。敦煌科技资料研究。敦煌版本研究。敦煌书法。敦煌中西交通。敦煌学史等。

每个研究领域还包含着许多小领域。比如敦煌美术中，包含着窟式、壁画、塑像、图案，等等。

愈分愈细，愈细愈深。

各个领域之间还有交叉性的研究内容。比如石窟与遗书，宗教与文学，民族与美术，民俗与乐舞，中西交流与科技，等等。

相互交织成为又大又密的学术网络。

在任何一个研究领域中都可以找到无数新领域，在任何一个研究课题里都可以发现无数新课题。这便是敦煌学巨大诱惑力之所在。

老一代敦煌学者多数扎根于敦煌，新一代的敦煌学者遍及全国。源源不断的新著问世和新的论文发表，同时也是在为自己挚爱的事业升温。

（敦煌研究院《敦煌研究》《中国石窟·敦煌莫高窟》（五集），北京大学中国中古史研究中心《敦煌吐鲁番研究论文集》，段文杰《敦煌艺术论文集》，姜伯勤《唐五代敦煌寺户研究》《敦煌艺术宗教与礼乐文明》，宋家钰《唐朝户籍法与均田制度研究》，姜亮夫《敦煌学论文集》，刘伶《敦煌方言志》，张鸿勋《敦煌讲唱文学作品选注》，项楚《敦煌变文选注》，谭蝉雪《敦煌婚姻文化》，王庆菽《敦煌文学论文集》，史苇湘《丝绸之路上的敦煌与莫高窟》《世族与石窟》，李正宇《中国唐宋硬笔书法》，任半塘《敦煌歌辞总编》，牛龙菲《敦煌壁画乐史资料总录与研究》，马世长《敦煌图案》，董锡玖《敦煌舞蹈》，萧默《敦煌建筑》等。）

台湾出版的大型丛书《敦煌宝藏》和《敦煌丛刊》，具有重要的应用价值，也标志着那里敦煌学研究的卓有成就。

（黄永武主编的敦煌写本影印本《敦煌宝藏》［凡一百四十册］，苏莹辉《敦煌学概要》，饶宗颐《敦煌曲》和《敦煌白画》，朱凤玉《王梵志诗研究》等。）

学者们已经初步把一些看似天书的敦煌乐谱解译出来。这消失了千年的古乐，如今在一片窾坎镗鞳之声中被复活了。

（席臻贯《敦煌古乐》。）

舞剧《丝路花雨》，来自敦煌，也来自敦煌的研究。

敦煌研究的成果有极大的张力。

一九八七年八月，中国敦煌吐鲁番学会成立，标志着中国敦煌学进入了蓬勃活跃的新境界。这个承担国内和国际间敦煌研究的协调性组织，与敦煌研究院联合组织一次又一次全国性和国际性学术研讨会，促进和强化了中外学者的交流，推动了世界范围内敦煌学的进展。

（画面与字幕：中国敦煌吐鲁番学会组织的四次国际学术会议，分别于一九八三、一九八五、一九八八、一九九二年。敦煌研究院组织的三次国际学术会议，分别于一九八七、一九九〇、一九九四年。字幕：时间与地点）

敦煌学早已是当今世界的一门显学。

自从藏经洞遗书的发现，国际学术界便很快做出反应。

在一九〇九年罗振玉等人在北京见到伯希和那些敦煌写本的同时，日本书商田中庆太郎就及时拜见了伯希和，随即撰文在《燕尘》杂志和《朝日新闻》上介绍伯希和这一重大文化发现。

此后，日本学术界派人赴欧，以寻宝方式调查敦煌写本的收藏和研究的情况，同时抄录大量文书。日本的敦煌学差不多和中国同时起步，而且和中国人一样，立即认识到敦煌遗书的无比价值。二次大战后，日本的社会安定下来，敦煌学研究便长足发展。进入八十年代，新一代学子成立了"青年敦煌学者协会"，成绩显著，出版极丰。

（小岛佑马《沙州诸子二十六种》，矢吹庆辉《三阶教研究》和《鸣沙余韵》，仁田井升《唐令拾遗》和《中国身份法史》，西域文化研究会《西域文化研究》（六卷），藤枝晃《吐蕃统治时期的敦煌》，长广敏雄《最近敦煌石窟之研究》，水野清一《敦煌石窟艺术》，神田喜一郎《敦煌秘籍留真》，福田敏男《试论敦煌石窟的编年》，池田温《中国古代籍账研究》，小田义久主编的《大谷文书集成》等。）

一九八〇年日本人开始编纂的十三卷巨著《讲座敦煌》，集日本敦煌学研究成果之大成，具有一方面的里程碑的意义。

法国人的敦煌学在欧美一直处在领先的地位。

敦煌遗书早在伯希和手中就进入了研究阶段。可是他的研究成果，除去六卷本的《敦煌石窟图册》，大部分直到他死后才面世。

（伯希和《吉美博物馆和国立图书馆所藏敦煌丝织品》《伯希和敦煌石窟笔记》等。）

伯希和之后，迷恋于敦煌学的法国学者代不乏人。研究对象侧重于宗教和世俗两方面内容。此外，通过藏文写本对吐蕃时代的研究；通过文书的纸张、字体、书写规范和装帧方式的研究，来确定文书年代，都取得可贵的成就。

（谢和耐《从敦煌写本中的契约看中国九至十世纪的专卖制度》《有关在敦煌旅行中租骆驼的契约》《荷泽神会大师遗集》，苏远鸣《孔子项托相问书》，梅弘理《〈佛法东流传〉的最古老文本》，戴仁《对标有时间的敦煌汉文写本的纸张和字体的研究》，巴科《吐蕃王室世系牒》，拉露《巴黎国立图书馆所藏伯希和敦煌藏文写本目录》，石泰安《西藏的文明》，哈密顿《五代回鹘史料》和《十世纪于阗突厥语中的不稳定鼻音》等。）

这些都是法国敦煌学尽人皆知的名作。

伯希和的弟子戴密微，在分析吐蕃时代汉僧摩诃衍和印度僧莲华戒之间关于禅的那场大辩论而写的《吐蕃僧净记》，还有戴密微的弟子谢和耐的《中国五至十世纪的寺院经济》，是法国敦煌学者引以为荣的代表作。

英国人的敦煌研究起步较晚。主要由于斯坦因没有汉文读写能力，只能把他从敦煌弄到的文书交给法国学者沙畹和马伯乐来考释和研究。英国人自己早期的研究成果主要是对敦煌文书的整理、编目和刊布。

（马伯乐《斯坦因第三次中亚探险所获汉文文书》、翟里斯《不列颠博物馆藏敦煌汉文写本解题目录》、托马斯《中国西域吐蕃文书集》、贝利《于阗语佛教文献》等。）

六十年代后，英国人魏礼和、威切特由于发表一些水准不凡的敦煌学论著，而成了英国敦煌学的头面人物。

（魏礼和《敦煌的歌谣与俗讲》，威切特《敦煌发现唐水部式残卷》《寺院与中国中古时代经济》《敦煌唐格残卷札记》等。）

俄国人的敦煌学研究看上去比英国人早了半步，上世纪三十年代已初露端倪，但真正步入正轨却是在五十年代。一九五七年建立一个专门的敦煌研究组，设在列宁格勒的东方学研究所，有计划地开展敦煌学研究。很快就整理并出版了两卷本的敦煌文献篇目《亚洲民族研究所敦煌特藏汉文写本注记目录》，内容囊括了在俄国绝大部分最有价值的敦煌写卷。

这部巨作的两位主编孟列夫和丘古也夫斯基是俄国重要的敦煌学者，其研究成果为国际学术界所注目。

（孟列夫《维摩诘变文十吉祥变文》《敦煌所出汉文写本——佛教俗文学》，丘古也夫斯基《敦煌所出借贷文书》《有关敦煌粟特人聚落的新史料》《敦煌寺院社邑》等。）

开展敦煌学研究的国家还有韩国、美国、德国、印度、丹麦、挪威、瑞典、加拿大、匈牙利、澳大利亚、新加坡等。

（具有这些国家代表性的风光画面和该国敦煌学著作镜头。）

敦煌学已经风行世界。
然而，它仍然是个年轻的学科。
它有着大量的有待开发的学术处女地。
大宗大宗的研究素材，还没有被睿智的学者的指尖所触及。

它未来的价值还深藏在沉黯古老的写本中。

单是墙壁上一个反弹琵琶的舞姿被再现出来，就成了惊动一时的艺术现象，甚至成为当代舞剧的经典之作，那么洞窟中千姿万态的艺术形象呢？

在我们面对广阔的前景的同时，脚下还存在着一个障碍——

那些流散在十多个国家的敦煌遗书，编号不一；有些深藏库中，尚未整理；全部情况至今不明。甚至有的一件文书分成几段，分别藏在不同国家。这种由于历史的粗暴而造成的混乱，给学者们的工作带来极大的困难。

然而，对于文明的人类，结束这个有损文明的历史悲剧的时间，不应该再拖延下去了。

文物的物归原主，本是天经地义的事。

（一九八八年，联合国教科文组织通过了文物物归原主的决定。）

在今天进步的世界里，谁也不会再使用华尔纳那个荒唐的借口了。

那好比这样一句话：

宝物放在你家不安全，最好的办法是放在我家里。

如果人家说：我家已经很安全了。

你该怎么办呢？

文物的物归原主，不只是表示一种财富的主权，更意味着文明本身有一种尊严。

人类创造的一切文明，都有它自身的完整性。它是神圣不可侵犯的。这是文明的尊严，也是人类的一种尊严。

（埃及金字塔和斯芬克斯像，希腊阿波罗神殿，罗马斗兽场，法国埃菲尔铁塔。）

在当代世界那些把文物归还原主的义举，都受到举世称赞。这是走向文明的人类一个个自我完善的高尚的行为。

（展示世界上文物归还原主的具体实例。）

敦煌文物的返还与否，同样检验着每一个国家的文明程度以及对待文明的态度，因为敦煌是属于全人类的。

（字幕：一九八九年，敦煌莫高窟列入联合国教科文组织世界文化遗产。）

敦煌呼吁着它流落他乡的文物的回归。

在相关国家博物馆的画面上，出现如下字幕：

敦煌遗书在中国国内仅存一万五千件；

英国大英图书馆东方写本部一万三千七百件；

法国巴黎国立图书馆六千件；

俄罗斯科学院东方研究所圣彼得堡分所一万二千件；

日本大谷大学三十八件；

龙谷大学七件；

德国柏林科学院东方研究所六千件；

丹麦皇家图书馆东方部十四件；

英国印度事务部图书馆二千件；

此外，美国、瑞典、奥地利、韩国等地也都有敦煌文物的收藏，

法国吉美博物馆还有藏经洞出土的绢画二百幅。

就这一问题采访几位重要人物——

对季羡林的采访；

对段文杰的采访；

对樊锦诗的采访；

对平山郁夫的采访；

对池田大作的采访；

对一位欧洲敦煌学者的采访；

对联合国教科文组织世界文化遗产委员会的采访。

现在，敦煌似乎可以放心得多了。

文明的人类一定会把这种愿望实现，因为谁都明白拒绝这一要求意味着
什么。

地处中西交流大道咽喉的敦煌石窟，历时千年，拥有的宝藏无法计算。

当今世界上哪里还有更庞大、更丰厚、更浩瀚的文化遗存？

总括算来，壁画四万五千平方米，塑像三千余身，藏经洞出土的绝无仅有的中古时代文物五万余件，数量之巨，匪夷所思。而遗书件件都是罕世奇珍，壁画幅幅都是绝世杰作！若把这些壁画按照两米高连接起来，可以长长地延绵二十五公里！而且在历代不断重修中，有的壁画下面还潜藏着一层、两层，甚至更多，愈在里层的愈古老珍贵。将来的科学技术肯定叫我们看到更加绚丽多彩的奇观，将来的敦煌学者肯定叫我们更深广又切身地受益于敦煌。

然而，任何一个学者都会觉得整个敦煌文明的浩大无边，也会感到每一个具体学科的深不见底。它像一个世界那样，充满着未知的空白与无穷的神秘。对于它，我们已知的永远是远远小于未知。那些在敦煌把一头黑发熬成白发的学者们，最终才会发觉自己以毕生努力所占有的无非是汪洋大海中的一个小岛或几块礁石，从而深深地发出人生的浩叹！

还有一种文化的敬畏！

尽管这个世界上最古老和最辽阔的文化宫殿，其价值无可比拟，然而它所给予我们的启示，却远远超出了它艺术和文化的本身。它的创造者是千千万万中国各民族的民间画工，贡献给它的精神素材和创作激情的却是万里丝路上所有的国家和人民。

每当我们回首人类最初相互往来的丝路历史，总不免深切地受到感动。你站在这道路的任何一个地方，向两端望去，都是无穷无尽。一道穿越欧亚非三洲的无比深长的路啊！即使在今天，也很难徒步穿越那些深山大川，茫茫大漠，万里荒原。然而，人类却是靠着这样坚韧不拔的步履，从远古一步步走入今天的强大。这条路是脚印压着脚印踏出来的，而每一个脚印都重复着同样的精神。如果人类在将来陷入迷失，或对自己有什么困惑，一定能在这条古老的道路中找到答案，并因此心境豁朗，昂首举步向前。

历史是未来最忠实的伴侣。

这条曾经洲际的最古老的丝路，不会只躺在这荒漠上被人遗忘。它必定还在地球上所有人对未来的企望与信念中。

它永远是人类的骄傲之本，自信的依据与历史的光荣。

这一切又全都折射和永驻在迷人的敦煌石窟中。

如果你静下心来，一定能从莫高窟五彩缤纷的窟壁上听到历史留下的雄浑凝重的回响。它告诉你：

人类长存的真理，便是永远不放弃交流。并在这不中断的交流中，相互理解，相互给予，相互美好地促动。

羽人与天人。犍陀罗的佛与女性的菩萨。佛本生的故事与经变画。西夏文题记与汉字榜书。各国王子和各族供养人像。丝路上各地各国珍奇而美丽的事物。

能够告诉我们这个真理并使我们深深感动的地方，才能被称作人类的文化圣地。

它一定是人类的敦煌。

它必定是永远的敦煌。

博大又辽远的境界。雄浑又深情的音响。

景色变成灿然的金色。

全剧在激情的高潮中结束。

一九九七年十月

附

冯骥才关于文化遗产的著述

个人著述（再版不计）

总号	书名	体裁	出版年月	出版社
1	《华夏五千年艺术不能不知道丛书·丹青集》	艺术评介集	1993	天津市杨柳青画社
2	《人类的敦煌》	电视文学剧本	1997	文化艺术出版社
3	《敦煌痛史》	文化史	2000	大众文艺出版社
4	《手下留情——现代都市文化的忧患》	随笔集	2000	学林出版社
5	《抢救老街》	纪实文学	2000	西苑出版社
6	《文化发掘·老夫子出土》	文化批评	2001	西苑出版社
7	《紧急呼救——民间文化拨打120》	随笔集	2003	文汇出版社
8	《新人文对话录丛书·冯骥才周立民对话录》	理论类	2003	苏州大学出版社
9	《武强秘藏古画版发掘记》	纪实文学	2004	西苑出版社
10	《民间灵气: 癸未甲申田野考察档案》	文化随笔集	2005	作家出版社
11	《思想者独行》	散文随笔集	2005	花山文艺出版社
12	《凝视达·芬奇》	文化档案	2006	译林出版社

总号	书名	体 裁	出版年月	出版社
13	《豫北古画乡发现记》	文化档案	2007	中州古籍出版社
14	《灵魂不能下跪》	散文随笔集	2007	宁夏人民出版社
15	《年画手记》	散文随笔集	2007	宁夏人民出版社
16	《乡土精神》	散文集	2010	作家出版社
17	《绵山文化遗产·绵山包骨真身像》	图文集	2010	中华书局
18	《绵山文化遗产·绵山造像》	图文集	2010	中华书局
19	《年画行动》	散文随笔集	2011	中华书局
20	《一个古画乡的临终抢救》	文化档案	2011	生活·读书·新知三联书店
21	《文化诘问》	随笔集	2013	文化艺术出版社
22	《文化先觉——冯骥才文化思想观》	观点集	2014	阳光出版社
23	《泰山挑山工纪事》	纪实文学	2014	作家出版社

重要主编书目

总号	书名	体裁	出版年月	出版社
1	《天津老房子·旧城遗韵》	图文集	1996	杨柳青画社
2	《天津老房子·东西南北》	图文集	1998	杨柳青画社
3	《小洋楼风情·民居建筑》	图文集	1998	天津教育出版社
4	《小洋楼风情·公共建筑》	图文集	1998	天津教育出版社
5	《珍藏五大道》	图文集	2002	大树画馆

总号	书名	体裁	出版年月	出版社
6	《守望民间》	论文集	2002	西苑出版社
7	《中国民间文化遗产抢救工程普查手册》	工具书	2003	高等教育出版社
8	《中国木版年画集成》（凡二十二卷）	文化档案	2005-2011	中华书局
9	《中国民间文化杰出传承人名录》	名录	2007	民族出版社
10	《符号中国》	图典	2008	译林出版社
11	《羌族文化学生读本》	读本	2008	中华书局
12	《我们的节日》（凡四本）	读本	2008-2009	宁夏人民出版社
13	《文化血脉与精神纽带——中国传统节日（清明·寒食）论坛文集》	论文集	2009	中国文联出版社
14	《绵山神佛造像上品》	大型图文集	2009	中华书局
15	《羌族口头遗产集成》	文化档案	2009	中国文联出版社
16	《中国木版年画传承人口述史丛书》（凡十四本）	文化档案	2009-2011	天津大学出版社
17	《消逝的花样——进宝斋伊德元剪纸》	文化档案	2009	中华书局
18	《田野的经验——中日韩非物质文化遗产保护方法论坛论文集》	论文集	2010	中华书局
19	《中国大同雕塑全集》（凡六卷）	文化档案	2010-2011	中华书局
20	《心灵的桥梁——中俄文学交流计划国际学术研讨会论文集》	论文集	2010	天津大学出版社
21	《中国唐卡艺术集成·玉树藏娘卷》	文化档案	2010	阳光出版社
22	《中国唐卡艺术集成·德格八邦卷》	文化档案	2011	阳光出版社

总号	书名	体裁	出版年月	出版社
23	《中国民间剪纸集成·医巫闾山卷》	文化档案	2011	河北教育
24	《清明（寒食）文化的多样与保护——中国传统节日（清明·寒食）论坛文集续编》	论文集	2011	中华书局
25	《年画研究》（凡三本）	丛刊	2011-2013	中国戏剧出版社
26	《年画的价值——中国木版年画国际论坛文集》	论文集	2012	天津大学出版社
27	《李福清中国民间年画论集》	论文集	2012	中国戏剧出版社
28	《永存的记忆——李福清中国文化研究国际学术研讨会论文集》	论文集	2013	天津社会科学院出版社
29	《天津皇会文化遗产档案丛书》（凡十本）	文化档案	2013-2014	山东教育出版社
30	《中国木版年画代表作》	文化档案	2013	青岛出版社
31	《中国传统村落名录图典》（样册）	图文集	2013	传统村落保护与发展研究中心
32	《中国唐卡文化档案田野普查工作手册》	工具书	2013	阳光出版社
33	《中国传统村落立档调查田野手册》	工具书	2014	文化艺术出版社
34	《当代社会中的传统生活——国际学术研讨会论文集》	论文集	2014	天津社会科学院出版社
35	《中国传统村落立档调查范本》	工具书	2014	文化艺术出版社
36	《鬼斧神工——中国历代雕塑藏品集》	文化档案	2015	中华书局
37	《中国民间文化遗产抢救工程档案 2001 — 2011》	文化档案	2015	宁夏人民教育出版社

冯骥才大事记

1942 年	2 月 9 日生于天津，祖籍浙江宁波。父亲冯吉甫，浙江宁波人，母亲戈长复，山东济宁人。兄妹六人，行三，长子。
1961 年 (19 岁)	毕业于塘沽第一中学，同年加入天津市男子篮球队蓝队，出任中锋。
1962 年 (20 岁)	比赛受伤后退出体坛，转入天津书画社，专事绘画。以摹制宋代北宗山水及风俗画为生，并在报刊上发表画作和美术评论文章。
1967 年 (25 岁)	"文革"期间因家庭原因受到严重冲击，做过业务推销员、塑料印刷工，画过草帽和玻璃镜片，生计艰辛，饱受磨难。1 月 1 日与顾同昭结婚，11 月生子冯宽。
1974 年 (32 岁)	调入天津工艺美术工人大学，教授中国画和美术史，业余间研究义和团历史，与李定兴合著长篇小说《义和拳》。
1979 年 (37 岁)	发表伤痕文学《铺花的歧路》《啊！》《雕花烟斗》等小说，始入文坛，同年调进天津文艺创作评论室，任专业作家。同年 9 月，与梁斌等举办"三作家书画展"。
1980 年 (38 岁)	《雕花烟斗》获"1979 年全国优秀短篇小说奖"。
1981 年 (39 岁)	《啊！》获"第一届全国优秀中篇小说奖"，出访英国。

1982 年（40 岁）   出任天津市文学艺术界联合会和天津作家协会副主席。

1983 年（41 岁）   中篇小说《雾中人》获"天津市优秀作品奖"，任第六届全国政协委员。

1984 年（42 岁）   短篇小说《高女人和她的矮丈夫》获"首届上海文学奖"，出版三卷本《冯骥才选集》。

1985 年（43 岁）   短篇小说《雪夜来客》和中篇小说《神鞭》双获"首届优秀中短篇小说百花奖"。8 月至 12 月应邀赴美参加"爱荷华国际写作计划"，在哈佛、耶鲁、明尼苏达、芝加哥、印第安纳等大学做有关中国文学讲座。任中国作家协会理事，并出任《文学自由谈》主编。

1986 年（44 岁）   《神鞭》获"第三届全国优秀中篇小说奖"，《感谢生活》获"1985年度中篇小说选刊奖"，并获"天津市鲁迅文艺奖金"，年末，应邀赴西德访问及演讲。

1987 年（45 岁）   中篇小说《三寸金莲》获"首届传奇文学奖"。3 月，赴比利时参加"布鲁塞尔国际书展"。6 月，应邀赴新加坡参加"第三届国际华文文艺营"，并担任"《联合早报》金狮奖"评委。8 月，应邀赴加拿大访问。任第七届全政协委员，并出任《艺术家》杂志主编。

1988 年（46 岁）   率团赴奥地利、匈牙利、波兰等国考察民间艺术。当选为中国文联执行副主席，中国民主促进会中央副主席，天津文联主席。

1989 年（47 岁）   散文集《珍珠鸟》获"全国新时期优秀散文（集）奖"。年末，率中国文联代表团访问澳大利亚。父亲病故。

1990 年（48 岁）   散文集《海外趣谈》获"天津优秀作品奖"，9 月赴澳大利亚参加墨尔本国际作家节，11 月赴德国考察文化。出版《冯骥才画集》。

1991 年（49 岁）   中篇小说《感谢生活》获法国"青年读物奖"和"女巫奖"。4 月在天津艺术博物馆举办"冯骥才画展"，9 月在济南山东省美术馆举办"冯骥才画展"，并伴母赴母亲故乡济宁省亲。12 月在上海美术馆举办"冯骥才画展"。

1992 年 (50 岁)   4 月携全家到宁波慈城寻根访旧，在宁波市美术馆举办"冯骥才敬乡画展"。10 月参加中日学者"展望二十一世纪亚洲国际讨论会"，并赴重庆市举办"冯骥才入川画展"。12 月在北京中国美术馆举办大型"冯骥才画展"。再次当选中国民主促进会中央副主席。

1993 年 (51 岁)   3 月赴奥地利，在维也纳举办为期一个月的"温情的迷茫——冯骥才绘画小品展"。9 月，应日本国际交流基金会邀请赴日考察。小说《炮打双灯》获"第五届《小说月报》百花奖"。小说《感谢生活》(德译本) 获瑞士"蓝眼镜蛇奖"。

1994 年 (52 岁)   3 月小说《三寸金莲》英译本在美出版，应夏威夷大学出版社邀请赴美，在加州大学、柏克莱大学、密苏里大学、科罗拉多大学做文学演讲。参加波士顿的"亚洲年会"。6 月应新加坡华文报业俱乐部邀请，在河畔画廊举行"冯骥才绘画展"，并在联合报业集团大厦做文学问题演讲。9 月应"朝日新闻社"邀请赴日，在东京日中会馆举办"冯骥才现代中国画展"，并再次做中日文化关系方面的考察。同年，纪实文学《一百个人的十年》获"1985—1993 年《当代》文学奖"。

1995 年 (53 岁)   4 月率中国文联代表团赴奥地利和意大利。参加在奥地利举行的国际民间艺术组织 (IOV) 第二次大会，当选该组织的东亚副主席。8 月赴美，在旧金山南海艺术中心举办"冯骥才绘画展"，并做题为"绘画是文学的梦"专题讲座。10 月率中国文联代表团访问台湾和香港。同年，小说《市井人物》获"《小说月报》第六届百花奖"。《苏七块》获"1993 — 1994 年全国优秀小小说奖"。出版《冯骥才名篇文库》十卷本和主编的《天津老房子·旧城遗韵》。

1996 年 (54 岁)   7 月中国文联代表团团长，访问埃及。9 月—10 月赴甘肃考察敦煌石窟及丝绸之路河西走廊段。

1997 年 (55 岁)   3 月赴日本京都，参加中日韩三国"构筑二十一世纪亚洲研讨会"，发表演说题为"发扬东方文化的独特性"。4 月完成中篇小说《夏娃日记》；10月完成长篇电视文学剧本《人类的敦煌》。小说《石头说话》获"小说月报"第七届百花奖；小说《市井人物》获首届中华文学选刊奖。同年，组织大型文化行动"天津地域文化采风"和"小洋楼文化采风"。12月，赴希腊参加国际民间艺术组织执委会会议。同月，再次当选民进中央副主席。

1998年（56岁）　小说《石头说话》获第六届十月文学奖；散文《逼来的春天》获首届中华散文奖。当选第九届全国政协常委。

1999年（57岁）　4月完成散文《致大海》。10月访问法国，考察巴黎和卢瓦河一带文物保护。11月出版《画外话·冯骥才卷》。

2000年（58岁）　1月至3月组织抢救津门古街估衣街。3月因《挑山工》荣获"泰安市荣誉市民"。赴泰安市接受市政府颁发之金钥匙；6月于浙江金华"中国小说学会年会"上，当选中国小说学会会长。当年创作并出版小说集《俗世奇人》、文化纪实《抢救老街》、文化批评《手下留情》、通俗文化史《敦煌痛史》等书。9月参加中国作家代表团，访问挪威和爱尔兰。在中挪文学研讨会演讲《习惯与文化》。10月访法至年底。同时访问德、摩、荷、比、卢、西等国。其间应德国伯尔基金会邀请，赴柏林演讲《留住城市的记忆》。

2001年（59岁）　2月天津大学冯骥才文学艺术研究院成立，任院长，兼任天津大学社会学及外国语学院名誉院长，被聘为教授。3月参加中国民间文艺家协会第六次代表大会，当选中国民间文艺家协会主席。5月考察承德避暑山庄。同月法文《一百个人的十年》出版。8月《文化发掘·老夫子出土》出版。10月《中国小说50强·冯骥才卷》和《中国作家国外获奖集·冯骥才》出版。完成文化散文集《巴黎·艺术至上》。10月16日《俗世奇人》获第九届中国小说百花奖。10月至11月考察山西与山东。12月，参加中国文联第七次全国代表大会，当选中国文联副主席。

2002年（60岁）　1月书录本《绘图金莲传》出版。3月、4月、9月分别在宁波、天津、石家庄举办"甲子画展"；并在济南举办"冯骥才甲子艺术研讨会"。5月率团访问俄罗斯，足迹至奥廖尔、莫斯科、图拉、克林、圣彼得堡等地。10 月带领专家小组山西榆次古村落和祁县剪纸，编写《普查手册》。12 月当选中国民主促进会第九届中央副主席。当月，《俗世奇人》（法文版）出版，《民间文化拨打 120·紧急呼救》出版，《美人欧罗巴》出版。

2003 年（61 岁）　1 月召开中国木版年画工作会议。出版散文随笔集《倾听俄罗斯》、绘画和散文作品《画中心情》、画集《名家·名品》。2 月举行"中国民间文化遗产抢救工程新闻发布会"。完成电视文学剧本《探访榆林窟》。出版《神鞭》插图本。主编之《普查手册》出版。3 月当选全国政协十届常委委员。电视连续剧《神鞭》开播。空政话剧团改编的话剧《俗世奇人》在北京人艺剧场上演。完成思想批评集《思想者独行》。4 月访问奥地利、意大利威尼斯、佛罗伦萨、西耶纳、罗马、庞贝及梵蒂冈和圣马利诺等地。5 月访问萨尔茨堡、捷克布拉格、卡洛维发利、克罗姆罗夫等地。6 月在维也纳大学演讲《中国的文化与遗产》。7 月写作并完成《乐神的摇篮》《维也纳情感》。8 月在山东召开"山东地区年画普查推动会"。在济南举行"五人书法展"。在河北蔚县一带考察。9 月赴闽西和山西考察。途经庐山、南昌、厦门、龙岩、永定、连城、四堡、泉州、榆次。10 月赴武强抢救木版年画。同月，赴贵州黔东南考察苗寨。散文集《倾听俄罗斯》（台湾省版）、《冯骥才自述》出版。全部小小说获首届中国小小说金雀奖。11 月在奥地利大使馆举行《乐神的摇篮》出版首发式。《俗世奇人》俄文版出版。12 月赴山东召开"中国木版年画普查中期推动会"。完成并出版纪实文学《武强古画版发掘记》。

2004 年（62 岁）　始自元月元日为《收获》写专栏文章《田野档案》。京剧《三寸金莲》首演成功。2 月被各大媒体评为"2003 年度十大杰出文化人物"。3 月赴杭州出席"中国民间文化遗产抢救中期推动会"。4 月到云南昆明、大理、丽江和四川绵竹考察。5 月到上海和南通考察。6 月担任"中国西藏文化保护和发展协会副会长"。完成《中国木版年画全集杨家埠卷》编撰与总序。8 月赴长春出席国际萨满文化学术研讨会。9 月出席国际民间艺术组织会议（IOV）。10 月《冯骥才》出版。11 月出版画集《民间、民间…》，并在天津与北京举办"冯骥才公益画展"。12 月《文化发掘·老夫子出土》获中国漫画理论奖。大树画馆新馆建成。冯骥才民间文化基金会获准成立。

2005 年（63 岁）　3 月《中国木版年画集成·杨家埠卷》出版，《当代小小说·冯骥才自选集》出版。召开中国民间文化杰出传承人普查与认定项目启动会。4 月率领中国文联代表团访问日本。先后访问东京、北海道、札幌、名古屋、京都、神户、大阪等（详见《访日笔记》）。5 月《冯骥才分类文集》（16 卷）出版，文化随笔集《民间灵气》出版。北洋文化节开幕暨天津大学冯骥才文学艺术研究院大楼落成仪式。6 月江西南昌参加中国傩文化节。考察安义、抚州地区古村落和南丰傩戏。7 月赴山东考察临邑、林县等地古遗存。8 月赴蔚县参加雪绒花新闻发布会，并赴宣化考察辽墓壁画，文化批评文集《思想者独行》出版，美国《先驱论坛报》刊出文章《在中国民间文化成为历史之前把它记载下来》。9 月赴山西榆次参加后沟村文化节。考察介休张壁村。10 月盛宣怀蜡像揭幕。赴浙江杭州参加韩美林美术馆开幕并讲话。参加嘉兴江南文化节。考察乌镇和西塘。旋即赴青浦参加古村落研讨会，演讲《今天的矛头对准建筑师》。转日到上海吊唁巴金。11 月赴安徽合肥。演讲《全球化背景下的文化应对》。登黄山，考察屯溪、西递、宏村、蹟溪、龙川等地。后赴江西婺源参加文化节。考察理坑、汪口、思溪、延村等地，演讲《古村落是中华文化的箱底》。写散文《文房两篇》。12 月《冯骥才分类文集》获 2005 中国最美的图书。当选"2005·推动中国城市现代进程十大有贡献的人物"。完成画作《远帆》《秋溪》《一片青碧化水中》等。完成长篇思想对话《文人画思辨》。

2006 年（64 岁）　1 月主编中国民间美术分类研讨会论文集《鉴别草根》出版。3 月在全国政协提案《规划新农村建议要注意古村落保护》。下旬在研究院北洋美术馆举办《意大利绘画巨匠原作展》。4 月短篇小说《抬头老婆低头汉》在《上海文学》刊出。中国民协七次代表大会连任主席。下旬在浙江西塘主持"中国古村落保护论坛"。演讲"古村落是最大的文化遗产"。考察苏州、宁波、前童和南通等地。5 月赴韩国江陵出席"中日韩无形文化遗产论坛"。考察韩国江陵端午祭。6 月今晚传媒集团聘为高级顾问。冯骥才民间文化基金会颁发"中国民间守望者奖"。在国家图书馆为"部长领导干部 历史文化讲座"主讲《"文化遗产日"的意义》。7 月文化部聘为国家非物质文化遗产保护工作专家委员会主任。8月《凝视达·芬奇》出版。9月完成艺术理论专著《文人画辨》。23日岳父顾以伟去世。10月在《文汇报》开专栏"文化诘问"，发表《文化可以打造吗？》《城市可以重来吗？》《乾隆能上房吗？》一系列文化批评文章。11月全国第八次文代会连任副主席。《冯骥才小说集》（越南文版）出版。赴河南郑州出席"中国民间文化遗产抢救工程经验交流会"。前往邯郸、滑县、安阳等地考察。探访新发现的木版年画产地李方屯。12月在北洋美术馆组织"丝绸之路上的敦煌"展览。短篇小说《胡子》出版。同昭《霓裳集》出版。完成新作《豫北古画乡发现记》。

2007年（65岁）　1月1日结婚四十年，为同昭编画集《霓裳集》出版。纪实文学《一百个人的十年》在天津电台开播。2月赴山西游太原崇善寺，考察太原青龙镇。3月两会间，交《关于建议春节假期前挪一天的提案》和《关于建议重要的古村镇建立博物馆的提案》。六十五生日之日（3月7日）写诗《自贺生日》五言绝句两首。《抬头老婆低头汉》获《小说月报》短篇奖首名。4月赴扬州，参加中国剪纸博物馆开幕式。参观瘦西湖和个园，后去苏州，考察角直。开始画《心中十二月》，至5月10日完成，乃近年精品。《灵魂不能下跪》出版。赴郑州领取"中国小小说终身成就奖"。5月在首届"中国民间文化杰出传承人命名"仪式上讲话《向传承人致敬》。6月在"中国民间文化杰出传承人命名大会"上讲《向传承人致敬》。冯骥才南京公益画展和苏州公益画展成功举行。将《心中十二月》《风物四时图》等三十九件作品全部售出，筹得公益款358万元。其间造访常熟、虞山等地。在南京东南大学演讲《全球化时代的文化挑战与应对》。8月写小说《楼顶上的歌手》。9月在研究院内成立"中国木版年画研究基地"和"中国民间美术遗产保护与研究中心"。"滑县木版年画普查成果展"和"跳龙门乡土艺术博物馆"开幕。赴青岛参加王蒙主持的青岛海洋大学作家楼落成，其间游崂山。在济南接受山东工艺美院荣誉教授聘书。《爱犬的天堂》出版。10月举行"人文精神与大学教育国际学术研讨会"。赴杭州、东阳、金华、龙泉、庆元、温州、宁波等地，重点考察古村落与廊桥。以捐赠绘画作品方式，换取杭州和鄞州两地公益捐款。在艺人节演讲《传统民间美术的时代转型》。11月《文人画宣言》出版。在苏州参加山花奖颁奖。考察千灯镇和太仓。接受中央电视台等媒体关于传统节日法定放假的采访。12 月赴徐州出席李可染故居美术馆开幕式。出席中国民主促进会第十一届代表大会，连任民进中央副主席。出席文化部第二批非物质文化遗产国家名录审定。赴南昌参加中国民协民间文化抢救高峰论坛，演讲题目为《怎样才叫保护好了？》。考察桂北少数民族古村落，先后抵融水、三江、龙堆、阳朔等地。

2008 年（66 岁）　　1 月被评"2007 中国十大小小说人物"。1 日写《灵感忽至》。14 日赴河南出席开封年画节及论坛，演讲《关于民间年画抢救的若干问题》。经禹州冒雨入晋，考察绛州木版年画和光村等古村落，由太原返津。31 日小说《楼顶上的歌手》在《收获》刊出。2 月 8 日写《大雪入绛州》。作画《静水深流》《黎明诗句》等。19 日率中国文联代表团赴曼谷。出席中泰艺术联合会成立九周年庆典。25 日返京。3 月当选十一届全国政协委员，出席两会。当选常委、文史和学习委员会副主任。16 日生日作《大顺歌》。作画《春城无处不飞花》等。为柏杨《丑陋的中国人》作序《中国人丑陋吗？》。4 月 1 日飞抵太原，到绵山参加"清明文化论坛"，做题为"像点燃奥运圣火一样重振传统节日"的演讲。获准为天津大学博导。作画《阳光顺坡而下》等。在北洋美术馆主持郑云峰摄影展《永远的长江》，同时在大树画馆举办《戊子之春》画展。编就和定稿《中国古村落普查手册》。5 月 4 日随中国政协代表团访问罗马尼亚、匈牙利、斯洛文尼亚和克罗地亚。因汶川地震提前于 15 日返回，捐款 10 万元。21 日写文章《要想到建立汶川地震博物馆》。6 月 1 日经民进卖画《万壑奔流》30 万元捐给灾区。在人大会堂举行《紧急抢救羌族文化座谈会》。办理手续调入天津大学。17 日入川，在成都成立"紧急抢救羌族文化工作基地"。深入绵竹、德阳、北川等地考察。写《关于紧急保护羌族文化建议书》呈送国务院。写文章《羌去何处？》和《废墟里钻出的绿枝》。7 月购得古版旧印桃花坞年画五十九幅。12 日赴山西绵山考察神佛造像，15 日抵大同，考察善化寺，上下华严寺、云冈石窟及古城。在大同市政府做关于文化保护问题的演讲。18 日返津，完成与向云驹合著的《羌族文化学生读本》，作画《绵山云》等。8 月 1 日作为奥运火炬手在新港跑火炬接力。写文章《绵山奇观记》等。9 月 3 日母亲九十一岁生日。7 日《羌族文化学生读本》

首发式，捐书五千册给灾区，中午驱车去内蒙古，傍晚到呼和浩特。在呼市对各界做"文化保护问题"的演讲。考察大召寺、五塔寺、和林县剪纸、美岱召、木容草原。12日乘机返津。写文章《仲爷祭》《草原上的剪纸娘子》等。10月8日被评为"全国抗震救灾模范"。22日被国务院聘为参事。写文章《谁能万里一身行》《哀谢晋》等。28日飞往西安，考察西安各处文化遗产。11月探访华州皮影、登华山、拜谒咸阳汉唐陵墓、考察宝鸡年画、马勺、泥塑等。在宝鸡召开非遗保护工作座谈会。4日返津。被评为"改革开放30年30名社会人物"。在《收获》杂志开新栏目"田野手记"。写文章《闯关东年画》《绵山神佛造像记》等。12月写长文《天津年画史述略》。完成画作《初雪》《翔天》等。被人民日报和人民网评为"2008年文化人物"。

2009年（67岁）　1月在《收获》开专栏《田野手记》，每期一篇。16日温总理在中南海紫光阁颁发国务院参事证书。座谈会上发言《关于国家文化战略的建言》。《灵魂不能下跪》获六十年原创奖。25日除夕。2月完成大型图文集《绵山神佛造像上品》全部书稿。作画《思绪如烟》。3月7日在政协联组会上发言《人文知识分子在当今社会的位置》。新版增补《灵性》定稿，凡450则。4月《绵山神佛造像上品》中华书局出版，在绵山举行新闻发布会。赴绵山、蒙山、大同云冈等地考察。5月新作小说散文集《散花》山花文艺出版社出版。赴湖南。由长沙至张家界、凤凰城、隆回，考察滩头年画、手抄竹纸和花瑶古寨。6月在学院举办"中日韩'田野的经验'论坛"。为北辰刘庄祥音法鼓老会捐款。完成《中国木版年画集成·滑县卷》，中华书局出版。主编《消逝的花样》，中华书局出版。在山西大同举行《大同雕塑全集》编撰之专家研讨会。考察浑源永安寺、云冈观音堂等。"共和国作家文库"：《珍珠鸟》和《神鞭》作家出版社出版。7月写作《湖湘五事》，任开明画院院长，新作《雄风》等三幅在中国美术馆展出。法文版小说《抒情》在巴黎友丰书店出版。8月香港明报出版社出版小说集《楼顶上的歌手》，赴宁夏考察青铜峡一百零八塔、同心清真寺、西夏王陵、贺兰山岩画、贺兰县皮影等。为贺兰山岩画题"岁月失语，唯石能言。"写《从大水冲了龙王庙说起》，《北青报》和《文汇报》刊出。妻同昭七十生日，同作一画。并在其童年旧居做生日餐也。9月至10月写作《我为慈城担忧》。

母亲生日，赠书法《尽享美好》。赴欧访问，奥地利、瑞典、挪威和波兰。10月12日归。11月赴宁波，考察慈城石雕和鄞县私人博物馆。中俄文学交流计划"心灵的桥梁"在学院举办。主编《中国木版年画集成·俄罗斯藏品卷》中华书局出版。研究文集《为思想立》出版。12月召开"中国木版年画集成收尾工作会议"。编就《绵山造像》和《绵山包骨真身像》两书。新作散文诗集《灵性》三联出版社出版。中华文化促进会和凤凰电视台授予"2009中华文化人物"（2010年1月13日颁奖典礼）。

2010年（68岁）　1月在"春节文化论坛"上发言题目"春节是中华民族最大的非遗"。致信温总理建议将春节列为我国申请世遗首位。发表《春运是一种文化现象》。获"2009年中华文化人物奖"。2月赴曲阳考察雕塑，到保定看满城汉墓。写文章《团圆，春节的第一主题目》。作画《春消息》《影子过河》等。3月两会提案《关于建议国家非遗名录建立警告与除名机制》。文化艺术史类著作《绵山造像》和《绵山包骨真身像》出版。作四尺大画多幅。4月赴山西大同、云冈、张兰、介休张壁古堡、绵山，出席清明文化论坛，演讲题目"在节日中享受节日文化"。为玉树捐款十万元。5月赴安徽。到徽州、九华山、桃花潭、铜陵等地。在铜陵"徽文化节论坛"演讲题目"转型期的文化传承"。举行"从北川到玉树——地震灾区文化抢救成果发布会"。演讲题目"一种精神在行走"。为敦煌研究院写电视文学本《丝绸之路上的敦煌》。欧洲文化随笔四卷本由译林出版社出版。6月在天后宫举行"民间保护天津皇会基金启动仪式"。在中国民协六十年周年纪念会上演讲"六十年，为了中华文明的传承"。参加福建海峡论坛，再游鼓浪屿。7月发表文章《进天堂的吴冠中》《请不要：遗址公园化》等。作八米手卷《心居图》。赴香港参加"香港书展"，发表演讲"我在干什么？"8月作画《深巷》及十米手卷《珍藏四季》。发表文章《请不要蹧蹋我们的文化》《七夕·摩合乐·张爷》等。为跳龙门新馆雕塑厅写全部说明。法文版小说集《幽默》出版。9月为母亲生日书"春光为伴"四字。19日《大同雕塑全集》前两部出版，赴大同出席发布会及第八届中国民间艺术节开幕式。文化散文集《乡土精神》出版。月底，获"中国社会责任领袖奖"。10月举办第二届北洋文化节暨"把国家非遗搬进大学"活动。散文随笔集《哦，中学时代》出版。开始学习使用电脑。11 月文化批评《请不要用"旧村改造"这个词》刊出。与清华大学建筑联合启动"中国古村落代表作"项目。大型画集《冯骥才画集》出版。12 月整理和编写《中国木版年画集成·拾零卷》，为其写了《扬州年画》《安徽年画》《东丰台年画》等多篇文章。赴台湾出席开明画院台北展，《思绪如烟》《曙色》等六幅画作参展。在台湾艺术大学演讲《大陆画坛现状与问题》。月底在北京人民大会堂启动"中国口头文学遗产数字化工程"，演讲"让灿烂的口头文学永远传下去"。

2011 年（69 岁）　1 月改定《中国木版年画集成总序》，《在摩耶精舍看明白了张大千》刊出。2 月大型画集《冯骥才画集》由中华书局出版，并在全国政协礼堂举行新闻发布会。绘制长卷《山水相依图》。在中国民协理事会上讲《文化保护中的专家角色》，《中国木版年画集成·漳州卷》《小校场卷》出版。3 月 13 日在韩美林家度过 69 岁生日。启动对杨柳青南乡三十六村的"临终抢救"行动。4 月 5 日在绵山海峡两岸清明文化论坛上演讲。到长治平顺考察井底、西沟诸山村。归来作画《夕照太行》等。16 日在人民大会堂举行"中国木版年画总结会"。演讲《背上的一块石头落下来》。18 日赴杨柳青南乡南赵庄发掘古版。23 日当选第八届中国民间文艺家协会主席。5 月完成《临终抢救》书稿。与同昭在学院植飞来树。6 月《域外手记》（四集）获南京图书奖。画作《思绪如烟》等及《绘事自述》一文刊在《美术》上。赴芬兰，在赫尔辛基大学和图尔库大学演讲。造访维也纳及萨尔茨堡湖区哈尔施塔特等地，并横穿瑞士，兼游列支敦士登。7 月发表《对一位背对市场艺术家的精神探访》《别急，哈尔施塔特》《司格林教授》等文。《四月的维也纳》入选新加坡教材。8 月上旬，在全国政协文化协调会上讲《文化怎么自觉》。下旬，在北京图书博览会中国作家馆讲"巴金的《随想录》"。9 月为母亲庆祝九十五岁生日。在人民大会堂国务院参事室座谈会上发言《为紧急保护古村落进言》，并与温家宝总理对话。后为建设部提供《关于中国古村落保护的几点建议》。10 月学院的"中国木版年画数据库""口述史方法论"和"皇会保护"等科研课题，均列入国家社科基金重点项目。学院《冯骥才十年木版年画抢救档案》出版。新作《一个古画乡的临终抢救》和《年画行动》出版。11 月学院《年画研究》（首期）出版。"硕果如花"展览暨"年画的价值"国际研讨会开幕。会上启动中国木版年画申请世遗。讲话《"非遗后"时代我们做什么？》。当选中国文联九届副主席。大树画馆撤销，作画《大树依然》。12月在韩美林艺术大展上致词《向一位天才的艺术家致意》。同月，获全国青联等单位颁发的"2011年中华儿女年度人物"称号。开始编写大型图集《时光倒流七十年》。

2012年（70岁） 2月当选"2011中华儿女年度人物"，发表散文《春天最先是闻到的》。3月两会。发表《梁林故居拆了，问责于谁和谁来问责？》。25日生日晚宴。4月开始编写《生命经纬》。赴河南出席清明文化论坛，后考察新乡、长治等地。5月27日完成《生命经纬》书稿。6月赴济南"古村落论坛"。7月赴奥地利访问。兼游丹麦哥本哈根、欧登塞、奥胡斯，瑞典马尔默，德国新天鹅城堡，斯洛文尼亚皮兰等地。8月筹备北京"四驾马车"展。9月在北京举办"四驾马车"展览，胜友如云，甚成功，应是七十年完美又真实的总结。中国传统村落保护与发展专家委员会成立，任主任，讲话《让千年古树在未来开花》。10月发表《离我太远了，皮兰》一组欧行文章。作画甚多。11月发表文章《一生都付母亲河》。12月《人民日报》7日刊出《传统村落的困境与出路》一文。民进会退副主席职。编选《年画代表作》。

2013年（71岁） 1月2日书写《万物呼春》。转日作画《天降清流》。29日写《守岁》一文。2月编写并完成大型图集《中国木版年画代表作》全部书稿。3月20日至4月2日访问法国。在巴黎法国人文基金会演讲。访问卡昂、亚眠、索姆河、里尔和加莱等地，一路写游记。4月2日至15日访问英国。访问伦敦、斯特拉福、霍沃思、爱丁堡、剑桥、牛津、坎特伯雷、巨石阵、巴斯等地。先后在剑桥大学、牛津大学、巴斯大学、伦敦政经学院演讲。一路写游记。《符号中国》获南京图书奖。5月自英国购得瑶族《盘王图》一套。写《底线》《文化存录的必要》等文。完成《西欧思想游记》书稿。6月1日新一届博士生通过答辩，4日中国传统村落保护和发展中心成立。10日写《小雨入端午》，作画《最宽阔的是心灵》。18日获《国际万宝龙大奖》。23日韩美林美术馆南馆落成，典礼上演讲《民族复兴与文化担当》。晚与美林共度"150岁生日"。7月8日作画《黄山夕照》。《人类的敦煌》入选全国推荐 50 册书榜。17 日《冯骥才作品精选》由长江文艺出版社出版。山西乔家大院博物馆赠清代四驾马车。8 月写作《凌汛》。9 月 14 日开始写《俗世奇人 2》。29 日《文化诘问》出版。10 月继续写《俗世奇人 2》。11 月赴泰山。做泰山挑山工口述史。26 日人民文学出版社出版中短篇小说集《俗世奇人》。28 日大型图集《中国木版年画代表作》出版。12 月 27 日游记《西欧思想游记》由三联出版社出版。31 日文学回忆录《凌汛》出版。

2014 年（72 岁）	1 月 9 日在北京图书订货会上，与文化艺术出版社李世跃主编对话。新书《凌汛》《西欧思想游记》《离我太远了》《春天最初是闻到的》《文化诘问》《文化先觉》《中国木版年画代表作》等发布。17 日赴京，中南海总理座谈会，发言关于文明社会、非遗和古村落保护。19 日写文章《福字是最深切的春节符号》。20 日山西剪纸艺术家郭梅花赠我剪纸作品《冯骥才的故事》。25 日市文联四代会；不再做主席，做名誉主席。30 日，是日除夕，在春晚电视片《春晚是什么？》中说"春晚是新民俗"。31 日（初一）今年本命年，写文章《老母为我"扎红"带》。2 月 5 日（初六）图书大厦为今年出版的新书签名。28 日赴京，主持"中国口头文学遗产数字化新闻发布会"。3 月 2—12 日两会，提交《关于传统村落保护需要国家作为的提案》。24 日完成《泰山挑山工纪事》书稿。25 日改定《中国木版年画》申遗片。26 日浙江文艺出版社新编散文集《灵魂的巢》出版。4 月 5 日为莆田妈祖祖庙石坊写对联。9 日完成《中国传统村落立档调查手册》全部书稿。19 日完成《一百个人的十年》新版序言《历史永远是活着的》。25 日赴京看中央芭蕾舞团自《三寸金莲》改变的芭蕾舞剧《香莲·赛莲》。5 月 7—8 日赴保定探访大汲店和忠义村，为核查《田野手册》是否适用，归来写《保定二古村探访记》。24 日《中国传统村落田野调查手册》出版，同日《冯骥才的天津》由北京三联出版。6 月 10 日在京召开"中国传统村落立档调查启动仪式"，布置全面工作，讲解手册内容。24 日《一百个人的十年》由文化艺术出版社修订再版。27 日《守岁》获全国晚报副刊奖。7 月 30 日写《中国雕塑史四题》。8 月 13 日完成年画申遗文本。21 日前一段时间编写《心居清品》。9 月 7 日至 26 日访问俄罗斯。时逢俄文版《灵性》出版，在圣彼得堡大学作关于《灵性》的演讲。

访问圣彼得堡、皇村、莫斯科、梅里霍沃、图拉、谢尔盖耶夫、苏兹达利等地，一路写游记。29日戒烟。10月写作《俄罗斯双城记》。28日获中国元素国际创意大赛"文化贡献奖"。11月7日完成游记《俄罗斯双城记》和大型图集《鬼斧神工》。15日《泰山挑山工纪事》由作家出版社出版。12月10日购得雨果、大仲马、马克·吐温等人信札。21日赴京参加韩美林艺术馆"当代设计的十字路口"论坛，演讲"十字路口上的思考"。

图书在版编目（CIP）数据

冯骥才 / 冯骥才著 . -- 青岛 : 青岛出版社 ,2016.1
ISBN 978-7-5552-3441-8
Ⅰ.①冯… Ⅱ.①冯… Ⅲ.①冯骥才 - 文集 Ⅳ.①C53

中国版本图书馆 CIP 数据核字 (2015) 第 312641 号

书　　名　冯骥才
著　　者　冯骥才
出 版 人　孟鸣飞
出版发行　青岛出版社
社　　址　青岛市海尔路 182 号（266061）
本社网址　http://www.qdpub.com
邮购电话　13335059110　0532-85814750（传真）0532-68068026
责任编辑　高继民　刘　咏　申　尧　郑立山　许朝华　唐运锋　韦雨涓
策划编辑　申　尧（shenyao@126.com）
统稿编辑　郑立山
特邀编辑　靳　文　臧　杰　阿　占
责任校对　董建国　刘伟学
审　　校　贺中原　单蓓蓓
装帧设计　竹马·李武波
责任印务　李明泽
印务监制　钱丽娜　胡文娟　韩渊婷　艾舒颖
印　　刷　北京雅昌艺术印刷有限公司
出版日期　2016 年 1 月第 1 版　2016 年 1 月第 1 次印刷
开　　本　16 开（889mm×1194mm）
印　　张　210.375
字　　数　3000 千
图　　数　558 幅
印　　数　0,001~1,500 套
书　　号　ISBN 978-7-5552-3441-8
定　　价　2800.00 元（全六卷）